国家出版基金项目
NATIONAL PUBLICATION FOUNDATION

当代中国社会道德理论与实践研究丛书
主编 吴付来

分配正义新论：人道与公平

葛四友 著

A New Account of Distributive Justice: Humaneness and Fairness

中国人民大学出版社
·北京·

总　序

加强思想道德建设，凝聚道德力量，是中国特色社会主义文化建设和精神文明建设的重要内容与中心环节，是建设社会主义核心价值体系的必然要求。正如习近平总书记所指出的："国无德不兴，人无德不立。必须加强全社会的思想道德建设，激发人们形成善良的道德意愿、道德情感，培育正确的道德判断和道德责任，提高道德实践能力尤其是自觉践行能力，引导人们向往和追求讲道德、尊道德、守道德的生活，形成向上的力量、向善的力量。只要中华民族一代接着一代追求美好崇高的道德境界，我们的民族就永远充满希望。"

我们党和国家历来重视道德建设。特别是改革开放以来，我们党先后通过了《关于社会主义精神文明建设指导方针的决议》、《关于加强社会主义精神文明建设若干重要问题的决议》以及《公民道德建设实施纲要》。习近平总书记在多次讲话、多篇文章中都强调加强道德建设的重要性，党的十九大报告也对道德建设做出了全面的论述和部署："加强思想道德建设。人民有信仰，国家有力量，民族有希望。要提高人民思想觉悟、道德水准、文明素养，提高全社会文明程度。广泛开展理想信念教育，深化中国特色社会主义和中国梦宣传教育，弘扬民族精神和时代精神，加强爱国主义、集体主义、社会主义教育，引导人们树立正确的历史观、民族观、国家观、文化观。深入实施公民道德建设工程，推进社会公德、职业道德、家庭美德、个人品德建设，激励人们向上向善、孝老爱亲，忠于祖国、忠于人民。"道德的力量是国家发展、社会和谐、人民幸福的重要因素，思想道德建设解决的是整个中华民族的精神支柱和精神动力问题。

实现中华民族伟大复兴的中国梦，需要道德建设的保驾护航。当前中国的发展既面临机遇，也面临挑战。然而，在多元文化的冲击下，人们的道德观念和行为准则正在不断发生变化，原先的道德基础受到严重冲击。在此情况下，道德建设需要全体国民集体参与，需要全体国民成为道德的守护者、监督者和表率。只有全面地了解、反映当代中国社会道德的现状以及遇到的新问题，并结合相关理论提出解决对策，才能真正提高全体国民的道德素质，才能不断改善社会和国家的道德环境，才能实现中华民族伟大复兴的中国梦。

道德建设是一个实践问题，更是一个理论问题。面对世界范围内各种思想文化交流、交融、交锋的新形势，加快建设社会主义文化强国、增强文化软实力、提高我国在国际上的话语权，迫切需要哲学社会科学更好地发挥作用。伦理学作为与人类道德发展密切相关的哲学分支学科，需要跟上时代进步的步伐，从理论上解决实践提出的问题。

为此，在加强社会主义道德建设的宏观背景下，为推动社会主义道德建设，弘扬社会主义核心价值观，实现中华民族伟大复兴的中国梦，推动伦理学的研究和发展，我们策划了“当代中国社会道德理论与实践研究丛书”。这套丛书是一套开放的丛书，首批出版10卷，集中研究当代中国社会最关切的伦理道德的理论与实践问题，对市场经济条件下陌生人之间的伦理、日常生活伦理、公务员道德建设、信息伦理和网络社会伦理、消费伦理、福利伦理、分配正义以及规范性和道德推理问题进行系统的研究与探讨。丛书的主要内容集中于以下几个方面：

首先，建立社会主义市场经济体制是我国经济体制的根本性创新，是全面建设小康社会的重要途径，市场经济条件下陌生人之间的关系有哪些规律，人们日常生活伦理有哪些特点等，这套丛书首先对这些问题进行了研究和探讨。

其次，政德建设是当代中国最具先导性的道德建设领域之一，对全社会的道德建设具有重要的引领作用，这套丛书不仅对公务员道德状况进行了研究概述，而且对中国特色政德建设的一般规律、重要问题进行了探究。

再次，当今时代，信息伦理和网络社会伦理的公德问题日益突出，这套丛书对数字化生存的道德空间、网络道德建设问题表达了重要关切，进行了深入探讨。

又次，消费、福利、分配是经济伦理的重要内容，随着我国建设小康社会进程加快，人们物质生活水平逐步提高，收入分配差距日渐拉大，经济领域中的消费、福利、分配问题日益成为伦理学研究和关注的对象。因此，这套丛书对这三个问题进行了系统的研究。

最后，社会道德建设归根结底离不开道德规范的有效性和道德行为选择的理性化，这套丛书专门从伦理学基本原理研究角度选择了这两个与道德建设密切相关并具有一定学理深度的理论问题进行研究，探讨了规范性和道德推理问题。

这套丛书得到了中国人民大学伦理学与道德建设研究中心的学术支持，得到了国家出版基金的资助，中国人民大学出版社学术出版中心的编辑为丛书的出版付出了艰辛的努力，在此一并致谢。书中难免存在疏漏，恳请学界同仁批评指正。期待这套丛书作者和编者的辛勤努力能够得到广大读者的理解与回应，产生良好的社会影响。

吴付来

2018年9月15日

献给
母亲柳秀荣女士
纪念
外祖父柳庭桂先生

序　言

我很高兴看到葛四友教授的大作《分配正义新论：人道与公平》出版，他在深入辨析现代一些主要正义理论的基础上，开始形成自己的一种独特的分配正义理论，给我们对正义的研究带来了新意。

在这里，我想先谈谈四友新著给我印象最深的两个特点，然后谈谈我在伦理学方面的著述与他的理论观点的某种关联。

第一个特点，我认为是四友新著明确地在正义理论中引入了人性和人道的因素，这些因素在以前的正义理论中不是没有，而是比较隐含。四友认为，过往的正义研究没有真正严肃地对待现实人性的影响，更多的是强调人性对正义原则在应用上的限制，而忽视了现实人性对正义原则本身产生的影响，由此产生的结果是对各种原则产生了不一致、不系统的影响。

所以，四友提出应当把人性的限制明朗化、具体化。人一般是会追求自利的，但也有有限的利他心。他提出分配正义不仅应该含有公平成分，而且应该含有人道成分，分配正义原则应当是一种同时满足人道要求与公平要求的道德原则。其人道成分是立足人们的利他心，要求国家满足所有人的基本需要，且这种基本需要的水平要与国家的经济发展水平相适应。而其公平成分则是立足人们的自利心，人们的付出与回报应该大致相匹配。

或者可以说，人有自利和自爱之心，甚至可以说这是人对自己的一种责任，但人又是能够向他人的利益和幸福开放的，具有利他心，这种利他心虽然在大多数人那里是有限的，但却是可以提升的。而且，一种人道的关怀应该被纳入“社会正义”的范畴而不仅仅是“个人慈善”的范畴考虑。四友面向社会、面向多数，注意到不能对人性要求太高，但又不能不提出要求。这就使他的理论不至于离现实的人性太远，同时又表达了对人间和人道的深切关怀，而这种人道的关怀也是植根于人性的。

第二个特点，我认为是鲜明的后果主义特点。不过，我这里要稍稍说明一下，一般说来，我可能会更倾向于用“结果论”来表示“consequentialism”，这是因为：（1）便于与“义务论”相对而言；（2）“后果”在日常语言的使用中常常指负面的结果，而“结果论”更重要的是追求正面的且往往是最好的结果或者效果。但这里主要是叙述和讨论四友新著中的理论观点，所以我在本文中还是多用“后果主义”这一名称。

四友认为，当代的正义理论主要是义务论视角的，表现出两个特点：一是推出的正义原则都在某种程度上承诺一种绝对性与不妥协性，二是各种理论的证成都或多或少诉诸反映了现实人性的道德直觉。他在本书的第二部分缜密地分析和批评了五种典型的义务论分配正义理论，它们分别是：（1）立足应得的分配正义观；（2）立足自由的分配正义观，尤其是诺齐克的理论及柯恩的批评；（3）立足平等的分配正义观；（4）立足责任的分配正义观，特别是德沃金的资源平等理论；（5）立足公平的分配正义观。他认为，这些理论不仅彼此不相容，而且都有无法克服的内在不一致性，尽管他还是会赞同这些理论的一些实质性结论。

在指出义务论论证路径是不能让人信服和满意之后，四友在本书的第三部分转而探讨后果主义的理论。他基本接受后果主义的立场，但也指出了以往后果主义论证的一些弱点。他认为，后果主义可以分为激进的与温和的，前者不考虑人性动机约束，尽管有一致的动机设定却不现实；后者注重现实人性引起的后果，但在证成上则有同样不一致的问题。不过，后果主义理论的本质特征就是注重后果，有着天然的优势可以纳入现实人性，可以提出修正的分配正义原则，由此就能很好地解释各种有关正义的道德直觉。

也就是说，四友认为此前后果主义的论证还有改善和发展的空间，这里重要的改善就是前面所谈到的需要直接或明确地引入人性和人道的因素。他对义务论的批评，也常常是从人性和人道的直觉展开的。人性和人道是四友的基本考虑。或许可以大致说，四友对义务论的批评是，诺齐克的理论忽视了人道，柯恩的理论忽视了公平，而罗尔斯、德沃金的结论性观点虽然兼顾了人道与公平，但却不够融贯，甚至有所混淆，且这些观点可以从后果主义立场得到更好的论证。

在四友看来，后果主义有天然的优势可以纳入人性动机的约束。当然，关键是我们要明白后果主义只是行为的评判标准而不是决策程序。因此，就可以相应地提出某种混合形式的功利主义，将人性的动机结构视为必须要考虑的因素。由此，无论是自由与平等，还是公平与责任，它们都可以统一于获得最好的后果这一目标中。

四友希望我从《良心论》到《新纲常》的理论建构，尤其是从基本道德感情的角度谈谈我的观点与他的著作的关联。的确，我们所达到的正义的结论性观点应该说是相去不远的，但我们所采取的论证进路却有所不同。四友主要是从后果主义考虑，而我可能还是持一种义务论观点。

在《良心论》中，我主要是试图利用传统的思想资源，建构一种能够适应现代社会的个人伦理学体系。有感于中国历史上占主导地位的士人高蹈伦理的社会基础已经解体，我希望提出一种能够面向所有社会成员的底线伦理。在《新纲常》中，我将这种努力从个人扩展到社会，试图利用传统语汇，比较全面也比较通俗地阐述或许可以作为转型中国的选项之一的社会伦理体系。

我一直认为，道德理论，尤其是正义理论，不能离人性太远，更不能离人道太远。换言之，就是道德理论要面向绝大多数人，要符合人们的常情、常识和正常社会的常理。所以，从人性和人道的角度，我一直很重视作为道德的发端或者动力源头的恻隐之心。我认为，面对他人的痛苦而产生恻隐之心，这种感情是油然而生的，是一种纯然的怜悯之情、不忍之心。它不涉及计算。但是，这种感情力量如果足够强大，且能与理性和意志结合，那么就肯定要引导人们放弃自己的一些利益，而向同胞、同类施以援手。这种个人的恻隐之心或不忍之心是人性向善的明证，或者说是人性和人道的证明。人是一种中间的存在，但也是一种中间向上的存在。这种恻隐之心自然可以甚至很需要渗透和落实到制度中，成为制度的“不忍之心”，其外在表现即为社会正义。

后果主义是有它的优势的，相对于义务论来说，它也许可以更多地纳入论证、分析乃至计算，也包括妥协、折中等，尤其是在社会政策领域。重视后果也即重视事实，不脱离现实。韦伯所提的政治家的责任伦理，也就是要重视政治家的行为和其制定之政策的后果。平衡适中的后果主义与义务论所赞成的实质性观点和结论可能是相当接近的，只是各自提出的理由和论据不太一样。

两者比较关键的差别可能是两点，一个是我前面讲到的道德的发端或动力源头，另一个则是道德判断的最后根据。一种纯然的恻隐之心、一种对他人苦难的同情，应该说发生在利他心之前。如果问“人为什么会利他”或者“我为什么要利他”，那么大概就可以追溯到这种感情。还有就是，我们如果追问道德评价的最终根据何在，那么就可能发现，这种根据是应该独立于利益和结果来考虑的，而不能归结为最好结果或利益的权衡和计算，否则就可能带来对人们哪怕是对少数人的基本权利的伤害，这也是像罗尔斯和德沃金这样的义务论者所担心的。只要稍稍自省和体察，我们就可以发现，无论是恻隐之心（哪怕是微弱的）还是“天经地义”（可能是很基本的几条如“勿杀害无辜”），应该说都是存在于绝大多数人心中的。

这又回到了我们前面所说的，今天的主导道德应该是面向社会和全体的，应该是不违常情、常识和常理的。在这一方向上，我和四友应该是共享的。论证路径虽有不同，但都试图攀登同一座思想的山峰。真理是朴素甚至平淡的，尤其是在涉及制度和人们交往领域里的真理时。我们做了许多论证和分析，最后却可能还是会回归到这种朴素和平淡。

四友对思想、学术有一种真正的热爱，对现代学术的前沿问题和方法有深入的了解，善于运用自己的思想和学术所长，对人间——从家庭、孩子到社会、他人——的关怀和正义感都是十分投入乃至强烈的，这使他具有真正的问题意识，也找到了适合自己的论证方法。我很看好他们这一代学者的努力和成绩。如果说希望的话，就是希望放长历史的眼光，运用现代哲学分析和论证的利器，考察现代正义理论的隐含前提是否也带有某些浑然不觉的先见。另外，从方法上考虑，除了逻辑的分析论证，对历史的长远后果也可以进行一种细密的观察、分析和叙述。

我曾经谈到过罗尔斯在思想学术上的“一生为一事”。自从四友出版《正义与运气》以来，他一直在探讨正义这条路上坚定前行，而且已经走了这么远。我祝愿他取得更大的成绩。

何怀宏

目　录

第一部分

第二部分

第三部分

第一部分

引　言

前几年，中央电视台每年都会播出《感动中国》节目。2013 年感动中国十大人物之一的高淑贞，她的孩子因患病而无法上学，她发现有很多小孩有类似问题，于是在自己家里办起了小学校。这个学校从 1998 年开办以来，收留了近百名残疾儿童，甚至管吃管住，从不收钱。[①] 这里的叙述有点轻描淡写，但只要稍加思索就能明白高女士在此过程中克服了多少困难与麻烦，承受了多大经济压力，付出了多少心血与汗水。其事迹确实感动了不少人，而且应该感动我们。类似事迹在感动中国人物里面并不少见。比如，有十来岁的孩子因为父母早亡，不得不挑起家庭的重担，照顾重病的爷爷和幼小的弟弟、妹妹等；还有些老师，在穷苦山村扎根多年，只为当地孩子有个识字算数的机会。

这类事迹能不停地让人感动，与人们背后的正义观念密切相关。在普通人眼里，正义主要关涉公平与公正，关涉个人的应得。有些人的受苦受难是自然造就的，比如父母得病身亡、自己身患残疾，由此而来的困境、苦难似乎与他人没有关联，纯粹是自己运气不好，与正义无关。如果有人出于高尚的情怀愿意帮助他们，这是他们的幸运。但这属于慈善范围，是仁爱的展现。无论是政府还是个人，都没有资格和权利强迫大家这样做。要而言之，我们的正义直觉大致是这样的：社会正义就在于保证个人得其所应得，保证每个人既不吃亏也不占便宜，保证每个人的所得大体上与其

---

① http://www.lz13.cn/ganenlizhi/10958.html.

贡献相匹配。从这种意义上说，正义与仁慈或者仁爱是一组相对立的观念。正义就在于确定什么是人们的正当所有，而仁爱则是拿人们正当的财物去帮助他人，因此，正义与仁爱有着不同的功能和作用。《感动中国》节目中的人物之所以感动中国、让人们敬佩，恰恰是因为这些人的所作所为远远超越了正义的要求，行的是仁爱与慈善之举。

换个角度看，只要人们接受这种正义观念，那么上述的反应就是自然而然的，人们不会另作他问。比如，人们不会问：为什么这样的困境如此之多、如此之惨？政府或国家对此负有责任吗？这种事情的解决只能靠某些小人物的大无畏牺牲精神吗？这就是说，只要人们依然保留当下的这种正义观念，那么我们所知道的类似结局无论有多惨，似乎都只能期待好运的到来，期待人们的仁善之举。本书要做的工作就是，试图挑战这种常见的正义观念，认为我们有着深刻的道德直觉会支持我们扩展与修正它，从而提出一种新的正义观念，帮助我们解决上述惨境与困局。按照这种新的观念，正义不仅仅在于公平，不仅仅保证人们的所得与付出相匹配，还有另一个同样重要的功能，那就是体现人道精神，满足人们的基本需要。这种正义观念会承担以前慈善或者仁爱的部分功能，由此我们应该同样关注（甚至要更加关注）的是出现感动中国人物的那种处境。我们不是说那些人物不值得感动，而是说那些触发感动的处境更为根本。

很显然，人们接受的不同类型正义观念，会使人们在面对同样的事情时有极为不同的反应，由此产生极为不同的后果。实际上，不同的观念会让人们看待世界的方式很不一样，由此对人们的社会生活产生莫大的影响。宏观经济学之父凯恩斯早就给我们描述了观念的这种巨大作用，他说：

> 经济哲学家和政治哲学家的各种观念，其力量之大，出乎常人之意料。实际上，统治世界的不过就是这些观念而已。……既得利益之势力，往往被人夸大，实则远不如各种观念之潜移默化影响。……或早或晚，或好或坏，危险的不是既得利益，而是各种观念。①

---

① J. M. Keynes. The General Theory of Employment，Interest and Money. London：Harcourt Brace Javanovich，1953：383－384.

如果我们接受这种新的正义观念，那么我们的社会体系——包括各种各样的经济制度、政治制度与法律制度等——的合力就应该使社会履行两种基本功能。第一种是人道功能，也就是在生产能力与经济资源足够的条件下，社会正义认可的各种制度应该保证满足人们的基本需要，保证人们基本的衣、食、住、行，基本的医疗和教育等。第二种是公平功能，也就是各种制度保证人们的收入与贡献大体上相匹配，保证人们能够得到公平的发展机会等。一旦我们接受这种新的正义观念，形成相应的正义直觉，那么我们再次观看《感动中国》节目时就会自然发问：这样的处境难道不是不正义的吗？解决它们难道不是国家或政府的义务吗？在这样的发问下，我们的反应绝不仅仅只有感动，同时还会有羞愧与愤怒。尽管这些人物依然令人感动，但迫使这种人物出现的环境与制度就不再令人“感动”，而是令人羞愧与愤怒，作为集体一分子的我们都应该为此感到羞愧，对政府的不作为则是感到愤怒。只有大家都开始有这样的反应，这个社会才有望通过各种制度制定出相应的预防机制，从而大大减少上述情况的发生，在上述情况发生时才不再依靠弱小的个体来单独承担如此可怕的重担，才有可能避免类似悲剧的反复上演。当意外出现比如父母双亡时，社会或政府有义务为孩子提供足够的资源，让他们过上正常的生活。也就是说，在拥有这种正义观念的社会中，问题的解决不再依赖弱小的个体发挥大无畏的奉献与牺牲精神，而是依靠体制与制度来预防和解决。

然而，要想这种新的正义观念为人们所接受，还有很多工作要做。首先，要表明这是人们应该接受的，是人们有理由接受的；其次，要考虑以何种方式将这种观念内化为普通百姓的正义观念。不过，至少从表面上看，这种新的正义观念很可能与人们的正义直觉背道而驰，有人可能会认为它把仁爱与正义混淆了。本书想做的工作就是第一方面的工作，试图尽力表明，目前的正义直觉没有我们想象的那么深刻与根本，只是一定历史条件下的产物。一旦找到更为根本的道德直觉，澄清正义观念与道德直觉的关系，确立一种自洽的正义理论，我们就会发现，人们最深刻的道德直觉与当下的正义直觉是错位的。在新的历史条件下，正义理论实际上支持人们接受这里提出的新的正义观念。就此而言，本书的关键之处在于，明确地把现实人性纳入考虑范围，据之表明分配正义新解的两种不同成分是由人性的动机结构所引起的。人的有限利他心有两个方面：（1）人们有利他心，由此形成相应的人道的道德直觉，不考虑人们的贡献而满足人们的基本需要；（2）人们的利他心是有限的，在这方面形成公平的道德情感，要求人们获得公平的做贡献的机会，且人们的所得与付出要相匹配。

在此基础上，本书分为三个部分。第一部分主要表明本书采用的基本方法以及正义的基本功能与性质。第二部分主要表明，义务论正义理论由于两个特色而呈现出动机的内在不一致：（1）各种理论基本上都秉承康德道德理论的特色，具有某种绝对与不妥协的成分，从而无法纳入人性动机的约束；（2）其正义观念的证成往往直接或间接地诉诸深刻的道德直觉，由此暗暗地接受了这种人性动机的约束。第三部分表明，后果主义正义理论尽管同样在解释这些深刻道德直觉时出现了问题，但这种理论的本质是关注后果，所以它有更好的理论资源与空间，可以明确地纳入人性动机的约束，从而为人们深刻的道德直觉做出解释或辩护，为这里提出的新的正义观念做出系统性辩护。由此，本书最后得出，立基于有限的利他心这样一种现实人性，人们会有两种相对应的道德情感，这两种道德情感会支持新的正义观念。

第一章　绪　论

第一节　研究进路

本书要提出的新的正义观念，还有对正义直觉的理解，至少从表面上看，与日常看法是背离的，因此本书就负有“举证”责任，需要为新的正义观念提供充分的辩护，需要说服人们接受它。鉴于目前国内的学术风气，这里特别提醒，本书所做的辩护、为新的正义观念提供的说明与解释，没有任何神秘性质，没有提供神秘的道理，也没有进行隐微写作，是所有人都可以理解与懂得的道理。当然，这并不是说所有人实际上都懂得或都有能力搞懂其中的一切道理。从性质上讲，这里的公开性与物理学或化学中的道理的公开性是一样的。只要愿意付出足够的时间与精力，大多数人是能够理解与搞懂的。就此而言，英美的分析进路最有助于完成这个工作。需要注意的是，这里所提的分析进路不同于通常所谈的英美分析哲学，后者是一种哲学流派。这里强调的分析进路只是一种讲道理的方式，是自苏格拉底—柏拉图一线发展下来的一种讲道理的进路。程炼教授概括的“苏二条”是这种分析进路的核心：

> 第一条，我们要用清晰的概念将思想清晰地表达出来，我们要用字面的意思（literal meaning）而不是修辞的方式说话；第二条，我

们的思想要经得起推敲和论证，而不是愿望式的、跳跃式的、故弄玄虚的。①

本书接受这一点：讲道理的好方式会满足这两个基本成分。“苏二条”设定了好好讲道理的基本标准。讲道理时如果没有做到这两条，那么就可能是有问题的，至少是可以改进的。

本书致力于利用这种方法提出新的正义观念，而其中的关键之一是，表明过往的分配正义理论在纳入现实的人性动机上存在着严重缺陷。由此，本书的一个重要部分就是对过往的分配正义理论展开批判。为了让读者更好地理解这个部分，这里介绍本书批判时遵守的几个基本原则。

第一个是清晰性与简单性原则。要把道理讲好，首先，我们要尽可能让别人清楚我们在讲什么、在批判什么，使用的概念和语言就要清楚，尽可能避免模棱两可或含糊不清。其次，我们要尽可能把道理讲得简单明了，不故弄玄虚。曾经有位老师教导我，要把文章写得尽可能简单，不让读者因为语言表达而产生停顿，这是对读者的尊重。德沃金（Ronald Dworkin）区分了三种意义的概念：第一种是自然种类的概念，比如苹果、梨这种概念；第二种是准则意义上的概念［很多作者都对自己的关键概念（语词）有所界定，特别是那些日常使用中意义比较多的语词］，比如规定自由就是随心所欲；第三种是诠释意义上的概念，或者说日常意义上的概念，比如正义这一概念在普通人那里是如何使用的，对此给出一个最好的诠释。② 因此，讨论问题时，搞清楚语词究竟指称何种意义上的概念就特别重要。在讨论正义时，这个问题更加重要，因为很多作者都容易混淆第二种与第三种概念。然而，不同意义上的概念要求不同的证据来做论证，混淆概念经常会带来论证的混淆。

第二个是“就事论事”原则，也就是批判要遵循对事不对人的原则。所有的批判都不针对对方的动机或目的，只要这些东西与要论证的命题没有关系。当然，如果认为对方的动机有问题，或者人品不行，且其观点又

---

① 程炼．思想与论证．北京：北京大学出版社，2005：导言 2-3．

② 罗纳德·德沃金．刺猬的正义．周望，徐宗立，译．北京：中国政法大学出版社，2016．

与利益密切相关，那么我们将此作为怀疑的理由，特别谨慎地对待其观点，找更多的证据，就是无可厚非的。但不管怎样，这种动机或目的本身不能作为证据。这一点之所以值得一提，是因为在中国有很多争论喜欢从对手的立场、人格出发，最后以质疑对方的动机与人品的方式来否定其观点。然而，只要观点本身不涉及人们的动机，那么观点提出者的动机、人品不管如何，都不成为其观点不成立的理由，唯一相关的是其观点是否站得住脚。

第三个是“厚道”原则。我们要清楚，批判的目的不是打倒或击败对手，而是通过批判求真，获得更多的知识或者求得更好的解决方案。因此，即使找到了对手的问题与矛盾，这依然只是一个开始。我们要设想改善被批判者的论证或论点：（1）这种逻辑矛盾或推理跳跃是不是由表述造成的，如果是，那么修正表述即可；（2）如果不是，那么它对于整个论证是不是不可或缺的，如果不是，那么拿掉即可；（3）如果是不可或缺的，那么是否不可替代，如果不是，那么不会影响其主要论点与论证。由此，批判者要从被批判者的角度对其立场与观点做出最好的重构，然后发现解决问题的最好办法。“厚道”原则要求我们将批判的目的定为求真，我们需要找出最强的对手，而不是丑化对手，攻击假想的“稻草人”。“厚道”原则的理想是把被批判的理论或观点表述得让对手心服口服，使其承认我们的表述是对其观点最合理的重述，然后在这个基础上展开批判。

第四个是内部批判原则。在某种意义上讲，前三个原则都是为真正的批判做准备的，我们转到批判的第四个原则：内部批判原则。内部批判最根本的地方就是，批判的前提是双方都接受的共识，否则批判就会演变成真正意义上的外部批判。假定批判者的立场是 A，而被批判者的立场是 B，且 A 与 B 相冲突。外部批判最明显的形式是：因为 A 是对的，所以 B 是错的。比如，因为功利主义是对的，所以义务论是错的，反之亦然。这种批判的实质在于：因为我对了，所以你错了。因此，这种批判一般不具有说服力。如果不是做批判，而是为自己的观点辩护，那么其相应的方式就是定义式辩护：你要论证 A 是正确的，结果你的前提中已经预设了 A 是正确的，或者 A 通过某种方式被定义成正确的。这种论证最明显的方式就是：因为我对了，所以我对了。这被称作乞题（beg the question）论证或者循环论证。对于真正的内部批判，我们可以从以下三个方面入手。

第一，问题出在逻辑推理过程中。对手从逻辑前提出发，在推出结论时犯有某些逻辑错误，比如“肯定后件”之类的逻辑错误。这里的关键问题在于，恰当地重述对方的论证结构，让其错误清晰地显现出来。经常导致这种问题的一个原因是概念界定不清晰，在较长的推理过程中就容易发生偏差，由此出现推理错误。另一个原因则是间接乞题。这种问题出现在讨论根本问题时，这个地方涉及的讨论对象往往是人们根深蒂固的观念。我们在为之论证时往往默认了或者接受了与之类似或相同的前提，由此来进行论证。

第二，问题出现在推理的小前提上。这种情况在更多时候是遗漏某些事实，于是存在以偏概全的问题。比如，本来有几种事实 F1、F2、F3，相应地可以推出结论 A1、A2、A3，但被批判的论文只注意到 F1，由此就只有结论 A1，而忽略掉 A2、A3 等。出现这种推理错误的主要原因是，人们在某些命题上有一种固化的二元思维，对于事物总是一分为二，由此带来非此即彼的推理，往往把对立命题看成矛盾命题，忽略第三种可能性或其他更多的可能性。

第三，问题出现在推理的大前提上。论证推理很少会把所有相关因素都列出来，但有些争议恰恰就跟这样的隐含前提相关。根据隐含前提，问题可以分为以下几种：其一，隐含前提一旦被表述出来，马上就会出现问题，因为它们本身是极有争议的，是对手本人也难以接受的，因此无法作为前提；其二，隐含前提是对方能够接受的，甚至是社会过去的共识，但这些前提在不同的条件下实际上具有极为不同的蕴含，而某些蕴含是极有问题的，是对方不会或不敢接受的；其三，隐含前提本身是没有问题的，是对手坚定地相信的，然而批判者有同样坚定但却相反的前提。在某种意义上讲，内部批判到此就终止了。

然而，上述批判原则说起来简单，做起来就复杂多了，根本缘由就在于判断标准。我们是否做到了以上几点，最终都依赖于直觉判断。不仅如此，论证一般还会有一些知识背景，这些背景又容易混杂在基本直觉中，由此极大地影响我们对“苏二条”的应用。其一，哲学论证与立场的表述如何才清楚明了，并无特别客观与刚性的标准，一般是读者或同行的看法起决定性作用，实际上由人们的直觉来决定。其二，论证过程是否经得起推敲，往往不是那么容易判断清楚。原因是，除了做论证的练习题外，我们甚少有简单的三段论推理。在复杂的理论论证中，实际的推理往往会省略很多小前提，因为它们被认为是常识直觉，写出来会过于冗长。由此，就会出现写作者认为理所当然的直觉知识，但在别人那里却是完全说不通的。由此，“苏二条”的标准实际上会变成这样两个条件：(1)论证的前提为真是人们直觉上能够理解并且接受的；(2)论证的推理过程不能过于复杂，得在人们的理解能力之内，同时论证中省略的也是人们直觉上认为理所当然的。

然而，有两个原因使我们一般很难满足上述两个条件。(1)我们提出的论证不是针对某个特定的群体，而是针对所有人。然而，不同的人或人群对于同样的问题可能有不同的直觉，特别是在不同文化群体中成长起来的人，面对同一件事情所做出的直觉判断可能是大相径庭的。(2)我们的直觉在很大程度上受理论体系的影响，很少有纯粹赤裸裸的直觉。由此，我们得到这样一种情形：论证需要是清晰且逻辑上严密的，而这本身又取决于我们的直觉，而我们的直觉又受到理论体系的影响。直觉与论证之间的关系就更为复杂，由此有时会导致这样的情景：论证在支持者看来似乎是不言而喻的，但反对者却对其有效性百思不得一解。这大概也可以解释在分配正义这个问题上为什么会出现如此多的理论，而且大家都对自己的理论颇有信心，但却很难说服他人。

第二节 证成方法

除了上面批判的各种复杂因素外，我们在证成理论上还有一个更大的麻烦：各种理论在根本大前提上有分歧，因此其对立往往显得无解。换言之，面对这种分歧的时候，似乎我们唯一的出路就是做外部批判。然而，如果道德世界中还有真理的话，那么情况必定是，有些直觉是有问题的。由此，面对众多道德直觉，特别是有可能相冲突的道德直觉，如何加以取舍，这些直觉如何起作用，将是极为棘手但又不得不处理的问题。因为只有解决这个问题，我们才有可能判断各种论证是否有效。这一点对本书来说尤其重要，因为我们要考察好几种有代表性的分配正义观，而它们是在不同的背景预设下进行论证的，这就引出了我们如何看待直觉与真理之关系的问题，也就是直觉在理论证成中能起到什么作用的问题。

当代有两种主要的理论试图回答这一问题。一种是基础主义，它认为根本前提的证成主要源于自明性，也就是说，这种前提是不需要源于其他东西的证成的。相反，其他一切观念与命题的证成都源于这种自明前提。其典型表现是欧氏几何学。在这里，这种作为基础的真理是自明的或自我证成的，直觉无疑是其自明最重要的来源。① 然而，随着科学的发展，我们对直觉的这种作用越来越表示怀疑，无论是微观物理学的兴起还是黎曼几何的发展，都让我们逐渐明白，直觉无法直接作为知识大厦的根基，没有什么直觉是不可怀疑的，也不存在可以直接获得不可错的真理的特殊渠道。不仅如此，这种基础主义不管成功与否，都无法解决本书中的根本分歧，因为后果主义与义务论恰恰是在根本前提上存在分歧，因此这些前提无法属于自明范畴。

另一种是融贯论②，它认为没有任何不可错的自明前提，根本前提的证成在于整个理论体系的证成，在于各个观念之间的融贯与相互支持。不过，融贯论最明显的问题是，可能存在几种融贯的体系。只要从不同的根本前提出发，不犯前面提到的那些错误，实现内部融贯，我们就会得到不同的理论体系。所以，它对于上面的分歧显然是束手无策的。

就此根本分歧而言，本书采用这样一种方法，我称之为最优解释方法。这种方法认为，一种理论，如果它能对人们的直觉给出最好的解释，说明人们为什么会有这样的直觉，那么它就是最好的理论，是人们应该接受的理论。③ 这里的直觉是在非常广泛的意义上讲的，无论是理论直觉还

---

① Ali Hasan，Richard Fumerton. Foundationalist Theories of Epistemic Justification. The Stanford Encyclopedia of Philosophy，winter 2016 edition.

② Erik Olsson. Coherentist Theories of Epistemic Justification. The Stanford Encyclopedia of Philosophy，spring 2017 edition.

③ 这种方法实际上是现在很多论证采用的方法。Igor Douven. Abduction. The Stanford Encyclopedia of Philosophy，summer 2017 edition；Norman Daniels. Wide Reflective Equilibrium and Theory Acceptance in Ethics. The Journal of Philosophy，vol. 76，no. 5，1979：256－282.

是观察等感官直觉或者内省直觉，都可以包括进来。我们一般不愿轻易放弃这些直觉，有较强的倾向接受其内容。

为了明白最优解释方法的特点，我们可以对比三种方法在处理直觉上的不同。对基础主义者而言，人们能够找到某些不可错的直觉，由此推出的任何结论都是对的，是人们应该接受的。因此，基础主义的理论对直觉管进（要求理论的根本前提具有非常强的自明性）但不管出（不要求结论一定符合人们的直觉）。融贯论则既管进（要求前提符合人们的直觉）也管出（也要求结论符合人们的直觉），要求理论能够尽可能多地符合人们的直觉。最优解释方法显然是不管进的，无论根本前提多么不符合人们的直觉，而且它管出也是在宽泛意义上讲的，只要求基于这种前提构建的整个理论体系能够最好地解释人们的直觉。与融贯论的不同在于，它只要求能够解释人们的直觉而不要求一定符合人们的直觉。我们可以用棍子入水的例子加以说明。我们知道，当较长的棍子插入水中后，人们就有一个直觉，棍子会变弯，但光的折射定律可以完好地解释这个直觉。

这里可能有人会问一个问题：这种最优解释方法为什么能证成理论？这里的关键在于我们认可直觉作用的方式。这种方法一方面承认直觉具有初定（prima facie）合理性，它与初步（pro tanto）合理性很容易混淆。初定合理性主要是在概率意义上讲的。也就是说，如果直觉具有初定合理性，即这种直觉的内容有一定的概率为真，那么这种直觉越强，其为真的概率就越高。初定合理性的重点在于为真的可能性大小，而且如果相反证据足够强，那么初定合理性的概率无论有多高，都可以降低到零，也就是说，这种初定合理性是完全可以取消的。反过来说，在没有相反证据的情况下，直觉越强，我们就越应该接受它。初步合理性主要是在权重意义上讲的。如果某件事具有初步合理性，即做这件事是具有某种理由的，且这种理由具备一定的权重，那么这种理由的权重越大，这件事就越是我们应该做的。也就是说，初步合理性的重点在于权重的大小。如果相反理由的权重足够大，那么初步合理性无论具有多大权重，都是可以被压倒的。但是，它不可能被取消，这种权重即使被压倒也依然存在。反过来说，如果没有其他相反理由存在，那么具有初步合理性的事情就是我们应该做的。

为了更清楚地理解这一区分，我们可以举两个例子。先看初定合理性的例子，比如张三涉嫌杀了李四。有很多事实可以作为张三杀人的证据，比如说张三有作案动机，有作案时间，作案工具上有他的指纹，现场有他的脚印，有人见过他在现场出现，这些证据都具有初定合理性，合在一起，张三是凶手的可能性就极高。不过，只要我们发现，李四根本没死，那么这些证据的初定合理性就被完全推翻了，不是被另一个证据压倒了，而是其所具有的初定合理性不存在了。再看初步合理性的例子。我们要做一个投资。假如我们投资A项目可以赚得10%的年利润，投资B项目可以赚得20%的年利润。因此，投资B项目的合理性压倒了投资A项目的合理性，但这种压倒不会取消投资A项目的权重。但如果A项目还有其他值得考虑的权重，那么两者可以加成，甚至压倒B项目的合理性。借助这个区分，我们还可以分析法律中的“无罪推定”具有何种合理性。我认为，这种无罪推定的合理性只能在初定合理性意义上讲，它不可能具有权重意义上的初步合理性。只要我们确定某人犯了罪，那么他就是罪犯，就不再是无罪的。这个罪无论多么小，都无法用“无罪推定”的合理性来抵消。

最优解释方法接受一切直觉都具有初定合理性，都具有概率意义上的合理性。因此，在最优解释方法中，我们可以承认有些直觉具有很强的初定合理性，是基本的。但是，任何一种直觉，无论它具有多么强的初定合理性，都是可以放弃的，因为它的强只是概率意义上的强。同时，某种具有初定合理性的直觉，如果能够被某种理论很好地解释，那么它所具有的初定合理性就可能转移到这种解释上，由此增强这种理论的合理性。在某种意义上说，最优解释方法既承认所有的直觉（不仅是前提而且有结论）都具有一定的合理性，同时也强调各种直觉要在一个理论体系中获得解释，这显然很像融贯论。不过在本体论意义上，它又可以接受基础主义，承认有基本前提，由此可以推出其他命题。只不过说，这种前提是什么得由给出最优解释的理论来判定。这就是说，在认识论上，我们无法根据直觉直接找出不可错的自明前提。在实际论证中，如果涉及根本前提上的分歧，很多时候只有通过整个理论体系才有可能解决，也就是依据理论的解释力来决断。有时，这种根本分歧在哲学内部无法解决，需要引入其他学科，达成更大、更融贯的理论体系。这样一来，有些理论就可以与其他学科的理论相组合，于是就具有了一种更广的融贯性，从而获得更多的支持。一种理论，无论它在自己内部讲得多么融贯，只要与其他学科理论产生严重冲突，就会大大削弱自己的合理性。

最优解释方法预设我们的认知对象具有客观规律，本书则预设存在普遍有效的分配正义。至于这种分配正义是帕菲特（Derek Parfit）认为的那种道德事实，还是罗尔斯所说的建构，抑或是德沃金所强调的是对于伦理实践的最好诠释，这里可以保持中立。在这个意义上讲，本书并没有想证明一种新的分配正义观念，因为它还没有发展到物理学或几何学那样成熟，能够找到定理或公理。相反，本书为这种新的正义观念提供的证成是这样的：最终看何种立场或理论能够得到更多的证据，能够具有更好的理由。

第三节 研究安排

上面介绍了本书采用的研究进路。这种进路对英美学者而言就像日常说话一样，极其自然，很少有人会讨论这一点。一般而言，只有从其他传统转变过来的人对此才深有体会，才有可能强调这一点。分析马克思主义的创始人之一G. A. 柯恩（G. A. Cohen）就是如此。柯恩开始是传统的马克思主义者，信奉历史唯物主义和唯物主义辩证法，后来留学分析哲学重镇牛津大学，由此转而支持分析进路。他讲过我们可以如何变成分析性的：在写作论文时，每当你写下一句话，你就停下来想想，第一，它有助于澄清或说明你的问题与论点吗？第二，它对于论证你的论点或解决问题有帮助和贡献吗？如果都没有，那么删掉它。如果至少有一样，那么接着往下写。当你不断努力这样做时，你就慢慢变成分析性的了。

从柯恩的讲述中，我们可以发现，这种分析进路有两个特点：其一，以问题为核心；其二，以论证为主线。分析进路的论文要么说明问题（问题的解决方案），要么论证何种解决方案（论点）更好。对于第一点，可能会有人说，哲学文章都是说明问题的，强调这一点没有意义。然而，分析进路对问题的强调是有特点的。我们要理解这一点就必须区分两类问题：一阶问题与二阶问题。一阶问题是直接与外在世界或内心世界相关的问题，比如心灵是什么、是否存在道德真理等。二阶问题多以人们对一阶问题的研究为问题，比如康德是否提出过德性理论、黑格尔的精神理论是什么。就此而言，分析进路一般着重于一阶问题，而哲学史进路则着重于二阶问题。如果不注意两者的区分，那么在探讨经典哲学家之理论时就容易产生混淆。两种进路在理解经典哲学家之理论时是有着重大差别的。分析进路之所以分析与探讨经典哲学家及其观点，主要是因为这些对于理解一阶问题有帮助：要么是其见解或出发点对研究者有启发，要么是其论证或观点可以进行合理的重构。哲学史进路则强调要注重这种理解务必符合哲学家的原意，因此强调理解哲学家的生活时代背景等。分析进路对古典作品的研究不那么看重哲学家的原意，而将重点置于这些哲学家的观点或论证对今天理解该问题有何帮助之上。若没有这种帮助，那么不管这些哲学家多么重要，在研究此问题的过程中都可以完全把他们放在一边。如果重构经典哲学家的观点或论证有助于更好地理解问题和解决问题，那么分析进路就会乐于这样做，即使这严重违背经典哲学家的原意。①

分析进路在内容选择上的特点引出了它的另一个特点：以论证或者讲道理为主线。在分析进路中，论文的论证是最有价值的。尽管在某种意义上讲，问题的解决或者知识本身才是目标，但论证是人们解决问题或走向知识的根本工具。此外，哲学中重要的一阶问题，既不多也不新颖，相反其论证或者解决问题的思路更容易出现新意。因此，尽管我们的探讨在于寻求解决问题的方案或知识，但使文章或著作具有分量的却是论证的力度与强度。不过，尽管分析进路的着重点在于论证，但是这种论证需要以目标为依托，而分析进路的目标就是推进。用帕菲特的话说，站在巨人的肩膀上，我们应该看得比他们更远。② 换言之，分析进路的研究目标在于推进对问题的认识，或者提供解决问题的更好方案。

我们在推进上取得进展的最明显的标志就是，找到新颖的区分或者概括。实际上概括和区分是一体两面的。概括是提炼出几种情况，从而也是区分出几种情况。我们的批判是否成功，显著标志就是提出新颖的区分或

---

① 卡米斯基（David Cummisky）的《康德的后果主义》（*Kantian Consequentialism*）和帕菲特的《论重要之事》（*On What Matters*）把康德的道德理论重构成后果主义就是其中的典型例子。

② 德里克·帕菲特. 论重要之事. 阮航，葛四友，译. 北京：北京时代华文书局，2015：导言.

者概括，这是以前的作者没有注意到或者弄混了的。当然，提出的区分要能合理地期待大家都能接受。这种区分最明显的表现是概念上的。比如伯林（Isaiah Berlin）对消极自由与积极自由的著名区分，还有罗尔斯提出的纯粹程序正义、完善程序正义与不完善程序正义的区分。区分（或者概括）越新颖、越清楚，大家越认可；涉及的问题越大、越根本，价值越大。在这个意义上讲，这种新颖的区分或者概括就是论文的灵魂之所在，也是本书在论证中极力希望清楚地呈现的。

按照上面的标准，本书的目标在于推进人们对分配正义的认识。本书的核心问题自然是：何种分配原则才是正义的？我们对此提出的粗略答案是：满足人道要求与公平要求的分配原则。我们选择这个新原则的核心原因在于：过往的正义研究没有真正严肃地对待现实人性的影响。过往的研究更多的是强调人性对正义原则在应用上的限制，而忽视了现实人性对正义原则本身产生的影响，或者说注意到了，但没有把它们明确化、明朗化，由此产生的结果是对各种原则产生了不一致、非系统的影响。不仅如此，当代的正义理论主要是义务论视角的，基本上都受到了康德伦理思想的重大影响。这些理论具备两个特点：一是推出的正义原则都在某种程度上承诺某种绝对性与不妥协性，二是各种理论的证成都或多或少地诉诸反映了现实人性的道德直觉。由此，这些理论不仅彼此不相容，而且都有着无法克服的内在不一致性。后果主义则可以分为激进的与温和的。前者不考虑人性约束，尽管有一致的动机设定但却不现实；后者注重现实人性引起的后果，但在证成上则存在同样不一致的问题。不过，后果主义理论的本质特征就是注重后果，有着天然的优势可以纳入现实人性，可以提出修正的分配正义原则，故而很好地解释了各种有关正义的直觉。

本书其他各章的研究内容如下：

第二章探讨正义的功能与性质。在正义的功能上，这一章主要区分分配正义与配给正义，表明分配正义适用对象的根本性，而且自我所有权、财产权与税收权等权利的证成是要做整体性思考的，它们的证成既不能被割裂，也没有先后之分，无法做一种分立性的证成。关于正义之性质的论述则侧重于区分规范意义上的（作为德性的）仁爱和描述意义上的（作为动机能力的）仁爱，表明以往对正义环境的认识有着基本的误解。在这两者的基础上，我们能够更好地认识人性局限对道德直觉的影响，提出立基利他心的人道情感与立足自利心的公平情感。

第三章考察立足应得的分配正义观。这一章所做的主要是澄清性工作，这里有个区分值得注意：除了“应得”与“不应得”这两个概念之外，还有“非应得”这个概念。正是在这个概念的澄清上，我们可以更好地理解罗尔斯所提出的制度性应得（合理预期）与前制度性应得。基于这些澄清性工作，我们考察了五种应得基础（自然禀赋、努力、需要、德性、贡献），结果发现，我们日常谈论的主要是贡献应得，但这个应得直觉实际上是公平直觉支持的，而且它预设了自我所有权、财产权、自由交换权的正当性，而这正是要由正义来证成的。由此，日常应得观无法成为正义的根基，相反是派生于人们的正义观念的。

第四章考察立足自由的分配正义观，主要以诺齐克（Robert Nozick）的资格正义理论为考察对象。这里的核心问题是：这里的自由指代何种自由？柯恩指出，诺齐克的资格正义理论与正义命题不同，由此引出诺齐克自由至上理论的论证中用了两种不同意义的自由观。实际上，资格正义理论的真正吸引力源于自我所有权与财产权。自我所有权与财产权不仅有不同的形式，而且本身都是需要证成的，由此就引出了两个问题：(1) 证成自我所有权与财产权的理由同样适用于市场经济机制，但这并没有得到考虑，形成了理由应用上的断裂；(2) 自我所有权与财产权的绝对性不仅没有考察现实人性，而且无法找到一致的人性设定，也就是说，没有任何人性设定能够支持这种绝对的自我所有权与财产权。因此，自由尽管可以成为分配正义观中的重要内容，但单凭本身显然无法得到证成。

第五章考察立足平等的分配正义观。平等毫无疑问是当今最重要的一种政治价值，但是平等的含义太过混杂。广义平等是有吸引力的，也是不容否定的，但界定主要是否定性的，显然与等级制不相容，没有王侯将相。立足广义平等不足以决定分配正义，因为它与多种分配正义观都是相容的。立足狭义平等的分配正义观则面临着种种问题，随着所强调向度的不一样，结果平等面临着主观主义价值困境，机会平等面临着责任困境，运气平等面临着动机困境。立足狭义平等的分配正义观同时面临着一种或几种困境，故而狭义平等无法作为分配正义的基础。

第六章考察立足责任的分配正义观，也就是德沃金的资源平等理论。德沃金的资源平等理论有独特之处，根本在于其对集体责任与个人责任的具体划分。然而，德沃金的理论实际上有两张面孔。第一张面孔是资源分配要“敏于抱负，钝于禀赋”①，其核心在于把个人的生理能力与精神能力不看作个人的内在构成成分，而看作个人性资源。然而，这张面孔的辩护根据无论是做运气平等解读还是做日常伦理解读，均有无法克服的各种不一致性，无法找到合适的人性假设。不仅如此，德沃金运用虚拟拍卖与虚拟保险这两种机制，混淆了假设性意愿的显示性作用与决定性作用，由此这种机制的问题不是它没有准确地实现第一张面孔，而是它实现的根本就不是第一张面孔，相反体现的是日常道德直觉中的正义原则，也就是人道原则与公平原则。这是德沃金资源平等理论的第二张面孔。

第七章考察立足公平的分配正义观，即罗尔斯的公平正义观。尽管罗尔斯的正义观名为公平正义观，但这只是其正义观的程序特点，其实质性内容实际上包含了人道与公平两种成分。然而，他试图通过公平这一种成分包含两种不同的成分，这导致其理论出现了种种不一致。其根本原因在于，罗尔斯承认康德伦理思想的影响，接受某种绝对与不妥协之精神，同时又接受道德直觉的影响，由此人道与公平这两种直觉就进入了其理论。这两者间的冲突也在罗尔斯的论证过程中非常明显地体现出来。如果我们能够去掉其中的义务论式设定，那么罗尔斯的公平正义观就很接近我们要达到的结论。

第八章将对后果主义的表述发展做一概述，显示当下后果主义发展的基本特征。这里主要从三个方面入手。首先，讨论后果的考虑方式，这涉及三个问题：（1）行动后果是否应该是比较性的，或者说判断行动后果之好坏的参照物是什么？（2）判断行动之对错的根据是采取行动的实际后果还是预期的后果？（3）后果主义考虑的是积极后果还是消极后果？其次，讨论后果主义的适用对象，主要回答的问题是：应该以行动作为评判对象，还是以规则、动机作为评判对象？最后，讨论后果的实质性内容，这个问题在20世纪50年代之后特别重要，特别是在价值多元主义兴起之后。

---

①　罗纳德·德沃金．至上的美德．冯克利，译，南京：江苏人民出版社，2003：94.

第九章介绍后果主义的三种一般性论证。第一种论证是哈萨伊（John C. Harsanyi）提出的合理选择论证。他的论证可以比拟罗尔斯为公平正义所做的论证，只是他在无知之幕下选择的是功利主义。第二种论证是黑尔（R. M. Hare）提出的语言论证，他认为语言本身显示我们会支持功利主义。尽管其论证中有逻辑跳跃，但考虑他的论证所欠缺的东西，我们可以探讨这种补充是否能够得到支持。第三种论证是卡根（Shelly Kagan）提出的间接论证，卡根从功利主义与义务论的争论中概括出义务论（和常识道德共有）的基本结构与特点，然后通过论证显示义务论伦理的几个根本特征是前后不自洽的。他试图由此表明，我们需要接受一种激进的功利主义。然而，上面的论证无论多么完美，都有一个致命的弱点，不符合也无法解释人们的道德直觉。

第十章考察后果主义如何纳入现实动机，从而回应后果主义受到的一种重要反驳，即偏向性反驳。后果主义被认定为一种决策程序，要求我们时刻最大化，因此无法获得幸福生活中的重要成分：情谊。换言之，后果主义只承认不偏不倚的价值，无法接受偏向性价值，而这种偏向性恰恰是情谊（亲情、爱情、友情）的本质属性。这里的基本考虑是我们搞错了情谊的性质。作为一种内在价值，情谊是一种非道德价值，因此只要我们明确承认后果主义是行动正当性的判断标准，而不是行动的决策根基，那么我们就有很好的资源来回应这种反驳。

第十一章直面义务论对后果主义的最严重的反驳，即个人分立性反驳。按罗尔斯的说法就是，我们把只适用于个人的决策扩展到了社会，故而没有考虑人与人之间的分立性。然而，从形而上学的意义上讲，个人的分立性的重要价值是否成立，取决于某种个人同一性理论。然而，这里有一个最根本的混淆：标记（token）意义上的个人同一性找不到具有重要性的本质，而具有重要性的本质只能是类型（type）意义上的个人同一性。由此，个人同一性的重要性就只能源于实践重要性。从此视角出发，义务论实际上搞反了证成的顺序，不是我们不该从而不能忽视个人的分立性，相反是我们不能忽视（因为忽视会适得其反）从而不该忽视个人的分立性。因此，个人的分立性的重要性实际上取决于人的现实动机，而不是取决于人本身就拥有无条件的价值。就此而言，反倒是后果主义能很好地解释这种分立性的价值。

第十二章我们先从再分配问题入手，考虑日常思维中存在的混淆。之后我们将表明，后果主义思路如何可以证成市场经济制度与税收制度的相容性，由此解释构成市场经济制度的权利是否确实是人们接受的权利。此后我们结合人性动机的约束，表明后果主义证成的权利是要实现两个基本目标，即满足人道要求与公平要求。最后我们对人们可能形成的误解做了几点补充说明。

最后一章是本书的结语部分，对全书的基本思路做了回顾，表明了人性对正义有何约束同时又如何体现在正义的情感中，概括了本书的新意之所在，由此完成本书。

第二章　正义的功能与性质

在探讨具体的分配正义原则之前，我们对正义的功能与性质做概观的了解是很有必要的。这种了解在很大程度上会影响到我们如何评判各种具体的正义原则。本章主要做一些澄清性工作，尽量消除容易引起误解的因素，特别是搞清楚正义与人性之间的关系。这里的讨论起点是罗尔斯的观点，罗尔斯是20世纪最著名的政治哲学家，他在《正义论》中提出了正义之功能的基本观点。本章的探讨大体上在罗尔斯的基本框架内进行，尽管会澄清其中的一些混淆。因此，本章所体现的关于正义的功能与性质的看法即使不是罗尔斯的，也是罗尔斯式的。

第一节　正义的功能

要理解和评价各种正义原则，首先得知道它们究竟是干什么的、有什么样的功能。在此我接受罗尔斯的看法，从正义概念与正义观念的区分开始。“正义的概念就是由其原则在分配权利和义务、决定社会利益的适当划分方面的作用所确定的。而一种正义的观念则是对这种作用的一个解释。”① 罗尔斯认为，不同的人对于正义可能有着不同的观念，但是他们基本上能就正义概念达成一致。罗尔斯对正义概念更具体的说明是：“当

① 约翰·罗尔斯．正义论．何怀宏，等译．北京：中国社会科学出版社，2009：8.

对基本权利和义务的分配没有在个人之间做出任何任意的区分时，当规范使各种对社会生活利益的冲突要求之间有一恰当的平衡时，这些制度就是正义的。”① 我们从这里可以看出，正义概念的含义是在个人之间分配好处与坏处时要有恰当的平衡，或者说要做出适当的区分；正义观念的含义是何种具体分配是恰当的平衡或者说是适当的区分。

但是，为了避免误解，我们理解罗尔斯的这个界定需要先弄清楚下面两个区分。其一，要注意区分分配原则本身的正义和原则的执行正义。本书的着重点在于原则本身是否正义，而不是原则的执行是否正义。这一点特别值得强调，因为我们感受最为强烈的往往是执行不正义。以高考为例，我们关注的往往是录取上是否真正做到了从高分到低分录取，考试时是否有人舞弊。但是，我们往往不那么关注高考制度从高分到低分录取这个原则本身是否正义，或者说我们不是那么想把它作为一个正义问题来处理。但本书关注的恰恰是这种原则本身是否正义，关注其理由是什么。当我们考察正义原则时，一切相关因素都可以是我们关注的对象，既不假定任何原则是天然正义的，也不假定任何原则是天然不正义的，一切都有待考察，需要有恰当的理由。

其二，要注意区分分配正义与配给正义。配给正义一般是指有一堆现成的东西，比如说天上掉下的馅饼，我们如何把它们分配给每个人。我们从罗尔斯的阐述来看，分配正义涉及的对象主要是权利与义务。不过，罗尔斯尽管区分了分配正义与配给正义，但并没有特别强调这一点，由此容易让人产生误解。这里有必要做一个非常详尽的说明，以避免各种可能的误解。我们主要分几个层次来理解权利与义务的分配问题，以更加明确分配正义的主要功能，加深对正义原则的理解。

第一个层次的问题：人们能有什么样的权利与义务？这个涉及分配正义的范围与领域。从原则上讲，任何人类行为似乎都可以属于分配正义的领域，要么以积极的方式（明确地要求或禁止），要么以消极的方式（默默地许可）。但从现实来看，没有哪种正义观具有如此大的范围。这里并不想对正义的领域给出清楚明晰的界定，只是要提醒，在分配权利与义务

---

① 约翰·罗尔斯．正义论．何怀宏，等译．北京：中国社会科学出版社，2009：8.

之前，确认存在哪些权利与义务是第一要务。因为只有存在这些权利与义务，才存在分配这些权利与义务的问题。在人类历史的不同发展阶段，存在着不同的权利与义务。在今天看来，有些权利与义务的存在本身就是不正义的，因此这些权利与义务的任何分配都不会有恰当的平衡。一个典型例子就是，奴隶制之下有作为奴隶主的权利与作为奴隶的义务。然而，这种权利与义务的存在本身就是一种不正义，不管它们是如何分配的。因此，权利与义务不只是在分配时才涉及正义，它们是否存在，或者说确定有哪些权利与义务可以分配，这是更为根本的分配正义问题。

第二个层次的问题：权利与义务的存在形式和具体内容是什么？当权利与义务的存在并不一定违背正义时，我们就可以探讨这种权利与义务的存在形式和具体内容。我们这里可以考虑最常见的三种基本权利。第一种是自我所有权。借助奴隶的比喻，个人能够对自我拥有权利，即是自己身体的主人。但这种权利究竟有何蕴含？人们在任何条件下都拥有自我所有权吗？人们对自我拥有绝对的所有权吗？比如，人们能够出卖自己而成为别人的奴隶吗？显然，如果我们认为奴隶制是不正义的，那么这种意义上的绝对自我所有权就与正义相违背。无论最终自我所有权的限度是什么，都无法否认这是与正义相关的重要问题。第二种是财产权。这里有着同样的问题：人们在任何条件下都拥有财产权吗？人们是个人单独拥有这种财产权，还是一部分人或所有人共同拥有？人们能够拥有绝对的财产权吗？也就是说，只要一个东西是我们的财产，我们就可以拿它做任何事情吗？一般来说，总是在有些情况下人们不能拿自己的财产随心所欲，比如不能拿枪到处乱射，起码在可能伤害别人的生命安全时这是被禁止的。从现实实践来看，人们甚至都不一定能想把财产给谁就给谁，比如有馈赠税和遗产税。财产权的限制之一涉及我们要谈到的第三种重要权利：税收权。国家可以对人们收税吗？可以采取何种形式的税收制度？税收与自我所有权和财产权是必然冲突的吗？这种税收权存在的根据是什么？除了涉及它们存在的形式和条件外，还有一个相关的问题就是：它们有多大的权重？何种权利具有优先性？无论正义理论最终给出何种答案，这些问题本身都是各种正义观要处理的重要问题。

在前两个层次的问题解决之后，我们就来到了第三个层次的问题：各种权利与义务存在之后，要如何分配它们？这时我们才涉及罗尔斯所谈的权利与义务的分配问题。这种分配既有可能是直接规定谁有什么权利或什么义务，也有可能是规定人们在何种条件或程序下可以获得何种权利或要承担何种义务，从而间接地分配权利与义务。一般来说，老百姓关心的往往是这个问题，因为他们对获得何种权利或者承担何种义务更感兴趣，因为这些东西直接影响到他们的生活。但实际上，这个问题的解决与前两个层次问题的解决是连在一起的。如果前两个层次的问题没有得到很好的解决，那么老百姓依然会面临很不好的境地。这一点非常好地体现在法哲学的讨论中。如果法律本身特别不正义，那么法律执行得越好、越有力，不正义就被贯彻得越彻底，产生的危害就越大。

美国著名法学家与政治哲学家德沃金就非常清楚地意识到了这一点，他说："公民的财富大大取决于其社会颁行的法律……当政府执行或维护这样一套法律而不是那样一套法律时，我们不仅可以预见到一些公民的生活将因它的选择而恶化，而且可以在相当程度上预见到哪些公民将受到影响。"① 比如，有没有收入累进税对个人的收入影响极大，特别是那些处在社会底层的弱势群体，受到的影响就更大。有没有健全的社会保障制度，有没有基本的医疗保障，不仅影响到老年人的生活，而且影响到青年人的生活，会相应地改变人们一生的规划。

最后我们来到了第四个层次的问题：人们在这种分配制度下得到的好处与坏处分别是什么？前三个层次的问题解决后，人们满足相应的条件，就会获得权利与义务给予的好处或坏处。这一般都与个人的具体行为相关，因此，分配正义不会事先确定每个人究竟会得到多少好处或坏处。当然，在不同的分配制度下，人们所能得到的东西很可能是大不一样的。由于没有哪种理论会完全否定个人的自由与自主性，因此除了极个别极端的理论之外，我们一般没有固定的分配模式。就罗尔斯的公平正义而言，只要我们满足正义原则，那么每个人得到多少就是一个纯粹程序正义问题。而在诺齐克的自由至上正义理论中，其资格原则更是难以确定最终的结果，因为人们的自由交换在其中起到至关重要的作用。就此而言，我们甚

---

① 罗纳德·德沃金. 至上的美德. 冯克利，译. 南京：江苏人民出版社，2003：1-2.

至可以把分配正义原则看作一个程序原则。当然，这种程序原则的规定可能会大不一样，一个极端是产生完全确定的结果，比如说绝对的平均主义分配原则；另一个极端则是纯粹程序问题，程序产生的结果完全是随机的，没有任何固定模式。然而，一般来说，更有可能的是中间情况，这种程序可以规定某种最低值或最高值，但对于具体分配则不做任何规定。

这里要注意的是，这四个层次的区分只是让我们明白问题的复杂性与根本性，它们的证成是要合在一起做整体性考虑的，在证成上并没有先后之分，只有在考虑或设计具体制度时才有层次问题。这种分层次的思考让我们注意到：权利与义务的安排不仅影响人们得到多少好处与坏处，而且影响人们成为什么样的人、接受什么样的价值观。在讨论中这往往没有受到重视，诸多理论的讨论似乎都把人看作固定不变的。这一点特别值得提醒，因为今天的价值领域容易把“诸神并起”的价值多元论弄成“群魔乱舞”的主观主义。的确，今天没有太多的人会否认，有多种价值存在，有多种好的生活方式存在，这些生活方式很可能是相互冲突与竞争的，而且没有哪种价值或生活方式是唯一重要的。这就是价值领域的“诸神并起”。但是，有些人却把这种“诸神并起”误作“群魔乱舞”，认为所有的生活方式都具有同样的价值，或者是不可比较的，只不过是个人的主观意见或感觉而已。然而，本书的论证预设了这样一种观点：我们也许无法对所有的价值观都做出确定的回答，但有些价值观肯定是不对的，有些生活方式是坏的，有些生活方式是好的，还有些生活方式则是不好评价的。对我们选择正义原则而言，这些是基本的背景条件。

上述分层思想让我们认识到，有些好处或坏处只在某些体制中才存在，或者说有些好处或坏处并不是天然存在，而是被某些权利与义务的体系创造出来的。英国法哲学家约瑟夫·拉兹（Joseph Raz）对这种观点做了详尽的阐述。[①] 有些善是以某种实践规则（由此就存在相应形式的权利与义务）为前提的，比如父母与子女之间的亲情，我们是否禁止收养不仅影响到谁能得到亲情这种价值，而且实际上会改变这种善的性质。如果我们禁止收养，那么亲情就只能基于血缘，那些没有生育能力的人就无法获

① 约瑟夫·拉兹．公共领域中的伦理学．葛四友，主译．南京：江苏人民出版社，2012：26-29．

得“为人父母”的这种善。如果我们认为，“为人父母”是个人幸福不可或缺或极为重要的成分，那么是否允许收养自然就会影响到这种好处的分配。但是要注意到，是否允许收养还会在很大程度上改变家庭的性质，因为它决定亲情是否一定要基于血缘。另一个例子是婚姻制度，比如我们是否允许同性结婚，或者说同性恋者是否有权利结婚组成家庭。如果允许，这自然会使同性恋者得到很大的善，而他（她）们在只允许异性结婚的地方是得不到这种善的。但同样，这种变化自然会使婚姻所产生的善与以前不一样。是否允许这种权利与义务存在，很显然会影响到人们所获得的好处与坏处，但其方式与传统意义上的分配有很大的不同，这是我们考虑分配正义时一定要重视的。不仅如此，分配原则承认哪种制度，显然会强化这种制度背后的价值观，比如说禁止同性恋行为，这不仅会给同性恋者带来痛苦，而且会塑造其他非同性恋者的价值观与人生观。

在澄清这些问题之后，我们就会发现罗尔斯的正义概念与正义观念之区分为什么容易引起误解。正义观念不仅仅是对权利与义务之分配不做任意区分，这有两个方面的原因：一方面，有些权利与义务可能就是不应该存在的，比如奴隶主的权利就是不应该存在的；另一方面，有些权利与义务是人格形成的重要原因，因此，如果着重点只在于权利与义务的分配的话，那么这显然会忽略正义在塑造人格、影响人们的基本善观念上所起的作用。德沃金的看法可以与之形成互补。在他看来，正义的主要作用在于为人民的生活提供基本的背景环境，使人们过上好的生活。由此，正义概念就在于它有两个任务：一是划分集体责任与个人责任；二是使人们作为一个集体单位来承担集体责任，从而为人们承担个人责任创造合适的条件。当然，这两种责任的完成很可能还是以罗尔斯的方式实现的，它还是依赖权利与义务的确定和分配。

这里我们对正义功能的认识，并不承认任何已有的权利或原则都是不可置疑的，充其量是一种初步合理性，从而一切原则都需要经过全面的论证，然后才能确立或得到辩护。同时，这里的研究目标与罗尔斯的一样，是寻求一种现实主义的乌托邦。这一概念有两重含义：(1) 本书的研究不是试图描绘各国现有的分配正义实践，尽管这些实践能够提供很好的借鉴，而是要做规范性的探讨，它想要得到的是一种理想的分配正义观；

（2）这种理想并不是罔顾现实的理想，相反，这种理想是要具有现实可能性的。在不改变自然与现实人性的条件下，只要时机恰当，这种理想就有可能实现。

第二节　正义环境论说

上面我们对正义的功能做了简述，本章的余下部分探讨正义的性质。对正义的性质的认定，有助于我们更好地追求正义、实现正义的理想。罗尔斯在《正义论》中对正义做了掷地有声的宣告，他说："正义是社会制度的首要德性，正像真理是思想体系的首要德性一样。"① 然而，罗尔斯同时又接受了休谟有关正义的环境论说，而这一论说并未赋予正义这样的德性。相反，人们一般认为，从休谟的正义环境论说得出的结论是：正义是一种弥补性或者说补救性的德性。这种观点显然与罗尔斯对正义的看法是相矛盾的。但遗憾的是，不知出于何种原因，罗尔斯对此未置一词。在笔者看来，恰恰是这里的沉默为罗尔斯理论中的动机悖论埋下了伏笔。在某种意义上讲，本书试图提出的正义新论，源头正在于对正义的性质的考察，特别是其中有关人性的看法。同时，正因如此，本书研究的正义"新论"并不完全在于实质内容上的新，而更多在于正义的"新"证成。因此，如何理解正义环境论说不仅与我们对正义的性质的理解有关，而且对本书的整个研究都至关重要。

由于休谟提出的正义环境论说是罗尔斯所接受的，所以我们就从这一学说开始。正义的环境可以分为正义的主观环境与正义的客观环境。在休谟看来，现实世界的正义起源于有关正义环境的两个事实：第一是正义的主观环境中人类动机的自私，或者说仁爱的不足；第二则是正义的客观环境中资源的适度稀缺。② 这是休谟的正义环境论说的第一个部分，得到后

① 约翰·罗尔斯．正义论．何怀宏，等译．北京：中国社会科学出版社，2009：3.

② David Hume. A Treatise of Human Nature. David F. Norton，Mary J. Norton，eds. Oxford：Oxford University Press，2000：49.

来研究的广泛认同[①]，由此极大地影响到人们对正义的性质的看法，导致人们广泛接受正义是一种补救性德性，其含义有两层：（1）正义是为了弥补人的仁爱的不足；（2）仁爱是一种高于正义的德性。[②]

然而，单从正义在现实世界中是如何产生的，并不能推出正义只是为了弥补人的仁爱的不足。补救观实际上源于休谟的正义环境论说的第二个部分：什么要素使正义成为不必要的？休谟的正义环境论说的这个部分认为：如果人们全都是仁爱的，那么正义就是不必要的；如果人们有富足的资源，那么正义也是不必要的。[③]"在休谟看来，对使得正义德性在人类社会中既是必要的也是可能的来说，一个客观条件和一个主观条件单独地看是必要的，联合地看则是充分的。这些条件是有限的慷慨和适度的稀缺。"[④] 柯恩根据这种理解，提出了一个图表来显示其间的关系。（见表2-1）休谟以及后来者正是从这个图表所表示的内容推出正义补救观的。

表 2-1

		仁爱		
		缺乏	适度的	无限的
稀缺性	无限的（极度匮乏）	不可能	不可能	不必要
	适度的（一般富足）	不可能	可能且必要	不必要
	缺乏（无限富足）	不必要	不必要	不必要

然而，这种推理有两个方面的问题。（1）它的蕴含并不清楚。按照休谟的观点，正义不仅弥补仁爱的不足，而且弥补资源的不足。即使我们承认仁

① John Rawls. A Theory of Justice. Cambridge, MA: Harvard University Press, 1971: 127-128; Peter Vanderschraaf. The Circumstances of Justice. Politics, Philosophy & Economics, vol. 5, no. 3, 2006: 321-351.

② Ci Jiwei. The Two Faces of Justice. Cambridge, MA: Harvard University Press, 2006: 64; Michael Sandel. Liberalism and Limits of Justice. Cambridge: Cambridge University Press, 1982: 31-32.

③ David Hume. An Enquiry Concerning Principles of Morals. Tom L. Beauchamp, ed. Oxford: Clarendon Press, 1998: 13-14.

④ G. A. Cohen. Self-Ownership, Freedom, and Equality. Cambridge: Cambridge University Press, 1995: 140.

爱（利他主义）是高于正义的德性（这需要进一步澄清），但资源的富足显然不是什么德性，更不是高于正义的德性。（2）这个部分并不像第一个部分那样广为人们所接受，它存在争议，其中至少还有两种代表性观点。一种观点源于罗尔斯以及许多接受理性多元主义观点的人。[①] 他们认为，当且仅当人们有充分富足的资源时，人们才不需要正义。由此，正义显然不是一种补救性德性。持另一种观点的代表性人物是慈继伟教授[②]，他认为，当且仅当人们是完全利他的时，人们才不需要正义。这种观点显然认为正义是一种补救性德性。

正义究竟是不是补救性的？如何回答这个问题对于认识正义的性质非常重要。社群主义者认为正义是补救性的，这就导致他们认为人们应该追求比正义更高的德性——共同体中的各种德性。因此，正义究竟是不是补救性的，对于人们如何追求正义就是极为重要的。这里的关键是人们对正义环境的认识，然而这远不像看起来那样清楚明了。

从表面上看，休谟对正义的主观环境的论述是清楚的：人们只有有限的仁爱（利他主义）。然而，这种表述实际上是模棱两可的，这是因为我们日常语言是模棱两可的。为了明确其含义，我们需要注意区别日常谈话中的两种不同的仁爱或利他主义：规范意义上的（作为德性的）仁爱与描述意义上的（作为动机能力的）仁爱。我们日常谈话中用得最多的仁爱或者说利他主义，是相对于某种正义要求而言的。我们一般不把警察帮助老百姓看作利他主义或仁爱的行为，因为这是他们的职责。但是，某个人若拿出自己的合法所得——包括自己的人力、物力等——去帮助陌生人，我们一般认为这个人是仁爱的或者说是具有利他主义精神的。仁爱或利他主义的这种意义就是指超越正义、高于正义的一种德性。我们拿出属于我们自己的合法财产、时间或精力，不是为了交换利益，而是为了他人去帮助

① John Rawls. Political Liberalism. New York：Columbia University Press，1993；Steven Lukes. Taking Morality Seriously//Morality and Objectivity. Ted Honderich，ed. London：Routledge，1985；Allen E. Buchanan. Marx and Justice：The Radical Critique of Liberalism. Totowa，NJ：Rowman and Littlefield，1982；Thomas Nagel. Equality and Partiality. Oxford：Oxford University Press，1991.

② Ci Jiwei. The Two Faces of Justice. Cambridge，MA：Harvard University Press，2006：chap. 3.

他们，这种行为是个人利他主义精神的一种体现。我们把这种行为者称为仁爱者或利他主义者。显然，这种意义上的仁爱或利他主义是以正义规范（不一定是现实的制度，可能是人们认为应该接受的、理想的正义规范）为前提的，是与正义和利己主义相比较而获得意义的。这个时候，正义是一种德性，而且是一种介于纯粹利他主义与纯粹利己主义之间的德性，在道德上高于利己主义而低于利他主义。由此，这种意义上的仁爱或利他主义就总是与人们去做分外行为的动机相关。当我们在这个意义上说个人是利他主义的时候，我们是在赞美这个人拥有的一种高于正义的品性。我们把这个意义的仁爱或利他主义称作规范意义上的仁爱或利他主义，又可以称为作为德性的仁爱或利他主义。

然而，规范意义上的仁爱或作为德性的仁爱显然无法成为休谟正义环境论说中的要素。原因在于，按照休谟的说法，正义的环境有一个重要功能，那就是决定正义是不是必要的。然而，作为德性的仁爱本身就预设了正义规范的存在，因此作为正义环境中的仁爱自然不是这种意义上的仁爱。这有两个原因。(1) 我们必须得知道某人合法地或正当地拥有什么东西，在此之后才能谈论某人是否在这种规范意义上是仁爱的。(2) 前面我们已经说过，正义的主要功能是决定“什么是正当地属于某人的”。这就是说，规范意义上的仁爱谈及分外行为，它必须预设“什么是正当地属于某人的”，因此它就预设了正义已经是必要且存在的。然而，我们这里谈论的正义环境是要用来决定我们是否需要正义，仁爱如果要作为正义环境中的要素，那么自然就不能是这种规范意义上的仁爱，否则这就是乞题。

如果上述理解没错，那么我们首先可以得出一个结论：正义补救观不可能同时具有前文所说的两层含义。这里可能出现两种情况。(1) 正义真是补救人的仁爱的不足的，但它补救的不可能是作为德性的仁爱，而只能是其他意义上的仁爱。因此，正义补救观不具有第二层含义，即被补救的仁爱并不是一种高于正义的德性。(2) 正义根本就不是补救人的仁爱的不足的，由此，正义补救观不具有第一层含义。这就是说，无论是哪种情况，正义补救观都不可能同时具有前文所说的两层含义。

但正义补救观具有第一层含义吗，即正义是为了弥补人的仁爱的不足吗？为此，我们有必要了解另一种意义上的仁爱，也就是作为动机能力的仁爱。仁爱在此是指我们具有一种理想的动机能力。什么样的动机能力是理想的？我们在此可以借鉴康德的“善良意志”概念。① 一个具有善良意志的人总是能够履行自己的义务，不管义务的要求有多高。按照这种思路来设想，动机能力的理想在于：人们一旦认识到什么事情（在综合意义上）是正确的，就总是有充足的动机去做它。在某种意义上讲，仁爱就相当于“善良意志”。不过，这显然有悖于人们的直觉，因此值得做详尽的分析与解释。

我们经常听到这样一种说法：人天性自私。休谟的说法则温和得多，即人只有适度的慷慨心。这里都是在描述人们做事的动机能力，而且这种动机能力不够理想。人们没有充足的动机去做正确的事情，并且这种动机不足是因为人们对自己关爱太多，而对他人关爱不够。由此，这里的仁爱一般是指对他人的关爱，而不是指对自己的关爱。由此，在日常语言中，仁爱往往被看作利他的动机，慢慢地就被等同于利他主义的德性。但是，理想的动机能力显然不是只关爱他人，同时也应该关爱自己。我们对不偏不倚的一种通行理解是，每个人的利益要得到同等的考虑。当然，理想的动机能力并不是说，人们在做每一件事情的时候必须每时每刻同等地关爱自己和他人的利益。这里理想的动机能力要求的是一种灵活的关爱能力，有时候人们要更关爱他人的利益，有时候人们要更关爱自己的利益。

然而，现实中人们往往对他人关爱不够，由此没有充足的动机能力去做正确的事情。这个事实造成的后果就是，我们总是把仁爱等同于关爱他人，而且利他主义成了一种高于正义的德性，并且作为动机能力的仁爱与作为德性的利他主义也被混淆在一起。笔者认为，这很可能正是形成正义补救观的重要原因。不仅如此，这种利他主义有时候甚至变成只要关爱他人就是好的，推到极端就是“毫不利己，专门利人”这种不理性的精神。比如，冒生命危险从滔滔洪水中捞出别人的一件衣服或一根木头，这显然不是值得赞扬的事情。因此，即使规范意义上的仁爱或利他主义也不意味着要无条件地为他人做出牺牲。这里的牺牲必须是有条件的，也就是说，

① Immanuel Kant. Groundwork for the Metaphysics of Morals. Allen Wood，trans. and ed. New Haven：Yale University Press，2002：9.

这种牺牲必须是值得的。然而，在现实世界中，如果某件事情要求个人做出很大的牺牲，那么即使这是道德要求的，是一件正确的事情，人们也不情愿做。因此，矫枉过正的结果就是我们容易把仁爱德性等同于利他主义德性，强调仁爱（作为一种高于正义的德性）只具有利他性这一个属性。

我们可以通过一种思想试验将这一点更清晰地展现出来。设想只有某个方面完全不同于现实世界的世界。在设想世界里，人们对自我关爱不够，而对他人关爱过多。我们知道，在现实中有这样的父母，他们为了孩子可以牺牲自己的一切，自己纯粹成了实现孩子幸福的工具。在设想世界里，大家都像这样的父母，只是对象不只是自己的孩子，而是所有人。由此，在这个世界里，人们同样没有理想的动机能力，也就是说，人们经常没有充足的动机做正确的事情。但与现实世界不同的是，人们做不到的原因是相反的，设想世界里的人们是因为对自我的关爱不够。也就是说，人们对他人的关爱过多，经常忽略自己的利益，从而无法做正确的事情。我们可以想象，在这个设想世界里，利己主义精神会是一种高于正义的德性，广受表扬且被倡导，借此来压制人们对他人的过多关爱。完全可以设想，在这个设想世界里，（作为德性的）仁爱可能经常与（描述意义上的）利己主义而不是利他主义相混淆。

这样，我们可以在两种不同类型的可能世界里来看待仁爱。一种是类似于现实世界的可能世界，这里人们往往会因为对他人的关爱不够而无法做正确的事情，因此（作为德性的）仁爱就强调利他性的动机能力，将之混同为利他主义。另一种是设想世界，这里人们往往会因对自我的关爱不够而无法做正确的事情。在这个世界里，（作为德性的）仁爱就会强调利己的动机能力，将之混同为利己主义。不过，由于现实世界中充斥的都是利己者，对他人的关爱严重不够，所以极少有人注意到后一种可能性。但是，人们一旦意识到这种可能性的存在，就会知道规范意义上的仁爱（在两类世界里都是一种高于正义的德性）不同于规范意义上的利他主义（在现实世界里是一种高于正义的德性），且两者都不同于描述意义上（作为一种理想的动机能力）的仁爱。由此，正义的主观环境中的仁爱只能是一种描述意义上的动机能力（下面的讨论都是指这种意义上的仁爱），而有限的仁爱就是指人们对他人关爱不够，对自己关爱过多。下面我们探讨，正义是否可以被看作对这样一种动机能力不足的补救。

第三节　正义的客观环境与必要性

上一节我们对仁爱做了较为详尽的分析，这一节我们结合仁爱的含义探讨正义的客观环境。首先关注“资源富足是什么意思”。休谟认为现实世界中的资源有限，这显然没有任何问题。麻烦在于，资源富足则不是那么清楚。表面上看，什么是资源似乎是一目了然的，比如矿产资源等。休谟考虑的也只是矿产资源这样的外部资源。一般说来，后来的讨论继承了这一点，即考虑资源富足时通常说的是外部资源，由此把资源作为纯粹客观的来看待，它们是否有用似乎是不以人的意志与欲望为转移的。

然而，资源并不仅仅只有外部资源，还有人力资源。一般而言，外部资源需要借助人力资源才能成为人们可用的物品。当我们谈论资源富足的情况时，如果外部资源本身就是不富足的，那么无论人力资源是否富足，我们的资源都是稀缺的。但即使我们有富足的外部资源，也未必能说我们具有富足的资源。如果我们仅有富足的外部资源，那么我们就可能还是会有人力资源上的冲突。因此，我们仍然需要正义来处理人力资源的冲突。

由此看来，如何界定资源富足就是极为重要的。这里接受哈宾(David Hubin)的看法：当每个人都有足够的资源来满足其每一种需要和欲望时，人们就有富足的资源。[①] 按照这种定义，我们能够得出，只要人们有富足的资源，正义就是不必要的。理由很简单。如果人们有富足的资源，那么所有人的一切需要和欲望就都能获得满足。因此，就没有必要分配资源，也就不用在分配上做出恰当的权衡与区分，这实际上相当于说正义是不必要的。不过，也许会有人说，这种进路是特设性的（ad hoc），因为我们是在用定义解决问题。不仅如此，这个定义还只是形式的定义，并不具有实质意义。当它变得越来越实质性时，问题就没这么容易了。不过，这种质疑的主要原因不在于它是形式的，而在于它是依赖于欲望的。

---

① D. Clayton Hubin. The Scope of Justice. Philosophy & Public Affairs, vol. 9, no. 1, 1979: 3-24.

这个定义使资源不再像看起来那样是客观的。资源是否富足在两个方面取决于欲望：一是欲望决定什么物质是资源；二是欲望的程度决定外部资源是否能够满足它们，由此就与人的仁爱程度联系起来了。

这里可以分两种情况来考察。一种情况是人们过于自爱，对他人没有任何关爱，人们就更容易有不可饱和的欲望，或者比较性的欲望，比如总是希望比其他人过得好，甚至希望他人成为自己的奴隶，等等。如果人们具有这种欲望，那么无论有什么样的外部资源，都不可能满足人们的所有欲望。换言之，一旦人们有某些欲望（比如总是希望比其他人过得好），那么不管有多少外部资源，情形都是欲壑难填。另一种情况是人们不仅关爱自己，而且关爱他人，人们不想奴役他人，也不认为比他人过得幸福有多重要，只想自己过得幸福就行，具有的欲望也不是那么多。在这种情况下，是可能有富足的资源来满足所有人的欲望的。

综上所述，人们是否有富足的外部资源，既取决于人们的欲望，也取决于人们的仁爱程度。只要人们太过自爱，具有不可饱和的欲望，那么人们就不可能有富足的外部资源，由此正义就一定是必要的。这样，即使人们有非常富足的外部资源，只要人们仁爱不足，那么人们就需要正义。我们由此可能会得出：仁爱才能使正义不必要。笔者认为，慈继伟之所以认为仁爱才是决定正义是否必要的条件，其主要理由大概正在于此。然而，我们一旦注意到资源与仁爱之间的关联，就会发现，仁爱首先必须通过改变欲望，同时也改变资源的富足情况，才能对正义的必要性产生影响。这就是说，只有当资源真正富足（无论是什么条件引起的）时，正义才是不必要的。换言之，仁爱能够在一定程度上决定人们的资源是否富足，由此间接地决定人们是否需要正义。然而，在实践中人们似乎永远都不会有富足的资源，我们往往忽略了资源实际在某种程度上是主观的这个特点。仁爱在某种程度上与人们的欲望有内在的关联，因此仁爱与资源的富足情况具有间接的关联。换言之，不够仁爱可能使人们永远都没有富足的资源。但这一点并不能否定：如果人们有富足的资源，那么正义就是不必要的。换言之，资源的富足确实可以使正义是不必要的。

第四节　正义的主观环境与可能性

上面考察了资源富足与正义之间的关系，接下来进一步探讨仁爱与正义之间的关系。慈继伟认为，只要人们是完全仁爱的，那么正义就是不必要的。罗尔斯与一些接受理性多元主义的人不同意这一点。他们的基本理由是：既然人们有理性多元主义，那么即使人们都是仁爱的，人们追求不同的善观念还是会导致各种主张之间的冲突，故而人们就需要用正义来解决这种冲突。①

慈继伟采用两种方式来反驳这种推理。第一种反驳是质疑理性多元主义。在他看来，理想世界是如此不同于现实世界，因此从现实世界的表现来推断理想世界里的情况，这是得不到辩护的。

> 我们谈论的是一个如此不同于现存世界的世界，只要我们这样去做，那么更可取的是更为强调这个世界与现实世界的不同而不是相同。……由此最讲得通的是不要这样设想：一个社会里的人都是完全利他主义，但这个社会依然与我们现存的世界一样，无法实现普遍利他主义，由此永恒地需要正义。②

不过，笔者认为这种论证的说服力不大。原因有二：(1) 我们并不知道是否真的只存在一种善观念，因此在这一点上保持搁置是谨慎的态度；(2) 罗尔斯相信理性多元主义的重要原因是存在判断负担。毋庸置疑，有些判断负担是由于人们不够仁爱而产生的。如果人们都是仁爱的，那么出于自私的判断负担就会消失。但是，判断负担还有另一个重要根源：理性或者说认知能力有限。③ 人们在很多科学问题上的分歧，并不涉及多少利益。

---

① John Rawls. Political Liberalism. New York：Columbia University Press，1993：4；Steven Lukes. Taking Morality Seriously//Morality and Objectivity. Ted Honderich，ed. London：Routledge，1985：104；Allen E. Buchanan. Marx and Justice：The Radical Critique of Liberalism. Totowa，NJ：Rowman and Littlefield，1982：157；Thomas Nagel. Equality and Partiality. Oxford：Oxford University Press，1991：154.

② Ci Jiwei. The Two Faces of Justice. Cambridge，MA：Harvard University Press，2006：62.

③ John Rawls. Political Liberalism. New York：Columbia University Press，1993：54-58.

但同样理性的人同样会产生分歧，并且这是常见现象。因此，即使人们全是仁爱的，也不可能消除所有的判断负担。这就是说，即使人们全是仁爱的，人们依然可能有多元的善观念。不过，这一点不会太过于困扰我们。为了论证，慈继伟承认这个观点可能没有说服力，由此他给出了第二种反驳：

> 值得注意的是，各种不同善观念之间的矛盾（conflict）采取的是冲突（clash）形式，这个事实并不能推出：正是不同善观念之间一般而论的差别引起了矛盾，由此需要正义来解决这些矛盾。相反，当具有不同善观念的人碰巧产生矛盾时，正义之所以必要，在根本上不是因为人们具有不同的善观念这一单纯的事实，而是因为人们的利己主义，这种利己主义使得人们更乐于追求自己的善观念，不管是什么观念，而不对他人追求他们自己善观念的权利给予恰当的尊重。①

慈继伟这里的论证实际上做出了矛盾（conflict）与冲突（clash）的区分。矛盾是指没有足够的资源满足所有人的欲望，而冲突是指没有武力作为后盾就无法解决的矛盾。显然，"人们都是仁爱的"这一点无法保证人们得到一个富足的世界。因此，当人们没有富足的资源时，人们之间显然就会有矛盾。因此，当慈继伟说"大家都接受，正义的必要性源于个人或群体之间所出现的矛盾"② 时，这里的矛盾显然相当于前面所说的冲突。因此，这里的真正问题是：当人们都是仁爱的时候，矛盾会变成冲突吗？

为了论证的缘故，我们分别考虑只有一种善观念的情况和具有不同的善观念的情况。我们首先考虑只有一种善观念的情况。如果人们都是仁爱的，且人们只有一种善观念，那么事情很简单：人们都会尽最大努力去实现这种善。人们永远不需要用武力解决矛盾，也不需要用武力进行惩罚，因为没有人会无故伤害别人。也就是说，只要人们都是仁爱的，且人们只有一种善观念，那么矛盾就永远不会变成冲突。

我们再来考虑人们具有不同的善观念的情况。当人们具有不同的善观念的时候，情况是否有所变化？这里的关键问题是：当人们具有不同的善

---

① Ci Jiwei. The Two Faces of Justice. Cambridge，MA：Harvard University Press，2006：50.

② 同①47.

观念时，人们是否会把自己的善观念强加给别人？如果不会，那么这种情况就不会与第一种情况有很大的差别，即矛盾不会变成冲突。在这一点上笔者同意慈继伟的观点，即理想世界是如此不同于现实世界，因此那里的理性多元主义完全不同于现实世界的理性多元主义（这在部分程度上是由人们的利己主义引起的）。在理想世界里，人们完全可以相信他人，因为人们都是仁爱的，对于自己的善观念有好的理由，所以当他人有更好的理由时，人们不会不接受他人的观点。如果人们的理由不能彼此说服，那么人们肯定没有更好的理由使用武力迫使他人转变善观念，而是会采用其他方式，比如协商与谈判来找到共同生存的方式。① 由此，即使人们有不同的善观念，彼此之间的分歧与争论会更多，人们也不会使这种矛盾变成冲突。慈继伟由此得出，只要矛盾不变成冲突，那么就没有必要使用正义来解决它，由此在理想世界里人们就不需要正义。接下来我们要做的就是考察这个观点是否成立。

上面的讨论实际上显示，慈继伟与罗尔斯等人接受冲突（而不是矛盾）是需要正义的必要条件。不过，这个观点是有待商榷的。下面我将表明，即使矛盾不变成冲突，正义也是必要的。如果这一点成立，那么慈继伟与罗尔斯等人的上述分歧就不那么重要了。

毫无疑问，理想世界非常不同于现实世界。但是，如果我们不能对理想世界有任何认知的话，那么我们就根本无法对休谟正义环境论说的第二个部分说三道四。因此，我这里假设我们还是能够谨慎地对理想世界做出一些基本的设想。第一，在理想世界里，每个人是看重自己的，过好生活对每个人而言是很重要的，且每个人都被作为自在目的来对待（P1）。第二，人们依然缺乏富足的外部资源（P2）。由此，我们可以推出第三，资源的分配对于使这个世界尽可能地好是非常重要的（P3）。在现实世界里，人们看重资源的分配主要是为了使自己过得尽可能地好，但在理想世界里，人们看重资源的分配很可能不仅是为了自己，还为了使这个世界尽可能地好。但不管原因如何，我们可以从 P1、P2 和 P3 推出：在理想世

---

① 也许存在特殊条件使强制是许可的，但为了论证的缘故，我们完全可以先接受慈继伟的观点。

界里，对资源做出恰当的分配既是必要的也是重要的（P）。第四，我们接受正义的功能主要在于恰当地分配基本权利与义务，且对利益的竞争性主张做出适当的平衡（P4）。我们从 P 和 P4 可以得出：在理想世界里，只要人们没有富足的资源，那么正义就是必要的。

然而，有些人特别是慈继伟认为情况不是这样的。他们有类似于这样的看法：

> 非常清楚，这里需要的是坎贝尔所称的教育性规则、信息规则、组织规则和合作性规则。然而，这样的规则不是用来尽可能降低自私行动伤害的手段，而是利他主义用来表达自身的装置。一般而言，它们不同于正义的强制性规则。①

慈继伟的这个论证有一个预设：正义与强制有着本质的关联，或者说强制是正义不可或缺的一个特征。这种预设很可能与下面两点特别相关。（1）在现实世界里，人们经常需要使用武力来执行正义，至少需要以武力作为后盾。正义的一个主要任务就是限制人们的自利心产生的危害。（2）正义似乎具有一些不可或缺的情感，比如义愤。在理想世界里，人们可能具有完全不同的道德情感。假如人们都是仁爱的，那么人们就既不会产生憎恨也不会产生义愤，因为没有人会故意破坏正义。一旦他们破坏了正义，只要被告知，他们就会有充足的动机去修正或做出补偿。如果资源没有得到恰当的分配，那么只要人们全是仁爱的，他们就不会产生憎恨或嫉妒的情感。因此，理想世界里既没有暴力，也没有与正义相关的正义情感，这大概就是使我们认为理想世界里不需要正义的原因。

然而，在笔者看来，以上两点并没有太大的说服力。②（1）这里明显混淆了正义的执行条件与正义的本质。当人们不够仁爱时，人们确实可能需要用武力或武力的威慑才能履行正义。但这并不表示，在人们足够仁爱从而不需要用武力解决矛盾的时候就不存在正义的分配。暴力不会使一个

---

① Ci Jiwei. The Two Faces of Justice. Cambridge, MA: Harvard University Press, 2006: 58-59.

② 莱昂斯（David Lyons）有一个相关的类似论证，表明法律与强制之间没有必然关系。（莱昂斯.伦理学与法治. 葛四友，译. 北京：商务印书馆，2016：第 2 章）

规则变成有关正义的规则，没有暴力也不表示不存在不正义。因此，即使人们不是足够仁爱的，从而正义的履行一定要有暴力作为后盾，这也不表明暴力对一般而论的正义是不可或缺的。(2) 人们都是仁爱的这一点并不意味着人们不关注资源的分配。即使人们都是仁爱的，人们依然可能感受到自我利益与他人利益之间的张力。由此，只要资源不富足，人们就有必要恰当地分配资源，而这正是正义所要完成的任务。这就是说，只要矛盾存在，正义就是必要的。这就相当于说，只要资源不是无限富足，正义就是必要的。

不过，我认为慈继伟的真实立场与我的立场并没有多大不同。他认为资源的矛盾之所以会变成冲突，原因在于人们在追求自己的善观念时没有给予他人的权利应有的尊重。换言之，除非人们尊重他人的权利，否则这种矛盾就会变成冲突。这里的问题在于，如果这种权利与资源没有关系，那么尊重他人的权利就无助于解决资源的矛盾，由此慈继伟认为人们应该尊重的不应是这种意义上的权利。如果这种权利确实与分配资源相关，那么这就恰恰是正义所要完成的。这就是说，这种权利本身已经预设了正义的存在。因此，我认为慈继伟的实际立场是：如果人们足够尊重正义所规定的权利（比如人们都是仁爱的），那么矛盾就不会变成冲突。这就相当于说，如果人们都具有形式意义上的善良意志，那么人们就会自愿地做正义所要求的事情。然而，这非但没有否认正义的必要性，相反倒是确认了正义的存在。

第五节　正义的性质

如果上面的理解合理，那么人们无论多么仁爱，只要没有富足的资源，就仍然需要正义来分配资源。因此，正义不可能是为了弥补仁爱的不足。当人们需要正义时，人们能否得到正义，能得到何种程度的正义？很显然，如果所有人都极端自私，拔一毛利天下而不为，那么无论人们多么需要正义，人们也不可能得到正义。按照这里的分析与理解，资源的富足程度（正义的客观环境）决定人们是否需要正义，而动机上的仁爱程度

（正义的主观环境）决定人们能否得到正义，以及能得到何种程度的正义。我们可以按照这个新的理解重新审视正义的性质，重构后的简单理解如下：

表 2－2

		仁爱		
		缺乏	适度的	无限的
稀缺性	无限的（极度匮乏）	不可能	不可能	可能且必要
	适度的（一般富足）	不可能	可能且必要	可能且必要
	缺乏（无限富足）	不必要	不必要	不必要

如果考虑正义的客观环境实际上没有想象的那么客观，考虑客观环境对主观环境有着依赖关系，那么更复杂的理解如下：

表 2－3

		仁爱			
		极度缺乏	适度的（比较匮乏）	适度的（比较充分）	无限的
稀缺性	无限的（极度匮乏）	不可能	不可能	不可能	可能且必要
	适度的（比较匮乏）	不可能	不可能	可能且必要	可能且必要
	适度的（比较富足）	不可能	可能且必要	可能且必要	不必要（?）
	缺乏（无限富足）	不可能	可能且必要	不必要（?）	不必要

当人们都有充足的仁爱时，那么动机将不会对人们能够实现何种社会构成限制。这个时候，在现在的资源与认知能力等约束条件下，正义是让人们获得最优社会或者说最好社会的各种具体规范。这些具体规范能够向人们提出任何道德要求，只要这样做有很好的道德理由，或者能够使这个世界变得更好。这个时候的正义规范很可能会在人们之间体现出善意的相互性，但并不一定会体现利益的相互性，因此这样的社会被当作普遍利他

主义的社会，主要是指大家都可以为了他人而做出任何牺牲，只要这是值得的。

但是，如果人们的仁爱是有限度的，那么动机就会对人们能够实现何种最好的社会构成限制。这里要注意的是，这种限制可以分为两种：一种是有如我们的现实世界，大家太过自爱，对他人关爱不够；另一种则是人们不够自爱，对他人关爱太多。特别值得注意的是，如果人们的仁爱程度是一样的，那么这样的社会里就不会出现高于正义的德性。只有当人们的仁爱程度不一样时，才可能出现高于正义的德性。这里可分为两种情况。一种情况是，人们对他人的关爱从整体上讲不够，并且有些人对他人的关爱更多，有些人则更少，这就是现实世界。在这种情况下，利他主义会得到极高的赞扬，被认为是一种高于正义的德性，原因在于这种利他主义能让整个世界变得更好。另一种情况是，人们天生就对他人关爱更多，而对自己关爱不足。在这种情况下，利己主义会得到更高的赞扬，因为适度的利己主义有助于这个世界变得更好。

按照上述分析，我们可以清除这样一种错误愿望：因为现实的正义规范只是体现了利益的相互性，在德性上不如家庭里所体现的利他主义精神，所以希望整个社会不是建立在正义规范上，而是建立在这样一种利他主义精神上。然而，这显然只是一种空想。这里可以分两种情况来看。(1) 如果社会的整体仁爱程度不够，那么我们就只能建构一种较低端的正义规范，由此才会出现这样的情况：利他主义行为可以改善这个世界。如果我们在这样的社会试图建立高要求的正义规范且强制执行它，这显然就是罔顾现实人性，实际上只会使社会变得更糟。(2) 如果社会的整体仁爱程度高，那么我们建立的就依然是一个正义社会。只是我们会建立要求更高的正义规范，每个人都依据正义规范行事，且这种做法产生的是一个最理想的社会。这时要求超出规则之外的分外行为反而会产生更多危害，因此要求利他主义同样显得不合时宜。综合上面的分析，我们可以看到，规范意义上的利他主义并不是所有社会都必定具有的一种德性，它只是具有某些特征的世界（比如我们的现实世界）才具有的一种德性，而这显然有助于我们更好地理解现实世界中的正义德性。

第六节 现实人性与基本的道德直觉

上面我们不仅表明了正义并非是一种弥补性的德性，而且表明了正义本身的要求会受到现实人性的影响。因此，我们在探讨现实世界中的分配正义时需要关注现实人性。下面我们就会考察，人们的主要动机是什么样的，它会对人们的道德直觉产生何种影响，会在多大程度上影响人们的正义原则。

这里我们从以下三个方面考察现实的动机能力。第一个方面是动机能力的来源问题。对此有两种主要观点。持第一种观点的代表性人物是休谟，他认为理性没有驱动力，因此人们的一切动机能力都源于人们的自然情感和欲望。① 持第二种观点的代表性人物是康德。对康德主义者来说，理性毫无疑问是一个极强大的动机来源，实际上，真正可靠的只能是理性动力，因为自然情感与欲望是不可靠的、偶然的，由此无法为道德提供稳定的驱动力。不过，对本书的目的而言，动机能力究竟来自哪里并不重要，重要的是有什么样的动机能力。

第二个方面是动机能力的目标合理性问题。我们日常所谈的人性自私就是这个方面出现了问题，只有自己的利益才能为人们的行动提供驱动力。彻底的自私就是拔一毛利天下而不为，他人都是实现自己目的的工具。这毫无疑问是动机不足的一种表现。动机不足还有另一种表现，比如过度的利他动机。也就是说，只有他人的利益才能提供充足的动机，最彻底的大概是，只顾他人，从不考虑自己，自己只是实现他人目的的工具。彻底的利他是极稀罕的，这种人不容易存活，其基因无法保存。但这种情况偶尔还是会出现，比如父母在面对子女的利益时完全忽略自己的利益。因此，动机目标指向的合理性能力并不能简单地根据利他还是利己来做出判断。从原则上讲，目标定向的合理性能力能够根据个人利益与他人利益

① David Hume. A Treatise of Human Nature. David F. Norton，Mary J. Norton，eds. Oxford：Oxford University Press，2000：457.

的恰当权重做出相应的正确行动。

第三个方面则是动机能力的工具合理性问题，即人们确定要实现的目标之后，是否有充足的动机按照计划行事。这种能力考虑得比较少，而这种动机能力不足就是我们一般所说的意志软弱。充足的工具合理性动机能力就是指，为了某个目标，人们有动机做出一切必要的行动。最差的则是人们完全没有理性控制能力，只有本能反应。如果动机在这个方面不具备较大的灵活性，那么在现实世界里彻底的利己与彻底的利他就都没有多少意义。

对当前的研究而言，我们在第一个方面是接受动机有两种来源，在第三个方面则接受人们都在动机上具有较强的工具合理性，尽管肯定也存在一定程度的意志软弱。我们的着重点在于第二个方面，即动机能力的目标合理性问题。实际上，这是我们一般在讨论动机好坏时所强调的。现在我们粗略地考虑这种有限利他动机产生的影响。我们认为动机结构会对分配正义产生两种影响。第一种是意志软弱的影响，这是我们非常清楚也一直在注意的。我们称之为意志软弱，就说明我们在目标上是没有问题的，只是在实现目标的动机上有所欠缺。换言之，这种动机不足并不影响正义原则本身，它影响的只是各种正义原则如何得以实施。这种动机约束只是对正义原则的应用形成约束，由此我们可以称之为动机的应用限制。当人们的动机存在这种问题时，人们解决问题的思路是利用各种方式消除这种意志软弱，包括使用强制与威胁手段。实际上，法律强制在很大程度上是为解决此问题的。因此，解决这种动机约束的一个办法就是施以强制，由此克服人们的意志软弱。

但是，对我们当前的研究而言，更重要的是第二种影响，即动机不足的影响。相对于理想的动机结构而言，动机不足会降低对正义本身的要求。假如我们有理想的动机能力，我们会得到 A 组正义原则。不管 A 组正义原则会对人们提出多高的要求，只要确定这样做是好的或正当的，那么它就会提出相应的要求，包括要求人们献出生命。然而，一旦我们没有理想的动机能力，只有有限的动机，那么我们得到的就可能是 B 组正义原则。B 组正义原则会考虑人们一般拥有的动机结构，从而不要求人们自愿地为道德献身，或者为改善他人的生活而努力工作等。这里动机不足改变的是原则本身，我们可称之为动机对原则的内在限制。这是本书集中关注的。

现在，我们就提出对现实人性的理解，探讨它会如何影响人们的正义原则。这里我们接受休谟的人性观点：人们既不是充分的仁爱，也不是彻底的自利，相反人们有着有限的利他动机。① 可以将这个观点分解成两个方面。其一，人们是有利他动机的。其二，这种利他动机是有限的，这又可以分成两种情况：（A）有足够关爱之心的人数是有限的；（B）对一般的陌生人而言，人们的关爱之心是有限的。在此，我们把重点放在（B）上，也就是说，对一般的陌生人而言，人们的关爱之心是有限的。我们可以说这种有限的利他动机表现在这样几个方面：（1）他人过得越差，帮助他人的动机越强；（2）付出的代价越小，给他人带来的好处越多，帮助他人的动机越强；（3）人们总是想以尽可能小的代价获得尽可能多的好处；（4）人们在追求自己的利益时，令他人付出的代价越大，造成其处境越差，给自己带来的利益越少，人们不这样做的动机越强。（1）（2）（4）指出了人们的利他主义倾向，（3）则指出了人们的自利倾向，合起来就是我们通常所说的有限的同情心或者有限的利他心。

这里我们接受这样两个观察。第一个观察是，在人类社会的有利条件下，（1）与（2）会形成一种基本的道德情感，即人道情感。人道情感有两种表现形式。一种是道德义务。比如，有个小孩掉在不深的小河里，附近没有其他人，你只要顺手拉一下就可以救他。在这种情况下，我们认为你有很强的道德义务救他。另一种则是分外行为。要避免的损失很大，并且相应地个人要付出的代价也很大，这时帮助就会从道德义务转变为分外行为。比如，有个小孩掉到长江里，你的游泳水平不是很高，这时救人就可能有危险。这时救人就无法作为道德义务，而是作为分外行为。这两种行为都基于利他精神，但却有很大的区别：一种行为是义务要求，有外在的道德谴责或内在的良心不安带来的强制；另一种则被看作分外行为，属于正义之外的行为，立足人们的自愿，不该强制。

---

① David Hume. A Treatise of Human Nature. David F. Norton, Mary J. Norton, eds. Oxford: Oxford University Press, 2000: 49.

笔者认为，在今天的经济环境下，因为生产条件得到大幅度改善，以前只是作为道德义务的仁爱行为可以成为正义义务。也就是说，人道情感在正义中也要得到体现，而其主要标志就是满足人们的基本需要，这首先体现在西方国家的福利制度中。（1）满足人们的基本需要非常重要；（2）当政府或集体通过征收诸如收入累进税、遗产税或者工商业税等获得基本资源时，均摊到每个人身上的成本其实并不大；（3）政府信息公开透明，人们能清楚地知道真实情况。由此，人道情感就可以转为正义之中的人道原则：满足人们的基本需要。要特别提醒的是，这种正义要求无法单独作为个人的道德义务，因为那样个人需要付出的代价实在太大，没有可以与之相匹配的利他动机。

然后，我们来到第二个观察，由（3）与（4）可以形成另一种根本的道德情感：公平情感。人们在基本需要得到满足后，利他动机就会越来越弱，从而越来越关注自己的幸福，这时利己动机会越来越强。人们很少会为了使陌生人过得更好，尤其是过得比自己还好而努力工作。如果他人没有正当理由过得比我们还好，那么我们甚至会有嫉妒心。因此，在满足基本需要之后，人们的分配需要一个正当的理由。当然，人们认可理由这说明人们不是自私者而只是自利者，在追求自己的利益时，一般不会让别人陷入绝境。因此，自利追求导致人们接受一种公平的分配方式，也就是个人的付出与所得相匹配，应该按照贡献分配，人们有公平的机会做出贡献。

尽管现实人性对正义原则的这种内在限制很难为人所注意，但它确实通过人们的道德直觉产生了影响。哲学家证成各自的正义理论时又不可避免地诉诸人们的基本道德直觉，由此影响了当代各种正义理论的建构。随着不同哲学家诉诸的主要道德直觉的不同，就会出现不同的结论。如果不注意这一点，那么我们很难就这些分歧达成一致，也无法找到内在融贯的论证。从某种意义上讲，本书的关键之处就在于提出这种内在限制，表明各种正义理论都或多或少受此影响，并在此基础上提出一种新的分配正义观念。

第二部分

第三章　立足应得的分配正义观

从本章开始我们进入分配正义的实质研究，探究各种具体的分配正义观。尽管最优解释方法并不预设道德直觉拥有任何绝对的特权地位，但道德直觉依然非常重要，因为它有筛选作用，正义观念并不一定要符合道德直觉，但它应该有能力解释各种道德直觉。因此，我们这里开始考察百姓心中最直接明了的分配正义观：立足应得的分配正义观。“罪有应得”“活该”等，是按照应得分配坏处的典型话语。在人们的正义直觉中，这种正义观似乎是天经地义的。不仅在老百姓的直觉中，而且在古今中外的正义理论中，应得正义一直就是极其重要的理论。在柏拉图那里，正义主要在于各司其职、各尽其能。① 在亚里士多德那里，正义就在于不贪婪，只拿自己应得的东西。② 然而，罗尔斯在《正义论》中完全否定了应得正义观，而且由于他对英美正义理论发展所具有的重大影响，应得正义观似乎淡出了人们的视野。不过，随着罗尔斯公平正义观的问题被一步步剖析出来，应得正义观又开始日益受人重视。无论是由于应得正义在人们直觉中的重要性，还是由于其在理论争论中的重要性，应得正义都值得我们给予其特别的重视。

---

① Plato. Republic//Plato：Complete Works. John M. Cooper，ed. Indianapolis：Hackett Publishing Company，1997：433a－b.

② Aristotle. Nicomachean Ethics. Terence Irwin，trans. Indianapolis：Hackett Publishing Company，1999：1129b－1130b.

第一节 “应得”的概念辨析[①]

尽管应得正义观有这样的地位（或者说争议），但“应得”概念的真实所指其实不甚了了。大概任何被使用得太过广泛的概念都无法摆脱这种后果。为此，非常有必要澄清“应得”概念之所指。本节的任务就是梳理“应得”概念，弄清楚它的基本意义。这里并不打算考察“应得”的所有意义，而主要关注与分配正义有关的“应得”意义。因此，即使这里否定“应得正义”，那也是在专门意义上否定的，并不否定人们在直觉上使用“应得”，以及用“应得”描述分配正义。

这里首先要澄清同时也要放弃的一种意义上的“应得”是：“应得”就是人们应该得到的东西。无疑，我们在日常生活中经常这样使用“应得”。这个说法确实简洁实用，但就理论探究而言却无足轻重，不过是一种空洞的形式定义：“应得”如果指的是人们应该得到的东西，而“应得正义”指的是每个人应该得到其所应得，那么应得正义观就变成每个人应该得到自己应该得到的东西。这种定义引起的问题是，这种证成属于一种隐含的同义反复，正义恒为真，但却没有实质意义，帕菲特在《论重要之事》一书中反复强调了这一点。[②] 因此，我们需要其他意义上的“应得”。

应得正义观要有实质意义，就要将“应得”概念作为社会分配各种好处与坏处的理由和根据。也就是说，它在分配正义中所起的作用应该与“自由”“平等”“公平”“后果主义”等一样，是社会分配各种好处与坏处的理由和根据。对于这种意义上的“应得”，学界尽管依然有诸多分歧，但现在有一个基本共识，即它是一个三维概念：谁有什么根据得到什么东西——应得的主体、应得的基础和应得的待遇。

---

① 本节的主要文本依据：Serena Olsaretti. Desert and Justice. Oxford：Oxford University Press，2003：introduction.

② 德里克·帕菲特. 论重要之事. 阮航，葛四友，译. 北京：北京时代华文书局，2015：35.

我们先谈“应得”概念的第一个维度：应得的主体。就本书的目的而言，应得的主体一般被限定为个人，所以这里谈及的应得一般指个人性应得。由此，这里谈到的“应得正义”是指每个人得到的好处、坏处与其应得是相称的，在这种状态下，我们就说分配正义得到了实现。

现在进入“应得”概念的第二个维度：应得的基础。按照奥莎蕾蒂（Serena Olsaretti）的概括，有两类应得基础观。[①] 第一类应得基础观认为应得的基础是一般性的。这类一般性的应得的基础有三种。第一种是范伯格（Feinberg）所提出的，他认为不同的应得的基础对应不同的对待模式。这种模式包括奖赏、打分、赞扬与责备等非正式的回应。例如，奖赏的基础是拥有某种技能，补偿的基础是某种损失或者承受了某种伤害。[②] 第二种是谢尔（George Sher）提出的，他认为有多少种价值就有多少种应得的基础。[③] 人们因这种价值的特征而应得某种好处或负担。第三种是一种制度性应得观。按照这种观点，人们有什么样的根据、应得什么东西取决于制度的目标。例如，跑步比赛的目标是奖赏跑得最快的人，所以表现就是相关的应得基础；市场的目标是满足消费者的需要，所以资源的有效配置就成为企业家获得收益的基础。

对本书的目的而言，这类应得基础观有两个大问题。(1) 这种一般性的应得基础观没有独特的意义。“应得”这个概念越是具有一般性，其基础就越多样化，其使用就越松散，由此“某个人应得某事”的主张就变成了“这个人得到该事物会是好的”这样一种主张。由此，这种主张就与资格的主张和需要的主张无法区分开来，失去了应得这种独特的道德主张所具有的力度。(2) 这样的应得与分配正义可能没有关联。它越是多样，它与分配正义的关联就可能越小，就越与本书的探讨无关。这个问题是更为根本的。

这里我们特别关注应得究竟是制度性的还是前制度性的。若应得是一种制度性原则，那么应得要求就完全是由产生这种应得的制度之目标或规

---

① Serena Olsaretti. Desert and Justice. Oxford：Oxford University Press，2003：18.

② Feinberg. Justice and Personal Desert//Feinberg. Doing and Deserving：Essays in the Theory of Responsibility. Princeton：Princeton University Press，1970.

③ George Sher. Desert. Princeton：Princeton University Press，1987.

则确定的。如果应得是前制度性的，那么它就能决定我们制度的目标，或者说它就是我们制度的目标，而我们的制度就是为了体现或者说满足这种应得而制定的。如果并不存在任何前制度性应得，那么在确立何种制度是正义的这一点上应得的作用就微乎其微，也就是说，应得正义观是没有实质意义的。

这里人们可能会有一个困惑：在制度之内我们依然可以谈论资格与应得的区分，所以制度性应得还是可以作为分配正义的根据。这里实际上有两种合理预期。在日常会话中，基于制度之规则的合理预期用资格表示：某人若具有某个特征，那么就有资格得到某个东西。基于制度之目标的合理预期用应得表示：说某人基于某个特征应得某物，是说有这个特征的人获得该物就实现了该制度的目标。由于制度的规则就是要被用来实现制度的目标的，所以制度性应得可以被用来评判制度性资格，制度性应得在此能够具有一定的批判力。正是由于制度的规则能尽可能地实现制度的目标，所以当应得与资格发生系统性地偏离时，我们就可能认为这种制度设计得不够好。但正如罗尔斯所指出的，这里的应得只是要求我们促进制度的目标，它并不决定我们的制度应该有什么样的目标。① 它只是告诉我们，任何一种制度都应该尊重人们的合理预期，而非这些制度必须尊重应得以成为正义的制度。因此，应得正义要成立，我们就必须有一种前制度性应得概念。当然，应得不是由制度产生的，并不意味着这些应得与制度无关。许多坚持前制度性应得的人都承认，有许多应得都是在制度语境下进行的，但这种应得本身就限定了制度应该怎么做才能更好地让人们实现这种应得。

第二类应得基础观是精选应得观，认为应得的基础是有限的。这类应得基础观也有三种。第一种认为，应得的基础是人们对之能够负责的特征。它能够解释人们对应得的深刻确信：个人的努力使个人应得。在这种应得基础观之下，个人对技能的单纯占有并非应得的基础。第二种认为，只有能够作为评价的对象的事物才能作为应得的基础。由此成本与需要无

① John Rawls. A Theory of Justice. Cambridge, MA: Harvard University Press, 1971: 314-315.

法作为应得的基础，因为它们并非评价的对象，而表现和行动动机可以。第三种认为，只有道德上可评价的个人特征才能作为应得的基础。基于这种观点，一切应得均可被还原为道德应得。例如，某个故意伤害他人的人应得你的愤怒回应，而圣徒应得享有至福，等等。①

这类应得基础观要回答两个问题。第一个问题是有关精选的基础的问题，不同的人对于应该选择何种基础是有争议的。比如，人们对于什么特征是道德上可评价的，以及这种基础应该得到何种待遇是有争议的。第二个问题是精选本身的理由何在的问题。我们可以做出，甚至大家都可以做出某些应得的主张，这些主张既是完全可理解的，也是完全一致的，但为什么它们不能作为应得的基础？为什么只有某些类型的事实才能作为应得的基础？还有一点要注意，尽管第三种精选应得观认为应得就是指道德应得，这种道德应得无疑具有道德力度，但并非只有道德应得才可以具有道德力度，其他应得同样可以具有道德力度，从而在分配正义中占有一席之地。

此外，应得正义还受到一种概念上的反对意见：应得是一个非比较性概念，即某人根据自己身上的某个特征（应得的基础）从而应得某些东西，而分配正义却是一个比较性概念，因为它在很大程度上就是人们各自得到了多少东西才算是正义的。由此，应得这个概念似乎在本质上就是与分配正义无关的，或者说是与之有根本冲突的。由此，为了捍卫应得概念以及它在分配正义中的作用，不同的作者提出了大致两种回应。这两种回应涉及应得的两种比较方式。第一种比较主要是在应得的待遇上做文章，确定每个人应得的份额；第二种比较则是在应得的基础上做文章，要决定每个人的份额本身。第一种比较的作用并不能改变每个人的应得份额，与他人的比较能够影响的是每个人能够得到的份额。比如，两个人在钓鱼事业中，A 与 B 的贡献大致是 3 比 1，而总共收获的鱼是 12 条，由此 A 应得 9 条，B 应得 3 条。但由于工具不够，所以 A 只能拿回去 6 条，这个时候，按照比较性分配正义，B 应该只拿 2 条，至少在所得与应得成比例上来说这是更好的。大致来说，这种回应表明分配正义在某种方式上是非比较性的。其采取的方式是阐述应得涉及比较的不同方式，由此指出基于应

---

① Serena Olsaretti. Desert and Justice. Oxford：Oxford University Press，2003：19.

得的正义要求确实是非比较性的。但比较性的正义要求一般是非理想的正义要求，寄生于非比较性的正义要求之上。只要非比较性的正义要求得到了满足，比较性的正义要求也就得到了满足。只有当我们无法给予所有人其应得，由此无法实现理想的正义要求时，我们才能确保个人的所得在某种方式上反映了与其理想上应该所得的某种关系。

第二种比较是说，与我们的常识相反，应得本身就是一种比较性概念，决定其应得份额的基础本身就是比较性的，也就是说，要与其他人进行比较之后才能确定其应得份额。比如，在合作性的共同事业中，个人展示的某个特征要与其他人所展示的特征做比较，我们才能确定其应得份额。我们前面所说的 A 与 B 的贡献问题，每个人所做出的贡献要参照其他人的贡献才能确定。打个比方说，应得的根据是某种智力标准，但这种智力标准不是绝对的，不是说你有多高的智力，而是说相对于其他人而言，你的智力排在什么样的地位。在这种意义上，应得正义在逻辑上依然是可以成立的，因此应得就可以成为分配正义立足的基础。

第二节　应得与运气

上一节我们对应得概念做了较全面的阐述，认为应得在逻辑上是可能成为分配正义之基础的，但有些意义上的应得无法作为这样的基础。不过，罗尔斯对应得正义做出了强有力的挑战，认为没有任何分配正义可以立足应得，一切应得要么是制度性应得，由此取决于正义制度，要么与分配正义无关。罗尔斯在《正义论》中多次重复地阐述了其反应得观点，反对在正义制度确立之前具有一种道德应得，各人的所得应该体现这种应得。“没有一个人应得他在自然天赋分配中的地位，正如没有一个人应得他在社会中的初始地位一样。”① “因为从一种道德的观点看，自然天赋的最初资质和早期生活中发展和教养的偶然性是任意的。”即使对努力来说，也因为“一个人愿意做出的努力是受到他的天赋才能和技艺，以及他可选

① 约翰·罗尔斯. 正义论. 何怀宏，等译. 北京：中国社会科学出版社，2009：244.

择的对象的影响的。在其他条件相同的情况下，天赋较好的人更可能认真地做出努力，而且似乎用不着怀疑他们会有较大的幸运”[①]。所以，“我们深思熟虑判断中的一个据点看来是，正如没有人应得他在社会中最初的有利出发点，同样也没有人应得他在自然天赋的分配中所占有的优势。断言一个人应得能够使他努力培养他的能力的优越个性同样是成问题的，因为他的个性在很大程度上取决于幸运的家庭和环境，这些都是他没有资格的”[②]。概而言之，罗尔斯反驳的核心是：来自运气或者说偶然性的得与失是不应得的，从道德角度看是任意的、专横的，因此应该被抵消。

然而，罗尔斯有关应得的表述是混淆不清的。我们知道，“道德的”（moral）这一术语是模棱两可的，有两种不同的意义。一种意义是相对于“非道德的”（non-moral）而言的，意指与道德相关，属于道德范畴。而“非道德的”则与道德无关，不属于道德范畴。另一种意义是相对于“不道德的”（immoral）而言的，在这里“道德的”与“不道德的”都与道德相关，都属于道德范畴，只是一种是正面的道德评价，另一种是负面的道德评价。与此相对应，“应得”也有两种不同的意义。一种意义是相对于“非应得”（non-deserve）而言的，在这种意义上对“应得”的否定意指与“应得”无关，不属于应得范畴。另一种意义则是相对于“不应得”（un-deserve）而言的，否定这种意义上的应得依然属于应得范畴，只是其评价是否定性的、负面的。由此，有关“应得”之表述就有三种状态：一种是某物是某人应得的；另一种是某物是某人不应得的；还有一种是某物既不是某人应得的，也不是他不应得的，他是否应该得到该物与应得无关。由此，当我们说一个东西不是某人应得的时候，不能由此推出它是这个人的不应得。同样，当我们说一个东西不是某人不应得的时候，也不能断言它就是这个人的应得。

然而，通观罗尔斯反应得的整个表述，我们发现他并没有明确区分反应得的两种状态：不应得状态与非应得状态。由此，关于罗尔斯的反应得理论就可以有两种理解。一种理解是，因为有些东西是由于运气所得，所

---

① 约翰·罗尔斯. 正义论. 何怀宏，等译. 北京：中国社会科学出版社，2009：244.
② 同①89.

以这些东西既不是我们应得的，也不是我们不应得的。在这种理解下，罗尔斯的反应得理论实际上就是非应得理论，即在确立正义制度之前没有任何应得之物。由此，罗尔斯的反应得理论重在“破”，即破除以前的应得正义观：确立制度是为了保证每个人得到其所应得。无可否认，罗尔斯在不少时候是支持这种理解的。然而，根据罗尔斯的其他多处表述或推理，我们对其反应得理论还可以有另一种理解，即来自运气的东西是不应得的，由此得到它们在道德上有一种不当性，应该把这些源于运气或者说偶然性的东西均分，由此得到运气平等主义。在这种理解下，罗尔斯的反应得理论实际上不仅是破，而且有立，它破除以前的应得观，重新确立另一种应得观：每个人都应得平分偶然性所产生的一切好处与坏处。这样一来，罗尔斯的反应得理论就有着前后不一致的矛盾。

此外，罗尔斯的反应得理论还有一点需要注意：罗尔斯反对的是前制度的个人性应得（personal desert），即认为在正义制度确立之前不存在个人性应得（如努力或贡献），应该根据它们来分配权利与负担。但是，他并没有说在正义制度确立之前不应该有理由得到任何东西。否则的话，根本就不用谈分配正义了，他也不可能以功利主义制度剥夺了某些人的自由来攻击功利主义。罗尔斯反对的只是这一点：在制度确立之前有一种有关“应得”的理由来确定人们应该得到什么，但他显然承认有其他根据使人们应该得到什么。实际上，罗尔斯（和绝大部分的自由主义者）无疑承诺了一点：每个人都应该得到平等的尊重与关切。当人们得到的东西不能体现这一点时，那么他们就受到了剥夺或者做出了牺牲。正是在这个意义上我们可以理解罗尔斯对功利主义的攻击：“减少一些人的所有以便其他人可以发展——这可能是方便的，但不是正义的”[①]，“正义否认为使一些人享受较大利益而剥夺另一些人的自由是正当的”[②]。实际上，这是认为功利主义的做法使人们没有得到应该得到的平等的尊重与关切。

针对罗尔斯的“反应得”解读，柴特奇克（Alan Zaitchik）提出了强力反驳。他通过分析得出，罗尔斯在反驳努力应得的论证中暗含了这样一

① 约翰·罗尔斯．正义论．何怀宏，等译．北京：中国社会科学出版社，2009：12.

② 同①．

个思想：应得的任何基础本身应该是应得的。如果一个好处或利益有几个根源，且只要其中一个根源不是应得的，那么这个利益或好处就不是人们应得的。这相当于说，为了应得 Z，人们必须应得 Z 的基础 Y，为了应得 Y，人们必须应得 Y 的基础 X，如此以致无穷。[①] 由此，根据罗尔斯的应得定义，我们就可以得出不存在任何应得。因此，这是根据定义解决有争议的问题，是乞题。如果我们把“不是应得的”看作“不应得的”，那么这种应得定义就会有这样的后果：人本身是不应得的，因为个人的很多特征都依赖其特殊基因，即精子与卵子一次任意的、偶然的结合。人们是否来到世上，从道德的角度看也是任意专横的。人的理性选择能力、长期计划能力等也是如此。根据罗尔斯的反思平衡证成方法，“反应得”的这种理解是无法得到支持的。我们有深刻的道德直觉反对以下这个看法：人的出生因为是偶然的，所以在道德上是不当的。由此我们可以得出，罗尔斯的反应得理论至少在第二种意义（即“不应得的”意义）上是无法得到支持的。

不过，如果将“反应得”做“非应得”的理解，则这样的反驳是无效的。按照“非应得”的理解，我们人类的出生本身就无所谓应得与不应得，它不属于应得范畴。然而还有一种反驳，这就是罗尔斯的定义使“应得”不再具有可能性。然而，现实情况是，应得直觉是很强的，因此从定义上直接否定它是不合适的。正如谢尔所指出的，即使如柴特奇克所言，罗尔斯的应得定义使应得不可能是有问题的，但柴特奇克直接从直觉肯定应得也有着同样的问题，因为这使非应得是不可能的。换言之，柴特奇克在拒绝罗尔斯的论证时犯有与罗尔斯同样的错误，前者直接认为“应得”是存在的。因此，在定义应得上，我们应该保持一种开放的态度。[②]

第三节　四种应得基础

上面的分析表明，罗尔斯从运气角度对应得所做的反驳并不是那么有

① Alan Zaitchik. On Deserving to Deserve. Philosophy & Public Affairs，vol.6，no. 4，1977：370－388.

② 更详尽的探讨，可以参见拙著《正义与运气》的第一章第四节。

力。其重要原因在于，罗尔斯所采取的反思平衡方法赋予直觉极大的重要性，而根据我们的直觉，应得应该在正义中占有一席之地。然而，不管怎么说，罗尔斯的理论至少引起了我们的反思：应得真的像我们想象的那样重要吗？尽管罗尔斯的反应得理论没有完全驳倒应得，但这种理论确实产生了一个效果：不能再把应得视作理所当然，需要为之辩护，至少需要澄清何种应得在分配正义中起着决定性的作用。本节考察四种常见的应得基础，但认为它们经不起推敲，与人们的直觉相差甚远。

第一种应得基础是自然禀赋。按照这种应得基础观，社会资源和各种好处（比如收入与财富）要按照人们具有的某种自然特质进行分配。比如，应该根据长相来分配收入与财富，越漂亮或越帅气，应得的收入与财富就越多，也就是说，每个人占有的收入与财富应该同其外表成正比（姑且把评价外表的困难放在一边）。这种想法一经明朗化，一般来说没几个人会同意。这里值得注意的是，在我们的社会中，长得好确实可能会有一定的影响，甚至如果做一个统计调查的话，长得好的人相应收入确实高一些。这大概也是我们会将其作为应得基础的一个原因。然而，这一点只要做个小小的思想试验就清楚了：假如某个长得好的人的收入没有长得差的人那么多，我们应该出于正义的考虑，因为其长得好而要转移一些收入给他吗？我想，没几个人会同意这一点。长得好的人收入更高，很可能是出于别的理由，但从正义的角度看，我们并没有理由因此而给予其特殊照顾。

也许有人说，这种自然特质不行，但还有其他更可行的特质，比如天赋或智力等，由此人们的收入与财富同其天赋相匹配（姑且不论我们是否有精确的办法计量这种天赋），越聪明者应该得到越多的东西。我们甚至有这样一个看法：在越正义的社会里，天赋或智商越高的人所得到的收入越高。同样，在某些社会制度下，聪明人、能干者没有机会发挥自己的特长，得不到更高的收入，我们确实可以判定这些社会制度是不正义的，但其不正义的原因在别处。要明白这一点，做个思想试验就可以了：假设某人的智力非常高、能力非常强，但他就是沉浸在自己的世界里，什么事情都不做，也不与外界接触，那么他应得更多的收入与财富吗？答案显然是不应得。只要澄清了把各种自然禀赋作为应得之基础的意义后，我们就发现，根本没有理由支持这样的前制度性应得。

这里要注意的是，尽管我们不承认个人的长相和天赋应该作为应得的基础，但这并不说明社会的分配与它们没有关系，因为还可能有其他原因使社会上的分配系统性地有利于长得好的人、聪明的人等。比如，只要分配制度（不管多么正义）允许人们拥有财富，能够自由地支配自己的劳动，那么长得好、够聪明等就会成为影响财富流向的力量，但是这种分配与应得无关。比如，在我们的思想观念中有金童玉女、天作之合之说，更有一朵鲜花插在牛粪上之说。我们甚至可能真的认为，长得好的人是不应该吃苦的。但是，这些思想即使蕴含了日常意义上的应得，也不蕴含专门意义上的与正义相关的那种应得。因为我们并不认为，金童没有配玉女这件事情是不正义的，也不会认为鲜花插在牛粪上是不正义的。只要两个人是自愿的、两情相悦的，没人会觉得有什么不妥，更不用说违背正义了。因此，无论长相与智力等是否源于运气，我们实际上都不认为它们应该成为应得的基础，可以决定何种分配是正义的、何种分配是不正义的。

第二种应得基础是人们的努力。这种应得基础观在古代可能不是那么重要，但是在现代个体主义精神之下显然特别重要。因为努力是人们能够对之负责的，这与个体主义的独立自主相吻合。因此，它得到了很多学者的青睐。然而，人们真的有一种道德直觉认为社会应该按照人们的努力程度来分配收入与财富吗？如果答案是肯定的，那么就会遇到两个难题。第一个难题是：以何种努力作为个人应得的基础？个人可以在很多事情上非常努力，比如努力地玩，努力地做坏事，努力地做不分昼夜地数草等无意义的事。人们直觉上显然会觉得这种努力无法成为应得的基础。一般而言，人们大概会把那种为他人做出贡献而做的努力算作应得的基础。由此一来，我们就拥有两个选择。一个选择是从动机上着手，即只要个人主观上特别努力地想为这个世界做贡献，那么不管结果如何，他越努力就应该得到越多的收入或报酬。然而，我们的日常实践显然不支持这种分配方式，我们直觉上也并不觉得应该支持这种做法。另一个选择是从结果上着手，即努力是根据其所做出的贡献（或贡献期望值）来判定的。这样一来，努力应得就变成了我们后面要讨论的贡献应得。这可能是所有应得基础观里最值得严肃对待的一种，我们将在下一节专门考察它。因此，无论如何，努力都无法成为应得的基础。

第二个难题是：如何计量努力？我们的第一种选择是以辛苦来衡量个人的努力，个人越是不情愿，越是痛苦，则表明其努力程度越高。但是碰到的难题就在于如何度量这种主观的情绪。这里的难题不仅在于操作性，它还有令人难以接受的蕴含：你越是愿意干一个工作，越是喜欢做某件事情，那么你的努力程度就越低，由此得到的报酬就应该越低。第二种选择是以卡路里的消耗作为计量标准，这带来另一个后果：你干一个工作越是熟练，干得越好、越轻松，那么你干同样工作得到的报酬就应该越低。这显然又是违背人们的直觉的。

可能有人会说，努力应得也许不能在一切场合起作用，但它至少在某些场合起作用。我们可以设想这样的场景，如果同工不同酬的话，我们可能会说这是不正义的。我们一般也接受，在单位里更努力的人理应获得奖赏或者收入更多。然而，我们很少看到在不同部门之间要以是否做出同样努力的事情来分配收益。同工同酬实际上是做出了同样的贡献，因为同一个部门，做相同的工作容易被看作做出了相同的贡献，由此要求同酬。当然，可能还有这样的看法，国家应该为我们提供这样的机会，让那些真正愿意努力工作的人起码有工可做，至少能获得一些基本的过日子的收入。这一点实际上与下面所讲的需要应得有点关联。因此，至少从整体上看，我们并不具有一种真正的努力应得，社会在分配收入与社会资源时应该以它为准绳。

第三种应得基础是人们的需要。这种应得基础观认为分配社会收入与财富的基础是人们的需要。也许在某种程度上说，马克思的共产主义社会体现了这样一种想法，其中的分配原则是：各尽所能、各得所需。然而，马克思的共产主义社会的实现是一种理想，而且有一个前提，那就是物质资源极度富裕，正如前面所讲，一旦这一点实现，那么分配正义就是多余的。因此，基于需要的应得正义会面临这样的处境：如果没有极度富裕的物质资源，那么需要应得肯定是无法实现的，也就是说，这种应得正义必然无法实现；如果有了极度富裕的物质资源，那么正如第二章的讨论所显示的，这时分配正义是不必要的。由此，基于需要的应得正义要么是不可能的，要么是不必要的。

然而，上面的指控存在一个问题，即需要应得并不是说人们一定得实现所有的需要，它还可以有另一种意义：人们的所得要与所需成比例。需要越强烈的人，其所得应该越多，但不一定完全得到满足。按照这种说法，人们的基本需要就显然具有较强的优先力度。这种基于需要的应得正义确实避免了上面的两难，但依然存在问题。因为除了最基本的生存需要之外，还有很多需要具有极强的可塑性。这就是说，不少需要是随着人们本身的各种条件而变化的。换言之，人们的需要极大地受到人们可以得到的资源的影响。实际上，需要的不稳定性受到两个方面的影响：（1）它受限于外部环境的各种变化，特别是受到可以得到的资源的影响；（2）它还会受到人们的善观念的影响，也就是人们看重什么、喜欢什么、人生目的是什么。正是因为这一点，我们认为分配正义的目的就是要创造尽可能好的外部环境，为人们提供形成与追求自己的各种善观念的背景条件。由此，人们的需要在某种意义上讲应该是分配正义实现之后的产物，至少在某种程度上是这样。然而，基于需要的应得正义恰恰是要基于人们的需要而分配资源，从而实现分配正义，于是这里就有一个不可避免的循环。因此，基于需要的应得正义在某种程度上就是循环的，无法给出确定的答案。

也许有人会说，即使这里存在循环，无法给出确定的答案，但并不是没有任何办法可以克服。如果基于需要的应得正义确实是很好的理由，那么尽管我们无法完全实现，但至少我们部分地实现它也是好的。我们不能说，得不到完美正义，正义就不存在或者就没有正义问题。然而，这种正义观对人们的动机有极高的要求，也就是说，人们只有具有充足的仁爱，才会认可我们在第二章讨论的那种理想动机。这种观点会面临两个方面的麻烦。（1）人们若是仁爱不足，就可能有意培养自己的需要或者假报自己的需要，由此获得尽可能多的收入与财富等。对于这种属于人们内心的事情，显然无法做出有效的监督。（2）如果社会的分配以人们的需要为基础，那么这就是完全不管物质财富的来源问题。但这些物质财富不是天生的、自然的，而是在很大程度上需要人们通过劳动来创造的。这样一来，人们只有具有充足的仁爱，完全不计较，才会努力生产物质，否则就可能没有动力努力工作，不能生产出富足的物质资源来尽可能地满足人们的实际需要。我们可以看出，按需分配完全不考虑人们所做出的贡献的大小。

因此，基于需要的应得正义必须预设人们是充分仁爱的，否则它就无法实现。

当然，面对此种指控，基于需要的应得正义还有一条退路：把这种需要仅限于基本需要，特别是客观上可以确定的需要。同时，正如我们在第二章所强调的，人们具有有限的利他心，因此，在某些条件下，人们有充分的利他动机来满足他人的基本需要，不需要考虑贡献问题。由此，人们可能会说，哪怕基于需要的应得正义不是正义的全部，至少它是应得正义中不可或缺的一部分，由此，应得正义是分配正义中的一个重要成分。然而，满足人们的基本需要是一回事，把这种满足看作一种基于应得的正义则完全是另一回事。如果我们认为基于需要的应得正义要求满足人们的基本需要，那么不满足这些基本需要就是不正义的。同理，可以推出：不满足所有的需要是不正义的，至少使人们的所得与所需不成比例是不正义的。可能还有正义之外的理由支持不按需分配，但无论如何不按需分配都是一种不正义。如果基于需要的应得是存在的，那么人们的动机不够就不足以否定它，人们没有足够的资源也无法否定它。因此，只要我们接受满足人们的基本需要是基于应得，那么它就蕴含了不满足所有需要是不正义的。这显然是我们不会接受的一种正义观念。因此，只要我们否定这一点，那么我们就会否定满足基本需要的人道成分是基于应得的。综合上面的各种问题，分配正义在根本上讲是无法基于需要应得的。

第四种应得基础是德性。这种应得基础观体现在“好人好报”这种朴素的思想中。这种应得基础观的基本思想是：个人过得好坏应与个人的道德品性相匹配，在某种意义上讲就是康德所讲的德性与幸福的匹配问题。假如 A 与 B 具有同样的品性，那么从应得角度讲，两个人所获得的幸福应该与他们的品性相匹配，两个人应该过得一样好。

然而，这种基于道德水准的应得也有一个关键的循环问题。尽管道德问题无疑不只是正义问题，但无法否认，个人是否具有正义德性是其道德水准的试金石。因此，个人之道德水准的高低显然与正义密切相关。就日常对个人之道德水准的判断而言，我们一般是以正义作为基石的。某人拿出自己的正当所得以及自己的时间、精力等去帮助他人，我们会说这个人是高尚的、无私的，是一般意义上的好人。某人不顾及他人，损害他人的正当利益，我们会说这个人是自私的，是所谓的坏人。我们对个人好坏程度的判断也是根据个人为他人做出的牺牲程度与侵占他人利益的程度来判断的。这样一来，道德应得要成为分配正义的基础就有一个明显的循环。道德应得要确定谁是好人、谁是坏人，而要确定谁是好人、谁是坏人一定要有相应的道德标准，这个道德标准的重要内容就是正义标准，而分配正义的确立又取决于谁是好人、谁是坏人。于是，这里就导致了死循环，我们根据道德应得永远都无法确定分配正义原则应该是什么。

不过，这里我们需要解释这种道德应得的日常直觉。如果道德应得在根本上有问题，那么为什么老百姓会有如此强烈的道德应得直觉？我觉得一个原因是道德这个概念本身的内在含义。试想，如果我们遵守道德，做一个有德之人的结果是让世界变得更差，那么这一定是令人难以接受的。然而，道德要发挥作用，一定是需要人们遵守它的。如果道德的目的是使遵守它的人过得坏，不遵守它的人过得好，那么人们就很难有动机去遵守它。需要注意，这并不是说，任何人在任何时候遵守道德、履行道德要求对其都是有益的。只是在整体上讲，有德者至少应该过得比无德者好。作为极其重要的道德概念的正义，它也不例外。由此，这种道德应得就不能作为分配正义原则的基础，相反，它对分配正义原则提出了某些限制，也就是说只有能够大体满足这种约束的正义原则才能成为分配正义原则。在这个意义上讲，这个约束使这种正义原则能够被执行。然而，我们的日常直觉不是那么容易发现正义本身的各种缺陷，但更容易感觉到执行不正义，因为所言与所行不一致更容易被辨认。

上面分析了四种应得基础，我们发现它们作为应得的基础实际上是无法获得人们的直觉支持的。但是，这些因素无法作为应得的基础，并不表示在实际分配中可以忽略它们的影响。因为出于其他各种理由，分配可能确实是与人们的自然禀赋、努力、需要、德性等密切相关，但其理由并不是应得，而是其他。

第四节　立足贡献的应得

上面几种应得基础观都受到了一种反驳，即没有考虑物质资源的来源问题，换言之，它们没有考虑贡献问题。实际上，这是人们直觉中最重要的一种应得观：立足贡献的应得。人们在发现做出更多贡献的人得到的收入反而更低时，就会觉得这里有不公平的地方，会认为这种收入分配是不正义的。由此，贡献应得正义观的基本看法是：人们的收入、财富等的分配应该与人们对社会所做的贡献成比例。同时，社会上认为市场经济制度与这种分配方式有着必然的联系，自然会实现这种贡献应得，所以两者相互强化。由此一来，贡献应得就不仅被认为是应该接受的，而且被认为是可以在现实中实现的，所以它应该成为分配正义的基础。反过来，市场经济制度因为能够实现贡献应得，至少是最接近于实现这一点的，所以得到分配正义的支持。市场经济制度在全球的盛行，无形中也使这种相互支持的关系越来越得到人们的认可，正因如此，贡献应得越来越被人们认为是分配正义中的核心成分。

我早前对此种观点做了全面考察，认为贡献应得无法成为市场经济制度的道德根据。这里将分三个方面简述我论证的基本思路。第一个方面是澄清按贡献分配与市场经济制度之间的关系。这里首先是斩断两者之间的必然联系，澄清只有理想的市场经济制度，而不是一般的或者说现实的市场经济制度与按贡献分配之间才有必然联系。第二个方面是区分趋势与状态，表明所有的规律基本上都是对一种趋势的描述，而不是某种确定的状态，而按贡献分配所实现的恰恰是一种状态。由此，我们最多可以得出的结论是：理想的市场经济制度中有一种经济规律，也就是有一种按贡献分配的趋势。第三个方面是表明按贡献分配无法成为市场经济制度的基础。

这里我并没有直接否定按贡献分配这个观念，而是采用间接但却更根本的否定：不存在固定的客观贡献这回事，故而不能先于分配正义谈按贡献分配。需要强调的是，这里的客观贡献指的是这种贡献的大小不能由制度决定，若贡献本身是由制度决定的，那么不同的分配制度就都有可能实现贡献应得，由此，贡献应得无法作为分配正义的实质根据。这里的贡献必须独立于制度且先于制度。为避免误解，这种独立不是说这种贡献不需要制度就能实现，而是说这种制度只是为了实现这种贡献，它本身不能决定这种贡献的大小。

我对此种贡献的否定分为两个部分。第一个部分是表明，经济学中使用的主观效用概念无法成为客观贡献。这里采用的是熊彼特（Joseph Schumpeter）的观点，其核心之处在于，经济学中使用的边际效用概念只是一种价值逻辑，根本不涉及这种效用的实质。这种效用只是一种分析工具，熊彼特说："在新的交换理论中，边际效用分析创造了一种适用于所有经济问题的分析工具。"① 经由边际效用，人们才充分认识到，经济宇宙是一个由相互依存的量组成的系统，才理清了该系统的所有问题（尽管还没有十分令人满意地解决它们），才把这些量间的一般均衡概念确立为纯理论的核心。② 事实上，为了决定生产要素的价格以及它们的分配份额，我们不必先知道它们的效用价值。我们需要知道的仅仅是消费者的爱好、生产条件以及"要素"所有权的初始分配状况；然后，用最大净收入原理，也就是最低成本原理，就可说明其他一切了。③

在现代经济学里，曾经是经济学两大支柱的效用函数与生产函数，其作用可以用无差异曲线以及边际替代率等来完成。到今天，经济学实际上已经变成了理性选择理论。经济学里需要的只是一个欲望概念，而个人究竟想要什么，是没有规定的。这就是说，经济理论者手里的效用概念实际上只是纯形式的，它并不涉及具体的实质性内容。因此，把价值理论与其称为价值心理学，还不如称为价值逻辑。不过，很多人"从未把'边际主义'看作是一种研究工具，而把它看作是一种思辨哲学，看作是一种新的'主义'"④。其原因熊彼特已经说得特别清楚："像效用这种概念，已经深深地扎根于悠久的传统中，扎根于日常思想和语言的习惯中，是不会轻

① 约瑟夫·熊彼特. 经济分析史：第3卷. 朱泱，等译. 北京：商务印书馆，1994：241-242.
② 同①250.
③ 同①247-248.
④ 同①299.

易让步的。效用价值理论与任何享乐主义的假定或哲学是毫无关系的，因为该理论并不解释或说明它的论证起点即需要与欲望的性质。的确，现在已经有力地证明，效用这一概念在均衡价值论中是多余的——这实际上不仅是反对它的最有力的论点，而且也是反对它所需要的唯一论点。”① 由此，我们可以得到，经济规律与按贡献分配并没有必然联系，因此它谈不上有导致按贡献分配的趋势。

不过，上述第一步只是表明经济学理论中的边际效用完全可以只是一种价值逻辑，并不要求其是一种实质性价值。但“并不要求”并不表示不可能是实质性价值，我们第二步就是论证边际效用并不是实质性价值。这个新论证有两个核心主张。第一个核心主张是，在经济领域中，决定某事物之价格的不只是其有用性，有用性只是必要条件，实际上决定其价格的是其替代成本与竞争环境。我们从氧气、水、沙漠中的水以及钻石等价格的变动就可以知道这一点。边际效用价值理论其实决定的是边际替代成本。事物的替代成本决定供应者供应事物的底线，表面上看，事物本身的有用性决定需要者愿意给出的价格，但实际上这个价格是由供应者决定的，因为替代这种事物有用性的价格依然是需要者愿意给出的价格。实际上，由于市场交换的复杂性，有很多因素在这个过程中起作用。在根本的意义上说，生产函数与效用函数代表了两者本身的特性。生产函数显然会受到科技的影响，受到现有环境的影响，比如各种原材料的取得等。而效用函数则取决于个人的善观念的影响。

第二个核心主张是，事物的稳定价格或者说均衡价格是相对的。给定的效用函数、生产函数以及我们的产权结构，在经济学里各种假定的理想情况下，我们在最小成本原理之下就会得到均衡。在这个时候，每种生产要素的价值都会根据边际效用得到确定。自然，这也会告诉我们从某种生产要素中会得到多少效用（根据我们现有的效用函数）。同时，这也会决定各种生产要素的边际替代率会与其价格同比，同样价格的生产要素会带来相同的效用。给定这些，我们会得到某种要素固定的“客观”贡献。也

---

① 约瑟夫·熊彼特. 经济分析史：第3卷. 朱泱，等译. 北京：商务印书馆，1994：457. 熊彼特还进一步强调“经济理论是一种推理的技术；这种技术天生是中立的”。熊彼特非常欣赏琼·罗宾逊（Joan Robinson）的一个观点：经济理论就是一箱工具。

正是这个原因让我们产生一种错觉：每种要素都有固定的客观贡献，因此我们的社会制度应该尽可能地让每个人得到的与其贡献相当；并进而认为：市场经济制度的道德根据恰恰就在于它能够实现这种意义上的按贡献分配。① 然而，这里的均衡也表明，我们的产权结构本身能够影响我们的效用函数。随着人们的嗜好与善观念的变化，以及在生活资料的初始占有上的不同，产权结构的不同，现实中会形成各种不同的均衡值（如果有的话）。因此，同样的要素能够做出的贡献（以均衡条件下的价格来衡量）在不同的条件下是不同的。这就是说，各种生产要素在经济制度中能够做出的贡献并不是独立于经济制度的，恰恰相反，它本身是取决于经济制度的。

上面的分析表明，每种要素所能做出的贡献是不确定的，在不同的制度下有可能做出不同的贡献。即使存在均衡值并且是稳定的，充其量也只表明了一个问题：如果允许人们自由选择（并且在人们的嗜好与善观念被给定的前提下），那么人们就可以对何种要素做出何种贡献（被制度决定意义上的贡献）做出合理预期。实际上，市场经济制度按贡献分配就是指市场能够让人们得到预期的稳定报酬。但是，现实中并不存在这种达到均衡的完全竞争状态，一般而言是垄断竞争形式。在这个过程中，人们得到的报酬就更不是按“贡献（指均衡条件下的合理预期）”分配了。在这个时候，“许多劳动者，不单单是电影明星，所得到的收入远远超过诱使他们从事他们实际所做的工作所必需的数额，在许多情况下，如果减少每单位服务的报酬，他们反而会提供更多的服务”②。

尽管上述论证表明并不存在一种固定的客观贡献，由此分配正义不可能在于给予每个人这种贡献，但我们还有一个重大任务：解释在我们的社会中为什么有如此强大的按贡献分配的直觉。在某种意义上，本书要做的

① 从萨缪尔逊（Paul A. Samuelson）的均衡方程式［$f^i(x_1, \cdots, x_n, a_1, \cdots, a_m)=0$，$(i=1, \cdots, n)$］中更容易看到参数所能产生的影响，也就是说，不同的参数会带来不同的均衡值，从而贡献就会有所变化。（保罗·萨缪尔逊．经济分析基础．甘华鸣，等译．甘华鸣，校．北京：北京经济学院出版社，1990：第2章）

② 约瑟夫·熊彼特．经济分析史：第3卷．朱泱，等译．北京：商务印书馆，1994：276．本节的讨论主要是针对完全竞争的，因为如果在这种情况下我们都不可能实现按贡献分配，那么在其他情况下就更不可能实现了。

最重要的一个工作就是做出这个解释。这里可以做个引言，我们目前存在的按贡献分配的直觉实际上已经预设了几个重要原则：第一个是自我所有权，第二个是相对稳定的财产权，第三个是一定程度的自由交换权。实际上，这几种权利也是市场经济制度的预设，它们本身可以影响人们能够做出何种贡献。它们不仅影响人们能够做出的贡献的大小，而且影响人们是否有机会做出贡献。假设分配正义就在于按贡献分配，假设当权者有权把人们都拘禁起来，不让他们做任何事情，活活饿死他们，那么这里就没有任何违反分配正义的事情，因为他们没有做出任何贡献。这种状况显然是不正义的，但其不正义性不可能是因为没有实现贡献应得。因此，按贡献分配只是市场经济制度的结果，而不是其理据与根基。

不过，尽管这里的贡献应得无法成立，但并不表示按贡献分配在我们的社会中不起作用，只要我们能够确立市场经济制度，那么日常意义上的按贡献分配就是这种制度的应有之义。因此，这里还有必要澄清几点。(1) 这里提出的反应得，是在一种特定的、专门的意义上说的，是说作为分配正义之根基的应得是不存在的。但是这根本不会影响我们日常语言中用应得表达正义或不正义。因为那种应得在很大程度上是罗尔斯所说的合理预期，只是说法不同而已。(2) 与罗尔斯不同，这里提出的反应得，是在非应得意义上讲的。换言之，应得与分配正义无关，它既不能肯定什么样的分配是正义的，也不能否定什么样的分配是不正义的。(3) 这里反对自然禀赋、努力、需要、德性、贡献等作为应得的基础，但并不反对它们在正义社会中对人们的所得会产生影响，只是方式不是“应得”而已。我们在第二章已经提出，分配正义中重要的公平成分就在于按贡献分配。因此，按贡献分配显然在分配正义中有很大的影响，但这种影响并不是基于应得，这种安排的最终根据在于后果主义，这是我们后面要完成的工作。

第四章　立足自由的分配正义观

第三章对立足应得的分配正义观的考察表明，它之所以那么深入人心，是因为现实中人们往往将其理解成制度性应得，由此这种应得正义更多地涉及执行正义，对于正义本身实际上没有影响。当然，不可否认，执行正义确实对于正义原则如何成为一种有效的正义观具有一定的约束。本章考察另一种同样有很多响应者的正义观，这就是立足自由的分配正义观，其典型代表是诺齐克的资格正义理论。这样选择有三个方面的原因。第一，自由在现代政治社会中被认为是一种极其重要的价值，故而考察其在分配正义中的地位就很有意义。第二，诺齐克的资格正义理论极具代表性，一般来说代表了左、中、右三种立场中的右。第三，诺齐克的资格正义理论既有特别符合人们直觉的地方，也有特别不符合人们直觉的地方，提炼出这些直觉成分对于我们理解分配正义极有帮助。本章的目的不仅是找出自由至上的分配正义观所存在的问题，而且试图揭示它如此具有吸引力的根本缘由。

第一节　日常的自由概念

自由概念与应得概念一样，应用极其广泛，由此也极其含混。我们在开始讨论之前，对自由概念做一分析与界定是很有必要的。这里既无法也无必要对自由的所有定义面面俱到，而是选择几种相关且有代表性的看法，试图从中找出日常意义上的自由概念。下面我们从两个极端的定义开始，一个是完全非道德化的自由概念，另一个则是完全道德化的自由概念，由此慢慢逼近日常意义上的真实自由概念。

我们先从完全非道德化的自由概念开始。完全非道德化的自由是指人们可以随心所欲，想干什么就干什么。霍布斯提出的自由概念大概是最接近这种自由概念的。尽管日常意义上的自由确实有着这样的含义，但显然自由不完全如此。要提醒的是，如同前面“应得”“不应得”“非应得”的区分一样，存在“自由”“不自由”“非自由”的区分。有了这个区分之后，我们可以通过考察不能随心所欲来探讨日常意义上的自由。人们在很多事情上无法随心所欲，其原因是多方面的，与自由的关系也不尽相同。人们不能随心所欲，一个原因是外在世界或者说自然世界对人们有约束。比如，人们由于重力而飞不起来，但除了在诗歌与小说的比喻中，我们一般不认为这是不自由的，当然也不认为这是自由的，而是认为这种情境与自由无关。一般来说，在自然世界的诸种限制使人们无法随心所欲时，我们不会用“自由”或“不自由”来描述相关情境。

人们不能随心所欲，另一个原因是社会制度与他人的存在。但是，这里我们不再有一个确定的态度，随着“心”与“欲”的不同，随着所施加的约束的不同，我们并不一定认为“不能随心所欲就是不自由”。这里有两个答案不同但都非常清楚的例子。第一个例子：假如有人想强奸别人，被强奸者奋勇反抗或者警察阻止强奸犯，导致强奸犯无法随心所欲。强奸犯的自由因此被限制或者被剥夺了吗？我想这里的答案不是说强奸犯的自由是否被限制或者被剥夺，在这种情况下我们一般不用是否自由来形容。第二个例子：劫持犯把被绑架者捆绑于小屋里，令其丝毫不能动弹，被绑架者显然不能随心所欲。这个时候被绑架者的自由被剥夺了吗？我想答案是肯定的。

上述例子表明，完全非道德化的语言是不足以描述日常意义上的自由的，而且非常清楚地显示，自由与否不仅与“随心所欲”的原因相关，而且与“不能随心所欲”的内容相关。为了更清楚地展示这一点，我们可以考虑自由的另一个极端看法，即完全道德化的自由：自由就在于做道德上正确的事情。你的“心”与“欲”的对象必须是正确的，如果你的“心”

与“欲”的对象是不正确的，那么你越是“随心所欲”，就可能越不自由，以至成为自己欲望的奴隶。这最接近于康德提出的自由概念，但是康德的自由概念中有一个核心要素，即自主或者说自律，不过这种概念涉及非常复杂且极有争议的形而上学理解，涉及正确与错误的根源问题。这里忽略这种复杂性，只是说自由就在于做道德上正确的事情。

然而，西季威克从日常意义角度对这种自由概念做出了有力的攻击：人们的日常观念是，个人应该对自己自由选择做的错事负责。然而，按照康德的自由观念，个人只要做错事，就是不自由的，如果个人是不自由的，那么他就是不用负责的，由此一切错事都是不用负责的。但是，日常意义上的自由恰恰是要决定是否要做正确的事情。如果自由就在于做正确的事情，那么这种核心理解就不成立了。显然，这两种概念无论是否成立，都与日常对自由的理解相去甚远。那么，如何修正？我们接下来考虑两对关于自由的非常有名的区分，即贡斯当（Benjamin Constant）对古代人的自由与现代人的自由的区分，以及伯林对消极自由与积极自由的区分，以此考察我们应该如何看待日常意义上的自由。

贡斯当认为，古代人的自由主要体现在集体或者说公共生活中，他说：“在古代人那里，个人在公共事物中几乎永远是主权者，但在所有私人关系中却是奴隶。作为公民，他可以决定战争与和平；作为个人，他的所有行动都受到限制、监视与压制；作为集体组织的成员，他可以对执政官或上司进行审问、解职、谴责、剥夺财产、流放或处死；作为集体组织的臣民，他也可能被自己所属的整体的专断意志褫夺身份、剥夺特权、放逐乃至处死。”① 然而，在现代人这里，贡斯当认为现代人更看重的是私人生活，他说：“自由只是受法律制约而不因个人或若干个人的专断意志而受到某种方式的逮捕、拘禁或虐待的权利，它是每个人表达意见、选择并从事某一职业、支配甚至滥用财产的权利。”② 不过，贡斯当强调的自由并非一般而论的自由，实际上他强调的是古代人与现代人所看重的不同领域的自由。贡斯当强调，古代人重视的是参与政治的自由，当时认为这

---

① 贡斯当. 古代人与现代人的自由. 阎克文，刘满贵，译. 冯克利，校. 北京：商务印书馆，1999：27.

② 同①26.

种自由在很大程度上为人们提供了生活的意义，然而现代人则更多强调私人自由，主要是在日常生活中可以不受限制地做什么。

伯林对消极自由与积极自由的区分，主要是针对现代人的自由。消极自由主要是一种免于干涉、免于他人强制的自由，强调干涉与强制的不存在。显然，这种自由概念把握了随心所欲的一个方面，也就是没有外在的直接人为干预。但根据这种概念，只要不是由于他人的干预，个人自己缺乏能力与资源而无法实现某个目的，这就不意味着缺乏自由。与之相对的积极自由强调做某件事情的能力，强调主体有能力和权利去做他认为该做的事情，成为自己想要成为的那种人，做自己的主人，而不仅仅是没有他人的干涉。因此，这种自由概念把握了随心所欲的另一方面，那就是随心所欲得有相应的能力。

按照随心所欲来说，伯林的消极自由把太多因素放在自由之外了，因为残疾没办法做事，显然会影响到个人具有的选项，而这个显然跟个人的自由度是相关的。而积极自由又把太多因素放在自由之内了，积极自由确实把握了自由有程度之分、大小之分，但它还包括人们要做自己的主人，要控制自己的欲望，显然很多时候恰恰是要求灭人欲的。

针对上述几种看法，我们把随心所欲作为在日常意义上谈论自由的基点，分以下几个层次逐渐展示。第一个层次是，人们不能随心所欲，是因为人们“心”与“欲”的对象明显超出了人们的能力，是因为各种自然原因，非人力可以处理，那么我们一般认为这样的对象与自由无关，不将之纳入关于自由的谈论。比如，没有人能够凭肉体遨游宇宙，没有人能够跳上月球，说这些是不自由的就显得比较别扭。当然，我们也不会在这里说，有人可以自由地凭肉体遨游宇宙，有人可以自由地跳上月球，这同样显得别扭。也就是说，人们明显没有能力做到的事情，在这个领域或范围，我们把它们当作与自由无关，认为不适合用自由来形容。不过，这至少有一个例外，那就是文学作品中的比喻。由此，消极自由者利用这一点来支持消极自由而反对积极自由，显然是存在问题的。

第二个层次是，人们不能随心所欲，是因为人们“心”与“欲”的对象是明显的道德上的不当之事，比如想强奸别人却遭受反抗或者被警察制止而不能随心所欲，这时使用是否侵犯自由的语言同样是不合适的。也就是说，在这种情况下人们不能随心所欲，我们不会说，因为这些事情是错的，所以剥夺人们做这些事情的自由是正当的，因为这样说让人感到别扭。针对一些人类明显不应该做的事情（比如不应该强奸别人，不应该杀掉无辜者，不应该为了取乐而折磨幼儿），如果有人想做这样的事情而受到阻碍，那么我们根本不会说这个人的自由受限，或者说他的自由被正当地剥夺了，我们根本不会采用"自由"这个字眼。

第三个层次是，有些事情是人们在某些条件下可以做的，但在另一些条件下是不可以做的，针对人们在做这些事情的时候受阻而不能随心所欲，我们可以用自由来谈论。人们受阻而不能随心所欲是因为其在不可以做的条件下想做这些事情，这时我们会说人们的自由受到了限制，应该受到调节。人们在可以做的条件下不能随心所欲地做某些事情，这时我们会说人们的自由被剥夺了。这些事情有很多，比如言论自由、迁徙自由等。但是人们很少有绝对的自由，因此这种自由一般而言都是有条件的，也就是说，是可以调节的。尽管我们有言论自由，但我们不被允许在剧院看戏时大声地说"起火了"。迁徙自由也受到各种条件的限制，特别是受到财产权的限制，我们不能迁徙到别人家里。但是我们在这里会说自由受到了限制，而不会说自由被剥夺了。在这里自由是受到了限制还是被剥夺了，取决于人们不能随心所欲的原因：如果有正当原因，那么这里的自由就是受到了限制；如果没有正当原因，那么我们一般会认为自由被剥夺了。我们知道，要想整个社会有秩序，要实现稳定，就不可能赋予每个人绝对的自由，对自由一定存在各种约束或限制。我们尽管无法确定这种约束或限制的范围，但却知道有时候对自由的约束或限制是有道理的。由此，我们可能有一种体制，它规定了对自由的合理约束与限制。

第四个层次是，当人们想做某些事情但却受阻而无法随心所欲时，我们会认为这是对人们自由的剥夺。这里的剥夺有两种基本类型，但这两种类型都预设了我们应该具有的制度，即对于可以做的事情有所规定，而且这种规定是有道理的。正是根据这种规定，我们对于可以随心所欲之事的范围有个合理预期。在这个合理预期内，我们的自由就是我们能够随心所欲地做我们想做的事情。第一种类型的剥夺是制度式的。在现实世界中，如果我们的制度显然不正当，明显系统地偏离了这种合理预期，那么这种偏离越明显，其不合理性越清楚，我们就越会认为制度对我们的自由有所剥夺，因为我们本该能够随心所欲。换言之，有些现实制度显然是不正当的，或者说是没道理的，由此我们获得的自由比在理想制度下获得的少，我们就会有一种自由被剥夺的感觉。比如，某些人在“文化大革命”时期无法就当时的政策说出自己的真实想法，我们会说他们的言论自由被剥夺了，而不会说他们的言论自由受到了限制。因为这种剥夺是没道理的，是不正当的。第二种类型的剥夺则不是制度式的，是在正义的制度下，某人违背了法律或做了坏事，比如法庭经过适当的程序审判后剥夺某个公民本该有的自由权利。比如，一个杀人犯被关进监牢而无法自由地出入，我们会说他的行动自由被剥夺了，而不是受到了限制，因为我们认为这种剥夺是正当的。要注意的是，这里的说法与强奸犯强奸别人时受到阻碍时的说法完全不同，尽管将杀人犯关进监牢和阻止强奸犯强奸别人都是正当的，都使当事人不能随心所欲，但我们并不认为阻止强奸犯强奸别人是对其自由的剥夺，我们根本不用自由这个说法来谈论这种阻止，然而我们会在日常意义上说将杀人犯关进监牢是对其自由的剥夺，但这种剥夺是有道理的。

我们从以上四个层次谈论了日常意义上的自由，从中可以看到，自由的基色还是随心所欲，还是按照自己的想法做事与生活。我们可以把自由与不能随心所欲的关系分为以下四种。第一种，不能随心所欲与自由不相关，比如不能随心所欲地跳上月球，不能随心所欲地强奸别人，它们都与自由不相关；第二种，不能随心所欲属于自由的调节，比如不能随心所欲地在路上开车，而是要遵守交通规则；第三种，不能随心所欲属于不自由，本该享有的自由被剥夺了，而且剥夺是没道理的，是不正当的，比如“文化大革命”时某些人无法对政策表达自己的真实想法；第四种，不能随心所欲属于不自由，本该享有的自由被剥夺了，不过剥夺是有道理的，是正当的，比如当事人因为犯罪而被判刑。从这几种关系我们可以看出，日常意义上的自由实际上预设了一个正当或者说正义的制度，它界定了与自由相关的范畴，我们在该制度里有一个合理预期，有多少事情是能够随心所欲地做的，这就是我们本该享有的自由，还有些事情则是在一些条件下可以做但在另一些条件下不可以做的，这大概可以算作受调节的自由。总体而言，日常意义上的自由更接近佩蒂特（Philip Pettit）谈论的第三种自由，即自由就在于不受任意的干涉。① 无疑，这里的关键在于是什么样的因素决定这种干涉是不是任意的。这里要注意的是，这种非干涉的自由不一定就是消极自由，因为决定“任意性”的内容可能本身就是积极自由，或者说是人们能够随心所欲的程度。这就是说，随着决定任意与否的因素的不同，我们可以得到完全不同的自由概念。

由此，自由至上可以从两个方面来理解。（1）自由至上是在基础意义上说的，也就是说自由是分配正义的根基。这样一来，这种自由就不可能是日常意义上的自由，因为这种自由本身还需要找到其他道德依据来说明为什么对自由的约束与限制是合理的。由此，自由至上的自由就是某种专门意义上的自由。（2）自由至上不是在基础意义上说的，也就是说分配正义的根基不在于自由，但是其核心内容在于自由。不仅如此，我们还需要为自由至上找到其他道德依据来显示它为什么应该是分配正义的核心。在下面考察诺齐克的自由至上理论时，这是我们要特别注意区分的。

第二节　从资格正义理论到自由至上理论

从表面上看，诺齐克的正义理论是一种资格正义理论或者说是一种持有正义理论，然而他的理论又以自由至上理论著称。因此，我们首先就有必要搞清楚，诺齐克的资格正义理论是如何成为自由至上理论的。就此而言，我们会从三个方面入手：第一个方面是诺齐克对资格正义理论所做的定义，第二个方面是诺齐克的正义命题，第三个方面是张伯伦例子。单独来看，这三个方面都不显得怎么独特，但合起来却有意想不到的效果：使资格正义理论演变成自由至上理论。

---

① Philip Pettit. Republicanism：A Theory of Freedom and Government. Oxford：Oxford University Press，1997：51-79.

我们先来看诺齐克资格正义理论的第一个方面，也就是诺齐克持有正义理论的定义：

> (1) 一个人若对其持有的获得符合获取的正义原则，则对那个持有是有资格的。
>
> (2) 一个人若从一个拥有资格的人那里获得一个持有，且这种持有的转让符合转移正义原则，则对该持有是有资格的。
>
> (3) 除非是通过上述 (1) 与 (2) 的（重复）应用，无人对一个持有拥有资格。[①]

总结起来就是，“分配正义的整个原则只是说：如果所有人对分配在其份下的持有都是有资格的，那么这个分配就是正义的”[②]。显然，持有正义理论实际上就是资格正义理论。因为资格正义理论的确定就是持有正义理论的确定。对于获取正义原则和转移正义原则，诺齐克的初步规定是：“如果人们有 X，且拥有 X（不管他们是不是应得 X）没有侵犯到任何人对 X 的（洛克式）权利或资格，且 Y 是通过本身不违反人的（洛克式）权利或资格的过程源于 X 的（从 X 产生的等等），那么，这个人就有资格得到 Y。”[③]

我们要注意，资格正义理论是一个定义：如果一个社会里的所有人对其持有都是有资格的，那么这个社会在分配上就是正义的。获取正义原则确保每个人对他的初始持有具有资格，转移正义原则确保每个人对转移而来的持有具有资格。[④] 这样，只要人们对其持有符合获取正义原则与转移正义原则，那么人们对其持有就具有资格，由此分配就必然是正义的。换言之，只要我们认可获取正义原则与转移正义原则，那么我们就必然会接受分配正义的资格理论，这是一个概念性真理。

接下来我们来看诺齐克资格正义理论的第二个方面，也就是诺齐克概括出的一个很有直观合理性的正义命题：“无论什么，只要它是从一正义

---

① 罗伯特·诺齐克．无政府、国家与乌托邦．何怀宏，等译．北京：中国社会科学出版社，1991：157.

② Robert Nozick. Anarchy，State and Utopia. Oxford：Blackwell，1974：151.

③ 同②225.

④ 同①.

的状态中以正义的步骤产生的，它本身就是正义的。”① 在实际的论述中，诺齐克将此命题发展成了有实质内容的正义命题1：从任何正义的情境开始交易，只要人们是自由、自愿的，则由此得到的任何情境都是正义的。这个正义命题有三个成分：初始情境的正义性、过程的正义性和结果情境的正义性。如果我们接受这个命题的前两个部分，即初始情境是正义的、过程是正义的，那么我们一般会不假思索地认为由此得到的结果情境肯定是正义的。我们可以看到，正义命题与前面的资格正义理论的定义非常相似，初始情境的正义性对应于资格正义理论的获取正义原则，而过程的正义性则相当于资格正义理论的转移正义原则。由此，两者似乎都容易让我们得出，只要保证前两个方面，那么结果就必然是正义的。据此，我们很相信以下这一点：只要我们接受资格正义理论，那么我们就自然会接受正义命题。

最后我们来看诺齐克资格正义理论的第三个方面，即张伯伦例子。这个例子太过关键而值得全部引用：

> 现在假设某种非资格正义观所支持的分配得到了实现。让我们进一步假定它就是你最喜欢的，并且称它为 D_1；也许每个人都有一个平等的份额，也许这个份额按照某种你所尊重的维度而不同。现在再假设威尔特·张伯伦是篮球队非常想要的，他能够吸引观众。（也假设契约保有一年，选手们可自由签约。）他与一队签订了下述契约：在每一个主场比赛中，每张门票要给他25美分。（我们也忽略他是否在敲诈老板的问题，让他们自己当心吧。）赛季开始了，人们兴奋地观看他的比赛；他们买票时，每次都从门票费中抽出25美分放入写有张伯伦名字的专门盒子里。他们为看到他的比赛而激动不已，对他们而言，这物有所值。现在我们假设，在一个赛季中，有100万人观看了他的主场比赛，张伯伦获得了25万美金，远高于平均收入，甚至比任何人都高。他对于这个收入有资格吗？这个新的分配 D_2 是不正义的吗？如果是，为什么？……如果 D_1 是正义的分配，人们把他

① 罗伯特·诺齐克．无政府、国家与乌托邦．何怀宏，等译．北京：中国社会科学出版社，1991：157.

们在 D_1 下所得到份额的一部分转移出去（难道它们不就是拿来做点事情的吗?），从而自愿地从 D_1 转变到 D_2，难道 D_2 不也是正义的吗？如果人们有资格处理他们（在 D_1 下）有资格得到的资源，这不就包括他们把它给予张伯伦，或者将它作为与张伯伦交换的资格吗？有人能够基于正义的根据而抱怨吗？其他所有人都拥有他在 D_1 下的合法份额。在 D_1 之下，每个人持有的东西都是其他人无法根据正义而反对的。①

这个例子显然利用了英美国家对自由的看重，无论是平等主义者还是自由主义者，几乎没有人反对自由是一种重要的价值，即使不把自由看作唯一重要的价值。不论我们对于自由有多大分歧，我们对张伯伦例子中所要求的那种自由都不会有太大分歧，因为它所求甚少：只是人们利用自己手中的资源做点自己想做的事情。由此，张伯伦例子中要求的就是一种非常有限的自由，无论我们认为自由应该受到何种约束，这里要求的自由大概都不在约束之列，由此，这种自由有着极强的直观合理性，而这种直观合理性会通过张伯伦例子悄悄转移给以自由作为转移正义原则的转移过程。

我们一旦没有注意到这一点，且这种自由又必定会破坏任何初始的分配模式，那么就会得出这样一个印象：初始状态 D_1 究竟是怎么样的不重要，因为它总是会被自由所颠覆和打破。其结果就是：上面的论证只取决于转移正义原则，我们只要接受它，获取正义原则是什么并不重要。这就是说，人们只要接受过程正义的定义，那么就会接受分配正义的资格理论。而过程正义正是通过张伯伦例子获得了极强的合理性，它就是我们自由、自愿地同意。这样一来，资格正义理论实际上就变成了自由至上理论，因为只有自由才是最重要的。

然而，这三个方面合在一起的效果，不只是把资格正义理论变成了自由至上理论，更重要的是它似乎为这种自由至上理论提供了逻辑上无懈可击的辩护。第一个方面的持有正义理论只是形式定义，因此，满足条件后，其真必然为真，是一种概念性真理。这里的关键在于人们是否接受其条件，

① Robert Nozick. Anarchy，State and Utopia. Oxford：Blackwell，1974：160-161.

实际上是获取正义原则与转移正义原则是否为人们所接受。而第三个方面则借助英美国家对自由的重视，特别是人们自由地使用自己手上资源的这种无可争议的消费自由，没有人会反对张伯伦例子的直观合理性。第二个方面则把第一个方面与第三个方面串联起来。它把第一个方面的逻辑严密性传递到第三个方面，而把第三个方面的直观合理性传递到第一个方面的条件上。这样，三个方面的整合就保证了最后的结论既具有逻辑严密性，又具有直观合理性。这实际上是张伯伦例子显得那么有杀伤力的原因之所在。

分析马克思主义的创始人及代表柯恩，被张伯伦例子折磨了好多年，他花了近20年的时间对其进行了强有力的剖析与批判，终于找到了张伯伦例子的根本症结：正义命题与持有正义定义不是等价的。单独来看，第一个方面与第三个方面都没有问题，关键是把它们串联起来的第二个方面，即正义命题的合理性。他指出，正义命题的直觉吸引力源于人们的一种深刻直觉：相同属性的东西组合得到的仍然是相同属性的东西，尤其是具有正面属性的东西组合得到的东西更会保留这种正面属性。柯恩就此直觉做出了反驳：尽管我们发现相同属性的东西组合容易得到相同属性的东西，但违反这一直觉的例子也比比皆是。两个奇数相加变成偶数，两个负数相乘变成正数。两个完美的事物结合在一起也许就不完美了：完美的音乐与完美的环境组合在一块也许让人觉得特别不和谐。① 我们要注意，柯恩这里否定的只是这一点：相同属性的任何组合都在逻辑上必然保持这种属性。他并没有否定这一点：相同属性的有些组合能保持这种属性。一旦明白这一点，正义命题的合理性就是值得质疑的：如果初始状态是正义的，过程是正义的，那么作为结果的状态就必然是正义的吗？显然，这从概念上是分析不出来的。

一旦明白这一点，我们就会明白：资格正义理论与正义命题并不是等价的。无论是获取正义原则还是转移正义原则，它们定义的都是人们对自己的持有是具有资格的，因此只要获取正义原则与转移正义原则为真，那么人们经由这两个原则获得的持有就是有资格的，由此产生的状态就必然

① G. A. Cohen. Self-Ownership, Freedom, and Equality. Cambridge: Cambridge University Press, 1995: 41.

是正义的。只要获取正义原则与转移正义原则都被人们所接受，那么结论就必然是人们所接受的，由此资格正义就是必然成立的。然而，对正义命题而言，即使人们接受初始状态的正义与过程的正义，但这也并不能从概念上保证结果状态的正义性。柯恩指出，诺齐克在这种情况下有两种可能的选择。第一种选择是把正义命题变成正义定义，由此状态的正义性与步骤的正义性是概念上相关的，我们能够通过对概念的分析得出最后的结果是正义的。只有在这种可能的选择下，正义命题才是概念性真理，才可以与资格原则等价。第二种选择是保持正义命题是一个命题，由此状态的正义性与步骤的正义性是独立定义的，彼此之间没有概念上的关联。这样一来，正义命题就不一定为真，更不可能概念上为真。

不过，一旦我们做出第一种选择，那么正义命题就不再适用于张伯伦例子。因为我们可以非常明确地看到，在这个例子中，任何初始分配的正义性对转移正义原则都是没有影响的，这就是说，过程正义与初始状态正义这两个定义之间是没有概念上的关联的。而一旦诺齐克做出第二种选择，那么正义命题就无法获得资格正义理论中那种概念性真理的自明性。由此一来，自由颠覆模式的意义就需要重新考虑。柯恩指出，张伯伦例子具有的那种表面的直觉吸引力实际上源于诺齐克和读者共有的混淆：根据第一种选择把正义命题看作自明的，这里状态的正义性与过程的正义性是概念上相关的，但是适用于张伯伦例子时又是根据第二种选择，即状态的正义性与过程的正义性是独立定义的。① 因此，与资格正义理论的阐述不同，正义命题可能发生这样的状态，即初始状态是正义的，转移过程是正义的，但得到的结果状态却可能是不正义的。这里涉及如何定义状态的正义性与过程的正义性的问题，其关键就是状态的正义性与过程的正义性是不是独立定义的。

对这个问题的回答，我们有三种可能的解读。② 第一种解读认为，状

---

① G. A. Cohen. Self-Ownership，Freedom，and Equality. Cambridge：Cambridge University Press，1995：42-45.

② 柯恩的反驳中提到了两种可能，即我们这里提到的第一种与第二种。但是，他认为第二种解读是没有意义的，因此他认为第一种解读（事实上包括第三种解读）会导致一个内在的恶性循环，所以否认了诺齐克的论证。然而笔者在这里恰恰认为，诺齐克的解读实际上根据的是第二种解读，尽管因为他对洛克式条款的断言而无法提炼出第二种解读的影响。

态的正义性与过程的正义性是完全独立定义的。也就是说，状态的正义性与过程的正义性享有独立的标准，两者是不相关的。正义命题是否成立取决于两种标准是否互相支持。第二种解读认为，状态的正义性与过程的正义性是相关的，过程的正义性是指过程本身没有不正义，并且这种过程还保证不会产生不正义的状态，也就是说，过程的正义性受到状态的正义性的约束。第三种解读认为，两种正义性标准是相关的，但这里规定状态的正义性受制于过程的正义性，即状态的正义性标准必须满足过程的正义性标准。非常清楚，如果采取后两种解读，那么正义命题都是概念性真理，其正确性确实是自明的。

第三节　何种自由的转移正义

上面的分析表明，正义命题与持有正义并不等价，特别是正义命题若不做定义式解读就不可能概念上为真，因此就取决于状态正义与过程正义在事实上是否为真。下面考察诺齐克究竟采取了何种立场。张伯伦例子特别符合我们的直觉，所以我们先看这个例子的寓意。诺齐克基本上是从张伯伦例子引出其正义命题的。诺齐克从这个例子得出的推论是：不管如何规定初始的正义状态，只要转移过程是正义的，那么改变后的状态就依然是正义的。我们可以看出，诺齐克对过程正义的定义独立于对状态正义的定义，但其结论却是这两者的组合依然是正义的。因此，诺齐克这里又承诺了结果状态的正义性是由过程正义保证的。诺齐克在这里的定义具有不一致性：初始状态正义与过程正义是独立定义的，但结论的获得又蕴含着状态正义的定义依赖于过程正义的定义。

柯恩对此做了很好的分析与批判，他是从转移正义原则的强弱着手的。诺齐克的转移正义原则并不复杂，只要转移过程中没有不正义的行为，即个人在交换中没有使用武力和欺骗，或者说交易是个人自愿的、没有强迫，那么就符合转移正义原则。这样，我们得到了正义命题 1：从任何正义的情境开始交易，只要人们是自由、自愿的，则由此得到的任何情境都是正义的。这个正义命题由于张伯伦例子特别有直觉吸引力而显得特别有说服力，柯恩的反驳是指出这个命题蕴含着不符合直觉的结论。

第一，柯恩认为，张伯伦例子的含义若不加限制地外推适用，就会产生自愿奴隶，比如以做对方的奴隶来参加赌博。人们有多强的道德直觉支持自由交换，就会有多强的道德直觉反对奴隶，因为这恰恰是自由的反面。[①] 人们面对此种结果不可能无动于衷，恰恰正是对自由的强调与保护导致了自由的丧失。诺齐克也承认，如果人们的选择都是不理性的或任意的，那么自由转移的结果就会让人觉得不安。张伯伦例子之所以具有很大的吸引力，恰恰是因为老百姓认为这种交易是划算的。柯恩用这种反驳表明：从直觉上看，单凭自由不足以为自由转移所产生的任何结果做辩护，这里似乎还有一个对理性的预设。

第二，柯恩通过各种例子告诉我们，出于无知，自由转移产生的结果是我们实际上不想要的。比如，有人粗心大意而搞错了自己手中的东西，误把钻石当作石头给了别人，此时的分配状况是正义的吗？更进一步，有人在不知情的情况下误把自己的古董当作玻璃球与别人交换，别人交换时不知情，但随后知情了，假如后者不肯归还，这种分配状况是正义的吗？再假如后者原本就知道呢？甚至于后者利用一些条件来蒙蔽和误导前者呢？更有甚者，把古董误作玻璃球与别人交换的那个人如果是个 10 多岁的孩子，且又是被故意误导的，情况又会如何？[②] 柯恩的系列假设都是以下这种情形的例子：人们在交易时，本来以为自己得到的是 A、付出的是 B，但是由于自己没有相关信息或者判断力不够而没有做出准确的判断，结果得到的不是 A 而是 C、付出的不是 B 而是 D。相关信息缺失的原因与判断力不够的原因的不同，以及 A 与 C、B 与 D 之间的差别大小，会影响人们的直觉判断，人们不会给出完全肯定或否定的答案。这里并不需要表明这一定是不正义的，只要人们并不认为产生的任何结果都是正义的就可以了。这是柯恩提出的无知在自愿交换中产生的问题。

第三，柯恩提出，自由交换中还有个体合理性与整体不合理性的问题。的确从单个人来看，看球者认为付出门票钱给张伯伦看张伯伦打球是

---

① G. A. Cohen. Self-Ownership, Freedom, and Equality. Cambridge: Cambridge University Press, 1995: 45-47.

② 同①48-49.

一种享受，这钱花得值，因此这种行为是没有问题的。但是，单个事情（个人拿钱去看张伯伦打球）看起来没问题并不表示整体上没问题。柯恩指出，在张伯伦例子中，看球者不会关心自己的门票钱给了谁，单独来看这也许是理性的。然而，如果从整体上看，这种合理性也许就不存在了，因为合在一起会破坏其他价值。比如，这些钱可能汇聚于某些人之手，给他们提供过大的权力或影响力，从而产生很坏的影响。这个时候，开始的那种个体合理性就不存在了，由此产生的结果的直觉合理性就不再那么清楚了。

第四，柯恩提出，自由交易会引出第三方的问题。即使交易各方都各得所需，但是结果却可能影响到第三方的利益。在现实中，由于生产、消费与交换的普遍联系，人们的交易会影响到其他人。在相关的意义上讲，一个人拥有的东西总是与其他人相关的，也就是说，我们看重的是实际购买力，是我们能够用钱做什么，而不是手上的钱。① 这样，当人们自愿转移或交换自己的物品的时候，这种行为在市场经济制度下就能够影响到第三方的实际购买力。考虑到人们的交换能够对他人造成影响，我们是否还能允许人们随心所欲地交换，这本身就是一个可以追问的问题，也是一个值得反思的问题。

柯恩设想各种情形的意义在于：尽管在日常意义上讲，交易的各方都是自愿的，然而我们直觉上并不觉得所有结果一定是正义的。这里既有无知的问题，也有其他价值的重要性的问题，还有对第三方的影响的问题，因此自愿转移无法确保结果的正义性。

柯恩设想了诺齐克回应此反驳的两类方式。第一类回应方式是改变自愿条件，由此使转移正义原则能够确保结果的正义性。柯恩设想了各种改变自愿条件的方式。一种就是，如果选择者预先知道真相或真实结果的话，他本来会做出其他选择，那么这种同意就被视为不自愿的。这样得到正义命题 2：任何情境，如果是从正义的状态开始，经各方充分自愿地（这里的充分自愿指所有交易者在知道这种交易的真实结果后仍然同意该

---

① G. A. Cohen. Self-Ownership，Freedom，and Equality. Cambridge：Cambridge University Press，1995：49.

交易）产生的，那么其本身也是正义的。[①] 这种修改可以克服小孩与缺乏判断能力的成年人的反例，由此显得是相当可行的。

但即使我们接受这个观点，它还是很难为现实情况做任何辩护。正义命题 2 要求的条件太强，我们在现实中根本无法满足它，因此没有实际的应用价值。在现实的市场经济制度下，无知的问题与对第三方的影响的问题更严重。因为市场结果的不确定性是无法消除的。柯恩考虑弱化正义命题 2 来挽救这个命题。我们看正义命题 3：如果从正义情境开始，并且交易各方事先都知道不同结果产生的概率，那么由此产生的任何情境其本身就都是正义的。假设两个自愿进行奴隶式赌博的人，这个例子满足正义命题 3。但是人们的直觉并不认为这种自愿奴隶一定是正义的。如果奴隶式赌博不是自愿选择的，那么人们的道德直觉更不会接受它是正义的。然而，市场恰恰是人们无法选择的，市场经济制度一旦确立，就是人们无法选择的，是人们做出其他自由选择的背景。因此，即使市场的参与方事先都知道不同结果产生的概率，这依然很难为其结果辩护，因为市场的风险是无法避免的。直观上，在武力的胁迫下做出的选择是不自然的，但是如果市场机制是人们无法选择的，那么市场的风险就是人们无法避免的，必定有人承担这种风险所带来的后果。这个时候，仅就这个结果而言，武力导致的没有选择与市场导致的没有选择并没有实质性差别，只是一个是有形的强迫，另一个是间接的、无形的强迫而已。另外，现实的市场交易极少能够让人们完全知道各种结果产生的实际概率；并且，实际上每个人得到的信息可能不一样，利用信息的能力也可能不一样。也就是说，现实的市场经济制度很难满足正义命题 3 的条件。

当然，我们可以进一步弱化这种条件，从而得到正义命题 4：只要从正义情境开始，且交换各方知道交换的直接结果，由此产生的任何情境本身就是正义的。但是，正义命题 4 的认知条件要求太低。同时，如果对于交易的直接结果的无知可以挫败结果的正义性，那么为什么对间接结果的类似无知就不能产生类似的影响从而挫败结果的正义性？

---

① G. A. Cohen. Self-Ownership, Freedom, and Equality. Cambridge: Cambridge University Press, 1995: 50.

这样，柯恩的分析给诺齐克的例子呈现了这样一个难题：一方面，即使我们可以使正义步骤即自由产生正义的结果，这种正义步骤也是我们现实中的交换无法实现的；另一方面，如果依据日常意义上的自由交换或自愿活动来定义正义步骤，那么它就不具有保证其结果是正义的那种能力。①

第二类回应方式是不再持有日常意义上的自由观，而是改持权利自由观。实际上，诺齐克确实采用了这种意义上的自由或自愿，他认为，“个人的行为是不是自愿的，依赖于限制他的选择对象的原因是什么。如果是自然的事实，那么这一行为就是自愿的（虽然我更愿意坐飞机去某地，但没有飞机，我步行去那里就是自愿的），别人的行为为个人可利用的机会设置了限制，但这个人相应的行为是不是自愿的取决于那些人是否有权利做他们的行为”②。由此，诺齐克不管别人的行动是否限制了你的选项，只管这些行动是否合法，是不是你有权利做的行为。诺齐克认为，只有当某些人阻止了你有权利做的事情时，你才是不自由的。结合自由的这种权利定义和私有财产权，我们就可以得到，保护私有财产权绝对不会限制任何人的自由。诺齐克这里所说的是规范意义上的自由，即人们应该享有的自由。如果别人的行为是正当的，是他们有权利采取的行为，那么这种行为即使限制了你的机会，也并没有减少你的（规范性）自由。

在自由的权利定义下，干涉一个人的行动是否影响或限制了该人的自由取决于他的权利状态，也就是我们必须明白他有什么样的权利，他有没有权利做他想做的事情。如果没有，那么我们干涉他的行动就没有减少他的自由。然而，权利的根据是什么？诺齐克并没有交代得很清楚。但诺齐克实际上借用的是洛克的自然权利，人们具有生命权、健康权和自由权等。而我们又知道，诺齐克的权利是在否定的意义上讲的，即使你要饿死了，也没有人有义务为你提供食物，你也没有得到食物的权利，你的权利

① G. A. Cohen. Self-Ownership, Freedom, and Equality. Cambridge: Cambridge University Press, 1995: chap. 2.

② 罗伯特·诺齐克. 无政府、国家与乌托邦. 何怀宏，等译. 北京：中国社会科学出版社，1991：262-263.

只在于保护你的自由、身体等不受到别人的侵害。①

柯恩由此认为，诺齐克的权利自由观清楚地进入了一个循环：自由是根据权利定义的，权利又是根据自由定义的。当把权利自由观适用于张伯伦例子时，我们可以看得更清楚。诺齐克对自由的这种权利性定义避免了上一节中的反驳，但这种解决办法的代价过于昂贵，使他陷入了一种内在循环。当我们问什么东西使步骤是正义的时，诺齐克说在行为自愿的时候，或者在行为没有受到强迫的时候。但是，当我们问什么行为是自愿的或者是没有受到强迫的时，诺齐克回答，无论人们可利用的机会有多少，只要在产生这种限制的过程中没有不正义，也就是说人们的权利没有受到侵犯，行为就是自愿的或者说是没有受到强迫的。这里存在一个循环：转移正义是根据自愿（或没有受到强迫）来定义的，而自愿则是根据正义（权利不受侵犯）来定义的。这样，诺齐克的论证就走入了一条死胡同，因为他无法对正义步骤进行定义。

柯恩对正义命题的详尽分析表明，张伯伦例子所推出的自由颠覆模式的结论，其逻辑严密性与直观合理性源于混淆。一旦搞清楚正义命题与资格正义理论并不等价，那么正义命题的直观合理性就源于自由。但是柯恩的分析表明，自由不足以提供这样的支持：自由要么是一种日常意义上的非干涉性自由，但这种自由无法确保我们的结果是正义的；要么是一种权利意义上的自由，但资格正义理论就不再是一种自由至上理论，因为这里的自由恰恰需要其他权利为它提供依据并对之做出限定。现在我们转向后一种可能性，探讨是否能够找到根据为自由提供支持，以确保持有正义的合理性。

第四节　获取正义的自我所有权原则

前面的分析表明，转移正义原则无法单独决定结果状态的正义。也就

① 罗伯特·诺齐克. 无政府、国家与乌托邦. 何怀宏，等译. 北京：中国社会科学出版社，1991：37-38.

是说，获取正义原则确实应该是诺齐克资格正义理论的核心之所在。因为人们转移的一定是其有资格持有的事物，但在转移该事物之前，人们必须对持有之物是有资格的。不仅如此，诺齐克还非常强调其资格正义理论是历史性原则，因此获取正义原则对整个资格正义理论来说是极其关键的。实际上，状态正义与转移正义之间的关系可以是另一种：转移正义必须满足状态正义背后的根据。① 这也是诺齐克承认的，只是他把要满足的标准定得比较低，所以没有产生实质性影响。下面我们分析情况究竟是什么样的。

从根本上说，获取正义原则就是要解决人们如何对无主物具备资格的问题。诺齐克首先考察洛克的劳动占有理论，但承认这种占有理论不成功。诺齐克在探讨获取正义原则时，认为对无主物的占有必须满足一个特别重要的限制，这就是“洛克式条款”的限制。洛克认为人们在占有某种东西时必须“还留有足够的和同样好的东西给其他人共有”，这样对这种占有才是有资格的。② 但是当无主物是有限的时候，这个限制可能使所有的资格都是不可能的。因为任何占有都会影响其他人的状况，因此诺齐克将这个限制解释为“不使他人的状况变坏”③。也就是说，“如果不再能够自由使用某物的他人的状况因此而变坏，一个通常产生一种对一原先无主物的永久和可继承的所有权的过程就不被允许”④。诺齐克认为有两种方式使另一个人的状况变坏：其一，使别人失去通过一个特殊占有来改善自己状况的机会；其二，使别人不再能够自由地使用（若无占有）他先前能使用的东西。强的洛克式解读禁止这两种方式的变坏，但是诺齐克接受一种弱的洛克式解读，即尽管某人失去了一个特殊的占有，但是他还有其他的东西可以占有，因此就不违反洛克式条款。

不仅如此，诺齐克还认为不仅获取正义原则需要满足洛克式条款，而

① 然而，两个原因使得这个特点在诺齐克的理论中没有得到应有的重视。一个原因是，资格正义理论与正义命题的等价性混淆，诺齐克并未对此给予应有的重视；另一个原因是，它认为状态正义性的规定所设置的限制条件比较低。

② 罗伯特·诺齐克. 无政府、国家与乌托邦. 何怀宏，等译. 北京：中国社会科学出版社，1991：180.

③ 同②180-181.

④ 同②183.

且转移正义原则也需要满足洛克式条款。“一种最初的占有加上所有后来的转让和行为的结合违反了洛克的条款”[①]，那么这种占有就是没有资格的。这就是说，转移正义必须满足获取正义必须满足的标准。“因此每个所有者对其持有的权利，都要受到这一洛克式的有关占有之条件的历史限制。……一旦人们知道某人的所有权与洛克式条款相冲突，就会对他利用‘他的财产’（难以无保留地如此称谓）可以做的事情加以严格的限制。”[②]

这样，问题就转到了洛克式条款的具体内容，考虑获取正义原则必须接受这种限制的根据。然而，诺齐克尽管赋予洛克式条款极强的约束力，同时承认确认比较基线特别困难，但他还是乐观地断言，洛克式条款的限制很低。“这一比较基线相对于私有制社会的生产率来说是如此之低，洛克式条款受侵犯的问题仅仅出现于面临灾难的事例中。”[③] 同时他相信，“一种市场体系的自由运转实际上不会与洛克式条款相冲突”[④]。由此，获取正义原则在诺齐克的分配正义理论中就并没有起到该有的实质性作用。

不仅如此，正如柯恩指出的那样，转移正义原则中真正起作用的也不是自由，而是自我所有权。柯恩指出，诺齐克的分配正义之核心不在于自由至上，而在于自我所有权至上。[⑤] 诺齐克不是从自由推出自我所有权，而是从自我所有权推出自由。诺齐克所举的从 A 到 Z 的例子表明他接受了这一点，即使 Z 只有一种选择，他依然认为他的自由没有受到侵犯。同样，他并不认为无产阶级的不自由是一种真正的不自由，因为无产阶级具有对自己人身的支配权，而这是奴隶与农奴所不具有的。根据这种自我所有权，每个人都拥有自身，就像奴隶主拥有奴隶一样。从道德的角度看，他有权支配自己。由此，诺齐克分配正义理论的核心就在于自我所有权：任何人未经我同意都不得强迫我为任何其他人服务，即使不这样做在道德上是错误的，情况依然如此。

---

① 罗伯特·诺齐克．无政府、国家与乌托邦．何怀宏，等译．北京：中国社会科学出版社，1991：184.

② 同①.

③ 同①186.

④ 同①187.

⑤ G. A. Cohen. Self-Ownership，Freedom，and Equality. Cambridge：Cambridge University Press，1995：67.

除了这种绝对的自我所有权外，诺齐克还认为，人们对于运用正当手段获取的一切资源都拥有同样的道德权利，由此推出一种绝对的财产权。诺齐克把夺走某人的合法所得与切掉某人的胳膊同等看待，认为这两种行为都侵犯了人们的根本权利。然而，正如柯恩所指出的，尽管我们确实有一种直觉支持自我所有权，但是对于外部资源则没有这样的直觉存在。我可能有资格单独决定如何使用我的手，但对于使用这只手的利益则无相应的权利。柯恩由此发动了对诺齐克资格正义理论的批判。其第一步就是切断自我所有权与外部资源之间的关联。其核心在于：认可自我所有权并不能得出诺齐克所强调的那种财产权。柯恩从市场分配开始，因为资格正义理论认为市场产生的分配是正当的。但是市场产生的分配只是资格的再分配，初始资格是交易本身无法产生的。因此，市场活动的结果与其初始资格具有同样的正当性。关键正在于初始资格的正当性。[①] 因为无论基于何种财产理论，最初的获取一定优先于后面的转移。如果这个世界上的资源是自动地为人们所私有的，那么这种理论就极为强大。但这里的麻烦就在于这个世界上的资源不是自动地归属于个人私有的。柯恩反驳的根本重点不在于谁得到私有财产，而在于是否有私有财产、有何种形式的私有财产。

不仅如此，就诺齐克而言，私有产权的正当性既不是它能促进人们的效用或幸福，也不是它要回报人们的努力，相反要看分配的整个历史。由此，一切重担都压在洛克式条款上，即起初占有资源时要“为他人留下足够好的选项、不使他人变坏”这个条款上。如果我们接受诺齐克的这种推理，那么成败的关键就是相对于什么样的基线而“变好”的问题。然而，诺齐克所说的比较显然太简单，只是比较了“某人占有某物 O”的状态与“把某物 O 留给所有人”的状态。但柯恩有力地指出，显然还可以有“A 占有 O”的状态和“B 占有 O”的状态，它们都比“把 O 留给所有人”的状态好。实际上，这里既然可以有“所有人共同拥有 O”的状态，那么自

① G. A. Cohen. Self-Ownership, Freedom, and Equality. Cambridge: Cambridge University Press, 1995: 73.

然可以有“某个小集体拥有O进行合作”的状态等。[①] 这就是说，诺齐克这里最根本的错误在于一种“全都或全不”的思想，要么是所有人共同拥有某物，要么是个人绝对拥有某物。一旦认识到这中间有无数种状态，那么从原理上讲，这里就没有任何一种状态可以自然地作为比较基线，我们把何种状态作为比较基线，需要强有力的道德根据。

由此，我们要追问的一个问题是：为什么我们对无主物获得初始资格时需要满足洛克式条款？诺齐克没有给出任何答案，本章最后一节探讨的生活意义也许可以给我们以启示。但这个反思本身使我们认识到，分配正义的第一要务不是确定谁对某物有资格，而是确定何种形式的财产权。我们在第二章提到了分配正义的几个层次。本书第二章分四个层次探讨了权利与义务的分配问题：第一个层次的问题是人们能有什么样的权利与义务，第二个层次的问题是权利与义务的存在形式和具体内容是什么，第三个层次的问题是如何分配权利与义务，第四个层次的问题是人们在确定的分配制度下得到的好处与坏处分别是什么。与这四个层次的问题相对应，我们这里也提出四个层次的问题：(1) 人们能不能有产权？(2) 人们能有何种产权（不管是谁获得这种产权）？(3) 谁能获得财产？(4) 人们拥有这些财产能够干什么（使用权、收益权、处置权等）？就第二个问题而言，起码下述选项均是具有可能性的：绝对的私人所有、有条件的私人所有、绝对的公有、有条件的公有或有条件的公有与私有混合等。

从这个角度看，福利国家的再分配税收机制实际上可以被看作第一个问题，我们可以将其看作有条件的私有产权。第一类是财产获取税，比如收入税，特别是收入累进税，它是获取财产的条件，比如要交多少税，收入才具有合法性。第二类是财产使用税，比如馈赠税、遗产税和奢侈品税等。这就是说，人们得到的财产并不是人们能够随心所欲地处理的。比如，在中国人们不能随意购买枪支弹药，在西方人们不能随意把钱给别人，尤其是不能把大量的钱给别人。因此，税收完全可能是对产权的一种规定与约束，是与产权共生的。当我们接受一种绝对的私有产权时，这样

① G. A. Cohen. Self-Ownership, Freedom, and Equality. Cambridge: Cambridge University Press, 1995: 76-87.

的看法就是行不通的。然而，诺齐克支持这种产权观的论据是：如果私有制存在，那么有些人只有很少的财产或没有财产就并不是要消灭这种制度的理由。诺齐克之所以认为这个观点成立，是因为他认为这个观点满足了洛克式条款，而其所做的比较只是拥有绝对的私有产权与完全没有任何产权之间的比较。

不仅如此，我们如果能把自我所有权与财产权分开，那么就能更好地理解自我所有权的蕴含。很显然，自我所有权与外部资源的占有并不是一回事。因此，我们可以设想各种各样的外部资源的状况。柯恩做了各种设定，表明我们可以得到很多种结果。有一种可能的情况是，所有外部资源为全体成员共有，并且每个人对于如何使用外部资源具有绝对的否决权。显然，如果不做其他规定，那么我们就根本无法知道任何结果，因为我们不知道人们会如何行使这种否决权。但在极端情况下可能出现如下情境：某人完全可以要求所有人自愿成为他的奴隶，否则就不允许任何人使用任何资源。最麻烦的是，这种情况并没有侵犯诺齐克意义上的自我所有权，因为这个人没有强迫任何人接受他的条款，正如资产阶级没有强迫无产阶级为其服务一样，如果无产阶级愿意饿死的话。因此，在这里，才能无法带来特殊的报酬。柯恩的这种思维方式实际上引出了一种根本性反驳：没有外部资源，个人的自我所有权就没有任何意义，也就是单纯形式上的自我所有权没有任何意义。①

基于此，我们可以更好地理解柯恩对诺齐克的论证结构所做的概括：（1）任何人都不能在任何程度上成为别人的奴隶；因此，（2）任何人都不能被别人部分或全部地拥有；因此，（3）每个人都被他自己拥有；因此，（4）每个人都必须具有做想做的事情的自由，只要不伤害任何人，他也没有任何必要向任何人提供帮助；（5）处于原始状态的外部世界无论是其全部还是部分都不属于任何人；由此，（6）每个人都可以为自己积累无限的自然资源，只要他并不因此而伤害别人；由此，（7）一部分人可以完全合法地私人拥有不等量的资源；由此，（8）广泛存在的状况不平等是不可避

① G. A. Cohen. Self-Ownership, Freedom, and Equality. Cambridge: Cambridge University Press, 1995: 79-84, 95-106.

免的，或者说只有在侵犯人们对自身或对事物的权利才可以得到。①

柯恩从三个方面对此论证做了强有力的反驳。第一个方面的反驳是注意区分自我所有权与财产权的不同，而外部资源在规范意义上并不必定是无主的，纯形式的自我所有权是没有意义的。第二个方面的反驳就是我们前面考虑的比较基线问题，由此从（6）到（7）的推理就存在问题。

第三个方面的反驳是针对自我所有权的直接反驳，也就是反驳步骤（1）—（4）的推理。② 柯恩主要是澄清自我所有权与其他观念的混淆。柯恩首先是澄清自我所有权与奴隶之间的关系。诺齐克的前提（1）是很有道理的，但其前提（2）实际上蕴含着：任何人一旦具有非契约性义务，那么他就是奴隶。不仅如此，这里的契约指的是实际发生的契约，并不是你应该接受的契约（即使有利于契约方自己也不行）。然而，我们日常对奴隶的理解是：别人能够随心所欲地决定奴隶做什么。这里的关键是随心所欲，奴隶主要求奴隶做什么是不需要理由的，需要的只是奴隶主的心意。如果我们接受某种重要的价值，那么我们出于这种价值做事就不是随心所欲的，这里就更不存在一个随心所欲的奴隶主。因此，柯恩认为，我们即使具有非契约性义务，也不由此具有彻底的自我所有权，但这并不表明其他人就在部分程度上是我们的主人。由此，（1）—（4）的推理就是存在问题的。实际上诺齐克也没有将这一观点进行到底。诺齐克一方面允许通过征税来维持国防和秩序，另一方面在财产占有上允许家长主义行为，只要这种占有不损害人们的利益就行。即使我们接受诺齐克的观点，这两者对于其他人都是无害的，它们也依然是非契约性义务。然而在财产的使用上，比如说强制保险，诺齐克的“守夜人”国家就无法接受它。不论其前提合理与否，这里都显然存在一种不一致性。

柯恩其次是澄清自我所有权与自主性之间的关系。自主性的一种常见理解是康德式的道德自主性，这种自主性受到很多人的青睐。按照康德的理解，道德自主性在于个人具有善良意志，也就是人们总是有充足

① G. A. Cohen. Self-Ownership，Freedom，and Equality. Cambridge：Cambridge University Press，1995：113-115.

② 同①231-234.

的动机去做道德义务要求做的事情。因此，道德自主性显然与彻底的自我所有权有很大的区别。当然，有些人可能不认可康德的自主性概念，而是用自主性意指个人能够按照自己的心意做事。在诺齐克这里，彻底的自我所有权意味着个人能够随心所欲，只要不伤害他人即可，见死不救都是自我所有权所认可的。即使我们接受对自主性的这种理解，它也表明自主性的大小与个人做事情的能力是极为相关的。然而，正如前面已经讲过的，彻底的自我所有权显然无法保证人们具有这种能力，因为尊重彻底的自我所有权在有些时候恰恰能够导致其他人无法做许多事情。这就意味着，如果所有人都不愿意在彻底的自我所有权上做任何妥协，那么人们的自主性显然就会大大减少。不仅如此，即使我们承认自主性是一种应该追求的价值，但只要我们承认还有其他的重要价值，我们就无法接受彻底的自我所有权。①

柯恩最后是澄清自我所有权与人性公式之间的关系。② 人性公式的重点在于要把每个人当成目的，而诺齐克反对未经人们同意的税收，因为这是把人们当作手段而不是目的来对待。但是康德的人性公式并不反对把人当作手段，它只是要求我们同时要将人当作目的来看待。实际上，在康德的人性公式里，把人当作目的的一个重要方面在于对待别人的方式要能找到道德根据。如果要求人们做的事情是有道理的，那么这就是人们应该同意做的。因此，把人当作目的并不能支持一种彻底的自我所有权。或者说，不经人们的实际同意要求人们做事并没有违背将其当作目的来看待，关键是这种要求是否具有恰当的理由。

尽管自我所有权表面看来具有极强的直觉吸引力，但有不少吸引力源于与其他观念的混淆。柯恩的分析表明，如果我们能够看清楚它与其他观念之间的混淆，那么彻底的自我所有权就很难得到支持。柯恩对转移正义原则与获取正义原则的讨论则更是表明，无论是自我所有权还是财产权，它们都需要统一的根据，否则就会导致自相矛盾或者不一致。

---

① G. A. Cohen. Self-Ownership, Freedom, and Equality. Cambridge: Cambridge University Press, 1995: 236-238.

② 同①239-241.

第五节　生活意义与比较基线

前面的详尽分析表明，诺齐克的资格正义理论，无论做自由至上的理解还是做自我所有权至上的理解，最后都无法得到支持。这也许会让人们产生一种疑虑：如果诺齐克的理论真的如此不堪、漏洞百出，那么它怎么会有这样大的影响，成为当今最重要的分配正义理论之一？在笔者看来，前面的一切论证只是表明，诺齐克理论的根本麻烦在于其绝对性与极端性，前面的论证没有否定自由的重要性，更没有否定自我所有权的重要性，只是否定了它们的绝对性与极端性。诺齐克的理论可以得出以下这样极端的结论：有些人即使不是因为自己的任何过错而过得极其凄惨甚至死亡，国家或政府也没有任何义务要解决这个问题。然而，去掉这种极端性之后，我们可以看到，诺齐克的理论包含了公平成分中的诸多因素：自我所有权、私有财产权和自由交换权等。其理论的极端之处之所以问题多多，就在于这种极端一方面让我们完全忽略了分配正义中的人道成分，另一方面有时也会对真正公平的实现造成极大的损害。这两个方面恰恰是人们的道德直觉不能接受的，只要柯恩的论证引出其极端之处，那么具备两种基本道德情感的人就自然会觉得其中问题多多。

诺齐克在这方面的问题不仅在于他没有考虑现实的动机，而且在于无法找到一致的动机（无论现实与否）。前面我们已经讲过，人们的现实动机是会影响人们的道德直觉的。（1）现实中的人们是有着利他精神的，因此，人们对于弱势群体特别是连最基本的生存需要都满足不了的人有着天然的同情心，一种分配正义理论若是对这种状况不管不顾，那么是很难让人们接受的。柯恩对诺齐克的反驳之所以成功，在很大程度上正是利用了这一点。（2）诺齐克的理论无法找到一致的动机。这里可以分两种极端情况来看：一种情况是，人们都没有极强的利他精神。弱势群体显然无法自愿地接受这样的正义原则，因为遵守这样的原则他们要付出极大的代价甚至生命。另一种情况是，人们有极强的利他精神。过得好的人不会接受这样的正义原则，因为他们的利他精神会导致他们关爱过得差的人。由此，人们的利他精神无论是强还是弱，这样的正义原则都是无法通过动机检验的。

实际上，诺齐克也持有很强的人道直觉，不过他误以为其理论必然要求放弃这些直觉，经历长期煎熬之后，他毅然坚持其理论的极端结论。然而，我们发现其理论不仅无法符合人们的直觉，而且无法对这种直觉给出合理的解释。按照最优解释方法的证成进路，诺齐克的理论是需要调整的，至少要对两种道德直觉给出解释。不过，诺齐克的研究进路具有开放性，给我们留下了修正空间。这里有两个关键的地方：第一个就是作为个人权利之依据的生活意义，第二个就是作为转移正义之前提的洛克式条款。

诺齐克对生活意义的看法特别强调了人的基本特征，尤其是人有几种基本能力：工具理性能力（比如以恰当的手段实现目的的能力）、道德感能力（比如能够认识道德原则并据之行动的能力）、拥有善观念的能力（比如个人有形成、调整与追求美好生活的能力）。我们可以看到，诺齐克的生活意义与罗尔斯强调人的两种道德感能力异曲同工，只不过说法不同。诺齐克认为，正是这些能力组合在一起，从而使个人能够过有意义的生活。这种生活意义实际上会对人们拥有的权利产生重要影响。生活意义需要人们使用这几种能力，但这几种能力均不是人们生而有之的，而是需要后天的培养与发展的，因此人们肯定需要资源与条件来发展这些能力。由此，人们的生命权就不可能只是否定性的，它必须具有否定性与肯定性两方面的内容。在否定性方面，别人至少不能随意剥夺我的生命；在肯定性方面，社会制度起码应该为我提供获得资源的机会。这对于自由同样成立，否定性方面是拥有一定范围的领域，不受到随意干涉，肯定性方面是必须拥有一些真实选项。当然，诺齐克的理论对否定性方面强调有余，对肯定性方面则关注不足。这里起码人们得有条件活下来，得有最基本的生存资源。但是，资源与人的各种能力一样，不是人们天生具有的，是需要人们的劳动来造就的。从生活意义来考虑问题，我们可以重新理解诺齐克的洛克式条款。

我们发现，在诺齐克的论证中洛克式条款并不要求以个人权利为基础，两者的关系是反过来的，即洛克式条款可以对个人权利（特别是财产权）形成限制，甚至取消它。只是由于诺齐克相信市场体制的自由运转不会与洛克式条款相冲突，因此只有在灾难性情形中才会出现违背洛克式条款的问题。① 而他对这种特殊情形的处理就显示了洛克式条款如何可以对个人权利产生约束与限制。诺齐克认为，假设个人拥有某一地区的唯一海岛，其所有权并不允许他把一个从失事船只上漂来的遇难者看作非法侵入者而命令其离开，因为这违反了洛克式条款。实际上，一旦洛克式条款得以启动，那么就很难说财产权还存在。“要注意，这一理论也并不是说所有者确实有这些权利，但是这些权利为避免大灾难而被压倒了（被压倒的权利并不会消失，总会留下蛛丝马迹，而上面讨论的情形并没有任何这样的痕迹）。并不存在任何这样一种外在的（特设的?）压倒。相反，在财产权理论的内部，也就在其获取和占有理论的内部，提供了处理这些情况的手段。”②

前面我们已经提过，在诺齐克这里，洛克式条款不仅对获取正义原则起作用，而且对转移正义原则起作用。当洛克式条款被设想得很低时，这对转移正义原则几乎没有起到约束作用。但一旦洛克式条款被设想得没有那么低，那么即使根据诺齐克的理论，它对转移正义原则也会形成约束与限制，其强度与力度取决于洛克式条款的限制有多高。这里我们一定要特别强调洛克式条款起作用的方式。对诺齐克的获取正义原则而言，其所有的限制就只有洛克式条款，并且洛克式条款起作用的方式不仅仅是程序性的，更多的是结果式的，即人们获得资格的条件是他人还有同样好的东西，即使进行弱化的理解，也是他人的状况不能因此而变坏。

然而，很不幸的是，诺齐克等人没有意识到比较基线问题实际上有一个预设，那就是有一个得到辩护的初始状态，可以作为思考的起点。然而，这种做法在根本上是乞题的。这里可以分为三种情况。第一种情况是，这个起点只具有概率式的初定合理性。它的意义不大，就像无罪推定的假设一样，因为人家只要提出任何确定的与它相冲突的理由，它就会被驳倒。第二种情况是，这个起点具有权重意义上的初步合理性。它只有一

① 罗伯特·诺齐克. 无政府、国家与乌托邦. 何怀宏，等译. 北京：中国社会科学出版社，1991：187.

② Robert Nozick. Anarchy，State and Utopia. Oxford：Blackwell，1974：181.

定的意义，因为尽管它对于决定何为正义有一定的作用，但它本身并不能决定这个起点就是正义的，因为可能还有其他有权重的考虑没有得到关注，所以它作为比较基线是有问题的。第三种情况是，这个起点不仅具有权重意义上的初步合理性，而且已经经过了综合权衡，压倒了其他的初步合理性，因此它在综合意义上是正义的，也就是无法再被压倒的。如果是这样，那么后续的讨论就没有必要了，因为我们已经找到了正义原则，或者说找到了决定是否正义的辩护理由，因为一切都已蕴含在初始状态的假设之内。由此，我们的研究就是要证明，为什么这个基线确立的状态是正义的，它蕴含什么样的理由。在这个意义上讲，基线的设定就是正义理论研究的对象，它不是起点，而是终点。

根据上面的分析，诺齐克的比较基线问题不在于基线设置得过低，而在于实际上压根就没有这样一种基线存在。因为一旦找到它，实际上我们就已经找到了正义原则。当然，我们可以选择一个起点或一个基线来开始关于正义的探讨，但它显然不能作为天然正义的状态，本身就可以得到道德上的辩护。这种思维体现的是，我们思考正义时要做整体性思考，不用割裂的思维处理问题，在不同的阶段适用不同的理由，这是有根本缺陷的。无论我们选择何种制度，我们要比的都不是某一种分配状态，而是要与所有其他可设想的制度做比较，并且这种比较是一种整体性比较，由此判定哪种制度或原则是我们更有理由选择的。

由此，单看洛克式条款实际上意义不大，更重要的是搞清楚为什么要设立洛克式条款，其背后有什么理由。在诺齐克这里，生活意义也许可以充当这样一种理由。由此，我们可以设想，洛克式条款背后的理由就是让人们实现他们的生活意义，那么我们可以认为洛克式条款至少应该包含满足人们的基本需要，这是人们获得生活意义的基本前提，大致相当于我们的人道要求。不仅如此，满足人们的基本需要的方式可以与前面所设想的财产权的各种方式相结合。由此，一种有限制的私有产权甚至混合产权就是符合洛克式条款的。不仅如此，我们的自由转移也必须受到这种条款的限制。由此，诺齐克的个人权利也会受到同样的限制，其意义在于很自然地打破了个人权利的绝对性，即使是个人的自我所有权。

更进一步的是，我们还可以从洛克式条款衍生出前面讲到的公平。公平要求的几种基本权利（自我所有权、财产权和自由交换权）都可以获得生活意义这个理由的支持。这几种权利加上人们大体上是自利的这个动机约束，我们就可以获得日常意义上的公平：人们的所得与贡献相匹配。这里的贡献并不是一种客观独立的贡献，只不过是在各种条件下，各种要素大概能够达到的一种稳定价格。简单点说，如果一种东西有许多人供应，又有许多人需求，且人们在自由交换中能形成该事物的一个稳定价格，那么这个价格就大致相当于该事物在日常意义上的真实贡献，最完善的相当于完全竞争市场经济中的均衡价格。由此，我们自然就有拓展意义上的公平，它在完全竞争条件下体现得最充分，机会是向有才能者开放的。由此，我们可以看到，社会上的很多约束，包括信息公开之类，在很大程度上其实就是为了让大家有一个公平的选择环境。诺齐克的自由至上理论，哪怕不加上新洛克式条款的限制，它在很多时候也不会出现极端的结论，即使有时候出现了，人们也难以直接感知到，所以人们直觉地认为其理论很有吸引力，这是因为其自我所有权、财产权和自由交换权恰恰是构成与体现这种公平的必要条件。这就是说，诺齐克的自由正义抓住了正义直觉中的一种核心成分：公平。

然而，尽管这几种成分在一定条件下有助于人们获得公平，但它们无法保证公平，尤其是其绝对性会破坏公平。这种破坏有两个方面：(1) 这几种成分一旦绝对化，就会反过来保护各种垄断，既有自然的垄断（如人才），也有人为的垄断。这会使人们的劳动力价格偏离竞争市场中的均衡点。(2) 这种绝对性会导致人们有可能生下来就得不到任何发展自身潜能的机会。由此，它会破坏人们得到公平机会，即每个人得到发展各种能力、过上幸福生活的公平机会。这种机会公平是分配公平的前提，因为要想使贡献与所得相匹配，首先得有做出贡献的能力和机会。因此，就日常分配正义的直觉而言，一方面诺齐克的资格正义理论坚持公平中某些不可或缺的成分（自我所有权、财产权、自由以及分配的历史性），这是其吸引许多人的原因之所在；但另一方面其理论的绝对性成分会破坏公平，既破坏人们做贡献的公平机会，也破坏形成稳定价格的完全竞争条件。不仅如此，这种理论走到极端会完全忽略人们的基本需要，不顾人道情感，由此受到强烈反驳就是自然的。

第五章　立足平等的分配正义观

自法国大革命提出“自由、平等、博爱”口号后，平等如同自由一样成为一个越来越时髦的政治词汇，逐渐演变成当代极其重要的一种政治价值。各种平等观由此也在今天的分配正义理论中占有非常重要的地位。不过，与第四章自由至上的分配正义观相比，立足平等的分配正义观实质上更关注人道成分，公平成分相对而言受到了忽略。然而，时髦的平等概念也有一个严重问题，那就是含义模糊、所指颇多。鉴于此，本章有两个任务。第一个任务是，澄清平等概念的各种相关理解，提出广义平等与狭义平等之区分。前者是与各种分配正义观相容的，是奠定现代社会的政治价值，而后者则经常被认为与自由相冲突。第二个任务是，提炼与概括狭义平等的三种典型理论，从价值、责任与动机三个方面揭示，典型的狭义平等理论要作为一种正义理论会遇到的三重根本困境。

第一节　平等概念

平等究竟蕴含或指称什么，现实中并无真正的共识，学界具有的唯一共识大概就是我们对之没有共识，平等由此成为最有争议的政治价值或理想。赞成平等一方的阵营里，阿马蒂亚·森（Amartya Sen）认为，“对于那些经受了时间检验的关于社会安排的所有伦理学方法的共同特征是，它们都要求某种东西（在特定理论中具有重要地位的某种东西）的平等”[①]。但是在另一个阵营里，诺齐克认为，只要我们认可人们的自主选择，那么这种自由就必然会颠覆任何分配模式，平等模式自然也不例外。[②] 道格拉斯·雷（Douglas Rae）则认为，“在抵制平等方面比秩序、效率或自由更为强有力的是‘平等本身’”[③]。彼特·威斯顿（Feter Western）则走得更远，他表示平等是“一个其自身不具有任何实质性内容的空洞形式”[④]。基于这种断言的“空洞性”，有人试图打算在道德评价中放弃对平等的关注。[⑤]

面对如此冲突的立场，人们自然会提出关于平等概念的第一个问题：这里的平等是同一个概念还是表达不同概念的相同语词？面对这个问题，我们需要厘清人们有关平等的真实想法与立场，由此理解各种平等概念。我们这里首先要区分两种意义上的平等。第一种意义上的平等是一个描述性词汇，本身没有褒贬含义，比如甲与乙同等（equal）高，张三与李四有同等（equal）智商，等等。这种平等是对纯粹事实的描述，可以称之为事实性平等概念。第二种意义上的平等是我们所赞成的政治美德或理想，是我们应该追求的东西。这种意义上的平等涉及人们应该如何行事、政治制度应该如何建构，我们可以称之为规范性平等。[⑥] 就立足平等的分配正义而言，其中的平等显然是第二种意义上的平等。

由此，我们可以考虑关于平等概念的第二个问题：事实性平等与规范性平等之间有何关系？这里主要考察事实性平等（或不平等）能否作为规范性平等（或不平等）的道德根据或前提。对这个问题有两种理解。第一种理解是，两者之间是否具有史学意义上的实然关系，即接受事实性平等

---

① A. K. Sen. Inequality Reexamined. Cambridge，MA：Harvard University Press，1992：12.

② 罗伯特·诺齐克．无政府、国家与乌托邦．何怀宏，等译．北京：中国社会科学出版社，1991：167－169.

③ Douglas Rae. Equalities. Cambridge，MA：Harvard University Press，1981：150.

④ Peter Western. The Empty Idea of Equality. Harvard Law Review，95（1982）：596.

⑤ A. K. Sen. Well-Being，Agency and Freedom：The Dewey Lectures 1984. The Journal of Philosophy，vol. 82，no. 4，1985：169－221.

⑥ 罗纳德·德沃金．至上的美德．冯克利，译．南京：江苏人民出版社，2003：136.

（或不平等）与接受规范性平等（或不平等）之间是否具有实际的因果关联。在古代，人们往往并不接受规范性平等，因为人与人之间的差别一目了然。这个时候，人们往往会说人天生是不平等的，因此接受与规范性平等的对立面：等级制或阶层制。其最典型也最系统的论说出现在柏拉图的《理想国》中。根据人的灵魂构成上所体现的主导成分（理性、激情与欲望）的不同，把人相应地分成不同的等级：统治者、武士和生产者。在这种认识下，规范性平等显然是不成立的。①

平等在今天之所以成为一种重要的政治价值，基督教也许功不可没。按照基督教的教义，起码存在两种事实性平等，它们均易导致人们接受规范性平等。第一种事实性平等是正面的，按照基督教的基本教义，所有人都是上帝的造物，都有灵魂，所有人在拥有灵魂这个事实方面是平等的。不仅如此，拥有灵魂还是每个人最重要的甚至是人之为人的根本特征，人们在其他方面的差别与这个共性相比可能是微不足道的。这种事实性平等就容易使人们接受大家是应该平等的，换言之就是支持规范性平等。第二种事实性平等是负面的，同样按照基督教的基本教义，每个人生来都是有原罪的，都是罪人，所有人在有罪这个事实方面是平等的。与之相比，人们在其他方面比如成就方面的差别就显得微不足道。这两个方面是基督教最核心的两个方面，由此接受这两种事实性平等的信徒就从心理上很容易接受规范性平等。除了基督教之外，还有霍布斯提出的观点：人们在一种事实意义上是平等的。这体现在他对自然状态的一种设想中：人们都是脆弱的，都是容易死掉的。② 任何人都可以被他人杀死，或者被他人的联合杀死。此外，与死亡相比，其他事情马上黯然失色，显得微不足道，由此，这种事实意义上的大体平等就会使人们在心中滋生出（至少是使人们更容易接受）这样一种思潮：人们在规范意义上是平等的。

第二种理解是事实性平等（或不平等）与规范性平等（或不平等）之间是否具有规范意义上的辩护关系，即事实性平等（或不平等）是否可以

---

① 柏拉图．理想国．郭斌，张竹明，译．北京：商务印书馆，1986.

② 霍布斯．利维坦．黎思复，等译．北京：商务印书馆，1985.

成为规范性平等（或不平等）的道德理由或根据。这其中非常强的辩护关系是：事实性平等（或不平等）蕴含规范性平等（或不平等）。当然，如果我们接受由休谟所肇始的事实与价值的强区分，即接受事实与价值之间有一道无法弥补的鸿沟，那么我们无论承认有什么意义上的事实性平等（或不平等），都无法据之得出一种规范性平等（或不平等）。如果我们否认这种二分法，接受自然主义伦理学，那么也许我们会承认可能有这样一种关系存在：事实性平等（或不平等）蕴含规范性平等（或不平等），也就是事实性平等（或不平等）成为规范性平等（或不平等）的道德根据或前提。当然，事实性平等（或不平等）与规范性平等（或不平等）之间的关系可能没这么强，事实性平等（或不平等）可能只是为规范性平等（或不平等）提供某种程度的辩护。

由此，我们来到有关平等概念的第三个问题：规范性平等如何体现？我们若接受一种规范性平等，那么就得知道如何判断我们是否已经实现平等，也就是需要判断平等的标准，这就是规范性平等如何体现的问题。我们自然的想法是，人们之间的平等还是要体现为某种事实性平等，获得某种相同的待遇。① 然而，这种观点遇到一个非常大的麻烦，这就是空洞性反驳。人类天生多种多样，在多方面不平等，一方面的事实性平等往往会引起另一方面的事实性不平等，事实性平等本身就是多元的。规范性平等若体现为事实性平等，那么平等就必将是空洞的。

平等主义者对此做了很多回应，阿马蒂亚·森的回应是其中的典型代表。首先，即使没有确定规范性平等需要体现为哪种事实性平等，“需要确定一种事实性平等”这种要求本身也能产生实质性限制，不是空洞要求。例如，这可以用来质疑那些没有基本结构的理论，拒绝那些在最根本的层次上没有某种平等要求的理论。因此，即使在这个一般性层次上，平等也是一个实质性的和真实的要求。② 其次，一旦平等的语境固定，也就

---

① 这里有一个问题值得我们仔细考虑：如果我们认为人类之间本来就存在着事实性平等，且规范性平等又要体现为事实性平等。如果这两种事实性平等是同一种，那么规范性平等就显得多此一举；如果两种事实性平等不是同一种，那么我们如何能够从一种事实性平等转而追求另一种事实性平等？

② A. K. Sen. Inequality Reexamined. Cambridge，MA：Harvard University Press，1992：24.

是说，某种规范性平等需要体现为某个方面的事实性平等，那么这种规范性平等就是特别强有力且严格的要求。我们在要求确定某个方面的事实性平等时，就会强加某种排序模式。最后，平等空间的多样性反映更深的多样性，也是人生价值观的多样性。多样性问题不是规范性平等独有的，因此无法作为对规范性平等的反驳。阿马蒂亚·森为多样性问题提供了一种解决方法：区分基本平等与非基本平等，从而为规范性平等做辩护。基本平等指的是在具体的事实性平等里，核心变量的事实性平等可以为那些非核心变量的事实性不平等做辩护。“这里（通常隐含地）接受的是一个更重要的聚焦规则，为了获得更重要变量上的正当安排（包括平等），我们必须接受实际上被认为是边缘性变量的不平等。”① 由此，平等的多元问题就变成了选择何种变量的问题。

除上述三个问题外，我们还要注意关于平等概念的第四个问题：形式平等（formal equality）与实质平等（substantive equality）的区别。“法律面前人人平等”，就是一种典型意义上的形式平等观念。这一观念的吸引力来自这样一个形式正义原则，即类似情形类似对待，不同情形不同对待。这种理想确实极具吸引力，但在某种意义上却又无甚意义。正如我们知道，世界上没有两片完全一样的叶子，也没有两片完全没有共同点的叶子，随着选择角度的不一样，我们总是可以在两个情形之间找到相似的地方，也可以找到相异的地方，因此我们依据何种标准确定两个情形是相似还是相异，就会决定是否要平等对待。显然，形式平等要有意义，就必须确定何种类似是相关的，何种类似是不相关的。在此之前，形式平等没有任何意义。“法律面前人人平等”做纯粹的形式平等理解时，就相当于总是按照法律办事，但它没有禁止法律本身把人分为三六九等。比如，“刑不上大夫”也是一种法律，那么对待普通老百姓与对待大夫就可以采取完全不同的措施，且依然符合“法律面前人人平等”。尽管如此，我们还是觉得形式平等在现实中非常有意义，实际上也能起很大作用。的确如此，但这在很大程度上归功于人们在不少事情上对什么相关与不相关是有共

① A. K. Sen. Inequality Reexamined. Cambridge，MA：Harvard University Press，1992：21.

识的。这种共识与形式平等合在一起就能发挥非常大的作用，但这个作用显然已经突破形式平等而进入了实质平等领域。

第二节 平等的价值与狭义平等

上面已经对平等概念做了一些澄清，很显然，分配正义所要立足的平等肯定是规范意义上的平等，也肯定是一种实质平等，同时我们要注意这种规范性平等的根据，以及这种实质平等要如何得到体现。不过，这些方面又都与以下这个问题相关：平等究竟拥有何种价值？平等既可以本身就是有价值的，由此是一种内在价值，也可以是作为工具而有价值的，比如人们之所以要求平等，是因为它能够使效用最大化。对这里的目标而言，要能作为分配正义的基础，平等就必须具有内在价值。若平等只具有工具价值，那么立足平等的分配正义实际上就还是基于其他内在价值。

对具有内在价值的规范性平等而言，我们还需要问：它在分配正义中地位如何？这里有两种基本立场：一种是无条件的平等观或者说强平等观，另一种是有条件的平等观或者说弱平等观。无条件的平等观或强平等观是不妥协的，它认为人们应该在它所确定的那个维度上尽可能地平等。这也就是认为平等是最高的价值，或者说最高的政治价值，任何与之相冲突的价值都是无效的。如果平等享有这种地位，那么分配正义就自然可以立足这种平等。有条件的平等观或弱平等观主张，人们在某个维度上应尽可能地平等，但是必须受到其他价值所施加的限制，并且这些限制不是由这种平等观所确定的，即不是内在于这种平等观的。这种观点认为平等是一种内在价值，但还有其他的内在价值，平等并不是词典式地优先于其他的任何价值。换言之，平等是一种可挫败的价值。这种平等即使可以成为分配正义中的成分，但也显然不足以成为分配正义的基础，最多只是其基础之一。

但也有不少人认为，平等应该是分配正义的基础。比如，金里卡（Will Kymlicka）认为平等是自由主义的高地，一切自由主义者都是以之为前提的。说得更具体一点，平等是人们思考整个现代社会的政治制度的根本范式，由此，它不可能为其他价值做出妥协，或者为其他价值做出牺牲。在某种意义上说，其他价值要有意义或得到尊重与体现，就必须不与这种平等相冲突，即使不能得到它的支持。金里卡强调拥有这种价值的平等确实是人们日常所谈的一种平等，在某种意义上讲，它确实奠定了今天的政治哲学与政治理想之基础。

然而，我们可以将这种意义上的平等称为广义平等，其实质性内容并不多。广义平等反对等级制和奴隶制。这里先说几个等级制的例子。中国古代的君臣、父子之间就有等级之分，其极端体现是“君要臣死，臣不得不死；父要子亡，子不得不亡”。印度传统上的种姓制度也是其中一例，而柏拉图的《理想国》中同样对人有着等级之分。陈胜、吴广起义时提出的“王侯将相，宁有种乎”这种口号并不是反对等级制，而只是反对“宁有种”。要注意的是，广义平等是一种实质平等，不同于“类似情形类似对待”这种形式平等。后者完全可以与等级制完美相容，只需要在文字上做文章。除了与等级制和奴隶制相冲突外，广义平等还反歧视，要求把每一个人当人来看待，不能根据肤色、性别或民族来区别对待。不管是自由主义者还是功利主义者，没几个人会否认这种意义上的平等。显然，一般意义上的“自由”并不与这种广义“平等”相冲突。这些思考方式与把平等作为根本范式的思考是截然对立的。

我们后面要讲的罗尔斯的公平正义也预设了这种广义平等，其公平也恰恰奠基于这种平等。因此，这种意义上的平等不足以确定人们应该接受何种形式的分配原则，或者说这种广义平等无法确定分配正义的具体内容。因为后果主义在这个意义上也是平等的，因为它强调在计算后果时要给予每个人同等分量，也就是每个人的福利或幸福在计算时是同等重要的。在某种意义上讲，这种平等是当今各种分配正义观共有的承诺，几乎所有的自由主义者都会认同，公然反对这一点的人少之又少。我们可以把这种广义平等作为现代社会最根本的价值预设。这种奠定现代政治社会的平等价值大概可以用德沃金的话来表达：每个人都有平等的重要性，我们要对所有人表示平等的尊重与关切。但是，如果分配正义只是立足这种平等，那么它就显然是不够的。

本章要考察的平等，显然是与自由相冲突的那种平等，实际上是一种定量式的平等，并且这种平等不是实现其他价值的工具，它自身就是重要的价值，我们可以称之为狭义平等，也是拉兹所说的严格平等。这种狭义平等原则会与其他原则相混淆，我们有必要把它们区别开。[①]（1）要把这种狭义平等原则与一般性（general）原则区别开。所有原则都是一般性理由的陈述，且对满足该原则适用条件的人同等地适用。由此，一般性蕴含着适用于一个组的平等，但是这并不表示这种一般性原则是一个平等原则。（2）要把这种狭义平等原则与修辞性平等原则区别开。在某个原则的条件或后果中加上“平等”二字，并不必然显示这个原则是一个平等原则。这里的平等可能没有意义，只是一种修辞。比如，“所有人的财产都应该得到平等的尊重”这个原则就不是一个严格平等原则。很多人可能根本就没有财产，而且不是想有财产就能有财产，因此该原则有时会演变成一个空洞原则。平等还有其他的修辞性用法。父母亲只欺骗一个孩子，我们会说他们是在不平等地对待其孩子。但这里的错误不在于不平等地对待孩子，因为即使只有一个孩子，欺骗他也是错误的。这里的平等只是修辞性地使用的，采取的行动不是用来获得平等，而是用来获得某种其他价值。

如何判断使用“平等”字眼的原则是狭义平等原则或者严格平等原则？拉兹认为只有下列表述才能被看作有关严格平等的表述：在稀缺中，每个有同等资格的人都有资格得到相同的（equal）份额；或者说，如果有些 Fs 具有 G，那么一切没有 G 的 Fs 都有资格得到它。换言之，严格平等原则对其成员之间存在的不平等表示敏感。简言之，如果我们两个人拥有相同的资格，但拥有的东西却不同（我拥有的东西少，你拥有的东西多），那么要达到这种平等，就要么增加我所拥有的，要么减少你所拥有的，这是这种平等的应有之义。但在我们的日常生活中，我们往往没有区分开修辞性平等与严格平等。由此，我们尽管很可能只是出于其他理由或价值而支持某种修辞性平等，但却可能被错误地认为是在支持严格平等。尽管有时候这样做是有益的，即平等可以作为实现其他价值的工具，但既然平等是实现其他价值的工具，那么把目的本身给忘掉就可能会造成巨大

---

① 这里的概括基于约瑟夫·拉兹的《平等的诸原则》（“Principles of Equality”）一文。

的损失。法兰克福（Harry Frankfurt）就认为，我们对平等的支持是一种错觉，因为我们应该在乎的不是你与我之间是否平等，而是我们各自是否有足够的资源或幸福。① 究竟有多少资源或幸福对我们而言是足够的，这是一个非常麻烦的问题，但他认为有一点是明确的，那就是我们真正看重的并不是某种量之间的平等，也就是说，这种量之间的平等并不具有一种内在价值。法兰克福承认，在很多情况下，量的平等是有着工具价值的，它能够让更多的人具有足够的东西。但是，如果我们因此就赋予量的平等一种内在价值，那么在很多情况下我们就会造成很多麻烦，带来很多真正的损失。

然而，平等主义者与自由主义者进行争论时，并没有做出明确的区分，从而引起各种混淆，出现很多没必要的分歧与冲突。实际上，有不少狭义平等的支持者给出的理由是平等的工具价值或者平等的修辞性用法，或者是广义平等的合理性。平等的反对者很可能由于不接受狭义平等，反过来对于一切冠以“平等”字样的原则或理由都加以拒斥。由于当下的很多平等理论并不是狭义平等理论，而是夹杂着各种其他价值的杂合理论，所以这里的考察对象一般不是当下流行的平等理论。相反，我们会把目光聚焦于从各种平等理论中抽象出来的狭义平等理论，考察它们是否有可能成为分配正义的基础。由此任何狭义平等理论都会面临这样三个问题：（1）它要平等的对象是什么，也就是该平等理论的根本价值是什么？这里我们会把结果平等作为考察的焦点。（2）它如何纳入责任观，如何与现代社会中提供的个人责任相容？这里我们会考察机会平等理论。（3）人们会以什么样的态度对待这种平等理论，为什么觉得平等是可欲的，又有什么样的动机来保证平等是可实现的？这里我们会着重考察运气平等理论。本章余下来的部分在于表明，结果平等理论、机会平等理论、运气平等理论这三种典型的狭义平等理论会面临三重根本困境，由此分配正义无法立足这种狭义平等。

---

① Harry Frankfurt. Equality as a Moral Ideal. Ethics，vol. 98，no. 1，1987：21-43.

第三节　结果平等的主观主义价值困境①

结果平等主要有两种：第一种是人们在某种具有内在价值的事物上平等，福利平等是其中最典型的代表。按照这种理论，对每个人表示平等的尊重与关切就在于让人们在某种（该理论者所看重的）价值上获得量的平等；第二种是人们在某种具有工具价值事物上平等，比如在资源、基本善或能力上平等。但是，后述事物的平等如果能得到辩护，那么要么是因为这种事物是得到幸福或福利的工具，由此实际上被还原为第一种平等，要么是因为辩护的根据不在于平等，而是在于其他，这种平等不是这里关注的对象。因此，我们将主要考察福利平等，而且这种福利是基于人们的欲望或偏好。福利平等理论具有一种非常直观的吸引力：幸福对于每个人都是重要的，是每个人都想要的，保证每个人都能获得同等福利或过得同样好就自然地成了对所有人表达平等的尊重或关切的方式。

德沃金对福利平等理论存在的问题给出了清晰且有力的批判。② 按照德沃金的概括，福利平等就是这样一种分配方案：在人们之间分配或转移资源，直到再也无法使人们在福利方面更为平等。德沃金的批判主要是从福利概念着手的，他考察了两类福利理论。第一类是成功理论，实际上又被称为偏好满足理论。第二类是感觉状态理论，主要是以人们称心如意的感觉状态作为评判标准。德沃金主要是针对福利的成功理论（偏好满足理论）做了详尽的批判，且由于共性把这种批判拓展到感觉状态理论。实际上，由于其批判的焦点在于福利这种价值的主观性，所以只要稍做调整，其批判便适用于一切主观主义价值理论。

为了更好地阐述福利平等理论，德沃金区分了几种不同的偏好。第一种是政治偏好，指的是对共同体中应该如何分配各种物品、资源和机会的偏好；第二种是与个人无关的偏好，这种偏好关注的是某些与人类生活无

---

① 感谢陆鹏杰同学对本节的批评与提醒。

② 本节接下来的批判主要是依据德沃金《至上的美德》一书的第二章。

直接关联的偏好，比如某些真理的发现，或者维护见不到的美；第三种是与个人自己的生活相关的偏好。由此，福利平等的成功理论就至少有三种情形：第一种是在人们所有偏好的实现程度达到平等之前，再分配应该一直进行下去；第二种是把政治偏好抛开，只管人们非政治偏好的实现程度达到相同；第三种是进一步排除与个人无关的偏好，只管个人偏好的实现程度达到相同。

对福利的第一种诠释而言，由于它包括政治偏好，也就是可以包括人们对于正义分配的不同偏好，福利平等本身变成人们的一种偏好。个人越不喜欢平等分配，这种诠释的平等理论给予其资源就越多。假如某个人认为他是世界上最高贵的人，他应该得到全世界一半的财富，否则他就会极度伤心。按照福利平等的要求，他真的应该由此得到更多的资源，但这是很荒谬的。实际上，设想的政治偏好越怪异，这产生的要求就越怪异。但这种怪异是这种主观主义价值理论（包括政治价值在内）本身的蕴含。

德沃金由此认为，我们需要对福利的诠释做出改善。自然的做法就是把政治偏好抛开，只考虑非政治偏好。然而，类似的问题依然会出现。假若某个人认为发现金星上是否有人极为重要，如果我们不投入大量的物力与人力，那么他就会感到极度伤心。由此，按照福利平等的第二种诠释，我们还是需要给予该人更多的资源。同样，设想的非政治偏好越怪异，这种理论提出的要求就越怪异。有这种怪异偏好的人越多，这种福利平等带来的反感就越强烈。德沃金由此设想，我们若想要一种讲得通的福利平等，那么偏好就只能限于个人性偏好。

然而，这种福利平等依然问题重重。第一个问题是阿马蒂亚·森多次强调过的偏好适应性问题。人们形成何种偏好，一般与人们预期能获得多少资源有紧密的关系。但福利平等的分配方案显然又需要以人们的确定偏好为基础，这里就出现了一种内在循环。我们为确定自己的偏好，需要知道能获得多少资源，但为了按照福利平等分配资源，我们又得知道人们的偏好。① 第二个问题是人们会赋予偏好满足不同的价值。我们至少有两种方式评价偏好，产生的结论很可能是不一致的。第一种是根据偏好满足的

---

① 更详尽的分析，参见葛四友. 资源、选择和运气. 政治思想史，2010 (3).

基本情况来确定我们的相对成功，第二种是对我们的相对成功做出总体评价。假如一个人选择很低的整体目标，然后与之相关的一切偏好都得到很好的满足；另一个人则选择很高的整体目标，然后与之相关的一切偏好实际满足得不是很好。根据相对成功标准，第一个人肯定要强于第二个人，但根据整体成功标准，则很可能是第二个人要更好。第三个问题是昂贵嗜好问题。这个问题引起的讨论很多。个人越是有昂贵的嗜好，那么按照福利平等理论，他得到的资源就要越多。由此，个人的偏好越奇特、越昂贵，那么人们对于这种福利平等的反感就越强烈，由此福利平等就越得不到道德直觉的支持。

综观德沃金对福利平等之各种诠释的批判，其根本困境在于：福利概念接受了主观主义诠释。德沃金的批判预设了价值是主观的，也就是个人的欲望或选择才能赋予事物价值，而事物本身是没有客观价值的。正是因为这一点，他才可以随意设想人们的各种偏好。所设想的情况越极端、越怪异，我们会因为人们的这种偏好得不到满足而应该补偿他们就显得越怪异，我们对福利平等的反感程度也会随之上升。因此，德沃金对福利平等理论的批判，表面上看是福利的问题，而实际上其根源在于不少平等理论者都接受的价值主观主义。①

价值主观主义在经济学中更为盛行，这与经济学中的实证主义潮流颇有关联。经济学者深知这种价值主观主义的蕴含：效用不具有人际可比性。但为了评价，只好从意识理论转变到偏好理论，萨缪尔逊提出的显示偏好理论正是其结果之一。然而，效用的人际不可比性使经济学中的“效率”一词的内涵甚少，只剩下了帕累托标准。福利无论采取何种形式，只要是主观主义的，那么就在人与人之间无法进行比较，由此人们就根本无法获得福利平等。更大的麻烦在于，正如阿马蒂亚·森对阿罗不可能定理的发展所显示的，只要我们接受效用的人际不可比性，那么不仅福利平等不可能实现，而且实际上连满足帕累托改善的任何社会评价函数都是不可能的。②

---

① 德里克·帕菲特. 论重要之事. 阮航，葛四友，译. 北京：北京时代华文书局，2015：第3章.

② A. K. Sen. Collective Choice and Social Welfare. San Francisco：Holden-Day，1970.

因此，在根本意义上说，德沃金对福利平等的批判体现的是主观主义价值内在困境。这种困境并不是平等理论者独有的。德沃金批判福利平等获得成功根源于以下两点。(1) 他预设了目前正被主流理论所接受的价值主观主义，按照这种观点，事物本身没有好坏之分，是人的欲望或偏好使它们对于个人具有好坏之分。(2) 其论证不停地诉诸人们的根本直觉。这包括两点：其一，尽管直觉无法准确地评判人们的所有欲望，但人们显然可以直觉出有些欲望是不理性的，是不应该有的；其二，满足有些欲望在直觉中可能是好的，但它们与正义无关。这两点合在一起必然会导致福利平等出现各种各样的问题，问题的严重程度则随着思想试验的变化而变化。

实际上，即使我们不接受价值主观主义，而接受客观的价值多元主义，只要不同善观念之间完全不可比较，那么我们就会面临同样的困境：试图从人们生活福利的结果来展示对人的平等的尊重与关切就是一件不可能的事。因为人们过得好与坏也许能在个人内部进行权衡，但在人与人之间不可能做出比较，所以福利平等从概念上讲就是不可能的。不仅如此，除了直接以内在价值为对象的福利平等不可能外，只要资源平等与基本善平等是鉴于其对生活好坏的影响而要求的，那么它们就同样不可能得到辩护。因为同样的资源与基本善对于拥有不同的善观念者会有不同的影响，而这种影响又是无法比较的。因此，即使资源平等与基本善平等被认为对所有人表示了平等的尊重与关切，这种表示也只能是出于平等之外的理由。需要补充的是，如果某种结果平等理论接受客观价值，承认这些价值是可以比较的，那么这种平等理论就不会面临本节所批判的这种困境。

第四节　机会平等的责任困境

除了价值主观主义的难题外，结果平等还会遇到另一种批判：完全把人作为消极的接受者，而不是作为有主观能动性的行动者，由此忽视责任问题。从这个视角出发，结果平等也不可能对每个人表示平等的尊重与关切。狭义平等理论者对此的典型回应是以机会平等取代结果平等。值得注意的是，机会平等一定是针对某种价值的机会平等。因此，只要我们坚持价值主观主义，福利平等面临的各种挑战就同样适用于机会平等。

然而，机会平等有其自身的麻烦。日常语言中的机会平等含混不清，有待澄清。这里我们至少可以区分三种意义上的机会平等。首先，最弱意义上的机会平等只是指一种纯粹的形式平等或资格平等。在此意义上可以说高考生都有平等的机会上北京大学、清华大学，实际上不过是承认任何人都有考这两所大学的资格。这种机会平等可以说是相当于诺齐克所谈的自由至上的权利平等，但显然不是这里考虑的狭义平等，因此不在这里的考察范围内。其次，最强意义上的机会平等指概率为 1 的平等。在这种意义上说两个人机会平等，就意味着两个人都有确定的机会得到某物或某种价值。比如，某省状元既有上北京大学的机会，也有上清华大学的机会。这种机会平等实质上相当于某种结果平等，本章上一节跟下一节考察的大概都是其中之一。最后，介乎以上两种平等之间的平等是指概率平等。如果高考生通过抽签上大学，那么我们就可以说他们都有平等的机会上北京大学、清华大学。这种概率既可能很小，也可能很大，但大家拥有的概率同样大（或同样小）。本节考察的就是这种意义上的机会平等，即人们都有相同的概率获得某种有价值的东西。

这种机会平等的一种典型形式是罗尔斯提出的公平的机会平等，其大意是：人们如果拥有差不多的天赋、差不多的人生观，且差不多努力，那么就应该有相同的概率过上同样好的生活。[①] 然而，正如罗尔斯所批判的，机会公平尽管要求抵消社会偶然性的影响，但它承认自然偶然性的影响，也就是基因所带来的各种差别，因此它与控制性责任观（人们只对自己能控制的事情负有责任）直接相冲突。不仅如此，只要我们接受家庭、爱情等的重要性，而且同时又不消除自然偶然性的影响，那么自然偶然性的影响就一定会扩展到社会偶然性。换言之，只要从控制性责任观出发，公平的机会平等不扩展到自然偶然性的影响，那么它就会产生严重的不一致性。因此，它显然无法成为我们这里要考察的狭义平等。当然，这里并不是说

① 罗尔斯. 正义论. 何怀宏，等译. 北京：中国社会科学出版社，2009：56-57.

这种机会平等一定得不到辩护，而只是说它无法根据狭义平等得到辩护。

当前真正盛行的机会平等理论是德沃金提出的，其核心在于区分两种运气：一种是与个人选择无关的原生运气，其带来的后果应该由人们共同承担；另一种是与人们的选择相关的选项运气，因为有选择，所以其带来的后果应该由选择者承担。[①] 按照安德森（Elizabeth Anderson）的分析，这种思路原本既想纳入市场的作用，保证效率、自由、消费者主权和个人责任，又想保证原生运气的各种后果被均担，给予每个人的生活公平的起点，保护无辜者不受到坏的原生运气的影响。这种思路似乎组合了资本主义与社会主义的优点，而避免了它们各自的缺点，由此得以盛行于世。

基于上述分析，安德森认为机会平等的吸引力源于两个方面。第一个方面是人们的人道主义（humanitarian）冲动。也就是说，“当体面的人看见其他人无缘无故受苦时——比如，儿童快要饿死时——他们倾向于认为更幸运的人有义务去帮助他们”。这实际上就是我们一直强调的由人们的有限同情心发展出来的利他主义。第二个方面是罗尔斯所肇始的反应得理论，并且把这种反应得理论实际上理解成“不应得理论”，认为人们不应得到由于各种偶然性而得到的东西，由此认为幸运者没有资格拥有其由于运气而得到的各种利益。由运气带来的后果，不论好坏，都应该由大家均担。这种平等符合人们的一种道德直觉：有些东西是人们应该负责的，因为这是人们所做选择的结果；还有一些结果则与此无关，换言之，也就是个人无法控制的结果，不是人们应该负责的东西。这种机会平等实际上体现了这样一种思想：当所有人承担责任都不受运气的影响时，他们就获得了平等的尊重与关切。

然而，这种机会平等实际上无法获得上述两个方面的支持。首先，这种机会平等与人道主义直觉相违背。[②] 在机会平等之下，依然可能出现巨大的结果不平等，甚至人们最根本的需要都可能无法得到保证。根本原因

---

① 这里要特别提醒，由此界定的机会平等相当于“敏于抱负，钝于禀赋”的平等，但为人所忽略的是，这种平等在实际上与德沃金的资源平等并不是一回事，详细的讨论参见本书第五章。

② 这里的反驳主要概括自安德森的《平等的意义何在》（“What’s the Point of Equality”）一文。

在于机会平等只是概率上的平等，不是结果平等，这种概率在现实中还依赖个人的主观估计。有时即使非常谨慎，只犯了一丁点错误，但只要运气够差，就可能万劫不复。更有甚者，个人没有任何过错，只要被命运女神唾弃，就可能极度贫困。只保证每个人差不多的成功概率，这并不会让人们觉得这种结果是可接受的。其根本原因有二：（1）这种结果很坏；（2）这是人们无法控制的。因此，对此种状态不闻不问就显然与我们的人道主义直觉相冲突。

不仅如此，机会平等背后的态度也不是人道主义态度。人们一般认为，平等关怀弱势群体体现了人道主义同情。然而，正如安德森正确地指出的，同情是基于对苦难的意识、对个人内在状况的意识。同情不产生分配的平等原则：其目标只在于减轻苦难，而不是实现平等。一旦苦难和需要被消除，同情就没有了进一步的行动冲动。不仅如此，同情寻求消除任何地方的苦难，而不对受苦难者做出道德判断。基于人道主义的红十字会会为所有战争受害者提供帮助，甚至包括侵略者。而平等所立基的是可怜，即由观察者的状况与被观察对象的可怜状况之比较引起的情感，其典型判断不是“他过得差”而是“他过得比我差”。不仅如此，依这种机会平等而来的帮助预设了人们的生活价值、才能和人格有高低之分。人们之所以得到帮助，是因为他们在某方面具有缺陷，比如能力、长相等方面的缺陷。人们要想得到帮助，就必须表明自己低人一等，是社会的累赘。这种诠释对弱者表达的是轻视与可怜，着重的不是绝对的苦难，而是运气好坏之间的差距。然而，可怜他人与尊重他人是不相容的。

其次，这种机会平等不仅不会增强人们的责任心，反而会弱化人们的责任心。这有两个方面的原因。（1）这种机会平等直接与人们的自我所有权相冲突。这种机会平等观要“敏于抱负，钝于禀赋”，否定人们对其天赋与能力的拥有，人们不能根据自己的天赋与能力而获益。然而，日常意义上的责任观念显然是以人们能够拥有自我，能够根据自己的天赋与能力而获益为前提的。尽管自我所有权受到约束、可以与责任相容，但完全否定这种自我所有显然与日常责任观难以共存。（2）人们一旦被判断要对坏运气负有责任，就不会得到任何帮助。只要人们是自利的，这种措施就会鼓励他们撒谎，声称其情境受不可控力的影响，从而否认自己对之负有个人责任。安德森认为，这种类型的平等会培育消极且哀怨的情绪。人们要得到照顾，就需要没有尊严地展示自己。不仅如此，虚构悲伤故事来叙述不幸，比从事生产性工作要容易得多。安德森对这种平等做了这样的总结："（德沃金式的）运气平等似乎把资本主义与社会主义中最坏的方面组合在一起。运气平等反映的社会是卑劣的、轻视性的和狭隘的，显示的是人的等级多元，道德说教式地把人分为负责的与不负责的、优越的与低劣的、独立的与依赖的。它把有些人标记为不负责的，对之不提供任何帮助，把有些人标记为低劣的，提供的帮助是带有羞辱性的。"①

最后，这种机会平等还面临一个更致命的困境：存在严重的内在不一致性。从直观上看，这种机会平等理论的吸引力似乎来自今天占主导地位的运气平等理论："有些人（不是因为他们自己选择或过错）比其他人处境更差，这是坏的（不公平的或不正义的）。"② 安德森指出，"晚近平等主义作品的主要观点是，平等的根本目标是补偿不应得的坏运气——生来天赋很差、父母很糟糕、品性很坏、身体很弱等等"③。然而，这种运气平等背后的理据与机会平等并不一致。

拉什穆森（Kasper Lippert-Rasmussen）做出了非常犀利的批判，其要旨在于：尽管机会平等保证大家有相同的概率成功，但只要概率不为1，那么各人的成功就依然取决于运气。④ 人们过得好与坏在某种程度上不是出于选择。因为他们即使做出了相同的选择，也依然有可能得到很不一样的结果。根据运气平等的内涵，没有选择、无法预期的后果不应该由个人承担责任，而应该由大家集体地承担责任，大家共同承受或分享其一切后果。要想回应这种反驳，我们必须提供另一种确定选项，比如在每次做出选择时，既有存在着运气成分的确定选项，又有不存在运气成分的确定选项，且两者具有差不多的价值。这要求个人把每次的选择变成真正意义上的赌博，由此个人才有责任承担选择所带来的后果。但这种回应有两个麻烦。

① Elizabeth Anderson. What's the Point of Equality. Ethics，vol. 109，no. 2，1999：308.

② Larry Temkin. Inequality. Oxford：Oxford University Press，1993：13.

③ 同①288.

④ Kasper Lippert-Rasmussen. Egalitarianism，Option Luck and Responsibility. Ethics，vol. 111，no. 3，2001：548-579.

（1）这种回应实质上放弃了第三种意义上的机会平等，而是转向了第二种意义上的机会平等，实际上也就是结果平等。（2）在现实生活中，我们不可能提供这样有确定性的选项。换言之，如果运气平等的根本证成在于控制性责任观，且这种平等是第三种意义上的机会平等，那么它就必然不能成立。

然而，机会平等受到的最致命的反驳在于最后一种，因为它不自洽。机会平等的根基在于纳入控制性责任观，但是机会平等本身接受运气的影响，由此有着无法预料的风险，这显然是内在不一致的。尽管这种骑墙态度本来是想满足人们的日常道德直觉，但结果却适得其反。一方面，它要求人们对生活有所掌握，由此要求分配对于禀赋不敏感，因为这是人们无法控制的，由此否定自我所有权。然而，自我所有权却是人们根深蒂固的道德直觉，日常意义上的公平与责任等概念都立基于自我所有权。另一方面，承认运气选项的存在就是接受偶然性所带来的影响，由此有着无法预料的风险。这种风险使人们可能受到严重损害，甚至基本需要都无法得到满足，由此与人们的人道主义直觉相冲突。因此，所谓的机会平等，一旦澄清了其含义与蕴含，我们就会发现它既无法做到理论的自洽，同时又与人们根深蒂固的道德直觉相违背。

第五节　运气平等的动机困境

上面的分析显示，机会平等最根本的麻烦在于内在不一致。使其自洽的一种做法是把控制性责任观贯彻到底，认为与之相冲突的道德直觉得不到辩护，需要在这种责任观之下塑造新的道德直觉。需要塑造新的道德直觉的一种理由是：我们目前拥有的深刻道德直觉在根本上反映了人们的偏向性和自利心，与道德所要求的不偏不倚相冲突。换言之，人们若是够好，那么就会要求控制性责任观，就会要求一种彻底的平等：运气平等。柯恩走的就是这样一条辩护路线。①

---

① G. A. Cohen. Rescuing Justice and Equality. Cambridge，MA：Harvard University Press，2008.

柯恩秉持的运气平等理论是这样的："如果有些人过得比他人差，并且这不是出于他们自己的选择或者过错，那么这是坏的、不公平的或不正义的。"① 换言之，如果运气平等理论是正确的，那么人们之间的差别就只能出于自愿选择或者过错，否则就是不正义的。这种理论显然蕴含着天赋是共同资产，由此人们源于天赋的贡献就不是获得更多好处的理由，只有努力才是让人们过得不一样好的理由。如果进一步如罗尔斯所说，努力倾向既受家庭教育的影响，也受本身天赋的影响，那么努力应该导致的差别就会很小。不过，柯恩并没有对现实视而不见，也并不认为应该贯彻运气平等理论。柯恩认为，正义并不是社会分配中唯一值得考虑的因素，分配可以出于其他考虑而违背运气平等的要求，但无法否定这种分配是不正义的分配。

要注意的是，他认为，如果我们真心实意地接受运气平等，那么我们就必定会接受这种平等的分配。我们独享而不是共享自己的天赋因素带来的利益，这相当于抢劫。他的这一思想体现于他把罗尔斯所做的帕累托论证与绑匪论证相提并论。帕累托论证大概是这样的：

(1) 如果经济不平等有利于最不利者，它是有证成的。(大的规范性前提)

(2) 当采用低税率时，能干者的效率比高税率下要好，最不利者因此获益更多。(小的事实性前提)

(3) 我们应该采用低税率。(结论)②

为突出以上论证的问题，柯恩提出了一个类似论证。假定劫匪绑架了某个小孩索要赎金，赎金并未超出小孩家的承受能力。只要付赎金，小孩就可以安然回家。小孩的命肯定比赎金重要，于是就出现了一个类似论证：

(1) 付赎金比不付赎金（撕票）好。(大的规范性前提)

(2) 绑匪谋财不害命。(小的事实性前提)

---

① Larry Temkin. Inequality. Oxford：Oxford University Press，1993：13.

② G. A. Cohen. Rescuing Justice and Equality. Cambridge，MA：Harvard University Press，2008：34.

(3) 孩子父母应该付赎金。(结论)[①]

很显然，孩子父母付赎金是对的，但这不能否定绑匪是在抢劫。如果两个论证是类似的，那么就可得出：最不利者同意给能干者更多的收益是对的，但这不能否认能干者是在抢劫。由此，问题的关键就在于两个论证是否类似。根据直觉，个人利用自己的天赋与努力做贡献而要求更多的回报，这恰恰是正义的要求。然而我们要注意，罗尔斯接受天赋是共同资产，不承认所谓的自我所有权。在这一前提下，上面的两个论证确实是类似的。因此，当能干者要求获得偶然性因素之利益的更大份额时，帕累托论证与绑匪论证就是一样的。只有当能干者不接受运气平等时，帕累托论证中的小前提 (2) 才为真。[②] 不平等之所以有利于最不利者，是因为如果不给予激励的话，能干者就会消极怠工。能干者之所以这样，恰恰是因为能干者没有接受运气平等。如果能干者真的接受运气平等，那么他就不会因为税率高而选择消极怠工。因此，柯恩确实比罗尔斯更清楚运气平等理论的真实蕴含，更清楚地向我们展示了运气平等所蕴含的后果。

然而，这并不表示我们就应该否定自我所有权，接受运气平等。因为我们可能还有另一种反应，即坚持自我所有权而否定运气平等。即使人们认为运气平等具有很强的直观合理性，但自我所有权却可能具有同样甚至更强的直观合理性。很显然，只诉诸直觉，论证就会陷于僵局。运气平等要想获得支持，就需要直觉作为背后的依据。柯恩给出的一个理由是罗尔斯也接受的道德任意性论证，实际上就是与控制性责任观相关联。这种观点确实能够获得很多支持，它既与现代人道主义的兴起相关，也与个体主义精神的兴起相关。在这两种思潮的影响下，个人只应对自己所做的选择负责，运气平等实际上是这两种思潮的体现。因此，从表面上看，控制性责任观似乎能够为运气平等提供支持：人们如果过得不一样好，那么只能是出于他们的自愿选择，由此也是由他们能掌控的东西引起的。

然而，这种支持只是表面的，正如赫蕾 (Susan Hurley) 所说，人们

---

① G. A. Cohen. Rescuing Justice and Equality. Cambridge, MA: Harvard University Press, 2008: 39.

② 同①48-49.

之间的平等或者不平等都不在个人的控制中，因此，控制性责任观无法为运气平等提供这种支持。① 人们无法控制的责任需要大家共同承担，且是大家均担，这种思潮无论多么有吸引力，都与控制无关。因为个人独自承担和大家均担都与控制无关。换言之，大家过得不一样好不是出自人们的选择，大家过得一样好同样并非出自人们的选择，也不是人们能够控制的。

不过，柯恩在批判罗尔斯时似乎蕴含了这样一种思路：人们只要足够好，有充分的利他主义精神，那么就会接受运气平等。现在之所以强调自我所有权，实际上是因为人们的自利心太强。因此，运气平等即使无法成为现实的分配策略，也很可能是分配正义的一个理想。换言之，如果每个人不自私、不自利，那么从共同体整体来考虑，人们就不会计较天赋是属于谁的，各自所做出的贡献如何，而是同意大家共同分享利益、共同承担责任。

这种思路值得认真对待。关键问题在于：这真的是人们的自利心引起的，而利他主义真的是解决所有分配问题的良方吗？在现实社会中，利己主义的问题已经得到诸多讨论，极著名的是对囚徒困境的讨论。如果一个囚徒坦白而另一个不坦白，那么坦白的就不服刑，而不坦白的则服刑 12 年；如果两个人都坦白，那么每人服刑 10 年；如果两个人都不坦白，那么每人服刑 2 年。下表表达了囚徒所面临的情境：

表 5-1

		囚徒 II	
		不坦白	坦白
囚徒 I	不坦白	2，2	12，0
	坦白	0，12	10，10

如果其中一个囚犯是利己主义者，那么他的基本推理如下："如果另一个人坦白而我不坦白，我会入狱 12 年；然而如果我坦白，我会入狱 10 年。如果那个人不坦白我也不坦白，我会入狱 2 年；然而如果我坦白，我根本就不用进监狱。不管另一个人如何选择，我坦白都比不坦白好。因

① 葛四友．运气平等主义．南京：江苏人民出版社，2006：283-284.

此，我要坦白。”这样导致的结果无论从个人角度看还是从整体角度看都是更坏的。但如果其中一个囚犯是利他主义者，那么他的推理是这样的：“如果另一个人坦白而我不坦白，他会被无罪释放；然而如果我坦白，他会入狱10年。如果那个人不坦白我也不坦白，他入狱2年；而如果我坦白，他会入狱12年。不管另一个人怎样选择，我不坦白对他都是更好的。因此，我应该不坦白。”这里利他主义能解决问题，而利己主义则导致对大家都不好的结果，所以可能会给我们一个错觉，即这里的根本问题在于人的利己心。

然而，利他主义也会面临同样的困境。假设两个间谍面临这样的情境：如果一个人认罪而另一个不认罪，那么认罪的服刑12年，不认罪的被无罪释放；如果两个人都认罪，那么每人服刑10年；如果两人都不认罪，那么每人服刑2年。下表表达了间谍所面临的情境：

表5-2

		间谍II	
		不认罪	认罪
间谍I	不认罪	2，2	0，12
	认罪	12，0	10，10

如果其中一个间谍是利他主义者，那么他的推理是这样的：“如果另一个人不认罪，我也不认罪，他入狱2年；然而如果我认罪，他则被无罪释放。如果另一个人认罪而我不认罪，他入狱12年；然而如果我认罪，他入狱10年。不管另一个人认罪与否，我认罪对他都是更好的。因此，我应该认罪。”由此产生的结果无论是从单个人来讲还是从两个人来讲，都是更坏的结果。这就是利他主义的间谍困境。但如果其中一个间谍是利己主义者，那么他的推理如下：“如果另一个人不认罪我也不认罪，我入狱2年；然而如果我认罪，我入狱12年。如果那个人认罪而我不认罪，我就不会入狱；然而如果我认罪，我入狱10年。不管另一个人认罪与否，我不认罪都比认罪好。因此，我不认罪。”根据这种推理，这里有问题的似乎是利他主义而不是利己主义。

我们分析两种困境的结论是：纯粹的利己主义和纯粹的利他主义都不是解决问题的良方。真正能够解决问题的动机，是形式意义上的善良意志，即道德上决定人们应该怎么做，人们就会有充足的动机去这样做。因此，柯恩假设的充足利他心，并不是需要人们做纯粹的利他主义者而毫不利己。不过，这种对人们之动机假设的分析，对我们思考问题还是有帮助的。若更多的人是利己主义者，那么有讨价还价优势的人就更难做出牺牲，因此我们主要是针对他们在提问：他们为什么应该给出帮助，他们应该给出何种帮助？但是，在更多的人是利他主义者的情况下，我们针对的不再是那些需要给出帮助的人，因为他们肯定会给出帮助。相反，我们应该针对的是那些需要帮助的人，针对他们提问：他们是否应该接受帮助？他们应该接受何种帮助？

我们设想人们真正地亲如家人，彼此之间有浓厚的亲情。我们问那些运气好的人：你们不愿意跟大家过得一样好吗？你们一定要因为能做出更多的贡献而过更好的日子吗？我们既然假定了他们是利他主义的，那么得到的答案就一定是肯定的，他们肯定愿意跟大家过得一样好（或差）。然而，假设由于天生运气不好，某人很难过得好。他要过得跟别人一样好，耗费的资源就会是别人的很多倍。然后，我们问他：为了你能过得好，就要拖累其他人都过得不好吗？或者说，既然你只能达到5的效用，那么你会要求所有人都只达到5这种效用，哪怕他们本来可以达到10或更高的效用吗？由于假定了人们都是利他主义的，所以得到的答案一定是否定的。这就是说，随着环境的变化，随着被提问的对象的改变，答案很可能是不一样的。

由此，个人的选择并不是回答问题的依据。因为在不同的假设下，同样的问题会得出不同的答案。然而，人们有充足的利他心这一设定还是有意义的，由此我们可以设想任何原则，只要它是有道理的，都无须担忧人们会不服从。因为人们都有充足的利他心，不会计较个人得失。换言之，只要我们认为从道德的角度看什么样的原则是好的，那么它就能被完全地实施。同时，我们知道，现实社会中很多人都支持个人在其一生中应该最大化其效用，实际上，这也是我们对理性的稳定认识。但是，我们一般并不接受社会也应该贯彻这条原则。也就是说，把不同的人的总效用最大化是行不通的，这也是罗尔斯等人反对功利主义原则的根本点。这种反对的根本理由在于：个人内部的最大化可以得到补偿，因为是同一个人。但是，如果没有任何人计较个人得失，那么人们就会自然且自愿地选择最大化原则，因为这时没有人计较谁是效用的获得者。人们既然都有充足的利他心，那么就不会在乎自我所有权，不会在乎谁做了多少贡献。大家在乎的是如何让人们各尽所能、各得所需。退一步讲，即使最大化不一定是人们在这种情况下的选择，估计也不会有多少人会认为大家要过得同样好（或同样差）是最重要的。这里着重的应该是某个人过得如何而不是他相比其他人过得如何。数量上的平等在这里不会有什么重要意义。

如果上述推理正确，那么运气平等就会面临动机的不一致性。人们如果都有充足的利他心，那么就不会计较自己做出了多少贡献，也不会在乎福利或效用落在了谁身上，更不会在乎大家是否要过得一样好。人们如果没有充足的利他心，有着现实的动机结构，那么就不大可能接受天赋是共同资产，也不会为陌生人的幸福而努力工作。由此，人们就会有自我所有权观念，就会在乎谁做出了多少贡献，就会要求实现贡献与收入的相匹配。这样一来，运气平等理论就有着根本的动机悖论：要么人们的利他心有限，运气平等就是不可能实现的；要么人们有充足的利他心，运气平等是可以实现的，但运气平等并不是可欲的。换言之，从动机角度看，运气平等要么是不可能的，要么是不可欲的。

第六节　结　语

无疑，自由与平等已然成为当代两种最重要的政治价值，不仅如此，它们似乎也被作为分配正义中两种对立的价值。然而，如果第四章和第五章的分析成立，那么这两种看法在某种意义上均是出于混淆与误会。在我们的日常理解中，自由的重要性和平等的重要性实际上都是许多因素杂合在一起的后果。第四章已经对自由做了较为详尽的分析，我们发现它无法成为分配正义的基础。本章对平等的分析也得到了类似的结论。当我们谈论平等时，其吸引力实际上源于诸多其他价值的吸引力。当然，广义平等确实是当代最重要的政治价值之一，甚至可以说是整个现代社会所立基的根本价值，这就是反等级制和奴隶制的消极平等。平等的吸引力大半来自这种广义平等的吸引力。但是，说分配正义立足这种平等并没有多大意义，原因有二：（1）所有现代的分配正义都是基于这种广义平等，因此它没有分辨力；（2）这种广义平等远不足以完成分配正义，它充其量是一种约束或者限制。

除了广义平等外，前面讲的修辞性平等也为日常意义上的平等增添了不少吸引力。笔者认为这只是语词之争，不会涉及真正的概念之争。平等之吸引力的来源还在于平等作为工具价值的吸引力。这主要有三个方面。（1）平等总是缩小人们之间的贫富差距，故而一般都有利于弱势群体，由此能够得到人道主义直觉的支持。实际上很多平等的倡导者都把这种人道主义的强大力量拿来支持平等，然而它实际上只是支持要满足人们的基本需要。（2）资源的平等分配总体上来说总是有利于人们福利的最大化，所以它在某种意义上吻合于日常意义上的理性观，由此从后果主义那里获得了不少支持。尽管这种平等只是一种工具意义上的平等，但只要我们不加区分，那么它就会为平等本身带来很多吸引力。（3）来自第一种意义上的机会平等。给予每个人平等的资格或机会，让人们对生活有着更好的掌控，这似乎与人们的责任有着天然的合拍性，实际上它还会加强人们的公平感。由此，责任与公平等价值的吸引力会通过机会平等而转给平等本身。

这些因素合在一起，确实让我们觉得平等是最根本的价值，是分配正义的根本根据。然而，上述概念的区分让我们看到，无论哪种狭义平等，不管是结果平等、机会平等还是运气平等，都无法作为分配正义的基础，都无法提供一种令人满意的分配制度。但是，每一种狭义平等似乎又能得到某种直觉的支持，至少在有限范围内与有限条件下是如此。这是需要我们进一步解释的。这些具有直觉吸引力的方面，可以根据什么样的原则在分配正义中占有一席之地？这是我们后面要完成的解答任务。

第六章　立足责任的分配正义观

我们在第三章、第四章、第五章分别讨论了立足应得、自由、平等的分配正义观。按照前面的分析，立足应得的分配正义观实际上关注的是执行正义，没有多少实质性内容；立足自由的分配正义观更多的是注意到了分配正义的一个成分，即公平，但基本上忽略了人道成分，由此显得较为极端；立足平等的分配正义观则是多种成分的混合，它在很大程度上纳入了正义中的人道成分，但由于否定自我所有权而违背了分配正义中的公平成分。本章将要探讨德沃金的资源平等理论。德沃金是当代颇有影响力的政治哲学家与法哲学家之一，其研究领域横跨道德哲学、政治哲学与法哲学，且在每个领域都颇有建树。他提出的资源平等理论极具影响力，使他在分配正义领域成为可以与罗尔斯、诺齐克比肩的标志性人物。人们往往把罗尔斯与诺齐克加以对比，把他们作为左、右两翼的标志性人物，但在贴标签的意义上讲，德沃金与诺齐克显然更合适做对比。因为德沃金的资源平等理论表面上看坚持平等至上，而诺齐克的资格正义理论则强调自由至上，而罗尔斯的公平正义理论则强调兼顾自由与平等的公平至上。在贴标签的意义上讲，他们三个人分别代表了自由主义阵营在分配正义上的中、右、左三种立场。当然，从实质性内容上讲，诺齐克与强调运气平等的柯恩才代表了两个极端，罗尔斯与德沃金实际上是温和派，试图平衡或者说调和平等与自由所提出的极端主张。罗尔斯以公平契约来综合自由与平等，而德沃金实际上是以两种责任来综合自由与平等。不过，德沃金的两种责任的划分实际上有两种方式：第一种方式强调用资源平等来划分责任，要求资源的分配要“敏于抱负，钝于禀赋”；第二种方式则是立足日常责任的分配正义观。本章有两个任务：第一个任务是显示，为什么德沃金的资源平等理论是其表面立场，而且有诸多的内在不一致；第二个任务是表明，责任的划分实际上立足日常的道德直觉，把两种虚拟机制纳入人道与公平两种成分，展示出其真实面孔。

第一节 平等的尊重与关切

从表面上看，德沃金是平等至上论者。在他看来，“凡是尊重制约着这种文化的基本假设的理论，不可能在任何程度上让理解为理想的平等屈从于理解为理想的自由。自由与平等之间任何真正的竞争，都是自由必败的竞争。……平等与自由（平等主义原则的最好观念的要求与自由）之间的任何真正的冲突，都是一个自由必败的竞争”①。然而，德沃金这里针对的只是我们在第五章谈过的广义平等，也就是他所谈的平等的尊重：政府要对每个人表示平等的尊重与关切。在某种意义上，我们可以把第五章谈到的狭义平等看作广义平等的一种体现。然而，这也同样适用于功利主义、自由至上等理论。因此，我们完全可以说，德沃金、金里卡、阿马蒂亚·森等人同样认可这种广义平等是现代社会最根本的政治价值。在这种意义上讲，本书探讨的各种分配正义理论都没有违背这一点。下面我们可以概要式地说一下情况为什么是这样。

我们可以从功利主义或者说后果主义开始，这种理论被贴上的标签一般认为是反平等的，但这里的反平等针对的是狭义平等而不是广义平等。功利主义提出之初，在某种意义上是最强调平等的，因为它尽管强调效用或价值的最大化，但是它反对等级制，强调每个人的效用或福利都要被算作一份，且只能被算作一份。这两者实际上是一体两面的，因为在当时英国的制度中，男尊女卑是一个显然的事实，当时女性几乎都无法拥有财产。哪怕到了约翰·穆勒时代，寡妇都无法继承丈夫的财产，再嫁之后财

① 罗纳德·德沃金. 至上的美德. 冯克利，译. 南京：江苏人民出版社，2003：139.

产会转给新丈夫。这意味着，在当时有些人的效用或者说福利是不受重视的，相应地，另一些人的效用或者说福利是有特权的。因此，当时的功利主义强调把每个人当人看，每个人的效用或者说福利享有的权重是一样的，这显然是一种极为重视平等的理论，可以说体现了对每个人表示平等的尊重与关切。这种平等的尊重与关切体现在把每个人的利益或效用都只算作一份。换言之，每个人的效用具有的分量是平等的，从而以效用的分量平等间接体现对所有人的平等的尊重与关切。在这种平等观下，资源的分配应该是使总效用（总价值）最大化，但它确实不管特定的个人得到多少效用（价值）。

第四章所讲的立足自由的分配正义观一般被视作平等的对立物，但这里的平等依然是狭义平等。从广义来讲，这种理论认为人人皆有平等的自由权，因此，其对每个人的尊重与关切表现在保护每个人的自由权不受侵犯。换言之，它是个人自由权的平等，也是形式意义上的机会平等原则，我们可以认为这也是体现对每个人表示平等的尊重与关切的一种方式。依据这种分配正义观，只要每个人的自由权都得到了保证，那么资源如何分配就完全同对个人的尊重与关切无关。

除了上述两种方式之外，还有另一种体现平等的尊重与关切的思维方式，它认为平等的尊重与关切同个人的责任相关，个人只能对他有所掌控的事情负责，因此平等的尊重与关切就体现为不让偶然性因素影响个人生活。分配正义理论由此有一个重要的转变，即认为分配正义应该特别针对偶然性影响，至少是某些偶然性影响。第五章提到的公平的机会平等原则就是这样的观点之一。[①] 这种原则试图抵消社会偶然性对个人生活的影响，说得简单点，它试图使具有差不多天赋和努力倾向的人能够具有差不多的机会过上同样好的生活。不过，这种观点对于自然偶然性的影响是不闻不问的，因为人们有什么样的天赋纯属偶然。然而，只要人们承认家庭存在，承认父母与子女之间的感情存在，承认各种亲近关系存在，那么单独抵消社会偶然性就是一件不可能的事情。因为因自然偶然性的影响所导致的资源分配会进一步产生其他的社会偶然性，比如孩子父母的受教育程

---

① 约翰·罗尔斯. 正义论. 何怀宏，等译. 北京：中国社会科学出版社，2009：67-68.

度、富裕程度、教育理念等都会影响孩子的自然天赋会转化成何种能力，以及是否能够转化为相应的能力。由此，公平的机会平等实际上是不大可能实现的。不过，相对于纯粹形式上的机会平等原则（平等的自由权）而言，它在制度上的规定对偶然性的影响调整得更多，比如它会要求具有免费的教育、免费的医疗等，以保证人们能够发挥自己的潜力。

从这个思路讲，第五章探讨的运气平等也是对每个人表示平等的尊重与关切的一种方式：这种平等不仅要求抵消社会偶然性对个人的影响，而且要求抵消自然偶然性对个人的影响。① 其理想的目标是，人们的一切差别都出于自己的选择或者过错，否则就是不正义的。因此，人们作为一个集体应该尽可能最小化偶然性带来的差别。换言之，人们只要不是因为自己的选择或者过错，那么就应该过得一样好。按照这种理论，只要这样处理偶然性的影响，那么就对每一个人表示了平等的尊重与关切。

本章考察德沃金的分配正义理论，理解它的方式之一就是接受以下这种思维方式：平等的尊重与关切就在于每个人得到平等的资源。不过，他的这种资源平等是在特定意义上讲的：资源的分配要“敏于抱负，钝于禀赋”。对公平的机会平等而言，它在某个方面似乎更进一步，因为它要求处理某些自然偶然性带来的影响，主要是人们的天赋带来的影响。但它显然又不是一种彻底的运气平等思想，因为它接受个人的抱负所带来的一切影响。但只要稍具常识，我们就会知道，抱负除了跟个人的外部环境相关外，比如能够拥有多少资源，还跟个人的内在禀赋相关。个人拥有何种天赋，实际上在很大程度上会影响到个人的抱负与选择。因此，从处理偶然性的影响来看，德沃金的资源平等是一种介于公平的机会平等与运气平等之间的立场。

上面描述的是学界对德沃金之资源平等理论的通行理解，我把它称作资源平等的第一张面孔。本章的核心观点是，德沃金在利用市场机制来安排资源分配时，实际上根本不是试图实现资源平等的第一张面孔，而是另一张面孔。情况之所以这样，与德沃金的两种学术立场相关。德沃金的第

① G. A. Cohen. Equality of What? On Welfare, Goods, and Capabilities//Nussbaum, A. K. Sen, eds. The Quality of Life. Oxford: Clarendon Press, 1993.

一种学术立场是，与罗尔斯有很大的不同，他不把政治哲学作为一个自主领域，相反坦承政治哲学的研究应该以道德哲学为基础。德沃金的分配正义理论正是在这个意义上是对其道德哲学的应用。德沃金的第二种学术立场是，坚持道德概念是对日常意义上的道德直觉的最好诠释，坚持认为两种责任的划分应该做日常伦理的解读。因此，只要本书第二章中的主张是对的，人们的日常道德直觉中有人道与公平两种成分，那么德沃金的诠释理论就一定会直接或间接地把这两种成分纳入进来。本章余下的任务很清楚：第一个任务是，显示资源平等的第一张面孔存在诸多无法克服的困境；第二个任务是，显示资源平等的第二张面孔，也就是其真实面孔，可以看作纳入了人道成分与公平成分。

第二节　资源平等的第一张面孔

本节讨论资源平等的第一张面孔。前面已经提过，德沃金对平等最抽象的看法就是，平等是对每个人表示平等的尊重与关切。不过，德沃金也毫不遮掩，直接宣称其平等理论的根据就在于伦理学的两个原则。第一个原则是“重要性平等原则：从客观的角度讲，人生取得成功而不被虚度是重要的，而且从主观的角度讲这对每个人的人生同等重要”。这引出了集体责任。第二个原则是“特殊责任原则：虽然我们都必须承认，人生的成功有着客观上平等的重要性，但个人对这种成功负有具体的和最终的责任——是他这个人在过这种生活”①。如果我们允许面谱式理解，那么在德沃金眼里，平等的尊重与关切就相应地有两个方面。一是为人们提供相应的环境与条件，让个人能够有选择的空间，这大概可以算作德沃金的集体责任，因为这种关切不是指某个人带来的关切，而是人们作为一个集体，可以共同地为大家提供什么样的生活环境。二是要尊重个人的选择，不干涉个人的选择，让个人对自己的选择负责，这是个人责任的范畴。不过，单就这种责任的划分而言，德沃金与其他自由主义者并没有什么不

---

① 罗纳德·德沃金. 至上的美德. 冯克利，译. 南京：江苏人民出版社，2003：6.

同，罗尔斯和诺齐克都接受：人们既有一种集体责任，同时也有个人责任。这里的关键在于：如何为集体责任与个人责任划界。

德沃金对两种责任的理解有新意。在他看来，第一个伦理原则“要求政府采用这样的法律或政策，它们保证在政府所能做到的范围内，公民的命运不受他们的其他条件（他们的经济前景、性别、种族、特殊技能或不利条件）的影响”。第二个伦理原则是一个“关联原则：就个人选择过什么样的生活而言，在资源和文化所允许的无论什么样的选择范围内，他本人要求对做出的选择负起责任”。这个原则强调的是个人责任，即个人对自己造成的后果负有责任。但这个原则又与集体责任发生间接的关联，因为它也要求“政府在它所能做到的范围内，还得努力使其公民的命运同他们自己做出的选择密切相关”①。

上述两种责任的划界形成了资源平等的第一张面孔：资源分配要“敏于抱负，钝于禀赋”。这张面孔的基本蕴含是：“我们必须承受违反平等的痛苦，允许任何特定时刻的资源分配（我们可以说）反映人们的抱负。也就是说，它必须反映人们做出的选择给别人带来的成本或收益。”这里实际上就是要让人们承担起个人责任。但是，人们承担个人责任是在一定的环境下进行的，而这个环境则由政府承担，或者说由人们一起承担，在这个环境下“我们不能允许资源分配在任何时候对天赋表示敏感，即让它受到有着相同抱负的人在自由放任经济中造成收入差别的那种能力的影响”②。但是，德沃金的资源平等不同于一般人眼中的资源平等，因为这里的资源与人们一般所谈的资源不大一样。德沃金在此有一个独特看法，他把与个人有关的东西分为两个部分：个人性因素与环境性因素。个人性因素包括嗜好、抱负和信念等，属于个人责任的范围；环境性因素则叫作个人性（personal）资源，主要指人的生理能力与精神能力，属于集体责任的范围。由此一来，德沃金的资源平等就既包括外部资源的平等，也包括内部资源的平等。德沃金实现这种资源平等的方式也很独特。按照通行的观点，立足平等的分配正义观一般被认为与立足自由的分配正义观水火

① 罗纳德·德沃金. 至上的美德. 冯克利，译. 南京：江苏人民出版社，2003：7.

② 同①94.

不容，因为后者与市场有着极为紧密的联系，由此平等观一般也被认为与市场经济制度不相容。然而，德沃金的资源平等却是以市场机制为前提的，市场非但不是资源平等的竞争对手，反而是资源平等的必然组成成分。

外部资源平等是通过市场式拍卖实现的。在拍卖之始，给予所有人一样的筹码，换言之，每个人具有同样的购买力。然后，德沃金设想人们可以无限次重复拍卖，从而让每个人自己的真实意愿（欲望）能够对所有外部资源做出灵敏的回应。这样，每个人所能获得的资源都非常灵活地考虑了这种资源对其他人的价值，也就是说，每个人的获得都考虑了各种资源的真实机会成本。当拍卖最终完成后，所有人的购买力都体现在其拥有的资源上，并且每个人都宁愿要自己的那一份资源而不是别人所拥有的资源。这时没有人会忌妒其他人所拥有的资源，否则他可以重启拍卖过程，从而也就实现了非个人性资源（外部资源）的平等。

生理能力与精神能力这种内部资源的平等则是通过市场的虚拟保险方式达到的。理解这种虚拟保险的关键在于理解两种运气的区分。"'选项运气（option luck）'是一个审思的和经过计算的赌博如何产生的问题，人们的损益是不是因为他接受自己可以预见到的、本可以拒绝的孤立风险的问题。而原生运气（brute luck）则是以不同于审思的赌博方式产生的风险。"① 在德沃金看来，选项运气在选择过程中必然会体现人们的嗜好、抱负，这也是人们追求哪种生活的体现，因此属于个人责任范围。而原生运气则明显没有反映人们的嗜好、抱负，因此属于集体责任范围。德沃金不仅做出了两种运气的区分，而且找到了一个将两种运气联系起来的方法，这就是保险。灾难尽管是原生运气，但"决定是否购买灾难险，是一种经过计算的赌博"②，因而又属于选项运气。因此，通过保险而确立的两种运气的转化实际上就是两种责任的转化。人们在个人性资源上的原生运气，也就是人们具有不同的生理能力与精神能力，本身属于原生运气的范畴，但可以通过虚拟的市场保险实

① 罗纳德·德沃金. 至上的美德. 冯克利，译. 南京：江苏人民出版社，2003：73.
② 同①77.

现平等。

由此，德沃金设想了某种选择的情境，人们不知道自己的生理能力是突出还是有所欠缺，然后看人们在知道概率的情况下是否会选择购买保险，比如为可能的残疾买多少保险。但是，精神能力或者说天赋本身就是人们的构成成分，因此人们在不知道天赋的情况下是无法选择的。德沃金对此做了一个天才式设想，即人们知道自己的天赋，但是不知道这种天赋的市场购买力，由此设想人们会如何为之购买保险，由此再借助市场经济里面的各种保险理论，实现把人们不同的生理能力与精神能力的原生运气转化为选项运气，从而实现其所谓的资源平等。一旦各种制度能够按照或者说大致接近上述方式来实现资源平等（这个可能会通过制度不停地实行资源转移支付），政府的责任或者说人们的集体责任就得以履行，剩下的就是人们的个人责任，人们必须为在此制度下所做的各种选择承担责任。

上面我们对德沃金的基本思路做了概述，本节主要讨论第一张面孔。这里的关键点有二：（1）这种理想是否值得追求；（2）其资源平等设想是否能实现这种理想的分配。对于资源平等的第一张面孔，德沃金的辩护主要有两种根本思路：第一种是控制性责任思路，第二种是日常伦理思路。尽管德沃金一再声称他不是运气平等主义者，但这并不影响人们将其理论理解为某类运气平等主义，柯恩就是其中的有力代表，安德森也显然将其归为运气平等主义者。这种思路的基本特点是：德沃金的道德根据在于运气平等思路背后的理由，也就是控制性责任观，人们只能对自己有控制和选择的事情承担责任。然而，很多人（见第五章）已经论证，从运气平等角度看，资源平等存在着内在不一致性。

第一，如果资源平等的辩护根据是一般而论的运气平等，那么“钝于禀赋（生产领域的能力）而敏于抱负（消费领域的能力）”对于偶然性因素的处理就是不一致的。这一点是由柯恩提出的。① 偶然性对人们的生产能力产生影响，也就是天赋影响到生产能力，这个影响对个人而言属于环

---

① G. A. Cohen. On the Currency of Egalitarian Justice. Ethics，vol.99，no. 4，1989：906-944.

境，从而属于集体责任，资源分配不应该反映这种偶然性的影响。然而，当偶然性的影响出现在消费领域时，也就是人们将已有的资源转变为自己的福利或幸福时，德沃金认为这属于人们的善观念范畴，由此属于个人性因素，其影响应该由个人单独承担。这是德沃金基本立场的内在不一致问题。但按照运气平等思路，这两者都是外在于个人控制的，因此，要么都管，要么都不管。这就是说，第一张面孔的这种资源分配对偶然性的处理是不彻底的，因而是内在不一致的。①

第二，选项运气与原生运气这一区分的根据同应用之间存在不一致。这个区分最明显的根据在于：人们应该为选项运气负责，是因为应该为自愿赌博承担责任。然而，把这个区分应用于市场经济是不妥的，因为市场机制既不是个人的自愿选择，也不是真正的赌博。真正的赌博有一个最明显的特征：认为风险具有内在价值。由此，选项运气与原生运气的区分就会面临两难：如果这一区分是有道理的，那么应用于市场机制就是不妥的；如果应用于市场机制是妥当的，那么其区分的根据就不能基于人们对赌博的态度。② 德沃金不仅做出选项运气与原生运气的区分，而且利用市场保险把原生运气转化为选项运气。但这种做法如果是为了满足运气平等的思路，那么正如拉什穆森所指出的，其中有着无法克服的难题。③ 如果抵消原生运气的影响是因为它超出了人们的控制，那么选项运气中的运气影响同样超出了人们的控制。按照这个思路，如果需要抵消原生运气的影响，那么就要抵消选项运气的影响。因此，按照运气平等主义的思路理解德沃金的内部资源平等，其中蕴含着的对运气影响的处理也是不一致的。

第三，以第一张面孔的资源平等作为目标与以两种虚拟机制作为手段

---

① G. A. Cohen. Equality of What? On Welfare, Goods, and Capabilities//Nussbaum, A. K. Sen, eds. The Quality of Life. Oxford: Clarendon Press, 1993; G. A. Cohen. On the Currency of Egalitarian Justice. Ethics, vol.99, no. 4, 1989: 906-944；葛四友. 平等的虔诚信徒：G. A. 柯恩//周濂. 西方政治哲学史：第 3 卷. 北京：中国人民大学出版社，2017.

② Kasper Lippert-Rasmussen. Egalitarianism, Option Luck and Responsibility. Ethics, vol. 111, no. 3, 2001: 548-579；葛四友. 资源、选择和运气. 政治思想史，2010 (3).

③ Kasper Lippert-Rasmussen. Egalitarianism, Option Luck and Responsibility. Ethics, vol. 111, no. 3, 2001: 548-579.

之间是不一致的。[①] 这个在下一节会有更详尽的分析。这里只提设定上的两个基本问题。(1) 资源的存在被设定为不可变的，就像地球上有多少煤炭资源是固定的一样。但实际情形并非如此，尤其是当我们从长远角度考虑的时候，人们拍卖时能够具有的原始资源明显是可变的。由于外部资源在这种意义上是可变的，并且不同的外部资源对于不同的人具有的意义是不一样的，这种不一样也完全是外在于个人的控制的，因此从运气平等主义角度看，不应属于个人责任，而应属于集体责任。(2) 拍卖时，个人的嗜好与抱负也被设定为不可变的。然而，人们即使无法选择所有的嗜好与抱负，但起码可以在一定程度上调整自己的部分嗜好与抱负。没有这一点，自由的意义就会大大缩减。但人们的嗜好与抱负的调整正是根据人们的外部环境来进行的。在某种意义上讲，资源平等正是要提供一个正义的环境来让人们形成自己的嗜好与抱负。但在德沃金的拍卖中，这个正义的环境本身又要根据人们的嗜好与抱负来确定，由此就存在着根本的循环。资源平等面临这样的困境：如果目的是有道理的，那么手段就是有问题的；如果手段是有道理的，那么目的就是有问题的。

换言之，运气平等视角无法为第一张面孔提供融贯的论说。不过，德沃金有另一个选择，即日常伦理解读。第一，德沃金对个人性因素与个人性资源的区分不以是否有控制为前提。德沃金说："我没有假设人们可以广泛地选择自己的信念、嗜好或个性，这比他们选择自己的种族、体格与智力的范围大不了多少。"[②] 德沃金还强调，"运气在决定任何人对结果多么满意上也起一定作用。……移民们没有被冲到一个有更多（虽然幸运的是，也没有更少）他所需要的东西的岛上，这是他的不幸。然而他不能抱怨说，对他们找到的实际资源的分配是不平等的"[③]。毫无疑问，这种情况应该属于德沃金所谈到的原生运气范畴，但他并不认为这种情况下的不利是需要补偿的，仍然属于个人责任范畴。

---

① Joseph Heath. Dworkin's Auction. Politics, Philosophy & Economics, vol. 3, no. 3, 2004: 313-335; Robert Van der Veen. Equality of Talent Resources: Procedures or Outcomes?. Ethics, vol. 113, no. 1, 2002: 55-81.

② 罗纳德·德沃金. 至上的美德. 冯克利，译. 南京：江苏人民出版社，2003：8.

③ 同②71.

第二，德沃金划分责任的依据是日常伦理经验。他说："我遵循正常人的伦理经验，普通人在日常生活中对他们自己的个人承担后果"①，"很难想象，像我们这样的动物，如果把自己的信仰、信念、嗜好、判断和抱负当作幸运或不幸的偶然事件，那么我们会有怎样的行为"②。因为"正是我们的各种嗜好和抱负，为我们规定了什么是令人满意的或值得过的生活，把它们当作我们实现这种生活的障碍是说不通的"③，并且"有些抱负是如此重要，甚至只是为了得到实现它的机会，我也愿意让自己成为穷人：我们习惯认为大艺术家在年轻时就是这样想的"④。

第三，德沃金的伦理观念支持日常伦理解读。德沃金对伦理学的看法迥异于当代伦理学的主流，他反对我们一般所谈论的元伦理学与规范伦理学或者说实质伦理学的区分。⑤ 作为其看法之基础的则是他对各种道德概念的理解，他把正义、公平、自由、平等均看成诠释性概念，有别于他所谈论的"自然种类概念"和"判准性概念"。他对诠释性概念的理解有两个特点：一是实践性，从人们日常对此概念的理解入手；二是整体性，强调各种诠释性概念的相互融贯与一致（这也体现在他对法律概念的理解上）。⑥ 德沃金尽管强调"平等至上"，但实际上认为，各种重要的道德概念如正义、公平、自由、平等是相互支持和一致的。这与罗尔斯所强调的反思平衡并无实质性差别。笔者认为，就德沃金的本意来讲，将资源平等做日常伦理解读是最合适的。

然而，日常伦理解读也无法支持资源平等的第一张面孔。第一，日常道德直觉显然不接受个人与个人性资源的区分。就日常生活经验来说，个人应该对自己的选择负责，对自己的嗜好与抱负负责，这符合日常道德直觉。然而，这种区分要是成立，那么就会否定人们的自我所有权。然而，正如柯恩所说，自我所有权具有的直觉吸引力不比任何一种平等理论弱。

① 罗纳德·德沃金. 至上的美德. 冯克利，译. 南京：江苏人民出版社，2003：334.

② 同①336.

③ 同①339.

④ 同①342.

⑤ Ronald Dworkin. Justice for Hedgehogs. Cambridge，MA：Harvard University Press，2011.

⑥ 同⑤chap. 8.

按照日常道德直觉来说，我们认为人们不仅应该为自己的嗜好与抱负负责，而且应该为自己的生理能力与精神能力负责，当人们具有正常的发展环境时情况更是如此。事实上，德沃金在论证中也隐晦地承认了这一点。他说："技能和抱负相互形成的影响阻挠着我们。技能是培养和发展的产物，而不是完整发现的东西。人们选择哪一种技能加以发展，反映着他们有关最好成为什么样的人的信念。"① "假如我们设想每个人对自己有何技能一无所知，我们便从他的个人性中排除了太多的因素，以至于没有为从一般的正常角度考虑他的抱负留下任何合理的基础。"② 这就相当于说，从日常经验来说，个人与个人性资源这一区分是没有的。人们并不认为自己的精神能力如技能等属于环境因素。也就是说，否定自我所有权是得不到日常道德直觉的支持的，实际上很多日常道德直觉都是以自我所有权为前提的。

第二，德沃金认为，在日常道德直觉中，嗜好与抱负为人们规定了什么是令人满意的或值得过的生活，而生理能力与精神能力则没有这个功能，由此可以支持对它们的区别对待。然而，即使人们的嗜好与抱负规定人们生活的意义，也并不能证明它们规定的这种生活意义是合理的，因此并不能表明人们具有任何嗜好与抱负都是合理的。比如，印度有寡妇殉夫之风俗，假设某个女人接受了这种信念与抱负，认为此风俗规定了她的生活意义，我们也不能据此认为这种风俗是正确的。显然，人们在不同的条件下可能具有不同的嗜好、信念与抱负。一个明显的事实是，人们可以适应不同的环境，从而调整自己的期望与抱负。从这个意义上讲，任何一种分配正义理论的首要目的都是为人们提供一种合适的环境，从而让人们得以有条件形成恰当的嗜好与抱负。由此，如果这种合适的环境又取决于人们的嗜好与抱负，那么这就显然有循环之义。

第三，日常道德直觉不支持选项运气与原生运气的不同处理。（1）从日常经验来看，有些原生运气的影响是不需要处理的。在日常经验中，人生得漂亮、聪明的影响显然不是应该被要求抵消的。在日常生活

---

① 罗纳德·德沃金. 至上的美德. 冯克利，译. 南京：江苏人民出版社，2003：96.

② 同①99.

中，很可能有些社会偶然性是应该被消除的，或者说是本不该出现的，比如人生而有贵贱之分，有男尊女卑之分。但这些偶然性的影响应该被消除，在某种意义上恰恰是因为它们不是原生的，而是被制度等人为原因添加上去的。（2）在日常生活中，人们会认为，有些选项运气的后果太坏，比如完全破坏人们过好生活的可能性，甚至危及生命，那么国家或集体责任应该提供基本的保障，让人们免于这样的影响。（3）坏运气在人们的生活中并不只有负面意义。正如拉兹所讲到的，运气就是一个原生的事实，无论人们接受与否，它都构成人们生活的一个部分。① 特别是从日常经验来看，没有运气，没有偶然性的生活，显然人生就失去了很多乐趣与意义。一个没有任何危险的登山运动，显然不是真正的登山者所爱好的。

第三节　资源平等的第二张面孔

上面的分析表明，无论从运气平等视角还是从日常伦理视角，我们都无法找到理由支持资源平等的第一张面孔。本节我们从德沃金实现资源平等的具体举措入手，考察这种具体举措背后的真实面孔。这里依然会接受这个设定：人们拥有两种责任，一种是集体责任，另一种则是个人责任。我们需要大家一起承担某些后果，负起某些责任，这种集体责任一旦得到履行，那么它就为个人承担自己的责任提供了或者说创造了一个合理的或能得到辩护的条件。换言之，我们接受德沃金理论的这个设计：集体责任为个人承担责任创造合理的背景条件。按照资源平等的第一张面孔，当资源与能力被平均分配时，个人选择就具有了合理的背景条件，由此个人就能对自己的选择承担责任。但现在我们就是想考察与分析，德沃金的表面立场之后的真实立场是什么，也就是资源平等的第二张面孔是什么。由此，我们需要进入德沃金实现资源平等的具体举措。

---

① Joseph Raz. Ethics in the Public Domain. Oxford：Clarendon Press，1995：16.

一、外部资源的虚拟拍卖

我们先看实现外部资源平等的拍卖机制。为了简便，德沃金设想一船人来到一个孤岛，面临一个如何分配岛上的资源的任务。当然，这里还有两个隐性的外在条件。（1）这些人足够繁衍后代；（2）岛上的资源不是极度丰富，同时也不是极度贫乏，足够大家活下来过体面的生活，但却无法满足所有人的欲望。按照德沃金的理解，这种设想首先让每个人都拥有相同的购买力，即让每个人拥有同样多的贝壳，从而可以用于拍卖资源。其次让每个人获得的东西都反映真实的机会成本，即通过无穷次拍卖，使没有人忌妒别人的东西。要注意的是，德沃金的忌妒并非日常意义上的忌妒，其意义是了解相关信息之后，后悔没有最大化自己的利益，并不管别人手上的资源如何。然而，一般的忌妒检验显然是与别人相比较而产生的。因此，这里与其说是忌妒检验，不如说是不后悔检验。允许后悔与无穷次拍卖不过是让人们得到最真实的信息，然后利用自己的购买力最大化自己的效用。因此，资源平等的拍卖是，在每个人购买力相同的前提下，让人们获得最充分的信息，从而让资源的分配获得最大的效用。

这里关键的概念实际上是真实机会成本概念，这是德沃金极其重视的概念。这里人们是否拥有平等的购买力，远没有看起来那么重要。整个拍卖过程中允许后悔，可以进行无穷次拍卖，最大作用就在于，通过不断试错，最终发现与展示人们彼此的真实偏好，由此获得相应的完全信息。这使拍卖达成的结果类似于自由竞争条件下物品所获得的价格。每个人在这种条件下得到每件东西的代价，就是所得东西的替代成本，由此也是所得东西的真实贡献。拍卖最终完成时，每个人为他获得的东西付出的代价就是这件东西的真实机会成本。这种真实机会成本概念的重要意义在于：它显示了每个人要获得某样东西都需要付出真实的代价，由此承担相应的个人责任。

尽管德沃金强调每个人都有相同的购买力这一预设，但有以下几个因素使这一预设失去了其本该具有的意义。（1）原始资源的不同性质会对人们产生不同的影响，德沃金根本不考虑这一点，因此平等购买力究竟有多平等就是值得大大存疑的。[①] 德沃金没有说这种资源必须是原始的还是现实的，这种资源平等是跨代的还是单代人之间的。如果是跨代的，那么这一预设就与人们的日常伦理非常不一样。如果只是单代人之间的，那么就几乎对现实实践没有什么真正意义。(2) 德沃金允许现实世界有不平等，不平等究竟源于初始资源的不同作用还是源于不同的购买力，完全无法分清。因此，即使不谈实践，在理论上平等购买力所起的作用也是有限的。(3) 德沃金允许家庭因素起作用，故而就进一步削弱了相同购买力的作用。

由此，相同的购买力这一预设表面上非常支持资源平等的第一张面孔，但实际上并没多大意义。笔者认为，德沃金在这种虚拟拍卖中真正看重的是真实机会成本概念，这也是德沃金后面多次强调的概念。因此，外部资源拍卖的真实意义在于强调自由竞争意义上的公平，在此条件下，每个人获得某件事物均付出了相应的代价，也就等于市场机制中的替代成本，即此事物的真实贡献。

二、生理能力的虚拟保险

接下来考察实现生理能力平等的虚拟保险。德沃金在这个方面主要是从残疾问题入手，其做法是："作为拍卖的补充手段，他们现在建立起一个虚拟的强制保险市场，用保费固定的强制保险为每个人保险。其根据是这样的考虑：假如将来的各种残障风险中的每一种对于每个移民是平等的，他们会购买什么样的保险。"[②] 很显然，这里会碰到一个麻烦：人们如果决定将多少资源用于购买预防某种特定灾难的保险，那么显然要以自己想过什么样的生活为前提，而人们有何种生理能力与精神能力都会影响到人们想过什么样的生活。拿生理能力来说，天生就有残障的人，或者童年时期不幸致残的人，在制订自己的生活计划时必然会将这种情况纳入考虑范围。德沃金在解决这个麻烦时采取了一种假设方法：假设人们大概都有相同的概率遇到这种灾难，忽略人们因不同的抱负与计划而产生的对保险的价值和重要性的不同看法，以大多数人会购买保险的水平作为强制保

---

① 罗纳德·德沃金. 至上的美德. 冯克利，译. 南京：江苏人民出版社，2003：72.

② 同①84.

险的水平。[1]

然而，德沃金的这一假设存在两个严重问题。第一个问题，残疾的保险额是根据人们的意愿确定的，并且是根据大多数普通人的意愿估计确定的。由此，这实际上变成了一个假设性契约的问题。然而，德沃金反对罗尔斯的公平正义理论的论据恰恰是：假设性契约根本不是契约，没有约束力。由此，德沃金的资源平等方案表面上看与罗尔斯的不同，但其资源分配方案实际上还是利用了虚拟契约。为了论证的缘故，我们可以把这个不一致先放到一边，主要考察这一假设存在的第二个问题，也是更为根本的问题：假设性意愿究竟起什么样的作用？

这里值得提醒的是，假设性意愿可以具有两种作用，且这两种作用很容易混淆。一种作用是显示性作用，也就是说，这里假设性意愿是一种应然的意愿，只是显示出其他的道德理由或原则。假设性意愿由此就从这些道德理由或原则中获得约束力，假设性契约也因此而获得证成。如果我们接受资源平等的第一张面孔，那么这种虚拟保险就有前定的目标：让资源的分配“敏于抱负，钝于禀赋”。残疾既然属于生理能力，那么人们的假设性意愿就恰恰应该“显示”何为残疾，人们应该如何对待这种残疾。也就是说，它只能显示残疾是什么以及应该做出何种恰当补偿，普通百姓的共识（也就假设性意愿）只是发现“残疾是什么与何种补偿恰当”的手段。

然而，在德沃金的具体讨论中，这种假设性意愿实际上起到的是另一种作用：决定性作用。在德沃金这里，恰恰是多数普通人的意愿决定什么算作残疾以及要做出何种补偿。比如，有人有极端的性欲，但他不想要这种性欲，由此给这个人带来了很大的麻烦。我们是否要对之进行补偿，德沃金认为答案取决于人们是否会针对这种风险购买保险。他的回答是：“似乎不大可能有很多人愿意以防范此类风险的赔率购买这种保险，除非他们的愿望十分强烈和有害，简直到了可称为神经病的地步。”[2] 这种回答的麻烦恰恰在于：人们是否会针对性欲过强等购买保险是一回事，“这

---

① 罗纳德·德沃金. 至上的美德. 冯克利，译. 南京：江苏人民出版社，2003：92.

② 同①86.

种缺陷是不是残疾”则是另一回事。换言之，人们的假设性意愿在此不是“显示”而是“决定”什么是残疾，要做出何种补偿。由此，在德沃金的虚拟保险机制中，起决定性作用的就不是残疾本身，而是人们的假设性意愿。

如果我们接受资源平等的第一张面孔，那么通过询问人们是否会购买风险来判定残疾问题就在根本上搞错了问题的性质。现实中的人们在决定买什么样的保险时可能认为，某些概率很小但保险花费很大的疾病，针对它们买保险就不划算，而且会认为这是一种更可取也更理性的态度。但是，这种处理是合理的，却不蕴含：如果这些疾病真的出现，那么它们就不是疾病。这里我们可以承认，德沃金处理残疾的方法确实反映了人们相关的道德直觉。然而，麻烦恰恰在于，人们在日常直觉中并不真正把残疾看作一种（负）资源，是一种需要大家共同承担的责任。相反，人们把它作为一种需要由个人自己应对或处理的风险，由此认为残疾问题属于个人责任。当然这种责任可以通过保险公司进行分摊，但实际的承担者还是个人自己。由此，人们在市场上购买保险只是人们对待生活的一种理性反应，尽管这种反应实际上有共担责任的结果，但它显然不是德沃金所谈的要实现生理能力上的平等。

三、精神能力的虚拟保险

现在考察实现精神能力平等的虚拟保险。德沃金在这里主要从处理劳动技能入手。相对于生理能力而言，劳动技能的平等更难实现，因为技能与抱负更为相关，我们无法像对待残疾那样，对有没有精神能力的风险进行投保。德沃金对此提出了一个天才式设想：假设人们知道自己的劳动技能，但不知道自己这种技能的市场价值，由此让人们设想，每个人会为这种技能的市场价值买什么样的保险。这样一来，这种虚拟保险的选择就使技能分配的原生运气变成了技能分配的选项运气。

德沃金的基本设想是这样的[①]：每个人都知道计划中的收入结构，不知道自己的技能会使自己处在哪个水平上，但知道每个人处于特定收入水

---

① 罗纳德·德沃金. 至上的美德. 冯克利，译. 南京：江苏人民出版社，2003：100.

平的概率是相同的（不是某个人处于任何水平的概率是相同的，因为有的收入水平的概率明显高于其他收入水平）。这里提供的保险是：若你买的保险是收入达到X，但最终你的技能只让你达到X－Y的水平，那么保险公司就会补给你Y，让你达到X，这个时候的保费是Z。这个保费在不同的水平会有所不同，但在任何水平上对任何个人都是一样的。这里的保费不是源于初始资源，而是源于拍卖完成到某个固定时期的未来收益。德沃金然后就通过市场机制来设想，人们会用什么代价购买多少保险。

德沃金的基本思路体现在对两种极端情况的考察中①：一种是购买极高收入水平H的保险。购买这种保险的人有极大的概率（他的技能赚的钱远少于H）获得极小的收益，有极小的概率（他的技能赚的钱远多于H）遭受极大的损失。这种保险保费极高，没有多少人会购买。另一种是购买极低收入水平L的保险，你有极大的概率（你的技能稍能赚钱的概率）遭受极小的损失，有极小的概率获得极小的收益。如果你的技能不能赚钱，那么你的所获就还不错。购买这种保险的人肯定极多，因为保费极低。德沃金由此认为，最有说服力的保费水平大概类似于失业保险水平或最低工资水平。②

笔者大致认同上述德沃金有关虚拟保险的讨论，也大体接受他的结论。人们如果有购买这种保险的机会，大致会购买这种较低收入水平（最低工资水平）的保险，大概也就是满足基本需要的那个水平。但是，认同这种虚拟保险并不意味着认同它实现了精神能力的平等。同样，生理能力平等的问题在这里再一次被凸显出来：我们同样要区分人们保险意愿的两种作用，究竟是显示性作用还是决定性作用。这里我们可以通过两组条件更明确地区分这两种作用。如果假设性意愿只起显示性作用，那么它对应的虚拟保险的条件（我们将之称为第一组条件）应该是这样的：1a. 人们都接受劳动技能是共有的，也就是否定自我所有权；1b. 人们有足够的利他心，或者说有充足的正义感，会做道德要求的一切事情；1c. 谁拥有多少劳动技能是不知道的；1d. 我们也不知道各种辛苦和努力得到多少补偿

① 罗纳德·德沃金. 至上的美德. 冯克利，译. 南京：江苏人民出版社，2003：101－105.
② 同①103.

是合适的；1e. 虚拟保险的目的是找出这种劳动与努力的真实机会成本，由此实现天赋收益的共享。如果假设性意愿可以起决定性作用，那么它对应的虚拟保险的条件（也就是现实的条件，我们将之称为第二组条件）应该是这样的：2a. 人们接受天赋是属于个人的；2b. 人们拥有现实的动机，只有有限的利他心，如果道德要求过高，那么人们是不会服从的；2c. 谁拥有多少劳动技能是不知道的；2d. 不知道劳动技能的真实机会成本是多少；2e. 虚拟保险的目的是找出人们在现实世界中会接受什么样的分配机制。

如果我们接受第一张面孔的诠释，对劳动技能的虚拟保险是要实现精神能力的平等，那么应该接受的就是第一组条件下的虚拟保险。高技能属于精神能力，因此属于共同资产，个人既不能因此而得益，也不能因此而受损。这样一来，我们必须找出，如果某人发展和运用高技能需要付出更多努力，会更辛苦，那么我们就需要对他做出补偿。这里我们需要确定或者说搞清楚，这种额外的努力与辛苦的真实机会成本是多少。第一种虚拟保险的目的就应该是找出：高技能者获得的收益中，有多少属于技能带来的收益，有多少属于额外的努力与辛苦带来的收益。如果能够确定，那么前者由人们平分，后者则是给高技能者的补偿。

根据此种分析，我们可以发现，很多高工资者的收入，恐怕更多属于其天赋与才能的回报，而不是其努力与辛苦的回报。比如，姚明和乔丹在NBA拿的高额工资，可以说90%源于其天赋，源于其努力与辛苦的恐怕不到10%，甚至不到5%。我们不是质疑姚明和乔丹在从事运动时付出了额外的努力与辛苦，他们的努力与辛苦是有目共睹的。我们这里也不打算质疑这种高收入的合理性与正当性。这里只是强调，无法将这种合理性与正当性主要归于他们的抱负及努力。我们完全可以想象，许多没有这种天赋与才能的人，他们付出的努力与辛苦，与姚明和乔丹相比，毫不逊色，但他们的年薪可能不到20万美金，甚至只有几万美金。如果这一点成立，那么姚明和乔丹的绝大部分收入就源于其天赋与才能，而不是源于其努力与辛苦。如果天赋与才能属于共同资产，那么就可以向姚明和乔丹等人征收高达90%甚至95%的税。有人可能会反驳说，这是对有才能者的奴役，他们被迫从事篮球运动以赚取高工资，而没有高报酬他们本来是不会从事这项运动的。然而，只要我们不强迫他们从事篮球运动，且他们真的认为天赋与才能不是属于个人的，而是属于大家的共同资产，那么姚明和乔丹等人就无法提出这样的反驳，认为这是对他们的强迫与剥夺。

的确，很多人的道德直觉不会支持这样的结论，这恰恰是因为，人们最深刻的直觉接受自我所有权，认为天赋与才能并不是大家的共同资产，由此它们带来的利益是人们的正当所得。在现实生活中，有些天才轻而易举就能获得别人千辛万苦才能获得的成就，没有人会觉得这有什么不妥。但是，如果我们接受资源平等的第一张面孔，确实认为天赋与才能是共同资产，那么我们就不会这样思考问题。相反，虚拟保险的试验结果很可能是大家平均分配总资源，只是会对人们的额外努力与辛苦做出恰当的补偿。这实际上也是柯恩在反驳罗尔斯的差别原则时所得出的结论。在这样的前提下，没有人应该得到像目前各类球星与经理们那样的高工资。因此，尽管德沃金表面上强调资源平等的第一张面孔，据此他的虚拟保险本该在第一组条件下进行，然而实际上却是在第二组条件下进行的，因此，这种虚拟保险机制展示的根本就不是资源平等的第一张面孔。

四、第二张面孔

如果前面的分析是正确的，那么搞清楚这种平等理论的第二张面孔就是非常重要的。按照资源平等的第一张面孔，原生运气的影响由人们共担，属于集体责任。由于人们不知道原生运气会产生何种影响，所以人们需要通过虚拟机制发现原生运气的影响，然后大家共同承担它的影响。然而，当德沃金真正通过虚拟机制处理原生运气的影响时，虚拟机制中人们的意愿却不是反映、发现和显示如何平均承担原生运气的影响，相反是决定应该如何对待原生运气的影响。不仅如此，人们应该如何对待原生运气的影响，实际上是根据日常经验与理性决策做出的：如果人们不知道自己是谁，但知道每个人处于不同情境的概率是相同的，那么人们就会给自己购买那种保险。这就是说，表面上德沃金认为残疾与劳动技能等属于原生运气，需要人们共同承担与分享，但在其保险策略的具体实施中，他却从后门把人们的现实道德直觉纳入进来，让它们决定应该如何进行资源分配。

可以将德沃金的实际思路看成这样的：A. 每个人不知道自己会落在

哪个收入水平；B. 人们知道人类的一般动机结构，也就是有限的利他心；C. 由此，人们知道，不同的税率设计会有不同的激励作用，会出现不同的收入结构与收入差距；D. 人们想最大化自己的福利或收入，是风险中立的；然后 E. 人们会如何处理天赋收益和残疾补偿。因此，所谓的资源平等实际上是根据人们深刻的道德直觉，决定人们需要如何处理残疾，如何处理天赋及技能带来的不同收益。这个角度非常类似于罗尔斯的公平正义理论中的处理，人们在无知之幕下的选择就是人们应该如何处理的根据。只是德沃金的无知之幕没有罗尔斯的那么厚而已。因此，德沃金利用其虚拟机制会得出什么样的结果，主要取决于人们具有何种道德情感。我们在第二章已经分析过，这种道德情感在很大程度上取决于现实人性，也就是休谟所言的有限的利他心，而且在有利的条件下，人们会形成与之相应的人道与公平两种道德情感。

现在的问题是，德沃金实际得出的结论与这两种正义直觉匹配吗？尽管这里我们很难从细节入手，但是虚拟拍卖与保险最终要做到的其实有两个基本方面。(1) 满足人们的基本需要。前面已经说过，两种虚拟机制推理的根据都是参考人们在市场机制下会购买什么样的残疾保险，购买什么样的赚钱能力，其得出的结论实际上类似于福利国家的最低工资等，由此就是满足人们的基本需要的那种水平。(2) 德沃金无论是在外部资源的虚拟拍卖中，还是在两种内部资源的虚拟保险中，都反复强调"真实机会成本"这个概念。不仅如此，德沃金在处理自由与平等的关系时，其架桥策略的核心依然是"真实机会成本"。然而，"真实机会成本"是，人们知道一切相关信息，包括人们的真实偏好，然后在最大化自己利益的前提下愿意对得到某物给出的价格，相当于此物在市场竞争条件下的均衡价格，由此大致相当于日常意义上的按贡献分配（不是在垄断条件下获得的市场价格）。也就是说，个人的付出与所得是匹配的。这显然就是我们前面所讲的公平原则。

从总体上看，德沃金的两种虚拟机制显然纳入了日常真实的道德直觉，纳入了与人类有限的利他心相对应的人道与公平两种成分。实际上，当我们觉得德沃金的虚拟保险机制产生的结果合理时，支持这种感觉的恰恰是我们的这两种道德情感。而当虚拟保险机制产生的有些结果背离这种日常伦理解读的结论时，它就会受到强烈反驳。安德森在《平等的意义何在?》一文中对德沃金的资源平等的批判就是一个非常生动的例子。① 也就是说，如果我们放弃资源平等的第一张面孔，而是接受其基于日常伦理的第二张面孔，那么资源平等在整体上就可以得到更加融贯的解读。

第四节　结语：缘由分析

前面的考察表明，德沃金的资源平等理论有着两张面孔。其理论的第一张面孔强调资源的分配要“敏于抱负，钝于禀赋”。然而，对于虚拟拍卖和虚拟保险这两种分配机制，德沃金均是采用日常的道德常识与合理预期来推出结论的，由此实际上是由人们的人道情感与公平情感来决定资源分配的，这是德沃金资源平等分配正义的第二张面孔。我们前面分析了两种立场之间是如何关联的，德沃金又是如何混淆两者的。然而，最根本的问题是：德沃金的理论为什么会呈现出两张不同的面孔，其缘由何在?

第二章的探讨实际上给了我们答案，这实际上是当代正义理论共有的问题。这些理论一方面要符合人们某些根深蒂固的道德直觉，另一方面要满足理论的融贯性或一致性。比如，运气平等解读抓住了人们对道德责任的直觉：人们只对自己的选择或具有控制的事情才负有责任。而日常伦理解读则符合人们的另一种道德直觉：人们的嗜好与抱负等构成人们的身份，决定人们是谁，给予人们人生意义（无论好坏）。柯恩把第一种想法贯彻到底，坚持所有人的贫富一定要反映选择或过错，也就是坚持运气平

① 安德森. 平等的意义何在? //葛四友. 运气均等主义. 南京：江苏人民出版社，2006. 这两种成分或多或少得到众多当代正义理论者的认可，最明确也最清晰地承认人道与公平两种成分的书是马尔根（Tim Mulgan）的《后果主义的要求》（*The Demands of Consequentialism*. Oxford：Clarendon Press，2001）。只是他给出的理由不一样。罗尔斯的正义理论尽管以公平为名，但其最不利者群体的认定，基本上是以平均收入的一半来认定的，实际上也是人道要求的一种体现。（约翰·罗尔斯. 正义论. 何怀宏，等译. 北京：中国社会科学出版社，2009：75）有些作者只强调其中的一种成分，而偏离另一种成分，这种偏离越远，遇到的直觉反驳就越强烈，比如诺齐克的《无政府、国家与乌托邦》对于基本需要的忽略就受到人道直觉的强烈反驳，而柯恩的《拯救正义与平等》（*Rescuing Justice and Equality*）完全忽略所得与付出之间的匹配关系，由此受到公平直觉的强烈反驳。

等。诺齐克则将第二点贯彻到底，坚持绝对的自我所有权，并且把这种彻底的所有制贯彻到外部资源上，由此形成"守夜人"国家理论。尽管两种贯彻方向大为不同，但两者均把某种具有表面合理性的道德直觉贯彻到底，其后果就是与立基于其他深刻道德直觉的理论相冲突。诺齐克的自由至上与柯恩的平等至上就是这种冲突的体现。在这个意义上讲，德沃金是中间派，他的理论不仅强调我们的理论要符合某种道德直觉，而且强调要符合各种道德直觉，要找到它们之间的一致性，这是由德沃金的伦理观所导致的。

然而，正如前面的分析所显示的，人们有着各种深刻的道德直觉，但这些直觉背后的理由并不是一致的，因此德沃金的理论就会面临理论内部的不一致性。这种局面的出现与康德有莫大的关联。康德的理论给伦理学带来的一个巨大影响是，道德的地位极度提升，道德价值是所有价值中最重要的，也是最崇高的。由此带来了另一个巨大影响，即道德由此变得具有绝对性，不容妥协。当代的义务论分配正义理论都或多或少受到康德理论的这种影响，接受某种形式的绝对性。

然而，康德对道德这种绝对性的认定预设了"善良意志"。善良意志意味着人们总会有充足的动机去做道德所要求的一切事情，不管人们要为之付出多大代价。然而，真实的道德原则却接受人们真实动机的限制。本书第二章已经分析过动机不足实际上会有两种限制：应用限制与内在限制。尽管有直觉吸引力的很多道德义务都体现了内在限制，但很少为人们所注意。我们可以借助三种不同的神枪手来说明这种限制。一种真正的神枪手是我们指哪儿他就能打哪儿，有百分百的命中率，这就相当于人们具有善良意志，总是能够履行道德要求。另一种神枪手则是靶子无限大，无论打在哪儿都能打在靶上。或者说，不管他打在哪儿，我们都说他打在了我们想要他打的地方。但还有一种神枪手，它居于这两者之间，他既不是能指哪儿打哪儿，也不是只能打哪儿然后再指哪儿。相反，在某个领域，他是可以指哪儿打哪儿的。但超出这个范围，人们就把靶子变大，比如开始把打中十环区域才算作打中，后面就可以把打中一环区域也算作打中。在动机不足的情况下，我们降低道德要求就类似于这种情况。

在现实生活中，具有直觉吸引力的道德要求或义务受到了上述动机不足的影响。再次用神枪手的比喻来说的话就是，他既不是指哪儿就能打哪儿的真正神枪手，也不是打哪儿就指哪儿的虚假神枪手，相反他是介于两者之间的神枪手。先确定人们大概有能力打到哪儿，然后把这个区域里的打中都算作中靶，从而显得人们有能力成为神枪手。这里值得提醒的是，相对没有动机限制而规定的道德要求或义务而言，在动机不足的情况下形成的道德要求或义务并不是在所有领域内或所有情况下都会自动降低。正如在近距离的情况下，人们中靶的可能性会更大。因此，会存在一些区域，即使人们的动机不足，但在这些区域里，人们形成的道德要求或义务与在动机充足情况下形成的道德要求或义务并无多大不同。但这也意味着，只要道德要求或义务需要人们付出很大的代价（相对于能获得的利益而不是正当利益而言），那么人们就会自动降低要求，形成较低的道德要求或义务。这样的道德要求或义务毫无疑问会在人们的道德直觉中具有很大的分量。

由于康德理论的影响，道德具有的地位极高，因此，我们很难想象道德规则竟然是因为人们的动机不足而规定的，由此动机不足对道德的内在限制很少为人们所注意。在这种情况下，分配正义理论只要试图把具有直觉吸引力的道德规则贯彻到底，就可能犯下述两个错误。第一个错误是，把那些在某些领域（这里动机限制不存在）能够实现的高道德要求无限制地扩展到其他领域，然而后面领域里形成的却是因动机限制而出现的低道德要求。第二个错误是，把某些只是为了适应动机限制的低道德要求扩展到所有领域，并且同时认为这种道德要求是极为崇高的、不容妥协的，故而这种道德要求就会与其他同样因适应动机限制而形成的低道德要求相冲突，甚至会与有些真正的高道德要求相冲突。在笔者看来，一般所讨论的后果主义或功利主义容易犯的是第一个错误，而运气平等与自我所有权至上容易犯的则是第二个错误。德沃金试图平衡各种道德直觉，所以犯了以上两个错误。

第七章　立足公平的分配正义观

本章考察的是 20 世纪最重要的一种分配正义理论，即罗尔斯的公平正义理论。这种分配正义理论激发了后续正义理论的考察，从时间维度上讲，前几种正义观的讨论都是被这种正义观激发起来的。公平正义理论之后提出的各种正义理论要么是从其中提炼出某种成分，将其明朗化与极端化，要么是反对公平正义，提出与之对立的正义观。这里把公平正义观放在最后考察，一方面是出于理论逻辑，我们先考虑各种因素，然后再看公平正义所做的综合；另一方面是与本书的研究目的有关。罗尔斯的公平正义理论主要是想取代功利主义。从《斯坦福哲学百科全书》（*Stanford Encyclopedia of Philosophy*）中有关分配正义理论的介绍来看，罗尔斯基本上实现了这个目的。在分配正义这一块，功利主义几乎落到消失的境地，目前得到讨论的分配正义理论（前面所讨论的）主要是义务论正义理论。本书的研究有个相反的目的，即想从各种义务论分配正义思想中重构后果主义的分配正义理论。本章是这种重构过程中最重要的部分。这里的一个重要观点在于：罗尔斯的公平正义观受到的各种批判，恰恰是由其义务论特色造就的，而其中能够得到辩护的地方，恰恰是能够从后果主义角度得到辩护的。这就是说，如果公平正义不是按照罗尔斯的原意来理解，而是从后果主义视角来理解，将其看作对功利主义的发展而不是取代，那么其反而能够得到更好的辩护。出于此目的，本章的探讨与前面的考察很不一样，主要试图表明两点。（1）公平正义中的义务论成分，无论在预设、推理中还是在结论中，都存在着各种各样的问题。（2）从后果主义视角理解公平正义，可以更好地解释人们的各种道德直觉。由此，我们考察完公平正义之后，可以更平顺地进入对后果主义分配正义理论的讨论。

第一节　证成方法

要理解罗尔斯的公平正义观，首先得对罗尔斯的证成方法有清晰的认识。从表面上看，罗尔斯的公平正义观似乎提出了三种证成方法。第一种是罗尔斯在《正义论》开篇就提到的社会契约论。他说："我试图做的就是要进一步概括洛克、卢梭和康德所代表的传统的社会契约理论，使之上升到一种更高的抽象水平。借此，我希望能把这种理论发展得经受住那些常常被认为对它是致命的明显攻击。"① 第二种是罗尔斯非常明确地指出的合理选择理论。他说："证成问题就是通过提出一个审思的问题来解决的：我们必须弄清采取哪些原则在给定的境况下是合理的，这就是使得正义理论与合理选择理论联系起来。""契约论术语的价值在于它传递了这样的概念：正义的原则能够被理解为理性人愿意选择的原则。通过这种方式，正义的概念能够得到解释和辩护。正义理论是理性选择理论的一部分，甚至是最重要的一部分。"② 第三种是融贯论。他说："一种正义观不可能从原则的自明前提或条件中演绎出来，相反，它的证成是这样一个问题，即各种考虑能互相印证和支持，即所有观念能融为一种前后一致的体系。"③

由此，我们面临一个问题：三种证成方法之间有什么关联，在公平正义理论中真正起证成作用的究竟是哪种方法？为此，我们有必要对三种方法做更详细的了解，而其中的关键是社会契约论。罗尔斯社会契约论的第一个特点是比过往的契约论更为抽象，以"原初状态"取代传统契约论的"自然状态"。在某种意义上讲，罗尔斯整个理论的关键之处就在于这种

① 约翰·罗尔斯．正义论．何怀宏，等译．北京：中国社会科学出版社，2009：初版序言 1.

② 同①13.

③ 同①17.

“原初状态”的设计：“原初状态是恰当的最初状态，这种状态保证在其中达到的基本契约是公平的。”① 这是罗尔斯的正义理论被称为公平正义理论的根本原因之所在。原初状态的设计是否合理，是其理论成败的关键。在这种原初状态的各种设计中，关键的是“无知之幕”，正是这一设计使三种证成方法能够统一起来。

无知之幕的设计实际上是一种信息屏蔽机制，人们在做选择时，“没有一个人知道他在社会中的地位——无论是阶级地位还是社会出身，也没有人知道他先天的资质、能力、智力、体力等方面的运气。我甚至假定各方并不知道他们特定的善的观念或他们的特殊的心理倾向”②。“各方有可能知道的唯一特殊事实，就是他们的事实在受着正义环境的制约及其所具有的任何含义。然而，以下情况被看作是理所当然的：他们知道有关人类社会的一般事实，他们理解政治事务和经济理论原则，知道社会组织的基础和人的心理学法则。”③

无知之幕带来一个重要后果：各方的差别不为人知，每个人都有同等理智且处于相似情境，每个人都接受同样的论证。这对罗尔斯的社会契约论来说是至关重要的，因为我们可以随意选择任何一个人的立场，由此观察他在原初状态中的选择。如果有人在经过必要的反思之后偏爱某种正义观，那么所有人都会做出同样的判断，故而原初状态中的选择就能得到全体人员的一致同意。由此，本来应该是多人博弈的协商，结果变成了个人在特定环境下的合理选择。从证成方法上说，社会契约论由此变成了特定环境下的合理选择理论。由此，只要人们确定的环境没有问题，那么“如果有理性的人在这种最初状态中选出某种正义观的原则来扮演正义的角色，这种正义观就比另一种正义观更合理，或者说可以证明它是正义的”④。

然而，这种合理选择理论只能保证，在某种特定环境下，选择某些原则是合理的，因为它是理性人都会做出的选择。但这显然无法保证选择是

① 约翰·罗尔斯. 正义论. 何怀宏，等译. 北京：中国社会科学出版社，2009：14.
② 同①10.
③ 同①106.
④ 同①.

公平的或正义的。当劫匪拿枪逼着我，问我要钱还是要命时，我选择要命显然是合理的。但这丝毫无助于这种选择成为公平的。由此，这种社会契约论的关键在于做出选择的特定环境，而这一点决定了罗尔斯社会契约论的第二个特点：原初状态不是真实存在的状态，这种契约只是一种虚拟契约。罗尔斯非常明确地承认这一点："这种协议必须被看作既是假设的，又是非历史的。"① 由此而来的问题是：这种假设的契约如何能成为有效的？正是在这里，罗尔斯提出的第三种方法融贯论才开始凸显其重要性。

在罗尔斯看来，尽管这种虚拟契约是假设的，但其所假设的各种条件要么是人们事实上所接受的，要么是人们经过哲学反思后能接受的。要明白这一点，我们就必须理解罗尔斯的融贯论证成方法。这种证成方法并不预设有一个可以作为推理之根基的原则，其他东西都可以据之而推出。相反，有关契约方的假设、契约环境的假设以及契约的结论都有着同样的证成地位，它们之间的调节则是由反思平衡达成的。这里的反思平衡有两端：一端是有关契约方和契约环境的假设，另一端则是人们对正义的各种直觉判断。我们从第一端开始："个人从广为接受但是较弱的前提论证得到更具体的结论。每个这样的假设应该本身是自然的和可行的；它们中的一些看来可能是无害的和无足轻重的。"② 我们首先从这些初始可行的假设性条件得出有关正义的暂时结论，把它应用于社会，产生出具体的正义判断，然后再把这些判断与我们有关正义的直觉判断做比较。如果两者比较吻合，那就很好；如果两者有所出入，那么我们就可能从两个方面入手，一方面修改假设性条件，另一方面修改我们已有的关于正义的直觉，直到使两者达到大致吻合。这样一来，我们就达到了反思平衡。"它既表达了合理的条件，又适合我们深思熟虑的并已及时修正和调整了的判断。"③ 反思平衡帮助我们实现了各种观念的相互融贯，而前提的组合则帮助我们获得了原初状态，即恰当的最初情境，而在此情境下，理性人做出合理选择，所选择的原则就是公平正义原则。这样，罗尔斯的社会契约论就通过无知之幕变成了合理选择理论，而原初状态的确定又帮助我们实

① 约翰·罗尔斯．正义论．何怀宏，等译，北京：中国社会科学出版社，2009：14.
② John Rawls. A Theory of Justice. Cambridge，MA：Harvard University Press，1971：18.
③ 同①16.

现了各种观念的相互融贯，获得了融贯论的证成。

上面的分析显示，罗尔斯通过原初状态的设计，似乎把三种证成方法完美地结合在一起了。然而，我们还是需要搞清楚，其中真正起证成作用的是哪种方法。我们要注意，罗尔斯的社会契约论与传统的契约论很不相同。对现实契约而言，我们要关注三个重要的方面：第一个是契约方，第二个是契约环境，第三个是达成的结论。现实契约具有两个特点。(1)即使确定了契约方和契约环境，契约达成的结论是什么依然是无法确定的，无法确定的原因恰恰在于人们可以自由选择，契约的约束力也正是出于人们的自由选择：如果你签订了契约，那么你至少有初步的道德义务去履行它；而如果你没有签订契约，或者是被迫签订契约的，那么你就没有相应的履行契约的道德义务。(2)契约达成的结论取决于参与的契约方和契约环境，它无法影响具体的契约方与契约环境。

罗尔斯的社会契约论在两个方面不同于现实契约。(1)一旦人们确定了契约方与契约环境，在罗尔斯这里就是确定原初状态，那么人们就能用推理得出结论。也就是说，选择实际上只是逻辑推理。[①] (2)人们对契约方与契约环境的认识受契约达成的结论的影响。也就是说，人们规定契约方与契约环境，必须考虑契约所达成的结论是什么。德沃金显然正是依据这两点而否定罗尔斯的虚拟契约是契约的，认为其不可能具有任何约束力。[②]

罗尔斯的融贯论证成方法能够对第二点做出解释，但还有第一点需要解释。而这一点与阿罗不可能定理（Arrow's Impossibility Theorem）有颇多相似处，这里了解一下阿罗不可能定理对于我们理解罗尔斯的公平正义将很有帮助。阿罗不可能定理是由孔德（Comte）的投票悖论引起的，也就是在选举中可能会出现这样的情况：对于三个选项A、B和C，通过多数规则，我们会发现，A优于B，B优于C，且C优于A，由此"优于"这种关系就没有传递性可言。阿罗（Arrow）将这个结论做出了一般化论证，并且用形式化的语言证明不存在一种社会福利函数能够同时满足几个条件，阿马蒂亚·森将其总结为四个条件（无限制定义域条件U、弱

① 约翰·罗尔斯．作为公平的正义．姚大志，译．上海：上海三联书店，2002：17.

② Ronald Dworkin. The Original Position. University of Chicago Law Review, vol. 40, no. 3, 1973: 500-533.

帕累托条件 P、非独裁条件 D 和无关选项的独立性条件 I)。[①] 这些条件单独来看是非常温和的，也是非常合理、深得人心的。但正是这几个看似无害且相当自然的条件，组合在一起却消除了对社会福利进行评价的可能性。阿罗不可能定理对理解罗尔斯的原初状态最重要的地方在于：一些看似无害或无足轻重的条件放在一起，能够产生极强的约束。阿罗不可能定理出现之后的研究，特别是以阿马蒂亚·森为代表的研究者，所做的重要工作就是放松或加紧各个条件，以看其对社会福利函数产生多强的约束，能否产生对社会状态进行评价的社会福利函数。

罗尔斯的社会契约论正是采用同样的方法，他明确提出，“契约论方法的目的就是要证明，这些预设放在一起对可接受的正义原则施加重大的约束。理想的结果就是：这些条件将决定一组独特的原则”[②]。反思平衡就是达到理想情况的方式，我们不仅改变原初状态中的假设，同时还改变结论中的假设，即修改一些经过深思熟虑的具体的正义判断。显然，罗尔斯与阿罗和阿马蒂亚·森有所不同，因为他认为预设不仅是可以调整的，而且是可以依据结论加以调整的。不仅如此，罗尔斯还说：“我们也要注意到，原则的接受并不能推测为一种心理法则或可能性问题。无论如何，在理想上来讲，我希望表明，承认它们是与原初状态的充分描述相一致的唯一选择。这个论证的目的最终是要成为严格演绎的论证。……但是非常清楚，这些论证可以是彻底演绎的，正如政治理论与经济理论所证实的那样。”[③] 这个观点正是阿罗不可能定理的形式化特征所要求的，各个条件对结论所施加的约束是逻辑的约束，即把这个条件的逻辑蕴含组合起来，从而排除各种选项。这里要注意的一点是，实际上真正起约束作用的还有人们有关正义的某些具体的直觉判断，它们实际上也在决定何种正义原则得到选择上起了实质性作用。

这里我们可以看到罗尔斯与阿罗在方法上的相似性。(1) 他们都是从最广为人们所接受的极弱且可取的前提开始，这些前提本身是自然且说得

① A. K. Sen. Collective Choice and Social Welfare. San Francisco：Holden-Day，1970. 本书第九章第一节对此有进一步的介绍。

② 约翰·罗尔斯. 正义论. 何怀宏，等译. 北京：中国社会科学出版社，2009：15.

③ John Rawls. A Theory of Justice. Cambridge，MA：Harvard University Press，1971：121.

通的，有些看起来是无害或无足轻重的。(2) 他们要做的就是把这些前提放在一起，看如何调整这些前提从而得出它们的逻辑结论：社会福利函数或正义原则。这两者均利用了这样一个特点：这些单独来看不怎么要紧的前提能够对要产生的结论形成强有力的约束。

莱昂斯对罗尔斯的这种做法做了很好的概括：

> 虚拟契约的各方并不使用道德推理，并不寻求在不同的道德立场之间进行妥协。相反，道德概念进入契约论证的方式，是对审慎推理和结果提出各种约束。例如，审慎推理必须不能偏向于特殊利益，而结果必须是应用于所有社会的一般原则。这样设计的契约论证是用来表明，当任何人群的推理受到最低限度的道德约束（如不偏不倚的观念）的限制，并且受到对相关利益的理解所塑造时，他们基于审慎的根据会同意什么。我们并不是完全审慎的，我们也接受“审慎的判断是可纠正的”这一观念。我们同样不是完全不偏不倚的，但罗尔斯相信，我们若接受最低限度的道德假定，则会承诺接受如不偏不倚这样的约束。因为这些理由，契约论证被认为证实了我们深刻承诺要接受的原则。在这个意义上，那些原则——无论它们可能是什么——可以被认为不仅对我们有约束力，而且对满足这些相同条件的任何人都有约束力。①

我们可以从莱昂斯的分析看出，虚拟社会契约的约束力并不源于它是一种契约，而是源于它是理性的展示机制，其展示的条件本身就是自然的，是人们实际上接受的，或者是人们经过哲学反思后会接受的。原初状态与无知之幕的作用就是人们更能看清楚这些条件是什么，然后总结这些条件的意义，提炼其结论。由此，虚拟社会契约的作用并不在于决定何种分配原则是正义的，而是显示何种分配原则是正义的，这是一种显示性作用。契约情境中的每个方面都能找到支持的根据，社会契约只是把施加于各种原则的诸多合理条件组合成一种观念，相当于用计算器算出结果。

---

① David Lyons. Ethics and the Rule of Law. Cambridge：Cambridge University Press 1983：140.

当然，这里并不是说社会契约或无知之幕没起作用，它们在罗尔斯的融贯观念中实际上起到了至关重要的作用，但是这种作用不是证成作用。正如我们利用纸与笔来进行计算或者利用电脑等来做计算，结果的正确性并不取决于纸、笔或电脑等。即使因为过程太复杂，没有纸、笔或电脑我们无法得出正确的答案，答案的正确性依然不是由纸、笔或电脑决定的。无论是社会契约论还是理性选择理论，它们都只是使人们“能够有意地遵循它所表达的各种约束以模拟参与方的审思”，这种审思的作用就相当于纸、笔或电脑所发挥的工具性作用，帮助人们更清楚、更好地进行理性思考。尽管它们对于得到正确答案很重要，甚至不可或缺，但那个答案正确的理由却不是因为它们是社会所订立的虚拟契约，而是因为在契约中所假定的各个条件本身所具有的证成，且依据有证成的条件之间的内在逻辑关联，从而以融贯论来证成所选择的公平正义原则。

由此，罗尔斯的公平正义得到证成的力度，最终还是取决于原初状态中道德预设的强弱程度：道德预设越弱，证成力度越强，反之亦成立。换言之，“只有其道德预设能够保持最低限度，且能够对一组原则排序，把一种社会正义的观念置于所有其他观念之上时，这个论证才是成功的”。然而，罗尔斯正是在对于何为最弱或最广为接受的预设上有着含糊的见解：“体现在这种原初状态描述中的条件正是我们实际上接受的条件。或者，如果我们实际上并没有接受，但我们也能为哲学反思说服来接受这些条件。我们对契约状态的每一个方面都能给出支持性的根据。”① 这里的关键在于，这些条件如果要经过哲学反思才能被接受，那么这是什么样的哲学反思？罗尔斯没有给出任何进一步的说明。如果说这种哲学反思只为某一部分人所接受，那么罗尔斯的整个论证就肯定只对那一部分人有效。由此，在何种意义上它还是最低限度的道德预设，或者说它还是最弱的前提？

在这个意义上讲，我们在导论中所提到的最优解释或者说最优推理，显然满足罗尔斯的这个条件。换言之，如果我们的道德预设被接受之后，能够在最大程度上解释我们的其他道德直觉，那么哪怕这些道德预设初看

① John Rawls. A Theory of Justice. Cambridge, MA: Harvard University Press, 1971: 21.

起来是我们很难接受的，但经过哲学反思后，它们就是我们会接受的条件。不过，这里的麻烦就在于，所谓的融贯论实际上就变成了最优解释理论。无论是否如此，罗尔斯的道德预设都是值得我们特别注意的，也是我们接下来要特别考察的方面，因为这是公平正义理论成败的关键。尽管如此，我们还是要注意，罗尔斯的证成方法对于义务论和后果主义（功利主义）是完全中立的，并不会偏向义务论。

第二节　基本的道德预设

上面的分析指出，从证成方法来看，公平正义能否得到证成，最终取决于原初状态中的各种道德预设。罗尔斯正是从这些预设中推出了正义二原则，且显然是两种义务论正义原则。由此，我们可以推出，其道德预设很可能也是义务论的，且是最弱、最广为人们接受的预设。这里我们会寻找罗尔斯的各种道德直觉或预设，看看有哪些是义务论的，或者说蕴含义务论原则。不过，在这个过程中我们要注意这样的错误：把有不同直观合理性的观念 A 和观念 B 混为一谈，或者认为它们之间具有逻辑蕴含关系。一旦出现这样的混淆，我们就容易把 A 观念的直观合理性或不合理性传递给 B 观念，从而造成误解。本节试图显示，公平正义一直被认为要做义务论解读，就与基本预设中的这种混淆颇为相关。

罗尔斯的第一个基本道德预设是，正义的道德直觉会反对后果主义。

> F1 正义是社会制度的首要德性，正像真理是思想体系的首要德性一样。……F2 每个人都拥有一种基于正义的不可侵犯性，F3 这种不可侵犯性即使以整个社会的福利之名也不可逾越。F4 因此，正义否认为了一些人分享更大利益而剥夺另一些人的自由是正当的，不承认许多人享受的较大利益能够绰绰有余地补偿强加于少数人的牺牲。F5 所以在一个正义的社会里，平等公民的各种自由是确定不移的，由正义所保障的权利绝不受制于政治的交易或社会利益的权衡。①

---

① 约翰·罗尔斯. 正义论. 何怀宏，等译. 北京：中国社会科学出版社，2009：3.

这里我们可以从两个方面来分析：（1）这里的道德主张是不是最弱的道德预设？（2）它们是不是反后果主义或功利主义？F1 指出正义极为重要，这是有直观合理性的，但它并不特属于义务论，因为后果主义也能赋予正义这种地位。如果这一点成立，那么 F2 强调正义对人们有某种强有力的保护就同样是中立的，并不偏向义务论。这里有明显义务论特色的似乎是 F3，至少表面上看，它与后果主义（功利主义）是相冲突的。然而，情况并没有这么简单，因为它是含糊的，可以有两种理解。一种理解（$F3_1$）是，保护“这种不可侵犯性”的某个特殊行动会导致整个社会损失更大，但系统地看，这种保护的确立是对整个社会有益的。这种理解能得到日常道德直觉的支持，但它并不排斥后果主义（功利主义）。另一种理解（$F3_2$）是，不仅保护“这种不可侵犯性”的某个特殊行动会导致整个社会福利的降低，而且这种保护会系统地导致整个社会福利的降低。这种解读是排斥后果主义（功利主义）的，是属于义务论的，但其直观合理性则不是那么明显，至少不是罗尔斯意义上的最弱且最广为人们接受的预设。因为要确立这种不可侵犯性，从而系统地导致整个社会福利的降低，这是需要强有力的辩护的，不说它肯定无法找到这种辩护，但至少其直观合理性是有争议的。因此，笔者认为这里真正具有直观合理性的是 F1、F2 和 $F3_1$。

从另一个角度看，F1、F2 到 $F3_1$ 合在一起表达的是执行正义的要求，无疑有极强的直观合理性。如果我们接受 F1，确认正义的要求为 R，那么自然就能得出我们应该实行 R，不管这样做的后果是什么。但要注意的是，执行正义只是要求：一旦确立了正义要求 R，那么就要实行它。但执行正义对于正义本身的实质内容 R 是什么，是无法做出限制的。尽管 R 确立后，执行它一般是不计后果的，但这里显然没有蕴含在确立正义要求 R 时也应不计后果。特别是我们一旦注意到有两种形式的“不计后果”，那么我们就更加明白从 F3 无法推出 F4 和 F5。因为后两者都是有关正义原则的实质内容的，F5 的重复强调显然可以增强其观点的感染力，然而却无法增加其观点的合理性。这就是说，尽管正义原则的执行要求我们不考虑后果，但它不能得出正义原则本身不考虑后果。

澄清执行正义不同于正义原则后，我们就能发现，我们无法像罗尔斯所认为的那样，从 F1、F2 和 $F3_1$ 推出 F4。换言之，执行正义的直观合理性并不能传递给 F4。只有把 F3 理解为 $F3_2$，才能从 F1、F2 与 $F3_2$ 推出 F4，也就是说，F4 的直观合理性只能源于 $F3_2$ 的直观合理性。正是由于人们日常直觉中没有很好地区分执行正义与正义原则，所以容易把执行正义的直观合理性赋予义务论正义原则（F4），进而觉得正义就是反对后果主义的。当然，这个澄清并不能确定正义原则是支持后果主义的，它只是表明“有关正义的道德直觉会反对后果主义”的直观合理性是概念混淆的结果。

罗尔斯的第二个基本道德预设是，正当优先于善。罗尔斯指出我们一般都会接受这种观点：“人们的欲望和志向从一开始就要受到正义原则的限制，这些原则指定了人们的目标体系必须尊重的界限。”换言之，“一个正义的社会体系确定一个范围，个人必须在这一范围内确定他们的目标”。这个观点显然是具有直观合理性的。但罗尔斯由此得出，“在公平的正义中，正当的概念是优先于善的概念的”①。然而，这个推理是有待商榷的。的确，正义的社会体系需要确定一个范围，个人要从此范围来合理地确定自己的目标，但这个范围本身完全可能是我们在通盘考虑人类的各种局限性及各种潜在的欲望与目标之后，认为这样的范围体系是最有利于我们所有人能够过得最幸福的。换言之，善优先于正当一样可以解释为什么正义原则会对人们的欲望形成一定的约束与限制。因此，从“欲望应受限于正义原则”这一道德直觉并不能得出“正当优先于善”这一结论。这就是说，我们无法“把欲望要受到正义原则调节”这个观点的直观合理性传递给“正当优先于善”这个观点。

罗尔斯的第三个基本道德预设是不偏不倚的道德直觉，但罗尔斯将其混淆为运气平等的义务论预设。这个不偏不倚主要是用无知之幕体现的。无知之幕实际上是一种信息屏蔽机制，用来确保人们在选择正义原则时是不偏不倚的。无知之幕的关键在于：

> 没有人知道他在社会中的地位——无论是阶级地位还是社会出身，也没有人知道他先天的资质、能力、智力、体力等方面的运气。

① 约翰·罗尔斯. 正义论. 何怀宏，等译. 北京：中国社会科学出版社，2009：25.

> 我甚至假定各方并不知道他们特定的善的观念或他们的特殊的心理倾向。①
>
> 各方有可能知道的唯一特殊事实，就是他们的事实在受着正义环境的制约及其所具有的任何含义。然而，以下情况被看作是理所当然的：他们知道有关人类社会的一般事实，他们理解政治事务和经济理论原则，知道社会组织的基础和人的心理学法则。②

这种无知之幕的主要作用是防止人们从各自特殊的立场去选择有利于自己的原则，由此保证在正义原则的选择上，人们不会因为社会偶然性与自然偶然性而得益或受损。因为“各方不再具备通常意义上的讨价还价基础。没有人知道他在社会上的地位和他的天赋，因此没有人能够修改原则以特别适合他们自己的利益”③。换言之，无知之幕保证人们在选择原则时做到不偏不倚，“一个不偏不倚的判断，是符合那些将在原初状态中被选择的原则的判断。一个不偏不倚的人是一个其状态和性格使他能无偏见和歧视地按照这些原则进行判断的人。我们不是从一个同情的观察者的地位定义不偏不倚，而是从当事人自身的立场来定义不偏不倚”④。

这种“不偏不倚”显然是极具直观合理性的道德要求。然而，如果我们不注意区分“原则的选择”（choice of principles，即选择原则的方式）与选择的原则（principles chosen，即原则的内容），那么无知之幕体现的不偏不倚观念的直观合理性就会传递给与之相混淆的其他观念。罗尔斯后面的表述就出现了这样的问题：

> 在选择原则时任何人都不应当因天赋或社会背景的关系而得益或受损看来就是合理和能够普遍接受的条件了。而不允许把原则剪裁得适合于个人的特殊情形看来也是能得到广泛同意的。我们还应该进一步保证被采用的原则不受到特殊的爱好、志趣及个人善观念的

---

① 约翰·罗尔斯．正义论．何怀宏，等译．北京：中国社会科学出版社，2009：10．
② 同①106．
③ 同①108．
④ 同①147．

影响。①

很显然，引用的第一句话是有关于“原则的选择”的，第三句话实际上是有关于“被选择的原则”的。中间一句则是很模糊的，它既可以指原则的选择方式，也可以指原则的选择内容。罗尔斯并没有特别区分两者，由此很容易让我们认为：不仅正义原则的选择方式，而且正义原则的内容，都不能允许如性别、肤色和种族这种偶然性因素的影响。我们发现这里实际有两个实质性观点：一个是，原则的选择方式不能受到各种自然偶然性因素和社会偶然性因素的影响，它在某种意义上讲类似于不偏不倚的要求，这是具有直观合理性的；另一个是，选择原则的内容也不能受到各种自然偶然性因素和社会偶然性因素的影响，这个要求实质上就是运气平等主义的要求，而这是颇有争议的。我们如果把两者混淆在一起，就会认为后者如同前者一样是没有争议的，由此接受正义原则就在于抵消一切偶然性因素的影响，也就是不让个人受到自然偶然性和社会偶然性的影响，这实际上就导致我们接受了运气平等主义的观点。我们在此可以做一个极端假设，从而更好地理解两者之间的差别：假如各个契约方（不管具有什么样的特征）在无知之幕下一致同意应该优先照顾某种肤色的人的原则，那么尽管这个原则的内容允许人们受到肤色这种偶然性因素的影响，但是该原则的选择却没有受到这种偶然性因素的影响（因为它是在无知之幕下被选择的），所以人们因为肤色而得益或受损是正义的。

很有可能是这个疏忽导致罗尔斯误解反应得（anti-desert）这一道德预设。无知之幕的确预设了“反应得”理论，而这在第二章已经分析过，“反应得”实际上有两种理解，由此带来的后果很不一样。如果明白“原则的选择”与“选择的原则”是完全不同的，我们就会知道无知之幕预设的是“非应得”理论，也就是应得无涉理论。根据这种理论，在（根据其他的道德理由）确立制度之前，我们每个人并没有道德的或非道德的应得，可以用它作为分配权利与义务的根据。也就是说，正义分配与人们的

---

① 约翰·罗尔斯. 正义论. 何怀宏，等译. 北京：中国社会科学出版社，2009：15.

应得是不相关的。而一旦把“选择的原则”与“原则的选择”相混淆，我们就会认为无知之幕预设了一种“不应得”理论。这种不应得理论仍然是一种应得理论，只是与以前的“应得正义观”相反，它认为人们从各种自然偶然性因素与社会偶然性因素的所获是人们不应得的，因此需要大家平分，由此得到一种运气平等主义。这就是说，如果我们不注意“原则的选择”与“选择的原则”的区分，不注意“非应得”与“不应得”的区分，那么无知之幕的直观合理性就容易与运气平等的直观合理性捆绑在一起。这种捆绑带来的后果就是，有些人因为接受无知之幕而接受运气平等，有些人则因为反对运气平等而反对无知之幕。这两种观点实际上均造成了对罗尔斯公平正义整体设想的某种曲解。

如果有了前面的混淆，那么罗尔斯就自然可以得出他对天赋与才能的看法：我们要“同意把自然才能的分配看作一种共同的资产，共享这种分配的利益，不管其结果如何”①。正义二原则相当于“把自然能力的分配看作是一种集体的资产，以致幸运者只能以帮助失败者的方式才能使自己获利”②。这里不仅仅是把天赋与才能看作共同资产，实际上同时对于其分配也是有规定的，那就是预设了“不应得”理解。由此一来，那些幸运者就有义务帮助不幸者，有才能者就有义务帮助无才能者。要注意的是，这里的帮助是义务性的、强制性的，属于正义范畴，而不属于仁爱范畴。

在反对罗尔斯理论的人眼里，关于天赋与才能的这种说明成了罗尔斯理论的软肋。罗尔斯在对差别原则的表达过程中，至少字面上承认我们要把自然才能，也就是天赋作为共同资产。这种看法明显与人们的日常信念相冲突，普通百姓一般会认为自己的智力、劳动能力是属于自己的。也就是说，人们有一种根深蒂固的道德信念接受自我所有权。接受这种观点的人认为，除非自愿，别人没有理由要求我们为他们做什么，它尤其不可能成为我们的义务。实际上这也是前面谈过的诺齐克的典型反驳思路，诺齐克也接受反应得理论，但他接受的是“非应得”理解。由此，他认为，尽

① 约翰·罗尔斯. 正义论. 何怀宏，等译. 北京：中国社会科学出版社，2009：101.
② 同①179.

管人们的天赋与才能让人们的得益不是人们“应得的”，但也不是人们“不应得的”，相反，这些利益是人们有资格得到的。

这里我们再一次看到，将罗尔斯的证成方法做融贯论理解是存在问题的。按照融贯论来说，我们要纳入具有最大确信的信念，要从争议最少、最广为人们接受的道德前提出发。然而，从日常道德观念来看，自我所有权显然就是这样的一个道德前提。因此，罗尔斯有关天赋与自我所有权的看法，显然是对其融贯论的一个很有力的挑战。这可能从另一个方面显示，罗尔斯所谓的反思平衡，实际上不一定是要从最弱且最广为人们接受的前提开始，而是采用最优解释方法，只要从这个前提出发，能够对人们的道德直觉做出更好的解释即可。

以上是罗尔斯的论述中被认为是明显偏向义务论的道德预设，然而我们的考察显示，情况并非如此。它们如果真的偏向义务论的话，那么显然就会与罗尔斯对道德预设所提的最弱且最广为人们接受的前提相冲突。因此，这些道德预设本身无法作为支持义务论分配正义的理据。义务论分配正义即使能够成立，也无法从前面的那些道德预设直接获得支持。不仅如此，罗尔斯本人也强调，公平正义原则在设计上对于义务论原则与后果主义原则是中立的。“原初状态的观念旨在建立一种公平的程序，以使任何被一致同意的原则都将是正义的。”① 这是罗尔斯公平正义原则的一个极大优点，即为义务论与后果主义提供较量的平台。要提醒注意的是，无知之幕只是提供了一个平台，作为理性的一种展示装置。通过这个装置，我们可以更清楚地看到我们选择正义原则时所做的各种道德预设。仅就公平正义这一设想而言，它只要求我们在恰当的最初状态下做出选择，而所选择的原则就是公平正义原则。但是，究竟什么样的道德预设会进入原初状态，它们结合在一起会得出义务论正义原则还是后果主义正义原则，这是一个完全开放的问题。到目前的分析表明，公平正义对后果主义解读是开放的。

---

① 约翰·罗尔斯. 正义论. 何怀宏，等译. 北京：中国社会科学出版社，2009：105.

第三节　多重的人性设定

罗尔斯除了有各种义务论道德预设外，还有直接反对功利主义（由此也反对后果主义）的动机论证。

> 因为这几乎马上就成为不可能的——那些认为他们都是平等的、都同样有资格相互提出要求的人们绝不可能会同意这样一个原则：只是为了某些人享受较大的利益就损害另一些人的生活前景。因为每个人都希望保护他的利益，保护他提出自己的善观念的能力，没有理由为达到一个较大的满意的净余额就可以默认自己持久的损失。①

这个论证的关键在于这里所谈的“损害”和“损失”，以及由此所导致的人们的不同意。“损害”和“损失”有两种颇为不同的用法，其蕴含也相应地颇为不同。“损害”和“损失”的一种用法是规范性用法，它预设个人的正当所得，因此具有很强的规范意义。人们遭受这种“损害”或“损失”就是不正当的、不道德的。罗尔斯在书中常常会用到类似的话语，比如功利主义会为了多数人的利益而“剥夺”少数人的自由，让人觉得后果主义是不正当的、不道德的。然而，罗尔斯用这种意义上的“损害”和“损失”来反对后果主义是不恰当的，因为这与他的公平正义设想是内在不一致的。罗尔斯多次强调，日常谈论中的“应得”或“资格”只是正义制度下的合理预期，是要由正义原则来确定的个人的“正当利益”。换言之，在选择正义原则之前，人们是没有合理预期的，也就不会有自己的正当利益，因为这些正是人们在无知之幕下要选择的正义原则确定的。

为了更清楚地看到这一点，我们可以仿照罗尔斯的上述论证，提出反对差别原则的类似论证：

> 因为这几乎马上就成为不可能的——那些认为他们都是平等的、都同样有资格相互提出要求的人们绝不可能会同意这样一个原则：只

---

① 约翰·罗尔斯. 正义论. 何怀宏，等译. 北京：中国社会科学出版社，2009：12.

是为了某些人享受较小的利益就损害大多数人要好得多的生活前景。因为每个人都希望保护他的利益，保护他提出自己的善观念的能力，没有理由为少数人的较小利益就可以默认大多数人大得多的损失。

非常清楚，两个论证在结构上是一样的，但说法一换，给人的印象就完全不一样。不过，罗尔斯反对功利主义的论证和这里反对差别原则的论证都是无效的，因为它们已经预设了一个起点，或者说（前面我们讨论的）"比较基线"，其中人们已经有了确定的正当利益和自由，但根据设想，这正是要由公平正义来确定的。因此，在无知之幕下选择义务论原则或后果主义原则作为正义原则时，这种规范意义上的"损害"、"剥夺"或"持久的损失"就是错误的说法，是乞题的。

不过，"损害"或"损失"还可以有另一种描述性用法：不是相对于人们的正当利益而言的，而是相对于人们在另一种制度下的所得而言的。因此，上面的论证相当于说：当 X 在 A 制度下可以得到 F，而在 B 制度下只能得到 F－N 时，X 认为它在 B 制度下就有了 N 的损害或损失。因此，这里的"损害"或"损失"只是一个描述，指人们在一种制度下得到的东西没有在另一种制度下得到的多。这样一来，只凭这一点就无法构成对后果主义的反驳，也无法构成对差别原则的反驳，还需要补充人们的心理机制来完成这个论证。罗尔斯有这样的补充：

无论一种正义观念在其他方面多么吸引人，如果道德心理学原理使它不能在人们身上产出必要的按照它去行动的欲望，它就是有严重缺陷的。①

在缺少强烈和持久的仁爱冲动的情况下，一个理智的人不会仅仅因为一个不顾及他的基本权利与利益的基本结构能最大限度地增加利益总额就接受它（功利主义）。②

然而，罗尔斯对功利主义的动机批判要想成功，他就只能是在动机能力的意义上谈仁爱。③ 仁爱的这种用法是相对于"人天性自私"而言的，

---

① 约翰·罗尔斯. 正义论. 何怀宏，等译. 北京：中国社会科学出版社，2009：359.

② 同①12.

③ 同①146－147.

我们在第二章已经明确分析过，它是指一种理想的动机能力，并不是指我们要“毫不利己，专门利人”这种想法，相反是指我们具备形式意义上的善良意志：我们总是能出于道德职责而行动，不管这样做需要我们自己或他人付出多大代价。因此，我们拥有理想的道德动机能力，实际的意思是我们没有动机上的限制，不管我们选择何种原则为正义原则，我们总是有充足的动机按照正义原则行事。因此，任何一种道德理论，包括功利主义理论，在原则上要求或者说预设这样一种动机能力都并不过分。

显然，现实中的人实际上不具备这种动机能力。因此，即使（按照功利主义理论来说）某些事情是人们应该做的，人们可能还是无法具备充足的动机，比如当人们做某些事情需要做出巨大牺牲时。这就是说，功利主义确实在有些环境下要求人们做出巨大牺牲，人们很可能无法形成充足的正义感来按照功利主义行事，除非我们强迫人们做出这种描述意义上的牺牲。在这个意义上讲，罗尔斯对功利主义的批评是有一定道理的。但这个批评也完全适用于差别原则，因为差别原则赋予最不利者的利益绝对权重，同样要求既得利益者做出很大的牺牲。除非我们假定，人们越富裕，就越有同情心，越愿意帮助穷人，否则差别原则的动机问题就同样严重。① 实际上，在反对功利主义原则时，罗尔斯假设了人们只有有限的动机能力；功利主义原则不是正义的原则，因为人们不具备与之相符的理想的动机能力。但是当他讨论差别原则能够形成充足的正义感时，他实际上又预设了人们具备理想的动机能力，由此只要是正义的，人们就会形成正义的动机去履行它。

不过，抛开罗尔斯对功利主义的动机反驳，他的《正义论》中有着更为严重的动机设定问题，其根源在于他的公平正义理论有三个不同的思想根源。（1）罗尔斯深受康德伦理思想的影响，称其公平正义理论在性质上是高度康德式的，认为在某种意义上讲，其理论是在经验主义框架下对康德的自主性与绝对命令所做的程序性诠释。②（2）罗尔斯在正义环境的论

---

① 这样的回应显然是无效的：因为差别原则是正义的，是合情合理的，所以人们会有相应的动机按照差别原则行事。这种回应预设了道德理由能够提供理想的动机能力。如果这种回应有效，那么后果主义就能做出同样的回应。

② 约翰·罗尔斯. 正义论. 何怀宏，等译. 北京：中国社会科学出版社，2009：2.

说上深受休谟人性观的影响，同时证成理论使其深受日常道德直觉的影响。传统的证成方式一般是基础主义的，总是希望从某些不证自明的前提推导出整个知识大厦。罗尔斯在认识论上不再坚持基础主义的证成理论，而是接受通过实现日常道德直觉的反思平衡而形成的融贯论。(3) 罗尔斯深受当代西方经济学思维的影响。这些影响来自罗尔斯上过不少经济学课程，特别是熟悉萨缪尔逊、希克斯 (John Richard Hicks) 等经济学家的思想，其无知之幕的选择还在一定程度上受到奈特的经济学思想的影响①，后又跟阿罗、阿马蒂亚·森等经济学家有颇多接触，一起开课。从文本上看，他一度把正义理论看作理性选择理论的一部分，甚至是其中最重要的一部分。②

然而，上述三种思想根源有着不同的人性设定。罗尔斯最明确地承认的是休谟的人性设定，这体现在他对正义环境的论说中。罗尔斯对正义环境有这样的理解："正义的环境可以被描述为这样的一种正常条件：在那里，人类的合作既是可能的也是必要的。"③ 罗尔斯认为他对正义环境的这种看法只是对休谟正义环境论说的详尽说明，但休谟正义环境论说对人性的根本看法就是，人有着有限的利他心。不仅如此，罗尔斯的融贯论证成方法还使现实人性的影响实际上无处不在。

不过，相对于休谟，罗尔斯有两个方面的变化：(1) 他在客观环境中对人能力大致相近的认识实际上是霍布斯所强调的；(2) 他没有休谟那么注重强调人的动机能力，尤其是不大强调人的利他心。有两个因素导致了这两个方面的变化。第一个因素是，价值多元主义事实的影响使罗尔斯认为，圣徒、英雄的理想能够像别的利益一样不可调和，且有可能是冲突的，越坚定地追求这样的理想，其引发的冲突就越可能是悲剧。④ 第二个因素是，他的证成方法要求他从尽可能弱的前提出发，他显然认为自利心假设比利他人性假设弱，从而更有说服力。上述两个因素的影响，使罗尔

① Thomas Pogge. John Rawls: His Life and Theory of Justice. Oxford: Oxford University Press, 2007: 16.

② 约翰·罗尔斯. 正义论. 何怀宏，等译. 北京：中国社会科学出版社，2009：13.

③ 同②97.

④ 同②99-100.

斯在论证时更多地强调另一种人性设定，也就是他对原初状态中的人性设定。这里罗尔斯交代得非常清楚：原初状态中的各方是相互冷淡的，人们不愿为了别人牺牲自己的利益。[①] 人们不关心其他人的利益，由此既没有嫉妒心，也没有助人为乐精神，只关心自己利益的最大化。这实际上就是经济思想带来的影响，接受了经济人的设定。

然而，除了上面两种明显的人性设定外，罗尔斯受到康德的影响，其理论还隐含第三种人性设定：人们有着充足的利他心。尽管相对于康德来说罗尔斯的立场要温和得多，但他还是不知不觉地坚持道德的纯粹、高贵、绝不妥协。“正义是社会制度的首要德性，正像真理是思想体系的首要德性一样。……作为人类活动的首要德性，真理与正义是绝不妥协的。”[②] 同时，我们前面讲过，罗尔斯的道德预设又要求把天赋与才能看作共同资产[③]，否定自我所有权，而且还能形成良序社会，人们有着充足的正义感。这就要求有这样一种动机设定：人们一旦知道某些原则是正义的，就能形成充足的义务动机。这显然就会要求人们有充足的利他心，否则人们不可能培养出相应的正义感，从而自愿地履行高要求的道德义务。

按理说，这种人性设定的不一致应该是很容易被发现的，但罗尔斯的两个做法影响到了这一点。第一个做法是，在道德预设上（前面两节提到）存在三个基本混淆（“原则的选择”与“选择的原则”的混淆、“非应得”与“不应得”的混淆、不偏不倚与运气平等主义的混淆），使我们不容易注意到其理论背后有不一致的人性设定。此外，罗尔斯在论证其一般性的正义原则也就是一般性的差别原则（正义二原则实际上是一般性的差别原则应用于富裕国家时的产物）时，使用的是二阶段的推理与论证方式，使我们不容易注意到这种动机设定上的不一致。[④] 第一个阶段是确立人们应该有平等的社会基本善，这实际上是从运气平等主义原则得出的推论；第二个阶段则是应用帕累托最优原则，由此推理出人们应该接受差别原则。第一个阶段实际上预设了对自我所有权的否定，由此要求的动机是

---

① 约翰·罗尔斯. 正义论. 何怀宏，等译. 北京：中国社会科学出版社，2009：11.

② 同①3-4.

③ 同①78-79.

④ 同①48.

利他主义的，而第二个阶段则应用经济学中的理性原则，由此奠基于人的自利性动机。按说人们应该很容易看出明显的动机不一致，但是以下两个方面的影响使我们不易察觉这种不一致。第一个方面是罗尔斯讲道理的方式是分为两步走的。第一步让第一个阶段的理由起决定作用，不考虑第二个阶段的理由。第二步让第二个阶段的理由起决定作用，第一个阶段的理由则消失不见了。① 这就使两种不一致的人性设定分别只在一个阶段起作用，由此避免了直接冲突。

第二个做法是不关注正义的一般性原则，相反聚焦于特定的正义二原则，也就是只考虑富裕国家的正义原则。大概说来，正义二原则中的第一原则是平等自由原则，很多人认为这是一个强调平等的原则，由此含糊地对应运气平等主义。然而，罗尔斯对自由与自由的价值做了重要的区分，由此导致自由实际上只是形式的或程序的自由，而并不是实质的自由。这就使强调平等的原则滑向了自由至上主义的自由原则。② 这使本来涉及反自我所有权的原则并没有相应的激进含义，实际上是保护自我所有权的，从而容易为人们所接受，由此引起的动机问题并不严重。

真正引人注意且有争议的反倒变成了差别原则。差别原则引起的动机问题很大，因为它要求尽可能改善穷人的生活处境。对此，罗尔斯的两个策略使差别原则的动机要求不至于过高。第一个策略是，强调基本结构与个人的区分，认为差别原则只是针对基本结构的，个人在日常生活中，在正义的基本框架中，可以按照自己的意愿最大化自己的利益。由此，动机要求过高就只会体现在基本结构中。第二个策略是，针对基本结构的要求，罗尔斯一方面以群体为单位来界定最不利者，另一方面把收入不到人均收入一半的人归入那个群体，而其要求则是认为让人们达到人均收入的一半，再辅以其他措施就大致可以满足差别原则。③ 由此，差别原则的实际效果就变成了满足人们的基本需要，动机的高要求就降到日常道德所接受的要求，从而不至于引起太大问题。

---

① G. A. Cohen. Rescuing Justice and Equality. Cambridge，MA：Harvard University Press，2008：152.

② 约翰·罗尔斯. 正义论. 何怀宏，等译. 北京：中国社会科学出版社，2009：158-160.

③ 同②75.

在笔者看来，上述几个方面可以在一定程度上解释，为什么罗尔斯的理论中实际上蕴含了多重动机设定，但他却并没有真正重视这些动机设定。除此之外，还有一点值得再次强调，这就是罗尔斯认为善观念的冲突或者说价值多元主义的存在使关注动机的高低没有太大意义，因为即使是有着良好动机的人，他们之间也有可能因为观念上的不同而产生剧烈的冲突。这大概也是罗尔斯在探讨如何解决这种冲突问题时，没有着重考虑动机设定的一个重要原因。

第四节　差别原则应用的动机困境

上一节我们谈到罗尔斯的公平正义理论有着不一致的人性设定，这一点最为明显地体现在差别原则的应用上，柯恩对此做了最为清晰明了的阐释与批判。柯恩认为，如果人们在政治领域（即制度选择的领域）是平等主义者，而在私人领域（即个人行为选择的领域）却是利益最大化者，这就存在动机悖论：个人的动机是不一致的。[①] 柯恩着重讨论罗尔斯认为差别原则只限于基本结构的论证，表明这些论证无法消除动机的不一致。这里的关键之处是对罗尔斯激励论证的反驳，奠定了反驳其他论证的基础。

要明白柯恩对激励论证的反驳，得先了解激励论证是什么。为了方便说明，我们可以把社会分为两个阶层：一个是最有利者阶层（即能干者阶层），另一个是最不利者阶层。激励论证的基本想法是这样的：如果能干者得到的报酬不高，那么他们的动力就不够，生产的东西就会少得多。由此，相对于给高报酬而言，最不利者得到的反而更少。因此，我们应该以不平等作为激励，提高能干者的努力程度，从而改善最不利者的生活。[②]

激励论证的基本精神可以更清楚地体现在柯恩有关增税的例子中：

(1) 如果经济不平等有利于最不利者，它是有证成的。（大的规

---

① G. A. Cohen. Rescuing Justice and Equality. Cambridge, MA: Harvard University Press, 2008: 2.

② 约翰·罗尔斯. 正义论. 何怀宏，等译. 北京：中国社会科学出版社，2009：12，87，116.

范性前提）

(2) 当税率是40%的时候，(A) 能干者生产的比在60%的税率下要多，(B) 结果最不利者在物质上反而得益更多。（小的事实性前提）

(3) 结论是：税率不应该从40%上升到60%。[①]

这个论证抽象起来看似乎是合情合理的。为了反驳，柯恩提出了具有类似结构的论证：

(1) 付钱赎回孩子比不赎回孩子对父母是更好的。

(2)（假设没有别的办法）除非得到钱，否则绑匪不会把孩子还给父母。

(3) 因此，父母应该给绑匪钱。[②]

尽管结构一样，但这个论证的蕴含却很不一样。为了突出这一点，柯恩提出了共同体中的人际检验，即论证是由共同体中的人向共同体中的人相互提出的，无论谁对谁提出都应该是有道理的。[③] 然而，当绑匪向人质的父母提出这个论证时，我们就可以很清楚地看到这个论证的不合理性，因为绑匪是在抢劫。在柯恩看来，如果我们真的接受运气平等，那么激励论证与绑匪论证就是一样的。因为在罗尔斯的理论中，能干者也接受运气平等主义，由此也就赞同偶然性因素（包括能干者的天赋）所产生的利益与负担应该由共同体内的人均分，所以当能干者要分得偶然性利益的更大份额时，他的论证与绑匪的论证是一样的，他是在抢劫。这就是说，只有当能干者不接受运气平等主义时，激励论证中的小前提（2）才为真，由此差别原则才可以证成不平等激励。[④] 换言之，不平等之所以有利于最不利者，是因为如果不给予激励的话，能干者就会罢工。而能干者之所以会罢工，是因为能干者不具有平等主义态度。这就是说，如果能干者真的接

① G. A. Cohen. Rescuing Justice and Equality. Cambridge MA: Harvard University Press, 2008: 34.

② 同①39.

③ 同①42.

④ 同①48-49.

受运气平等主义，那么他就不会因为税率从40%上升到60%而不那么努力。在这种情况下，收入不平等的激励对于改善最不利者的生活就并不是必要的。这就表明罗尔斯的激励论证是不成功的。

这个激励论证实际上还可以转变为帕累托论证，由此证成差别原则的应用。这种论证有两个阶段。罗尔斯在第一阶段认可初始平等状态D1，比如说是（5，5），在第二阶段认可由差别原则所带来的不平等状态D2，比如说是（6，9）。相对于D1而言，在D2中不仅能干者能得到更多的利益，而且最不利者也能得到更多的利益，因此这是一种帕累托改善。据此，我们如果不从D1转到D2，则是不理性的，大概只有恶毒者才会这样做：为了不让别人变好，宁愿自己变差。换言之，平等状态D1与帕累托最优是相冲突的，这个论证由此被称为帕累托论证。①

柯恩认可帕累托最优所具有的力度，但认为帕累托论证存在缺陷。柯恩对此论证提出了一个新的状态D3。现在假设D1中人们拿的小时工资都是5，这是初始平等状态（5，5）。在D2（6，9）中不能干者拿的小时工资为6，能干者拿的小时工资为9。按照帕累托论证，这里6与5之间的差别证成了9和6之间的差别。然而，柯恩认为，只要能干者不出现激励论证所假定的动机不一致，那么实际上就可以得到分配状态D3（7，7），那里大家都拿7，7小于9但大于6。非常明显，按帕累托标准，D3优于D1，但与D2是不可比较的。这样，D3的平等与帕累托最优就是共存的。换言之，只有当能干者在私人选择时违背运气平等主义的要求，我们才得不到D3。由此，如果我们真正接受支持初始平等状态D1背后的根据，并且不具有动机不一致，那么我们得到的初始分配状态就是D3而不是D1，而由D3转向D2并不是一种帕累托改善。由此，帕累托论证就是失效的。②

但是，罗尔斯还有一条退路：差别原则只适用于制度，管辖的是人们对制度的选择，而不是人们在制度下所做的行为选择，"公平正义"主要适用于社会的"基本结构"。柯恩对此也有两个有力的反驳。第一个反驳

---

① Brian Barry. Justice as Impartiality. Oxford：Clarendon Press，1995：217.

② G. A. Cohen. Rescuing Justice and Equality. Cambridge，MA：Harvard University Press，2008：101－105.

着重于说明这种限制与罗尔斯关于公平正义的设想有冲突。[①] 首先，罗尔斯认为差别原则体现博爱原则，因为不平等是为了改善最不利者。[②] 但前面关于激励论证的讨论表明，如果只通过社会的基本结构来约束人们的行为，且允许人们在日常生活中的动机是最大化自己的利益，那么改善最不利者的生活就需要不平等作为激励。但是，人们若在日常行为中体现运气平等主义，则改善最不利者的生活就并不需要不平等作为激励。因此，“除非改善他人，否则不想要更多”与“最大化的自利动机”是不相容的。其次，罗尔斯认为，差别原则保证最不利者所能得到的处境是最好的处境，无法再得到改善了。[③] 然而，关于激励论证的讨论表明，最不利者目前占有的地位只是因为能干者强烈反对平等才获得的。因此，如果能干者真的接受运气平等主义，在日常选择中支持差别原则，那么最不利者的处境就能得到进一步改善。由此，差别原则只适用于基本结构就无法实现罗尔斯所说的最不利者的尊严。最后，罗尔斯认为具有正义感的人会出于正义原则去做事，因为他们相信这能表现他们作为自由且平等的人的本性。[④] 但是，如果我们把正义原则仅限于社会的基本结构，仅限于政治领域，而在私人领域中却允许人们最大化自己的利益，那么人们的选择将有悖于上述表现。

除了上面对激励论证的反驳外，柯恩还有一个反驳是，罗尔斯划分“基本结构”的理据不清楚。罗尔斯本人的看法并不确定，柯恩将其归纳为两种主要的看法。第一种看法认为，基本结构就是国家的强制制度。[⑤] 人们在此可以区分出维持这种结构并将其制度化的选择与发生在这个结构之内的选择。但是，柯恩指出这种划分理据有两个问题。[⑥]（1）罗尔斯强调基本结构是因为其影响极为深远且自始至终，基本结构是正义的首要

---

① G. A. Cohen. Rescuing Justice and Equality. Cambridge，MA：Harvard University Press，2008：130－131.

② 约翰·罗尔斯. 正义论. 何怀宏，等译. 北京：中国社会科学出版社，2009：80.

③ 同②139.

④ 同②417.

⑤ 同①132.

⑥ 同①132－134.

主题恰恰是因为这种影响。[1] 然而，为什么我们可以对基本结构中的人们的选择所产生和破坏的机会等不闻不问？此外，有这种影响的肯定不只是强制性结构，宗教、家庭等都具有这种影响，因此它们都应该接受正义原则的管辖。(2) 罗尔斯有时候并不支持这种看法，而是有所摇摆，比如对家庭的看法就是如此。[2]

第二种看法强调，基本结构是主要的社会制度，更多地依赖习俗、规定、期望而不是法律。不过，柯恩指出，一旦基本结构的理解从强制性结构转到约定与习俗，个人的选择行为是否应该在正义的权限之外就不清楚了。[3] 因为这种理解有两个麻烦：(1) 非强制性结构所能维持的那种约束和压力恰恰存在于行为者的倾向中：当行为者选择一种有约束和压力的方式行动时，他们就实现了这种倾向。(2) 就非正式结构而言，结构的选择与个人在这种结构中的选择的区分只在概念上是可能的；两者在外延上是等价的，因为非正式结构无法把形成这种结构的选择与在这种结构中的选择区分开。因此，适用于非强制性结构的正义原则也适用于个人的日常选择行为。[4] 据此，柯恩认为罗尔斯处于困境中：一方面，如果罗尔斯认可上述关于“基本结构”的第二种看法，那么正义原则就既适用于基本结构也适用于个人选择；另一方面，如果罗尔斯认可第一种看法，那么他对基本结构的选择就是专断的、没有依据的。[5] 以上分析表明，罗尔斯关于基本结构的论证无法消除差别原则的动机悖论。

柯恩还着重考察自由主义者支持差别原则的另一个有力论证：平等、帕累托最优与职业选择自由无法共存。柯恩举了具体例子来说明这种论证。假设能干者在 20 000 美金年薪下偏爱做园丁而不是医生，但若做医生有 50 000 美金年薪，他就偏爱做医生。如果在 20 000 美金年薪下他愿意做医生，那么他会极大地帮助其他人。几种选择的情况如下：

---

① 约翰·罗尔斯. 正义论. 何怀宏，等译. 北京：中国社会科学出版社，2009：6-8.

② 约翰·罗尔斯. 政治自由主义. 万俊人，译. 南京：译林出版社，2000：11，71，214，273，285.

③ 同①134.

④ 同①134-138.

⑤ 同①138.

A. 50 000 美金，做医生。此时在工作满足和收入上都比其他人好。

B. 20 000 美金，做园丁。此时在工作满足上比其他人好很多，收入则一样。

C. 20 000 美金，做医生。此时在工作满足上还是比其他人好，但收入则一样。①

共同体对三者的排序是：C 好于 A，A 好于 B。柯恩总结了这个例子的一般意义：除非消费者的偏好可以决定生产什么，否则就会违背帕累托最优。但只有当人们有职业选择自由，能对它做出回应时，消费者的偏好才能决定生产。如果国家不做劳动安排，则只有通过价格才能让职业选择回应偏好，这就会违背平等。因此，要实现平等，或者需牺牲帕累托最优，或者需牺牲职业选择自由。这就是说，前面的状态 D3 只有牺牲职业选择自由才能得到。②

但是，柯恩认为这种三难的存在是因为我们对自由成分的描述不清晰。他举了另一个简单的例子，社会上的捐血情况：(1) 不买血；(2) 有足够的血；(3) 有选择献血的自由。如果没有足够的人愿意无偿献血，那么就会出现 (1)、(2) 和 (3) 无法同时实现的类似三难：如果不买血，又给予人们献血上的自由选择，那么就无法得到足够的血。因此，要想有足够的血，就需要么买血，要么强制人们献血。③

柯恩认为对此有伦理解决法：如果有足够数量的人受到感动，出于共同体情感而自愿捐赠，那么三难就会消失。柯恩非常清楚：在现实条件下，不可能有足够多的人自愿做到这一点。但是他认为这恰恰说明：只是在某些条件下，三难困境才会存在。上文表述三难困境的关键假设是：能干者一定会选择 20 000 美金年薪的园丁工作或者 50 000 美金年薪的医生工作。但是如果能干者真的接受运气平等主义，那么他就会选择 20 000 美金年薪的医生工作。柯恩并不需要否认这种选择使能干者变差了：这是出于他的

① G. A. Cohen. Rescuing Justice and Equality. Cambridge, MA: Harvard University Press, 2008: 185.

② 同①.

③ 同①188－189.

道德承诺，因此是合情理的。柯恩的关键假设是：当能干者按照运气平等主义行事时，他是自由的。这里的一般意义是：如果人们按照正确的道德原则行动，那么人们就是自由的。柯恩认为，反对此点的人面临着一个两难：道德对谋杀的禁令要么是对人们自由的约束，要么不是对人们自由的约束。如果它是对人们自由的约束，那么信守运气平等主义承诺也是对人们自由的约束，但我们不想要一个有约束的道德是不对的。如果它不是对人们自由的约束，那么信守运气平等主义承诺也不是对人们自由的约束。因此，无论在哪种意义上，都不能用自由来反对运气平等主义的约束。①

自由主义者还有一种反驳：自由的意义在于自我实现，即个人的职业选择自由不是决定做什么，而是决定成为什么样的人。据此，柯恩上面对三难的反驳就不再适用。柯恩对此有一个很好的回应：按照这种理解，我们就不能说，平等与帕累托最优的联合牺牲了"自我实现"的自由，而只能说有些公民失去了这种自由，有些公民则得到了更多的这种自由。柯恩承认，在平等社会中能干者的生活确实没有在不平等社会中那么有吸引力。但是，限制能干者的利益的意义在于增加最不利者的利益。当医生在相对意义上受损时，其他人得益了。运气平等主义者承认，绝大部分在现实社会中能获得高报酬的人在平等主义社会会承担更多的负担。但这并不意味着能干者被奴役了，因为他们（在综合意义上）过得并不比任何人差。平等主义社会尽管要求能干者生产更多，但没有要求他们牺牲更多。②

对此可能还有一种反驳，即自我实现与其他利益是不能相提并论的，它是词典式优先的。也就是说，个人不能为了任何他人而放弃这种自我实现。柯恩对这种反驳有一个很好的回应：在这种前提下，能干者要求更高的工资是没有意义的，因为这样做并不能抵消他从事这个工作所带来的自我实现的损失。因此，如果自我实现是一种与其他利益可通约的利益，那么就只是将其放到一般的效用加总中计算平等；如果自我实现是不可通约

---

① G. A. Cohen. Rescuing Justice and Equality. Cambridge，MA：Harvard University Press，2008：192－194.

② 同①206－208.

的，并且具有词典式优先的地位，那么收入差别作为激励就无济于事。[①]

第五节　差别原则的帕累托困境

柯恩上面的论证表明：差别原则只适用于制度而不适用于个人选择的观点是无法证成的。一旦我们认可由激励所引发的不平等，动机悖论就会产生。这个批判表明：差别原则不是无条件成立的，而是要看引起差别的原因是什么。然而，不仅差别原则的应用有这种动机问题，而且差别原则本身也有这个问题。[②] 罗尔斯的差别原则更为根本的问题在于：两种理由的二阶段论证。罗尔斯承认两种理由：(1) 如果不是由于自己的过错或选择，所有人应该过得一样好；(2) 帕累托标准——欢迎有益于所有人的变化。尽管罗尔斯对差别原则的证成考虑了这两种理由，但他分别只让一种理由在一个阶段起作用。柯恩对此的反驳与德沃金对起点平等理论的反驳[③]如出一辙：无论是什么理由，应该要么总是起作用，要么总是不起作用，而不能人为地让它在一个阶段起支配作用，在另一个阶段却完全不起作用。

柯恩认为，帕菲特从契约角度对差别原则的论证很好地反映了这一点。该论证的基本思路是这样的：正义要给予所有人同样多，因此，我们从平等开始，每个人都有权坚持它。这解释了为什么最不利者具有绝对的优先性。但是，当不平等有益于所有人的时候，所有人都会一致地接受差别原则，再坚持平等就是不理性的。柯恩对此有两个回应：

第一个回应是，不利者有否决权的理由与由此导致的结果之间具有不一致性。假设起点分配状态是（5，5），最不利者 A 对转向状态（4，6）具有否决权，但对转向状态（5，6）则没有否决权。柯恩认为这里存在不一致，因为尽管前一种转变导致最不利者 A 在绝对意义上变差，但后一

---

① G. A. Cohen. Rescuing Justice and Equality. Cambridge，MA：Harvard University Press，2008：209-212.

② 同①152.

③ 罗纳德·德沃金. 至上的美德. 冯克利，译. 南京：江苏人民出版社，2003：92-93.

种转变却能让最不利者A在相对意义上变差，因此A对这两种转变应该要么都有否决权，要么都没有。只有当我们坚持平等的理由是人们不能掉到某个绝对水平之下时，否决权上的上述差别才说得通。但罗尔斯坚持平等的理由是人们受到了相对剥夺，而不是要保证人们不掉到某个绝对水平之下，因此这里否决权的差别是说不通的。① 第二个回应是：尽管后一种转变是所有人一致同意的，但如果一致同意可以使后面的分配是正义的，那么一开始我们就可以采用一致同意原则作为正义原则。由此，一致同意原则就可以使让最不利者更为不利的分配是正义的。柯恩认为，既然开始我们就坚持平等原则，而不是一致同意原则，那么后面即使有一致性同意也不能使这种状态是正义的。②

阿内逊（R. J. Arneson）对柯恩的批判思路提出了一个根本反驳。阿内逊认为差别原则只需要推定平等而不需要确立平等。这有点类似法律对人们所做的无罪推定：它并没有确立某人无罪，只是假设他无罪。阿内逊由此认为，差别原则的转变并不存在动机悖论。③ 然而，柯恩对此可以做出如下回应：有充分的文本证据表明，罗尔斯在对差别原则的讨论中确立了平等状态，如他对自然的自由体系、自由主义体系和公平的机会平等原则的讨论以及他把天赋与才能当作共同资产的讨论④，都表明他接受运气平等主义。

笔者认为，阿内逊面对此种回应可以说，即使罗尔斯的文本有此预设，差别原则在论证上也不需要预设运气平等主义。不过，柯恩对此可以做如下反驳：罗尔斯认为只有帕累托改善这种理由才可以使我们偏离平等。如果初始状态是D1（5，5），那么我们就只有权利向D2. 1（5. 1，7）转变，而没有权利向D2. 2（4，9）转变。如果平等原则没有被确立而只是被推定，那么任何理由都可以使我们偏离这种推定的平等，这正如

---

① G. A. Cohen. Rescuing Justice and Equality. Cambridge，MA：Harvard University Press，2008：164-165.

② 同①165-166.

③ R. J. Arneson. Justice is not Equality//B. Feltham，ed. Justice，Equality and Constructivism. Wiley-Blackwell，2009：18，16.

④ 约翰·罗尔斯. 正义论. 何怀宏，等译. 北京：中国社会科学出版社，2009：56-69，77-78，139，463.

任何罪行都可以使原来被无罪推定者不再是无罪的，无罪推定并不能取消任何罪行。这就是说，如果只是推定平等，那么后一种转变就应该是可以的，因为总效用增加了。不仅如此，从一般意义上讲，帕累托最优在没有初始状态的情况下，几乎没有任何用处。比如，可以假设一个皇帝极为残暴但却极有能力，能够随心所欲地做一切事情。如果接受帕累托最优的基本含义，则有这样一个皇帝的社会就是帕累托最优的，因为任何改革都会引起这个皇帝状况的变坏，从而不是帕累托改善。据此可以认为，既然差别原则认为帕累托标准非常重要，那么它就需要预设运气平等主义。

上面的讨论进一步表明：如果罗尔斯所讨论的政治共同体的人都接受运气平等主义，这时只要不出现动机悖论，那么作为激励的收入不平等就是不必要的；如果人们不接受运气平等主义，那么差别原则的初始平等状态 D1 就是没有力度的，从而认为需要帕累托改善才能改变 D1 就是没有道理的。因此，无论人们是否接受运气平等主义，差别原则都是不成立的。实际上可以这样看待差别原则，它代表着两种理由的妥协：一种理由是运气平等主义，即人们在没有选择和过错的情况下应该过得一样好；另一种理由是帕累托最优，即人们在绝对意义上过得好是很重要的。柯恩的批判表明：差别原则的这种妥协是错误的，因为它让两种理由分别只在一个阶段起作用，而在另一个阶段完全不起作用。这就是罗尔斯差别原则的内在困境。

然而，这种困境的根本缘由实际上在于帕累托标准。柯恩与罗尔斯一样，误解了帕累托标准，所以没有注意到这一根本困境。要说明这一点，就需要重新考察帕累托标准的意义。帕累托标准由于经济学的影响日益增长而获得了无与伦比的重要性，柯恩与罗尔斯都臣服于这种标准。然而，从道德层面讲，帕累托标准实质上远没有如此重要。帕累托标准的兴盛与近现代经济学的实证主义倾向发展有着莫大的关系。经济学实证主义使经济学与道德哲学渐行渐远，其最重要的一个后果就是经济学家否定了效用在人与人之间进行比较的可能性。① 由此，经济的效率评估就只剩下帕累托标准：当一种状态相比于另一种状态来说，其中没有任何人变坏，至少

① 葛四友. 一种新的后果评价框架. 文景，2006 (10).

有人变好，那么这就是帕累托改善。然而，作为经济学中效率代名词的帕累托标准本身并没有什么道德力度：它要么是无用的，要么必须借助其他更为根本的道德标准。① 上文已经阐述过，如果没有一个起点，那么帕累托标准就几乎适用于所有状态，因而是无用的。帕累托标准之所以在柯恩与罗尔斯那里如此重要，是因为他们都假定了平等是一个正当的起点。

然而，帕累托标准之所以具有超强的吸引力，恰恰是因为它不承认效用的人际可比性。由此，依赖帕累托标准来证成差别原则就面临一个最大的困境。一方面，如果效用在人与人之间是不可比较的，那么起点平等就是没有意义的。因此，帕累托标准是没有意义的，因为有太多的分配状态都能满足帕累托标准，即使有些状态（如上述残暴皇帝的情形）在直觉上极其令人反感。这样一来，差别原则就根本无法成立。另一方面，如果效用在人与人之间是可比较的，从而我们能够具有平等的初始状态，那么帕累托标准就面临着困境：如果平等具有绝对价值，则从 D1（5，5）向 D4（6.999，7）的帕累托改善是不许可的；如果平等只具有相对价值，则从 D1（5，5）向 D5（6，9）的帕累托改善是可以的，即符合上面所讲的平等差别原则，且从 D1（5，5）转向 D6（4，15）也应该是可以的。因此，无论我们赋予平等什么价值，差别原则都是不成立的。

不仅如此，由于假定了人际可比性，罗尔斯与柯恩在应用帕累托标准时都犯了一个根本性错误。在真正的帕累托标准中，“不能变坏”指的是任何一个人都不能变得比在前一种状态中更坏。但罗尔斯的差别原则的应用和柯恩对之所做的批判都没有注意到这一点：最不利者在不同的体系中很可能不是同一个人。因此，罗尔斯所说的帕累托改善不是在真正的帕累托标准意义上讲的。从而，与柯恩所理解的不一样，除了动机悖论外，帕累托标准本身存在的问题都会导致，无论平等有何种价值，差别原则都不成立。当然，罗尔斯与柯恩都可以在这种新的意义上使用帕累托标准，但只要承认这种人际可比性，帕累托标准的吸引力就会大打折扣，这是值得注意的。

---

① 葛四友．论科斯定理的伦理蕴含与困境．外国哲学．第 21 辑，2012：271-273.

第六节　正义原则的表面绝对性

前面几节我们已经从证成方法、论证前提（道德预设）以及论证推理过程表明，罗尔斯的公平正义理论并不支持义务论解读。现在我们从公平正义理论的结论入手，因为从表面上看，其结论极具鲜明的义务论特征。为了便于分析，这里引正义二原则的最终表述：

> 第一个原则：每个人对于与所有人所拥有的广泛平等基本自由体系相容的类似自由体系都应有一种平等的权利。第二个原则：社会和经济的不平等应这样安排，使它们（1）在与正义的储存原则一致的情况下，适合于最少受惠者的最大利益；并且（2）依系于在机会公平平等的条件下的职务和地位向所有人开放。①

并且，这两个原则还附有两个优先规则。第一个优先原则（自由的优先性）：

> 应具词典式排序，因此，自由只能为了自由的缘故而被限制。这有两种情况：（1）一种不够广泛的自由必须加强由所有人分享的完整自由体系；（2）一种不够平等的自由必须可以为那些拥有较少自由的公民所接受。②

第二个优先规则（正义对效率和福利的优先性）：

> 第二个正义原则以一种词典式次序优先于效率原则和最大限度追求利益总额的原则；公平的机会优先于差别原则。这有两种情况：（1）一种机会的不平等必须扩展那些机会较少者的机会；（2）一种过高的储存原则必须最终减轻承受这一重负的人们的负担。③

以上引文显示罗尔斯的结论具有两个义务论特征：自由的绝对优先性和最

---

① 约翰·罗尔斯. 正义论. 何怀宏，等译. 北京：中国社会科学出版社，2009：237.
② 同①.
③ 同①.

不利者的绝对权重。除开这两点以外，罗尔斯的框架与后果主义有一个很重要的共同点，这就是承认“人际可比性”这一概念。他至少承认两种可比性：(1) 个人的自由是可以衡量与比较的；(2) 个人利益是可以比较的。因此，这里的讨论主要集中于自由对于利益的优先性，以及最不利者的绝对权重。

我们先来看自由的绝对优先性问题。我们在第四章探讨过“自由”概念，因此这里有必要弄清楚罗尔斯的自由所指为何。罗尔斯对此有三个明确的观点：第一个观点是，积极自由与消极自由无关于自由的定义，而是有关于自由的价值。第二个观点是，自由可以参照三个方面的因素来解释——自由的行动者、自由行动者所摆脱的种种限制和束缚以及自由行动者自主决定做或不做的事情。但对我们的理解而言，最重要的是第三个观点：贫穷、无知和缺乏一般意义上的手段跟自由无关，而只与自由的价值相关。“自由表现为平等公民权的整个自由体系；而个人和团体的自由价值是与他们在自由体系所规定的框架内促进他们目标的能力成比例的。”①

罗尔斯明确承认，有不少人把第三个观点中的要素归为“自由所限定的各种约束”。因此，罗尔斯的这种区分本身并没有足够的直观合理性，它的合理性依赖于这种定义在其他方面的解释力。这种区分如果没有其他方面的合理性，那么就可能是特设性的。即使我们把自由定义问题放在一边，自由与自由的价值之区分也面临着一个严重的挑战。一方面，个人享有的自由属于罗尔斯所言的社会基本善，而罗尔斯所言的社会基本善并不立基于这些基本善的内在价值，而是立基于它们的工具价值，它们之所以具有重要性，是因为它们对人们的所有目的而言几乎均是有用的。② 正是基于这种有用性，我们才能接受罗尔斯所言的基本自由与非基本自由之区分。另一方面，按照罗尔斯的说法，自由似乎只是纯粹形式的东西，它与自由的价值之间并没有实质性的或必然性的联系。这两个方面给自由的词典式排序带来了一个两难困境。如果这种自由（而非自由的价值）的实现

---

① 约翰·罗尔斯. 正义论. 何怀宏，等译. 北京：中国社会科学出版社，2009：160.

② 同①48.

不会影响到资源等东西的分配，那么差别原则（包括累进税）的设立就不会与人们的自由产生矛盾，它充其量只会影响到自由的价值。这样一来，累进税和累退税就都不会影响到自由的分配，故而词典式排序就没有必要，所以强调自由绝对优先于利益就没有任何意义。如果纯粹的形式自由原则能够影响到差别原则的实行，或者说实现差别原则会影响到形式自由的享用，也就是说词典式排序是有意义的。假设自由体系A最大化了我们所谓的形式自由。自由体系B获得了比自由体系A要多得多的自由价值，但对自由体系A中的某些形式自由做了系统的限制。按照自由的绝对优先性，无论可以增加多少自由的价值，只要形式自由稍有损失就不允许，所以只能选择A。然而，自由的优先性本身就是靠其工具价值得来的，所以在这里强调自由的绝对优先性显然违背了这一逻辑。换言之，在词典式排序有意义的情况下，自由绝对优先于自由的价值这种词典式排序是不具有直观合理性的。

实际上，罗尔斯的“一般性正义观念”并不认为自由具有这种绝对优先性。只是罗尔斯的一般性正义观念极少被讨论，由此其蕴含也基本被忽略。这个一般性正义观念是：“所有社会价值——自由和机会、收入和财富、自尊的社会基础——都要平等分配，除非对其中一种价值或所有价值的一种不平等分配合乎每一个人的利益。”① 罗尔斯承认，在某些特殊环境中，两个正义原则是允许在基本自由和社会经济收益之间进行交换的。② 由此，这里产生了两个问题。第一个问题是：如果自由的价值被撇在一边，那么依据什么来划分基本自由和非基本自由？第二个问题是：什么样的环境意味着有效地确立平等自由？按照一般性正义观念与特定正义观念（即正义二原则）的适用对象之差别，罗尔斯强调的很可能是人们需要一定的社会条件与经济条件，使人们具有足够的资源与环境，以获得罗尔斯所讲的两种道德感能力。③ 因为人们没有这两种道德感能力的话，这些自由就没有价值。然而，一旦重要的是自由的价值（所以才有基本自由与非基本自由之分），那么自由与经济利益（和其他利益）之间的比较就

① 约翰·罗尔斯. 正义论. 何怀宏，等译. 北京：中国社会科学出版社，2009：48.

② 同①49.

③ 同①80-81.

会相继而来。不仅如此，在形成与发展人们的两种基本道德感能力上，除了形式自由外，物质资源和教育等都至少是同样重要的。这里的问题就是，在什么地方会有如此明显的分界线，在那里自由可以与经济利益交换，而一旦越过这个分界线就绝对不行。因此，尽管自由优先于福利有一定的直观合理性，但后果主义结合诺齐克的决策理论[①]，能够很好地解释为什么“自由具有一定程度的优先性”。

接下来考察最不利者的绝对权重问题。第一，最不利者的绝对权重预设了运气平等。然而，上一节已经讲过，运气平等有着根本的动机困境，极具争议。尽管差别原则对弱者所表达的关注具有一定的直觉吸引力，但后果主义理论下的边际效用递减律结合帕菲特的优先主义照样能够提供这样的关注。在后果主义理论下，过得越差者得到的关注越多，只是不要求绝对权重，这显然更符合人们的道德直觉。即使在家庭生活中，人们大概也不会接受差别原则，而更多的是接受优先主义原则，尽管具体的优先权重无法先验地确定。

第二，差别原则在界定最不利者上存在问题。当从理论上进行简化只考虑两个人时，这个问题不会很突出。但现实中显然没办法做到这一点，一般的做法（也是罗尔斯的做法）是以群体为单位。然而，优势群体中肯定有比弱势群体中的富裕者过得更差的，并且弱势群体中肯定也是有分别的。当政策有益于弱势群体时，是否其中的最不利者均得益了，这是很难讲的。由于实际操作的困难，为了实现某种后果，由于我们认识能力的不足，我们必然会做出妥协。但是，如果差别原则在理论上赋予最不利者绝对权重，那么实际操作时的妥协就会损害这种绝对权重。由此，这里最不利者在理论上与在实践中所具有的权重就是不一致的。最不利者如果内在地具有绝对权重，那么在实践中就不应该妥协。如果在实践中这种绝对权重是可以妥协的，那么这种妥协就没有道理不被反映在理论上。值得注意的是，这里没有说人们不能妥协，而是说在保持义务论特色的前提下这种妥协是行不通的。

---

① 罗伯特·诺齐克. 合理性的本质. 葛四友，陈昉，译. 上海：上海译文出版社，2012：第2章.

第七节　解决思路：现实人性

前面已经从证成方法、论证前提、论证推理过程还有论证的结论上考察了罗尔斯所坚持的义务论特色，但是我们发现这些方面都经不起推敲。我们在考察过程中发现，罗尔斯有诸多混淆，而在笔者看来，这些混淆背后的关键在于罗尔斯的理论中实际暗含了三种人性设定。因此，对重新理解罗尔斯的公平正义理论而言，选定哪种人性设定作为其理论的根基，这是重构其理论的关键。前面提到的三种人性设定中的任何一种，均可以发展出或者说构建出一种正义理论。从经济人设定出发，我们可以追随霍布斯、哥蒂尔（David Gauthier）的路线，发展出社会契约论和正义论。从充足利他的人性设定出发，我们可以顺着柯恩的思路追寻运气平等主义或者后果主义。当然，我们也可以追随休谟，基于有限利他心的设定重构新的“公平正义”理论。

在笔者看来，罗尔斯的公平正义理论应该立基于休谟的人性论进行重构。罗尔斯理论中有几个关键方面显示出这样的理解是合适的。第一个方面涉及罗尔斯整个研究的根本追求：寻求现实主义的乌托邦理论。① 这正是罗尔斯最重要的贡献之一：突破理想的道德理论与现实的政治理论之间的巨大鸿沟，使其正义理论既有理想意义上的追求，又不乏现实可行性的考虑。因此，这种“现实主义的乌托邦”必然要考虑到现实人性的影响。其理想目标决定了罗尔斯所能立基的人性不能是纯粹的自利心，只从经济人这种人性观出发显然会失去其乌托邦的性质。同时，其现实主义的考虑也使我们无法设定充足的利他心，从充足的利他心出发会使其理论只呈现出乌托邦的一面而失去现实主义的一面。

第二个方面涉及无知之幕的设定，这个设定在很大程度上是为了克服人们自利心的负面影响。② 人们总是容易偏向自己，在现实情境中选择的

---

① John Rawls. Justice as Fairness. Cambridge，MA：The Belknap Press，2001：4-5.

② 约翰·罗尔斯. 正义论. 何怀宏，等译. 北京：中国社会科学出版社，2009：15.

正义原则往往是切合于自己的特殊情况的，故而彼此之间无法达成协议。无知之幕的设定在很大程度上就是接受人有利己心，会偏爱自己，因此显然与完全利他的人性设定不符。但这里同样无法设定完全利己的人性，也就是经济人的设定。如果这里设定的是完全利己的人性，那么正义就是不可能的，由此正义的环境也就不存在了。

但要注意的是，罗尔斯在无知之幕下设定人们是相互冷淡的，这使我们很容易将他的理论误解为立足自利人的设定。然而，这里的设定是极其有问题的。这里的相互冷淡可以有两种理解：一种是指在无知之幕下做选择的人是相互冷淡的，另一种则是指无知之幕考虑的是真实社会中的人。如果指的是前一种理解，那么这个设定就是没有必要的。因为无论选择者是利他的还是利己的，在无知之幕下做的选择都无法影响后果，因为选择者不知道自己是受益者还是受损者，只能最大化代表人的利益。如果指的是后一种理解，那么这个设定就是有问题的。如果真实社会中的人是相互冷淡的，那么人们就无法形成真正的正义感。尽管相互冷淡只是不关心他人，由此可以把恶毒和忌妒排除在外。但它同时也意味着人们不关心他人的死活。换言之，只要对自己有利，人们就会完全不管他人的死活。如果我们在无知之幕后知道，现实中人们是这样的心理结构，那么我们就会知道，这种心理状态无法形成真正的正义原则，人们也无法培养出真实的正义感。换言之，正义环境论说在这个时候是要起作用的，不满足于正义的环境，那么正义就是不可能的。实际上，从无知之幕这个关键设定考虑，休谟的人性观是最说得通的。

第三个方面涉及罗尔斯的融贯论证成方法。尽管上一节我们认为罗尔斯的融贯论实际上是最优解释论，但纵观罗尔斯的整个表述，我们可以发现罗尔斯还是希望前提与结论都与人们深思熟虑的道德直觉相吻合。值得注意的是，罗尔斯说的最弱的道德前提不一定是指要求最低的道德前提，因为这里的最弱实际上是争议最少、人们最广泛持有的前提。因此，最弱的前提应该是最符合人性的前提。但是，我们都知道，相互冷淡的设定显然不是真实的人性，因为绝大多数人都有一定的利他心。当某人的基本需要没有得到满足，人们帮助他不需要付出很大代价而能取得极大收获时，人们的这种利他心就表现得最为明显。因此，相互冷淡这个前提尽管看起来要求不高，但却很有争议，导出的结论也很有争议。由此从整体上说，不适合作为“公平正义”的人性基础。从结论上看，罗尔斯的差别原则要求尽可能提高最不利者的福利水平，这显然不是相互冷淡的人会做的事情。因为相互冷淡的人显然不会认为自己的天赋与才能是共有的，愿意拿去尽力改善不幸者的生活。

第四个方面是罗尔斯的真实结论。尽管从表面上看，罗尔斯的几个原则之间有绝对的优先性，赋予了最不利者绝对的权重，但他的很多举措使这种绝对性大为削弱。首先，罗尔斯区分自由与自由的价值，由此强调的自由实际上是一种程序自由或消极自由，第一个平等自由原则实际上相当于形式上的资格平等原则。其次，罗尔斯的公平的机会平等恰恰是要提供重要的背景条件，让人们有机会做出贡献从而实现日常意义上的按贡献分配。相对于诺齐克的自由至上而言，这两种做法实际上更能实现一般意义上的公平，让人们的贡献与所得更成比例。最后，差别原则并没有真正赋予最不利者绝对的权重，相反，这个原则选择的是收入水平低于平均水平的一半的人群作为最不利者群体，这显然充分考虑到了人们的真实道德情感。①

确定了基本的人性设定之后，我们现在可以尝试重构罗尔斯的公平正义理论。在证成方法上，我们选择最优解释法（实际上也是广义的反思平衡法）。在基本的道德预设上，我们要去除前面讲的几个犯有混淆的义务论特色，不接受反应得理论的“不应得”解读，由此也不接受运气平等的预设，因此，我们不是一定要抵消所有偶然性因素对人们生活的影响。同时我们也不需要相互冷淡的这个人性设定，因为在无知之幕下做选择的人不需要这个设定（因为人们无论是利他的还是利己的，都会做出一样的选择），相反我们接受现实社会中的人具备有限的利他心，人们在恰当的环境下可以形成两种道德情感（人道情感与公平情感）。

在上述前提下，我们可以得出，人们在无知之幕下选择的原则是类似的三个正义原则，但会有一定程度的调整。第一个原则是基本需要原则，不考虑人们的具体贡献，要求人们作为一个集体承担一种责任，要满足人

① 约翰·罗尔斯．正义论．何怀宏，等译．北京：中国社会科学出版社，2009：75.

们的基本需要，即人们基本的衣、食、住、行能够得到满足，享有基本的教育权和医疗权等。这个要求在一方面比差别原则弱，但在另一方面却比差别原则强，因为它优先于原来的第一原则，也就是平等自由原则。但特别值得强调的是，这里的基本需要不是绝对一成不变的，它取决于国家的经济发展水平，不过它的实现最终要取决于人们的人道精神，由此也就取决于满足基本需要时人们需要付出的代价。由此，随着经济发展水平的提升，激发人们人道精神的生活标准会不断提高，基本需要的程度也会不断提高，但人们作为一个集体承担这种责任，付出的代价并不会真正变大。实际上，只要个人付出的代价不是太大，那么人们作为个人同样是有人道义务的，罗尔斯所言的自然义务实际上就是一种人道义务。① 因此，我们只要求制度上满足差别原则，而不是日常生活中也是如此，原因在于付出的代价完全不同，因此并不需要有精神动机的分裂。这里我们要注意到，这个原则并不认为个人拥有绝对的自我所有权，相反认为，为了满足人们的基本需要，人们可以在一定程度上限制与约束自我所有权。

第二个原则是罗尔斯谈到的公平的机会平等原则。提出这个原则的初衷可以被看作我们想要抵消社会偶然性对人们的影响，其理想状态是人们有同样的天赋，就能发展出同样的能力，就具有做出同样贡献的能力。然而，只要不废除家庭制度，这个原则就是不可能完全实现的，因为家庭在教育上的付出显然是不可能也不应该被抑制的。但是，我们至少可以通过各种制度为人们提供尽可能好的基本教育，使有天赋的人能够获得受教育的机会。但是这个原则同样受困于成本与代价，如果人们集体承担的成本过大，就可能适得其反。因此，这个原则显然不可能完全做到，同样天赋的人会有同样好的机会发展出同样的能力。我们注意到，这个原则同样既是对个人自我所有权的肯定，同时也有对自我所有权的限制。这个原则强调每个人的天赋应该有机会得到同样的发展，这是对个人自我所有权的肯定。但我们知道，这种发展与培育是需要资源的，这种资源在很大程度上来自人们对天赋的运用，但这种提供是集体式的，而不是个体式的，是要通过制度来共同为所有人提供这样的机会，因此显然在某种意义上讲这是

---

① 约翰·罗尔斯. 正义论. 何怀宏，等译. 北京：中国社会科学出版社，2009：88-90.

对个人自我所有权的一种限制。

第三个原则是罗尔斯谈到的平等自由原则，完全可以包括良心自由、言论自由、结社自由等。这个原则力保具有同样能力的人至少有同样的机会做出同样的贡献，而且做出同样的贡献的人有机会获得同样的收入。但正如本章第一节所讲的那样，这里的自由是可以受到其他方面的理由的约束的。单说这个原则本身，显然是认可人们的自我所有权的，它本身是不对自我所有权形成限制与约束的，是对自我所有权的最大认可。然而，在另外一种意义上，它又要受到约束，因为有前面两个原则优先于它，而那两个原则显然是对自我所有权有所限制与约束的。这里我们就可以看到，本章第一节所讨论的自由概念，也就是我们对自由的合理预期，应该是在这些原则下形成的，只有这样形成的预期才是合理预期，才是我们谈论的有意义的自由。

我们可以看到，第二个与第三个原则主要是体现公平的。不过，这个公平应该有三层意义：（1）有同样的天赋的人有条件发展出同样的能力（公平的机会平等原则）；（2）有同样的能力的人有机会做出同样的贡献（机会平等原则）；（3）做出同样的贡献的人能够获得同样的收入（日常意义的公平原则）。当然，由于人们知识的有限性、能力的有限性，很难通过制度做到人们的贡献与收入完全成正比。因此，可能只有在局部才能较好地保证公平，而在全局则是比较大地受限于人们的各种有限性，只能追求一个还过得去的公平结果。更重要的是，由于这里的结果要受到成本、信息和能力的约束，受到人们的知识结构的限制，这里提出的原则充其量只是一个指导性原则，不可能得出完全具体或者刚性不变的原则。不仅如此，人们在无知之幕下的选择，实际上得出的原则是后果主义原则，因为阻碍我们得出后果主义原则的义务论特色很多是源于误解，或者是思考得不彻底。接下来的第三部分，我们将详尽地分析，从后果主义视角出发，如何可以得出以上几个原则。

第三部分

第八章　后果主义的表述发展

我们在第三至第七章批判性地考察了当今最主要的五种义务论分配正义观。可以看到，这些分配正义理论除了有各自独特的问题与困境外，还有着共同的特性：一方面，这些理论不（明确或直接地）考虑动机约束对正义原则的影响；另一方面，它们又不可避免地要（或明或暗地）诉诸日常道德直觉。由此，它们的论证要么违背或无法解释人们的某些深刻的道德直觉，要么出现各种不自洽的论证。从本章开始，本书尝试从后果主义视角考察分配正义，试图表明结合现实人性（动机约束）的考虑，后果主义将能很好地解释（而不是符合）人们的分配正义直觉。这种后果主义的分配正义观，在考虑现实人性后提出了人们在日常生活中会面临何种道德要求，由此避免了很多误解，从而进一步捍卫了后果主义。

不过，后果主义由功利主义发展而来，而功利主义在我国因为译名问题，实际上受到了广泛误解。第一种误解是，把急功近利的行为归为功利主义的行为。也就是说，功利主义被理解成急功近利的策略。第二种误解是，把功利主义等同于工具主义，忽略目标，不管目标的好坏，而只管最有效地实现目标。第三种误解是，把功利主义当作拜金主义，认为人们行动就是为了金钱。第四种误解是，把功利主义当作利己主义，比如功利主义者会为了功名利禄而忘恩负义、罔顾亲情。第五种误解是，把功利主义当作享乐主义，认为人生的所有目的就是追求快乐，而其他一切事物都只具有工具价值。

为此，本章试图呈现功利主义的真实面貌，让人们真正了解功利主义的真实样子。值得注意的是，功利主义发展为后果主义，根本结构并没有变化，主要是价值上的享乐主义发展为可以包含不同的其他价值。不过，由于本章主要在于说明后果主义的根本结构，所以许多从功利主义角度做的讨论对后果主义同样适用。在接下来的探讨中，如果只涉及基本结构的问题，那么出于探讨的方便，我们就不区别后果主义与功利主义。

20世纪初由于摩尔的影响，更由于分析哲学的兴起，伦理学研究在较长时间内基本上转向了元伦理学研究，探讨伦理学语词的意义以及伦理学命题的性质，甚少关注伦理学的实质规范性内容。这种情况直到20世纪50年代才逐渐转变，规范伦理学才逐渐进入研究者的视野，20世纪70年代罗尔斯《正义论》的出版加速了这一过程。不过，近半个世纪的元伦理学探讨也产生了一定的正面影响：各种理论变得更加清晰明了，它们之间的真正分歧越来越明确。这使功利主义能更好地明确其理论所指，更清楚其蕴含，但也面临越来越多的反驳。然而，功利主义由此得到了越来越多的澄清，试图以各种方式避免自己受到的各种反驳，尤其避免各种来自道德直觉的反驳。与此相应，学界讨论中出现了各种修正的功利主义、各种变体的功利主义。

本章的讨论分为三个部分。首先，讨论后果的考虑方式，这涉及三个问题：（1）行动后果是否应该是比较性的，或者说判断行动后果之好坏的参照物是什么？（2）判断行动之对错的根据是采取行动的实际后果还是预期后果？（3）后果主义考虑的是积极后果还是消极后果？其次，讨论后果主义的适用对象，主要回答的问题是：应该以行动作为评判对象，还是以规则、动机作为评判对象？最后，讨论后果的实质性内容，这个问题在20世纪50年代之后特别重要，特别是在价值多元主义兴起之后。尽管这个问题特别重要，但由于本书主要关注后果主义的基本结构，所以这里只是对当下后果主义的发展做极为简略的介绍，并提出本书对相关问题的基本设定。

第一节　后果的考虑方式①

一、后果的比较问题

后果主义（功利主义）是这样一种道德理论：判断行动之对错的根据是其结果的好坏（效用的多少）。但是，计算这种后果却有不同的方式，从而引出了不同的问题，而人们对后果主义的看法在一定程度上也受到这些问题的影响，值得做一些澄清。

我们这里谈论的第一个问题是：后果是否应该是比较性的，或者说判断后果之好坏的参照物是什么？这里至少可以分两种情况。第一种情况下的参照物是没做某个行动之前的状态 O。如果做某个行动有助于状态 O 得到改善，那么我们就会说这个行动产生的后果是好的；如果做某个行动使状态 O 有所恶化，那么我们就会说这个行动产生的后果是坏的。这种意义上的比较是默认的，通常被看作没做比较。我们可以称其为非比较性后果主义或功利主义。边沁、约翰·穆勒等人开创的功利主义没有明确处理这个问题，但他们谈论行动之好坏是针对这种参照物讲的。第二种情况

---

① 本章与第九章主要是为了让大家了解后果主义而做的一般性概括（熟悉后果主义的读者完全可以忽略不看）。为避免烦琐，这里对于一般性的讨论只给出主要文本依据，而不对具体观点给出一一对应的来源。本章的主要文本依据：R. E. Bales. Act-Utilitarianism：Account of Right-Making Characteristics or Decision-Making Procedure?. American Philosophical Quarterly，vol. 8，no. 3，1971：257－265；Erik Carlosn. Consequentialism，Alternatives，and Actualism. Philosophical Studies：An International Journal for Philosophy in the Analytic Tradition，vol. 96，no. 3，1999：253－268；Dale E. Miller. Actual-Consequence Act Utilitarianism and the Best Possible Humans. Ratio，vol. 16，no. 1，2003：49－62；Marcus Singer. Actual Consequence Utilitarianism. Mind，vol. 86，no. 341，1977：67－77；Marcus Singer. The Principle of Consequences Reconsidered. Philosophical Studies，vol. 31，no. 6，1977：391－410；Marcus Singer. Further on Actual Consequence Utilitarianism. Mind，vol. 92，no. 366，1983：270－274；Marcus Singer. Consequences，Desirability，and the Moral Fanaticism Argument. Philosophical Studies，vol. 46，no. 2，1984：227－237；Jack Temkin. Actual Consequence Utilitarianism：A Reply to Professor Singer. Mind，vol. 87，no. 347，1978：412－414；A. D. M. Walker. Negative Utilitarianism. Mind，vol. 83，no. 331，1974：424－428.

下的参照物是其他一切可行行动的后果。这种观点首先出现在西季威克的观点中，“客观正确的行动就是那种在整体上产生最大数量幸福的行动”①，后来摩尔将这一点明确为一种比较性评价，即“每个行为者总是有义务去做这样的行动，在既定场合下的所有可做的行动中，这种后果有最大的内在价值”②。我们可以称这种观点为比较性后果主义或功利主义。

很明显，究竟采取哪种参照物来判断行动后果之好坏，这对后果主义下的道德判断会有很大影响。由于参照物的不同，人们可能会对同一个行动做出大相径庭的道德判断。后果主义按照第一种情况下的参照物判断为正确的行动，按照第二种情况下的参照物来判断可能是错误的行动。尽管某个行动产生了好的后果，甚至是很好的后果，但只要还有其他行动能够产生更好的后果，那么该行动就依然是错误的行动。麻烦的是，从日常道德或人们的道德情感来说，这两种解读都能在某些环境下得到支持，但同样都能在某些环境下受到反驳。比如，你帮助乞丐是做好事，减少了乞丐挨饿的痛苦。依照非比较性后果主义，你做了正确的事情，但依照比较性后果主义，你却做了错误的事情。我们显然会同意，你可以采取其他行动，从而得到更好的结果。这里，直觉似乎在非比较性后果主义这边。因为我们若是接受比较性后果主义，按照这种标准来做事，这种标准就会对我们提出过高的要求。另外，我们不会否认存在这样的情形：无论你做什么，你都无法阻止事情变坏，尽管有的行动会导致事情变得很坏，有的行动会导致事情变得不那么坏。按照非比较性后果主义，所有行动都是错误的，这显然得不到人们道德直觉的支持；而按照比较性后果主义，尽管你的行动有坏的后果，但只要它不是所有行动中最坏的，那么你的行动就是正确的。我相信，很多人会认为后一种意见更合理。

对于这个问题，本书的基本立场是接受比较性后果主义，也就是要求行动有最好的后果，并且认为这是后果主义的应有之义。不过，本书的实质结论远没有表面上看起来那么激进，因为这里还有一个相关问题：如何确定行动是可行的？这就是说，把什么样的条件当作背景条件，从而说哪

① Henry Sidgwick. The Methods of Ethics. 7th ed. London：Macmillan，1907：411.

② G. E. Moore. Ethics. London：Williams and Norgate，1912：106.

些行动是可行的，实际上同样关键。不过，对于这一点，这里显然无法给出确切的答案，但是我们一般不会要求效果最大化。对本书而言，其中一个最关键的方面在于：我们会把人的动机能力算作效果最大化的约束条件。这样一来，很多“貌似”效果最大化的行动，可能恰恰是因为人们缺乏相应的动机，由此就变成了“不可行的”，于是就不能拿来判断行动的对错。在某种意义上讲，本书就是在探讨动机约束究竟可以做出何种限制，它对于证成后果主义有何作用。

二、实际后果还是预期后果

我们这里谈论的第二个问题是：后果主义判断行动之对错是根据实际后果还是根据预期后果？约翰·穆勒和边沁在谈到功利主义时使用的是“趋势”这个词，谈的是一种前瞻性视角，而后来的摩尔认为判断的根据应该是实际后果。在摩尔看来，“假定个人做了一切事情确保方案是最好的，他也出于这个原则而选择该方案，但是由于不可能预见的事件，没有得到最好的结果：我们会因为这个理由而说他的行动是错误的吗？看来这样说是令人愤怒的，然而这就是我们还是得说的，如果我们坚持正确与错误是取决于实际的后果”①。显然，实际后果与预期后果可能是不同的，这就是我们经常所说的，好心可能办坏事。如果根据实际后果来判断行动的对错，那么人们就只能在事后做出确定的判断，故而这种判断就是回顾性的，最多是为本来应该做什么提供判断基础。如果根据预期后果来判断行动的对错，那么在事前人们就只能判断大概会发生什么，也就是说，人们只能根据预期后果来行动。

这里举个例子，以显示按照不同的根据（实际后果还是预期后果）来判断行动之对错所带来的麻烦。假设在一次拆弹任务中，拆弹者根据他的职业训练与以往经验，在极短时间内估算出红线有七成的概率是引爆线，他迅速切断了红线。不幸的是，炸弹爆炸了，且威力巨大，附近来不及撤退的人均被炸死了。显然，拆弹者的选择是错误的。现在的问题是：拆弹者的行动是正确的还是错误的？根据以实际后果来判断行动之对错的后果

---

① G. E. Moore. Ethics. London：Williams and Norgate，1912：118－119.

主义观点，他的行动是错误的。根据以预期后果来判断行动之对错的后果主义观点，他的行动是正确的。但问题在于，在这里判断不仅是一种描述，而且是一种道德判断。拆弹者显然尽了他最大的努力，做出了事前看来最正确的判断，而且他由此而牺牲了。因此，说他在道德上做了错事而谴责他，在我们看来是不可接受的。然而，如果根据以预期后果来判断行动之对错的功利主义观点，说他做了一件正确的事情，这同样让人无法接受，因为另一个选择能避免不少人死亡。

实际上，我们可以构想更多的此类场景，无论我们如何判断，直觉上都觉得不对，或者说都会产生有争议的直觉。为了解决这种直觉困境，不同的学者提出了不同的解决方案。比如，J. J. C. 斯马特（J. J. C. Smart）区分了理性行动与正确行动。① 理性行动是人们事前能够做出的最正确的行动，而正确行动则是事后被判断为最好的行动。刘易斯（C. I. Lewis）则区分了三种行动：绝对正确的行动（指后果是好的，或者后果是最好的，相当于斯马特所说的正确行动）、客观地正确的行动（最可能获得最好后果的行动）和主观地正确的行动（行为者因想要最好的结果而做出的行动）。② 这里最根本的问题实际上源于人们的意图与行动后果之间的不完全匹配。不过，这种直觉困境提出了两个更根本的问题。第一个问题是：后果主义（功利主义）是作为一种评价理论还是作为一种决策理论？这个区分是极其重要的。我们对后果主义的很多讨论或者说反驳都是把后果主义作为一种直接的决策理论。然而，后果主义完全可以作为一种评价理论，它是否可以直接作为决策理论取决于这样做是否符合评价标准，而不是反过来。第二个问题是：是否存在道德运气？我们知道，康德的义务论伦理学产生了极大影响，也在某种程度上符合人们的直觉：在任何地方都可能存在运气或偶然性，但是道德应该免于这一点。这里只表明为本书的论证所接受的预设：后果主义是一种评价理论，尽管它会影响人们接受何种决策理论；同时它允许某些道德运气的存在，只要这样做从整

① J. J. C. Smart. An Outline of a System of Utilitarian Ethics//J. J. C. Smart, B. Williams, eds. Utilitarianism: For and Against. Cambridge: Cambridge University Press, 1973: 46-47.

② C. I. Lewis. Values and Imperatives. Stanford: Stanford University Press, 1969: 35-38.

体上讲符合后果主义的评价标准。

三、积极后果还是消极后果

我们这里谈论的第三个问题是：后果主义（功利主义）是要考虑积极的（positive）后果还是消极的（negative）后果？波普尔在《开放社会及其敌人》一书中提出了功利主义的消极表述：我们要用“最少的可避免的痛苦”来取代“最大多数人的最大幸福”，即是说，我们不是要求促进善而是要求避免恶。消极功利主义把人们的注意力限于不可欲的综合后果。这就是说，如果做某件事情会产生不可欲的后果，那么这样做就是错误的；但是如果做某件事情会产生可欲的后果，那么不这样做是不是错误的，消极功利主义对此不做判断，但是积极功利主义则认为是错误的。

显然，消极功利主义的提出与人们的道德直觉紧密相关。根据积极功利主义，减少一份痛苦与增加一份快乐在加总计算中是具有同等分量的。然而，人们的日常道德直觉并不认为如此，人们经常会有不对称的道德直觉，沃克尔（A. D. M. Walker）对此做了很好的总结。① 在人们的日常道德直觉中，第一个不对称是，消除痛苦总是优先于增加等量的幸福或快乐，同样，在将来减少痛苦总是优先于在将来增加等量的幸福或快乐。同时，施加痛苦与不阻止痛苦发生，显然前者更为人所不允许。第二个不对称是，消除或避免引起痛苦的义务强度明显大于促进或避免减少快乐的义务强度。我们在道德上总是强调，只要有可能消除痛苦，就要消除痛苦，就要避免引起痛苦。但是，我们一般并不强调我们具有相对立的义务，即总要尽可能地给他人带来快乐，或总要避免减少他人的快乐。第三个不对称是，遵守一个诺言所引起的痛苦与破坏一个诺言所产生的快乐显然无法同等地为破坏一个诺言做辩护。第四个不对称是，当建议别人做事情时，我们也有类似的不对称出现，因为消除痛苦或避免引起痛苦似乎总是相关的考虑，而促进快乐或避免减少快乐却不是如此。当我们认为促进快乐是如此时，它总是与消除痛苦相伴而行。我们看到，根据积极功利主义，这

① A. D. M. Walker. Negative Utilitarianism. Mind, vol. 83, no. 331, 1974: 424-428.

些不对称比较难以得到解释，但消极功利主义正是为了解释这些不对称而出现的，以使功利主义（后果主义）理论能够解释人们的很多道德直觉。由此，消极功利主义认为：（1）行为 X 能够消除某一分量痛苦的权重大于行为 B 能够产生同样分量快乐的权重。（2）产生同等数量痛苦的考虑的分量大于减少同等数量快乐的考虑的分量。

那么，积极功利主义是否真的不能解释这些不对称？对此沃克尔提出了下面几种可能的解释。第一种解释是：有待消除的痛苦是现在的且实在的，而有待促进的快乐则是将来的和潜在的，因此消除痛苦具有更大的紧迫性。但这种解释是不成功的，因为还有另一种不对称，即快乐是现在的和实在的，而痛苦是将来的和潜在的，显然这种不对称就无法解释了。第二种解释是，这种不对称无法解释行动功利主义，但能解释规则功利主义。这种解释是把消除痛苦而不是促进快乐作为一种道德“规则”，或者说从属原则，它能够为古典功利主义（Classic Utilitarianism，缩写为 CU）所解释。尽管在原则上消除同等数量的痛苦和增加同等数量的快乐具有同样的权重，但一般在这两者之间做抉择时，赋予前者优先性能够得到古典功利主义的证成。这种可能性是很大的，但它的解决取决于行动功利主义与规则功利主义的区分，这是下一节主要讨论的问题。第三种解释是，痛苦与伤害和破坏相关联，而快乐与继续成功相关联，因此痛苦可能毁坏一生，而快乐则不具有对等的功能。也就是说，相对于快乐来说，痛苦引起的后果严重得多，所以消除痛苦会带来很多潜在的有益后果。这一点是有用的，但不能完全解释所有的不对称。这里实际上存在着这样一种思路，即初看起来是一样多的痛苦与快乐，实际上并不是如此，因此我们重视痛苦只是一种表象，一旦考虑清楚，把各种因素加入进来，痛苦与快乐的分量就是一样的。第四种解释是，诉求公平。这里需要缩小大家之间的快乐或痛苦的差距。重要的不仅是幸福的总量，还有幸福的分配。

尽管很难说上面的解释一定能够完全解释为什么在人们的道德直觉中痛苦比快乐重要得多，但它们至少可以解释不少的不对称。当然，公平的考虑是否来自功利主义，这有待我们后面对功利主义的讨论。因此，消极功利主义能够作为积极功利主义的一种替代，从道德直觉上说，是很难成立的。至少我们可以认为，积极功利主义要求这样一个原则：每个人达到一种足够的、令人满意的、最低可接受的标准，达不到此标准的，我们可以说他是贫穷的、被剥夺的，由此免除他的痛苦就是极其紧迫的。不仅如此，消极功利主义也会受到反驳，而其受到反驳的强度也同其形式相关。

R. N. 斯马特（R. N. Smart）对极端消极功利主义提出了致命反驳①，这种极端消极功利主义认为人们的行动只是为了尽可能地最小化痛苦。R. N. 斯马特设想了一个虚拟例子：假如我们有一种特殊武器，它可以让人们在不知不觉中死去。同时，只要我们接受每个人在他的自然生活中总是会有某些痛苦，那么根据消极功利主义，国家元首就有义务使用这种武器把所有人消灭，这显然是荒谬的。这里需要注意，这种消极功利主义的极端之处在于，它认为只有痛苦在道德上才是重要的，而快乐在道德上是没有任何分量的。这样，除了上面的虚拟例子之外，我们还可以得出其他不少违背道德直觉的结论。比如，无痛杀人对当事人来说是有益的。的确，这可能给他的亲人带来痛苦，这种痛苦可能来自两个方面：（1）他的死亡给他们带来伤痛；（2）他可能是家里的经济支柱，他的死去会给家里带来巨大的经济损失。同时，假如没有反对谋杀的规则的话，社会将混乱不堪，从而给人们带来痛苦。但这里的（1）是不成立的，因为如果死亡对当事人来说是件好事的话，那么其亲人为什么要对之表示同情而产生痛苦？同时，对（2）以及产生社会混乱来说，有控制地杀人在道德上是件好事。比如，由国家颁发执照，规定什么样的人可以杀、什么样的人不可以杀，可以像杀小猫那样杀婴儿。只要把这种基本思路推向人们的日常生活，我们就会得出更多违背道德直觉的结论。

当然，消极功利主义也不一定要采取这种极端形式，它可以宣称，相同数量痛苦的权重是相同数量快乐的权重的N倍，这里N是大于1的。在某种意义上讲，当N取值无穷时，那么它就是我们刚才讲的极端消极功利主义。自然，我们相信，当N足够大时，与上面类似的违背道德直觉的情况会出现，而当N越来越趋近1时，那么就越来越走向加总功利主义。同

① R. N. Smart. Negative Utilitarianism. Mind, new series, vol. 67, no. 268, 1958: 542-543.

样值得注意的是，消极功利主义可能有工具性证成，上面的不对称就有这样的解释。因此，当痛苦取得的表面权重大于1时，这种更大的权重就可能是其工具价值带来的。这样一来，即使N等于1，由于其他方面的原因，我们在直觉上也可能觉得痛苦在决定行动时所具有的权重远远大于快乐所具有的权重。由此，消极功利主义的可行性完全取决于积极功利主义在解释各种道德直觉中的不对称的成功度，而这又取决于我们后面的讨论。

第二节　适用对象[①]

一、问题的出现

这一节主要讨论应该在哪个层次适用功利主义（后果主义），从而取得最好的后果。在功利主义形成之初，一般认为行动的正确与错误取决于行动的后果。古典功利主义认为行动的正确性只取决于行动对于内在善事态的贡献。也就是说，传统的功利主义一般把行动作为功利主义标准的直接适用对象。但是，随着功利主义逐渐占据主导地位、应用越来越多，其逻辑蕴含逐渐得到显现，暴露的问题就越来越多。这里有两个方面的原因：一个方面，功利主义理论的派生结论经常违背人们的道德直觉；另一方面，另一种道德理论即康德之后的义务论发展起来，这种理论特别强调道德规则。不过，行动功利主义显然强调的是行动的具体效果，规则在这里没有太多的内在价值。由此我们经常遇到这样的情况：行动功利主义的要求违背人们的道德常识。

这样的例子非常多，比如功利主义可能要求违背承诺，或者要求惩罚无辜者，等等。面对这种现象，功利主义者内部开始慢慢分化，大体上说

---

① 本节的主要文本依据：Robert M. Adams. Motive Utilitarianism. The Journal of Philosophy，vol. 73，no. 14，1976：467-481；David Lyons. Forms and Limits of Utilitarianism. Oxford：Oxford University Press，1965；Marcus G. Singer. Generalization in Ethics. Mind，vol. 64，no. 255，1955：361-375；J. J. C. Smart. Extreme and Restricted Utilitarianism. The Philosophical Quarterly，vol. 6，no. 25，1956：344-354.

有两种基本的反应。第一种反应是，承认道德直觉的正确性，这样，功利主义就需要考虑如何纳入道德直觉。这就相当于说，功利主义理论在这些情况下要求人们道德直觉所支持的行为。这种反应明显出现在哈罗德（R. F. Harrod）1936年发表的《修正的功利主义》（“Revised Utilitarianism”）一文中①，但是由于逻辑实证主义的影响，它没有在理论界引起大的反响。在20世纪上半叶，有些人甚至认为规范伦理学不是哲学家的合法探求，或者说它应该是其他社会科学（比如心理学）去探求的，而伦理学主要是考虑语词的意义，而不是研究具体的规范立场，主要研究现在被称为元伦理学的伦理学。第二次世界大战之后，这种新型的功利主义才开始得到大量的讨论，如哈里森（J. Harrison）②、马库斯·辛格，布兰德特（R. B. Brandt）③、图尔敏（E. Toulmin）④ 等人大体上都采用这种回应思路，从而将道德直觉纳入功利主义。在发展过程中，这种新型的功利主义得到了不同的名称，如修正的功利主义、受限的功利主义、间接的功利主义，最后使用得越来越多的是规则功利主义这个名称，这显然是为了调和义务论对规则的强调。这种功利主义的适用对象并不是直接的行动，而是各种道德规则，行动的正确与错误要看行动是否符合规则，故而被称为规则功利主义。

第二种反应则是，坚持功利主义原来的立场，认为诸多道德直觉本身是值得商榷的，功利主义要做的不是纳入它们，而是解释它们。有些行动尽管表面上看是违背道德直觉的，但是经过反思就会发现采取这些行动是有道理的。违背道德直觉对功利主义并不构成真正意义上的反驳。斯马特是这种立场的坚持者，边沁、西季威克还有摩尔也被归在了这一类。由于与新发展的功利主义出现了对比，所以与之相对应，坚持这种立场的功利

---

① R. F. Harrod. Revised Utilitarianism. Mind，vol. 14，no. 4，1936：137－156.

② J. Harrison. Utilitarianism，Universalization，and Our Duty to Be Just. Proceedings of the Aristotelian Society，vol. 53，1953：105－134.

③ R. B. Brandt. Toward a Credible Form of Utilitarianism//H. -N. Castañeda，G. Nakhnikian，eds. Morality and the Language of Conduct. Detroit：Wayne State University Press，1963：107－143.

④ Stephen E. Toulmin. An Examination of the Place of Reason in Ethics. Cambridge：Cambridge University Press，1950.

主义获得了不同的称谓，如极端功利主义、直接功利主义，最后使用得越来越多的是行动功利主义这个名称。

二、行动还是规则

功利主义面临的上述问题使人们开始明确意识到功利主义可以应用于不同的对象，由此出现了不同形式的功利主义，其中最引人注目的对比是行动功利主义与规则功利主义。这个问题与上一节讨论的问题在某种意义上是相互独立的。功利主义强调的是，应该尽可能地产生最多的内在价值。功利主义不管适用在行动上还是规则上，都只是实现功利主义目的的手段。当然，无论功利主义适用于什么对象，最终都只能通过人们的行动去实现，不管是直接实现还是间接实现。

上面已经说过，直接的行动功利主义与诸多道德直觉不相符，这使不少人开始质疑把功利主义直接应用于行动上的合理性。规则功利主义的出现是要调和功利主义与义务论之间的争论。毋庸置疑，这两种理论都能得到不少道德直觉的支持，因为在现实中，人们似乎既重视道德规则或者说行动类型，也重视行动后果。当功利主义把适用对象从行动转向规则后，它似乎就容纳了两种理论的合理性，既强调行动类型和过程，也强调行动后果，由此就会得到道德直觉的支持。因为只有按照行动功利主义，我们才要求不合道德直觉的行动，但是规则功利主义要求的行动是人们的道德直觉会赞成的。也就是说，按照规则功利主义，我们发现有能取得更好效用的行动，但我们有义务做其他行动，甚至我们有义务不做能取得最好效用的行动。这就是说，人们在单个行动时可以不直接考虑行动效用，而是考虑行动是否符合道德规则，只不过这些规则需要得到功利主义的证成。

哈罗德、哈里森以及辛格等人推出规则功利主义的方法基本上是这样的：如果每个人都做同样的行动，其后果是不可欲的话，那么这种行动就不是功利主义所要求的。换言之，这里有普遍化的检验：如果每个人都做某类事情的后果是不可欲的，那么任何人做这类事情就都是错误的。斯马特指出，对于前面的条件句，我们可以做两种解释。假设一种情境：你经过一个果园，看到那里有成熟的橘子，想摘几个解渴。你的朋友反对说："如果每个人都这样做，那么就没有人会种橘子树，而你也就摘不到橘子了，所以你不应该这样做。”你回答说：“别傻了，不会每个人都这样做的，所以橘子不会消失。”你的朋友又回答：“这是不相关的，关键是如果你能这样做，那么每个人都能这样做。如果每个人都这样做，那么就没有人会种橘子树，而橘子就会消失。”在这里，你给出的回答采取的是一种实际的因果性解释，即如果我做了这个行动，那么其他每个人实际上会受影响而去做该行动，这叫行动的因果性作用。你的朋友给出的回答则是一种假设性解释，这里不管你的行为实际上是否会引起其他人做相同的行动，而是假设每个人去做该行动的虚拟作用，或者叫假设性作用。第一种解释对应的是极端功利主义或行动功利主义，而第二种解释对应的是规则功利主义。这里行动功利主义与规则功利主义在两个方面是不同的：一方面，行动功利主义的价值准则适用于单独来看待的特定行动的效果，而规则功利主义的价值准则适用于行动趋势，即每个人做相同行动的后果；另一方面，行动功利主义的判断只关注特定行动，而规则功利主义的判断则关注在特定方面类似的一组行动。

李昂斯（David Lyons）明确阐述了行动功利主义与规则功利主义之间的关系。[①] 下面将主要介绍李昂斯的探讨。他把行动功利主义称作简单功利主义，把规则功利主义称作普遍化功利主义。李昂斯对于普遍化功利主义和原始规则功利主义提出了一个非常有名的论点，这就是外延等价论。

显然，这里的普遍化功利主义要求我们把行动视作某类行动。这就引出了一个关键问题：究竟是哪类行动？这个问题很关键，因为对每个行动都可以做出无限的描述，故而每个行动都可以被归属于无限的类型。显然，这里就要求有相关性准则来确定具体的行动应该被归为哪一类。这里有三个方面要注意。第一个方面是，这里的“每个人”是什么样的人才能算作类似的；第二个方面是，做的是什么类型的行动；第三个方面是，每个人是在什么样的环境下做出这类行动的。但为了避免麻烦，李昂斯把这三个方面的考虑都纳入了对行动的描述中，由此可以只考虑对行动属性的描述。不言而喻，随着行动各种属性的增减，适用普遍化检验的结果是大

---

① 本小节余下内容的文本依据是：David Lyons. Forms and Limits of Utilitarianism. Oxford：Oxford University Press，1965.

为不同的。由此，哪些属性应该被纳入对行动的描述中，显然会影响到李昂斯论点的成立与否。这就是说，相关性准则的确立是两种功利主义是否等价的关键。

在确立相关性准则之前，李昂斯考虑了两种方法。李昂斯首先考虑且批判的第一种方法是辛格的方法，他将之表述为更完备且更明确的“反驳法”。反驳法是基于普遍化检验的应用可能会产生不同的结果。比如，对于某人为了救人而撒谎，人们可能有两种说法。一方面，人们可能说，由于每个人都撒谎的后果是不可欲的，那么根据普遍化检验，任何人都不应该撒谎，所以这里的撒谎是错误的。另一方面，人们也可能说，这里关键不是撒谎，而是为了救人而撒谎，只有不为救人而撒谎的后果是不可欲的，所以根据普遍化检验，任何人不为救人而撒谎是错误的。这样，对于同一个行动就可以有不同的描述，由此使用普遍化检验就可能得到不相容的判断。由此，我们可以得出两个推论：(1) 对行动的描述会产生很大差别；(2) 原则会因此而对同一个行动产生不相容的判断。

李昂斯区分了可以产生不相容判断的三种情况。第一种情况是，考虑道德推理中出现相互冲突的道德判断。但在建构道德推理的逻辑分析时，我们可以把这种相冲突的道德判断看作不同道德原则的蕴涵或要求之间的冲突。第二种情况是，同一原则所产生的相冲突的判断。这可以是因为应用道德原则时没有考虑所有相关因素就得出判断，但一旦找到新的相关要素，那么得到的就是另一种判断。第三种情况是李昂斯所谈到的反驳法。与一个原则产生冲突的原因相类似，对行动的描述我们可能无法考虑所有的相关特征。这样，当应用功利主义的普遍化检验时，我们就可能忽略某些相关特征。由此，我们也会把这种推理看作临时性的。这种把假设与反驳的辩证模式扩展到单个原则的应用，它就是反驳法。

这种方法的大纲是：(1) 存在一个最低的相关性准则，判断要使用的任何描述都必须通过它的检验；(2) 假定对可以恰当地应用某个特定原则的行动来说，任何能通过最低相关性准则之检验的描述都会表明在某方面是不恰当的；(3) 同等条件下，一般性的规则如果描述得越完备，则越恰当或越可接受。描述可以基于相对完备性对可接受性打分，这是权衡各种判断的基础。

按照上面的大纲，我们首先要确定的是，对行动的描述是否可接受。按照反驳法来说，对行动的描述是否可接受，取决于把这个描述应用于给定原则是否能够做出判断。可接受的描述中提到的属性必须是这样的，其相关普遍化的效用对于给定原则是能够得出判断的。比如，我们在应用否定性的非比较原则时，对适用这个原则的可接受的描述必须有不可欲的趋势，也就是说，如果每个人都趋向于做那类事情，那么其后果在整体上就是不可欲的。这样一来，消极原则就只能与消极趋势相关联，它对于积极趋势是没法做出判断的，由此产生积极趋势的行动描述对于该消极原则就是不可接受的。但是，积极原则既可以与积极趋势相关联，也可以与消极趋势相关联。

使用强原则 G1（如果每个人做某类行动的后果是不可欲的，那么任何人做这类行动都是错误的）的直接论证：行动 Y 是 A，假定与 A 相关的描述的趋势是不可欲的，那么由于 Y 是 A，所以 Y 是错误的。使用 G1 的直接反证：Y 也是 B，B 的趋势不是不可欲的，情形就不是每个 B 都是错误的，由于 Y 是 B，所以 Y 不是错误的。这显然是个错误的推理。实际上，这里由 B 根本无法判断 Y 是不是错误的。由此，对应用 G1 这个原则而言，B 就不是一个可接受的描述。

使用 G1 的间接反证：如果没有任何人做 C，那么后果如何。这又可以改写为：如果每个人都做 C 的补集，这里不是做其他行动，而是做与 C 互斥的行动。如果没有人做 C 的后果是不可欲的，那么就出现了冲突。如果适用 G1 的话，因为每个人都做 C 的补集是不可欲的，那么每个人都不应该做 C 的补集。如果这里的原则是强原则的话，那么这里的直接论证与间接反证就并不表示是其推定（presumption）与反驳（rebuttal），相反，它们是不相容的。由此，反驳法就无法用于这样的原则。

如果对应的是弱原则 G2（如果每个人做某类行动的后果是不可欲的，那么任何人没有其他理由就做这类行动就是错误的），那么会出现下述情况：G2 对不生产粮食行动提供的支持理由是，如果是同等情况，那么所有人生产粮食的行动都是错误的；G2 对不生产粮食行动提供的反对理由是，如果是同等情况，那么所有人不生产粮食的行动都是错误的。这里得到这样的情形：如果 P，那么 Q；如果 P，那么 R。困境在于：如果 Q，那么非 R。这样，我们就得到如果 P，那么 R 和非 R。但这是一个错误，其根源在于这里的“同等情况”不是同等的，因为它随着所适用内容的变化而出现了系统的变化。我们非常清楚，所有人都生产粮食的前提下的“同等情况”与所有人都不生产粮食的前提下的“同等情况”显然是不同的。这里就出现了一个极富争议的主题：他人行为是否可以被纳入相关性的考虑？这显然会影响到什么是同等情况。比如，所有人都生产粮食的负效用远没有所有人都不生产粮食的负效用那么大。我们可以这样改写：G2 提供的支持是，每个人都有好的理由反对生产粮食；G2 给出的反对是，每个人都有好的理由生产粮食。这样看来就没有直接冲突。这可以在下面的例子中看得更明显：G2 提供的支持是，同等情况下，任何人撒谎都是错误的；G2 给出的反对是，同等情况下，任何人不去为了救人而撒谎都是错误的。也可以改写为：每个人都有好的理由反对撒谎，每个人都有好的理由为了救人而撒谎。这样一来，所有这样的判断就都是相容的，它们并不以任何异常的方式相冲突。

李昂斯认为，上述“同等条件”存在的问题表明，反驳法实际上是无效的。反驳法至少有两个缺陷：（1）相关性条件太弱。因为有的满足它的描述对应用任何形式的功利主义普遍化来说都是不相关的。（2）反驳法能够产生极端令人误解的结论。这是因为它容许明显是基于局部描述的判断，但又不能发现一个在原则上就可以确定的单个描述。

由此，李昂斯考虑了第二种办法，这就是哈里森提出的属性列举法。李昂斯分析了哈里森给出的例子：一个红头发的、单眼皮的且左臂有文身的人在周二撒了一个谎。可能有人会主张在周二也是一个特征，而在周二撒谎是无所谓的。因为我们可能会在周二撒谎、自我牺牲或者报复别人等。但是这些次级群体中的行动的普遍实施是彼此不同的。同样，把这样一个行动作为一类，就会出现不相关的普遍化。一个既定描述可以被不相关地普遍化，只要该行动的趋势与（1）该类下其他行动的趋势和（2）该行动的趋势的价值之间没有差别。

李昂斯指出，属性列举法要想是完备的，它就必须提出一个方法来检验对某个行动的所有描述的相关性与不相关性。这就要求：（1）列出对这个行动可以做出的所有描述，由此得到该行动的所有属性；（2）考虑所有这些属性的组合。这样，如果一个行动有 N 个属性，那么属性组合就有 2^{N-1} 种。显然，这里的 N 不会是一个小数字，故而这个检验程序是无法实施的。这一方面是因为人类行动的复杂多样性，另一方面是因为人类是有限的存在。当然，我们可以把属性列举法的复杂性看作一种理想，但是无法实践。由此，任何实际上适用属性列举法的描述都可以被看作暂时的，要受制于可能会做出修正。

李昂斯认为，反驳法和属性列举法都具有一个根本的缺陷：太机械化。它们都无法纳入相关性的实质性条件，即与功利主义普遍化相关的属性的本质。我们认为红头发、周二等不是对行动的相关描述，原因是它们并不影响行动后果。纯粹的目的论原则最终关注的只是行动后果的价值。由此，当适用纯粹目的论原则时，特定的行动就只应考虑其目的论上的重要属性，即据之而产生效用的那些属性。李昂斯由此提出的方法是，对适用功利主义普遍化而言，包含在行动描述中的属性只能是因果属性或者说影响行动后果的属性。这就是说，行动描述中的相关属性必须是能够解释行动效用之得失的属性。属性的实质相关性与不相关性只能基于因果考虑。辛格与哈里森的方法之所以是机械的，恰恰是因为它们都忽略了这种因果关联。自然，这种普遍的功利主义属性不仅取决于知识和理论体系的内容，而且取决于价值准则。相关性的确定在原则上就是一件高度复杂的事情。这样，没有为适用功利主义的普遍化做出完备描述就类似于没有把可归于行动的所有正效用与负效用纳入考虑。

在这个相关性准则下，李昂斯得出了外延等价论是逻辑推论的结论。也就是说，他可以为等价论提供一种先验论证。这里的关键是行动的简单效用与行动的普遍化效用之间的关系。非等价论者认为两者之间存在非线性关系，而等价论要成立，两者之间的关系就必须是线性的。我们假设 G 是一个既定行动的普遍化效用，S 是一个行动的简单效用，N 表示做类似行动的场合，如果 G 与 S 之间的线性关系成立，则 $G=N\times S$，否则 G 与 S 之间就是非线性关系。非等价论者的一个最有力的论据就是门槛效应的存在。这种门槛效应在选举票数上显示得最明显。如果规定选举者要获得 50%及以上的有效票才能当选，那么某候选人获得 50%的选票之前的票数就是毫无价值的，但一旦到了 50%，其价值就看情况而可以是相当大的。但一过50%，增加的票数又没有什么价值了。然而，无论这里的情形如何，只要我们接受李昂斯的相关性准则，那么这里所投的票就完全可以据其后果来加以分类。我们可以把达到50%的票归为一类，把多余的票归为一类。前面每一票的价值相同，后面的则完全没有价值。线性关系自然成立。不过，这里还涉及另一个问题，即这里的行动描述将其他人的行动也纳入进来了。尽管一般而言，我们日常的行动归类不是这样的，但是如果我们接受目的论原则（或者说广义的后果主义）的话（显然，行动功利主义者与规则功利主义者均是接受的），那么我们就找不到理由反对这种归类方式。因为其他人的行动确实对行动后果产生了影响，比如在投票时，有多少人已经投了票。实际上，一旦李昂斯所说的这种相关性准则确立，不同的行动有不同的效果就必定是源于它们之间具有相关的差别。这就是说，它们并不是同组的行动。否则就有一些效果是突然间冒出来的，而无法归因于任何行动的任何属性，这是说不通的。这就是说，李昂斯的相关性准则已经逻辑地蕴含了外延等价论。

根据李昂斯的观点，我们可以从功利主义的普遍化得到一种原始规则功利主义。它是理论性的行动功利主义规则，这种规则（用A来表示）可以参考行动功利主义得到强有力的证成，且对于特定行动具有和行动功利主义原则一样的含义。它有必要区分于另一种与行动功利主义相关的经验性规则（用B来表示），这种规则指出某类行动通常是正确的或错误的，因为它们在过去通常有好的或坏的后果。规则A所立基的是许多可能会做的行动的普遍化效用，这是原始的规则。这种规则的通常形式是："某某是正确的或错误的，除非在特定的情形中，综合考虑，情形是相反的。"由此，这种原始规则功利主义可以表述为："行动是正确的，当且仅当它符合一组规则，在相关情形下符合该组规则会最大化效用。"因为它是由功利主义的普遍化得来的，所以显然它与行动功利主义在外延上是没有区别的。由此，我们就可以得出李昂斯想要的结论：行动功利主义与规则功利主义是等价的。

尽管李昂斯确实指出人们支持规则功利主义可能是由于混淆了规则A与规则B，但是规则功利主义还有其他来源。罗尔斯早年就提出，规则既不是功利主义的普遍化，也不是日常意义上的总结性规则，而是一个界定性规则。[1] 正是某种规则界定了某种行动，比如下围棋，正是先有了围棋的各种规则，才有下围棋的活动存在。正是有了使友谊存在的各种规定存在，我们才具有了得到友谊和体现友谊的各种行动。这里的基本思想是这样的：尽管我们在做体现友谊的行动时没有计较每个具体行动的利益得失，但是友谊的存在本身是能够得到功利主义的证成的。这里的基本思路是，行动并不是孤立的，我们应该用一种有机的思路来看待规则下的行动，它们是一个有机整体。因此，规则功利主义的一个特点就在于其整体式思维。

但同时也存在一个疑问：我们为什么要有这种整体式思维，而不采用行动功利主义的思维方式？至少在表面上看，有时候遵守规则不如破坏规则能产生更好的效果。实际上，这个问题是因人的有限性而产生的，如果人是上帝，那么所谓的行动与规则之分就不大可能出现。正是因为人在各个方面是有限的，而且人的行动后果是由人类行动合作产生的，因此我们需要对别人的行动有预测，而在人是有限的这个情况下，我们无法允许人们根据每个行动来做出预测。亚当斯（Robert M. Adams）对动机功利主义的讨论也在某种程度上回应了这个问题。尽管行动是能够改变后果的直接动力，但它未必是决定后果的最根本的因素，因为行动是要由人来完成的，但要做某个行动是需要某些动机的。因此，行动要受制于人们所具有的动机，但并不是所有的动机都是天生的，有些动机是可以后天选择、改变和培养的。另外，这种动机一般是原则性的，而且其改变并非一时之功，因此，李昂斯的论点即使是正确的，用于现实中指导行动也是无济于事的，因为他的相关性准则要求的行动者显然不是具有有限性的行动者。因此，这种等价论对于现实中的行动功利主义与规则功利主义之争用处不大。下面我们来看亚当斯提出的动机功利主义，看它为什么无法还原为行动功利主义。

三、动机功利主义[2]

动机功利主义在某种意义上是为了解决这一问题：往往人们越是执着

---

① John Rawls. Two Concepts of Rules. The Philosophical Review，vol. 64，no. 1，1955：3-32.

② 本小节的文本依据是：Robert M. Adams. Motive Utilitarianism. The Journal of Philosophy，vol. 73，no. 14，1976：467-481.

地追求幸福，幸福似乎离人们越远。换言之，人们的动机与行动后果之间可能会出现系统性偏差。西季威克显然意识到了这一点，他非常明确地指出：尽管普遍幸福是行动的终极标准，但这并未蕴含着普遍仁爱是唯一正确或最好的行动动机。[①] 如何判断动机的好坏？存在着各种各样的方式。(1) 这种终极标准直接用于动机：动机的好坏，只根据其效果，能产生快乐、避免痛苦的趋势，就是好的，否则就是坏的。(2) 适用于欲望的对象，间接适用于欲望：最好的动机就是对产生最大效用的对象的欲望。(3) 适用于动机所引起的行动，由此间接地适用于动机：最好的动机就是那些产生效用最大化行动的动机。

可能有人会提出要根据动机所引起的意向来评价动机：当一个动机产生的意向是好的意向时，这个动机是好的。做一个行动的意向的价值，取决于这个行动的后果。在日常事务中，行动的后果通常是符合其意向的。由此，意向的效用与意向性行动的预期后果的效用没有实际的差别。这个假设对我们行动的短期后果来说是可行的，但是在长期来看，情形并非如此。边沁认为，根据动机引起的意向的根据来评价它们与直接对动机应用效用检验是一致的，根据在于动机引起的意向对于动机的效果负有绝大部分责任。但亚当斯持有相反观点，这一观点就引出了动机功利主义。

亚当斯的主要观点是：一种动机模式比另一种动机模式在道德上更好，只要前者比后者产生更大的效用。无论在理论上还是在实践中，这都不同于行动功利主义。根据这一观点，具有一种导致人们做错误行动而不是正确行动的动机在总体上会产生更好的结果。总体上说，即使没有外部环境的差别，导致更有用行动的动机模式也并不必然是两种动机模式中更有用的。亚当斯给出了一个经典例子：杰克是个艺术爱好者，人生第一次参观查特教堂，他很激动，极为享受在此获得的相关体验，此后多年都会让他回味无穷。他很兴奋，花了很多时间参观查特教堂，采取各种各样的角度，考察各种各样的细节。事实上，从行动功利主义的观点来看，他花了太多时间。他本来只安排了一个上午，结果花了一整天；这给他带来了极大的不方便和不愉快。他错过了吃饭，要赶几个小时的夜车，还很难找

① Henry Sidgwick. The Methods of Ethics. 7th ed. London：Macmillan，1907：405.

到住宿地，这些都是他不喜欢的。总体上说，他认为这一天过得不错，但有些时间花得不值。例如，杰克学习16—18世纪石雕的那段时间。不是说这段时间完全没有回报，而是说他由此耽搁了正常行程，导致了其他损失，总体上说是不值得的。他知道这一切，但他没有关注，因为他如此着迷，只想尽可能地观看教堂中的一切，而不是实现最大化效用。另外，如果杰克的兴趣在于效用最大化，那么他就会忽略这些东西，以免造成后面的诸多不便。然而，这里的关键问题是：假定他有不同的动机，那么他就无法那么享受参观教堂的过程。因此，从整体上讲，他如此关注欣赏教堂而不是关注最大化效用，反而增加了总效用。

也许有人会说，这里动机功利主义并不是不同于行动功利主义，两者是可以兼得的。这些人会说，如果杰克的享受不那么强烈，那么他就不会花太多时间搞乱后面的行程。亚当斯认为这是做不到的，他的分析如下。按照与目的的效用成比例来说，杰克在教堂观看的欲望更强，早点离开的欲望更弱。如果早点离开的欲望更强，那么这就很有可能像效用最大化的动机一样，会影响他的享受。我们如果对一个对象更感兴趣、更有激情，不那么关注其他目的，不时刻考虑要与其效用成比例，那么反而会得到最大的效用。要证成动机功利主义与行动功利主义等价，人们就要表明，根据动机功利主义，既证成杰克动机的利益，也证成他花在石雕上的时间。但这不大可能成功，类似的例子还有很多。

这里可以再举一个例子。假定安娜是一个很谨慎的功利主义者，完全为最大化效用的欲望所控制，据行动功利主义标准，她的行动是正确的。但是她的正确行动是企图变得对特定对象更有兴趣，因为她认识到，如果有这种兴趣的话，她和朋友会更幸福。但所有这些企图都失败了。另外，玛丽并没有努力发展非功利主义兴趣，但却总是有这些兴趣，由此，她的动机模式在总体上比安娜的动机模式有更大的效用。动机功利主义在这一点上会说安娜没有玛丽过得好。对安娜动机的责备不是源于行动功利主义，因为她的行动是她能做的最好的行动。

行动兼动机功利主义者在这一点上面临的一个问题是：何种良知有最大的效用？我们已经看到行动功利主义式良知有坏的效果。很可能会存在更有用的良知类型。它会纳入强大的过得好的欲望，不是那么关注每个场合都做正确的行动。有这种良知的行动者会强烈地关注不处于坏的动机状态。他会做适度反功利主义的行动，根据总体功利主义标准，他仍然过得是最好的。没有这种良知是可能的，至少看来是稳定的，正如坚持在每种行动中都要最大化的那种良知一样。由此，根据动机功利主义来说，我们有理由相信，（按照行动功利主义原则）人们有时候应该是非道德的。在上述例子中，行动功利主义与动机功利主义显然是不同的。

上面我们讨论了功利主义的三种应用对象：行动、规则与动机。不同应用对象的出现本身就表明了我们对功利主义或者说后果主义的新认识：功利主义首先是一个判断行动之对错的标准。它不是或不必然是一个决策程序，尽管在有些时候它可以成为合适的决策程序，但这不是必然的。然而，我们对功利主义的认识，包括获得的很多反道德直觉的推论，都是立基于把功利主义当作一种直接的决策程序，这显然是有问题的。

第三节　后果的实质性内容①

除了应用对象有改变之外，功利主义发展的另一个重大变化是讨论实质性后果，也就是究竟什么样的后果才是有价值的。从功利主义走向现在的后果主义，最大的变化就是从快乐是唯一价值转到承认其他价值。在功利主义理论发展之初，边沁只承认快乐和没有痛苦这两种价值。② 功利主义后来慢慢地演变成一种福利主义论说，由此得到了阿马蒂亚·森所说的后果主义也是一种福利主义的称法。③ 不过，本书的重点并不在于探讨价值理论或者价值的本质是什么，相反在于探讨价值（无论它是什么，是一种还是多种）是否应该最大化，是否应该关注价值在人与人之间的分配。由此，本节只试图呈现价值之争的基本面貌，从而提出笔者的一个基本立

---

① 本节主要的文本依据：James Griffin. Well-Being：Its Meaning，Measurement and Moral Importance. Oxford：Clarendon Press，1986.

② J. Bentham. An Introduction to the Principles of Morals and Legislation//M. Warnock，ed. Utilitarianism. London：Collins，1962.

③ A. K. Sen. Utilitarianism and Welfarism. The Journal of Philosophy，vol. 86，no. 9，1979：463－489.

场。一般而言，可以将价值分为三种类型：（1）价值在于某种心理状态；（2）价值在于欲望满足的状态；（3）给出某种客观价值清单。格里芬（James Griffin）对前两种价值做了系统分析，这里的介绍主要基于格里芬的探讨。

第一种类型：价值在于某种心理状态。这种论说主要是指快乐或幸福是一种情感状态，而痛苦或不幸则是与此种情感状态对立的状态。价值被认为是由上述情感状态中包含的某种同质心理状态的数量决定的。然而，这样看待价值有很大的麻烦。第一个麻烦是，我们无法在所有状态（吃、喝、阅读、创造、工作等）中都找到一种同质心理状态，可以据之将所有状态进行排序。比如，弗洛伊德临死前身体不好且很痛苦，但他拒绝服用止痛药，因为那会使他思绪不清。他的理由在于，他偏爱在痛苦中思考，而不是处于糊涂中。我们无法在这里找到一种心理状态来对上述不同状态进行排序。相反，我们只是对它们进行排序，如此而已。第二个麻烦是，有些偏好是非常基本的，也就是说，它们并不依赖于这种判断：在各个选项中发现的某种同质心理状态。这个时候，某人说某物容易产生更大的满足，最好将此理解为该物更能满足某一欲望。但是这些欲望无法根据独立的满足性质（心理状态）进行排序。

实际上，这两个麻烦的根源在于：尽管我们确实想要某些心理状态，但我们确实还想要心理状态之外的东西，甚至是独立于它们所产生的那种心理状态。诺齐克的体验机思想试验就生动地体现了这一点。这个试验是说，如果我们有这样一种体验机，我们可以把自己的头切下来放进体验机的营养液中继续成活，而且各种电刺激单元会接到我们的脑部神经上，从而可以产生我们想要的一切心理感受和快乐意识。然后问一个问题：你是愿意继续现在的普通生活，还是愿意进入体验机？结果大部分受试者都不愿意进入体验机。这个调查显示：除了快乐意识，我们实际还想要其他东西。

快乐意识就是人们想要的一切，这个观点很可能源于将两类快乐弄混淆了。人们的快乐意识实际上可以被区分为两大类：一类是作为原因（目的）的快乐，另一类是作为结果（副产品）的快乐。前者一般是比较简单的心理状态或者说快乐意识，比如吃上可口食物产生的那种舒适感，它直接就是人们追求的对象。但是日常生活中往往更多的是另一类快乐，是追求或实现自己想要的或有价值的事物所带来的舒适感或者说快乐意识。然而，这种意识只是副产品，人们并不是直接追求这种意识，也无法直接追求这种意识，相反只有在追求其他有价值的事物或实现其他欲望中才能获得这种意识。这就是说，这种快乐意识的产生预设了要有快乐意识之外的其他价值。正是因为我们获得了或者实现了这种价值，所以我们自然而然会产生这种快乐意识。不过，我们在概括时往往会因此而产生错觉，错认为人们是因为这种快乐意识才去追求那些有价值的事物。然而，这种快乐意识显然只是派生的，是副产品。我们设想在特殊时刻，这种快乐意识因为某些原因而不会出现。比如，当某位父亲在科学研究上取得了重大成就，获得了诺贝尔奖，但在得知获奖的那一刻之前，其孩子因车祸而死亡。这个时候，这位父亲完全沉浸在孩子过世的悲痛中，就不会产生获奖情况下会产生的那种快乐情绪。这个例子可以让我们将第二类快乐意识与作为这种意识之基础的其他价值区分开。

由此，我们可以转到价值的第二种类型：价值在于欲望满足的状态。最简单的欲望论说就是，价值就是现有欲望的满足。经济学家极为重视这种观点，特别是其中的显示偏好观点。这在道德理论和行动理论中也很有用，行动理论也要诉诸人们实际上想要的行动，而不是人们在理想上应该具有什么样的行动。这种论说有优点，可以防止家长主义。如果实际欲望决定分配，那么消费者就是主人，行为者就是自主的。然而，这种论说也会碰到非常大的麻烦。第一个麻烦是，人们经常会搞错自己的利益。第二个麻烦是，有些欲望是明显不道德的。如果人们的价值源自人们的一切欲望，那么只要愿意，我们可以举出无数个此类例子，其结论明显是人们无法认可的。

于是，简单欲望论说有一种自然转变，那就是转向合理欲望论说或者周全欲望论说。周全欲望论说的起点是承认现有欲望可能是有错的，而周全欲望就在于纠正这些错误，从而形成周全的或者合理的欲望。格里芬提出了几种错误。第一种错误是缺乏信息所造成的错误，比如有些欲望错在立基于错误的事实，因为重要的是终极的而不是居间的欲望对象。第二种错误在于逻辑错误。有时候人们的欲望是有缺陷的，原因在于人们没有足够的或正确的概念。理论有时候需要那种能够提供新的或更好的概念，包括价值观念的建筑。第三种错误是人们所具有的概念不精细、不敏锐所造成的错误，精细的、敏锐的概念所形成的欲望才是好的。另外，周全欲望更重要的是具有一种结构；欲望并不是都在一个层次上。我们会有局域欲望（比如吃、喝），但也有高阶欲望（比如把自己与物质欲望隔开）和全域欲望（比如自主地过生活）。

按照格里芬的理解，“效用”是周全欲望的满足，周全欲望越强，则满足它的价值越大。周全欲望就是指没有上面那些错误的欲望，是在理解对象的真实本性之后形成的。由此，欲望的满足或实现就与周全欲望相关。按照这种说法，尽可能多或尽可能大地满足欲望并不是欲望的最大满足，因为全域判断并不是基于数量的判断。这就是说，加总概念不是从局域欲望进行加总得到的效用，欲望是有结构的，其排序是基于冷静的偏好顺序，能够反映对欲望对象之本性的理解。

然而，格里芬非常清楚，这种欲望论说至少存在两个根本问题。一个根本问题在于，价值既不能等同于现有欲望的满足，也不能等同于周全欲望的满足。因为这里有一个转变过程，即如果我没有经过转变，那么所谓周全欲望就可能对我没有价值。比如，如果我们了解钢琴的妙用，那么我们中的很多人就可能想听到各种钢琴曲。但是，如果我没有接受过类似的教育，无法欣赏它的话，那么它的满足实际上对我就是没有价值的。这样一来，即使有些欲望是我会有的，如果我充分地理解了其本性的话，但是在我没有理解之前，这些欲望对我是没有价值的。由此，周全欲望论说就不能承诺以下这种观点：价值是纯粹的欲望强度的结果。

另一个根本问题在于，它要求我们知悉欲望对象，了解欲望对象的本性，这样我们就似乎可以限定欲望。然而，这又引起了一个有争议的问题：事物究竟是因为欲望而有价值，还是因为有价值而被欲望？无疑，周全欲望论说给予了欲望对象的特征重要性，而不仅仅是欲望本身。上面的诸多讨论似乎显示，我们应该从价值来解释欲望，我们看到对象有某种特征，比如令人快乐或健康等，或者它是一种成就，因此我们想要它。我们总是能够援引一些特征从而使某个对象的可欲望性是可理解的。没有人通过把事物作为他自己的目标就使它是有价值的。我们都必须把重视的东西与一般可理解的可欲性特征关联起来。由此，所谓的周全欲望论说实际上就面临着很多争议。如果不承认外在价值，那么现有的欲望论说转向周全欲望论说就是不清楚的，然而，一旦承认外在价值，那么所谓的欲望论说就转变成客观价值论说了。这就是我们下面要谈的第三种论说。

第三种类型：客观价值论。客观价值论认为，这个世界上存在着客观价值，它们所具有的客观特征是人们可以认识的，并由此而被人们认可。如果我们承认这一点，那么我们就可以非常好地解释为什么我们需要周全欲望论说。实际上，心理状态论说和欲望论说最终都会面临客观价值论的挑战。当然，客观价值论同样有问题，其中最麻烦的问题在于：它如何获得相应的道德动机？对此学界有着诸多的讨论，由于本书的目的不在于此，所以这里采取一种策略，即承认某些基本的价值，这些价值是从共同的人性特征与广泛的人类实践中归纳出或者抽象出的共有价值。尽管不同论者的着重点会有所偏差，甚至清单条目也有多有少，但大体而言人们还是能够承认一些基本的价值清单：快乐（心理意识状态）、自我实现、知识、玩乐、情谊等。无论如何，确认什么样的后果才算数，实际上是一件非常复杂的事情。然而，对本书来说，最关键的不在于什么东西具有真正的价值，而在于这种价值是否应该最大化，它的分配模式是否具有内在价值。

第九章　后果主义的三种一般性论证

前面我们已经提到，功利主义（后果主义）理论自西季威克之后，逐渐成为英美学界的主流伦理学理论，但同时也招致了各种挑战与反驳。面对诸多挑战与反驳，功利主义者提出了新的辩护。本章主要介绍20世纪后期出现的后果主义的三种一般性论证。第一种是随着决策理论的发展，由哈萨伊从合理选择论证对功利主义所做的辩护。第二种是随着20世纪分析哲学潮流的出现，特别是语言哲学的发展，由黑尔提出的语言论证。第三种是从常识道德出发的反其道而行之，不直接论证功利主义是可行的，而是指出反对功利主义的各种道德直觉是不自洽的，是经不起推敲的。然而，这三种论证在某种意义上都没有考虑动机对道德原则的影响。因此，如果我们前面的讨论是正确的，那么这三种论证即使成功，也只能表明功利主义（后果主义）可以是一种自洽的理论。然而，理论如果只是自洽的而无法解释人们诸多根深蒂固的道德直觉，那么就总是难以让人心安理得地接受，其说服力也是有限的。

第一节　哈萨伊的合理选择论证[①]

20世纪50年代，由于经济学理论，特别是其中合理选择理论的发

① 本节的主要文本依据：John C. Harsanyi. Cardinal Welfare，Individualistic Ethics，and Interpersonal Comparisons of Utility. Journal of Political Economy，vol. 63，1955：309－321；John C. Harsanyi. Bayesian Decision Theory and Utilitarian Ethics. The American Economic Review，vol. 68，no. 2，1978：223－228；A. K. Sen. Collective Choice and Social Welfare. San Francisco：Holden-Day，1970.

展，功利主义获得了一种新型的论证思路，即论证功利主义是合理选择的结果，这是哈萨伊所做的工作。实际上，我们在第八章提过，罗尔斯早期也将其公平正义理论看作合理选择的结果。罗尔斯的思路可能恰恰是由于哈萨伊的影响，当然，同样有可能的是两者都受到了经济学思路的影响。哈萨伊的论证非常简洁明了，主要用到的资源有两个，一个是贝叶斯理性假定，另一个是帕累托最优原则，其他因素都是我们直觉上认为不言而喻的。在哈萨伊的论证中，这些因素组合在一起使功利主义伦理具有一种逻辑必然性。我们先来看哈萨伊的具体论证。

一般而言，有关理性行为准则的讨论要区分三种情况下的行为：确定性情况、风险性情况与不确定性情况。确定性是指我们在做预测时能够确定知道实际后果，风险性是指我们知道各种后果出现的客观概率，不确定性是指我们部分地不知道或完全不知道后果出现的客观概率。在确定性情况下，任何情境都可以被看作有限维度空间 E^r，在不确定性或风险性情况下可模式化为在不同彩票下的选择，彩票的奖金就是在空间 E^r 下的点：

$$L=(A1/e1,\ A2/e2,\cdots,Ak/ek,\ \cdots AK/eK)$$

彩票 L 中的奖金 A1，…，AK 的发生取决于互斥且穷尽的事件 e1，…，eK 哪个发生。这些事件是条件事件，从数学上来表达，一个彩票 L 就是所有可能的“事态”集的一个可测量的子集。至于这个彩票是风险性的还是不确定性的，这取决于每个事件 eK 发生的相关概率 P(eK)。在分析个人行为时，他的严格偏好记为 $>i$，不严格偏好记为 $\geqslant i$。个人 i 在不确定性情况下的理性行为有两个假定：

(1) 完备的排序：个人对于空间 E^r 或其子空间里的所有事态均有完备的排序。

(2) 连续性：假定事件 A1，…，Ak 收敛于 A0，事件 B1，…，Bk 收敛于 B0，且对于所有的 k，有 $Ak\geqslant iBk$，那么 $A0\geqslant iB0$。

根据上面两个基本效用公理，可以得到：

定理 1：效用最大化，如果个人的偏好满足这两个基本公理，那么其行为就会等价于最大化一个界定良好的（序数性）效用函数。

(3) 概率等价：

L=(A1/e1, A2/e2,…,Ak/ek, …AK/ek)

L* =(A1/e1*, A2/e2*,…,A1/ek*, …AK/eK*)

且知道概率等价

$$P(ek)=P(ek^*)$$

那么行为者认为两个彩票没有差别。

这个等价蕴含了复合彩票上的纽曼-摩根斯坦假定。

(4)确保原则：A* >i Ak,对于 k=1,…,K

那么

(A1/e1*, A2/e2*,…,A1/ek*, …AK/eK*)≥i (A1/e1, A2/e2,…, Ak/ek, …AK/eK)

上面两个假定（3）和（4）是极为合理的，但有两个限定：其一，任何奖金 Ak 的效用独立于事件 ek，这可以通过定义很容易地解决；其二，任何赌博者对于一般而论的赌博没有任何特定的效用（在这方面大家都是风险中立者），大家都是结果导向的，效用只为结果决定，赌博不能有效用。

贝叶斯的合理决策的结果是，在这种情况下，理性决策制定者会做出最大化以预期效用的决策：

定理 2：如果个人的偏好满足（1）（2）（3）（4），那么他将具有一个基数效用函数 U_i，这个函数赋予任何形式 L 的效用均等于数量

(5) $U_i(L)=\sum_{k=1}^{K} p_k u_i(A_k)$

这里 Pk 是事件 Ek 的概率，在风险性情况下，Pk 是客观概率，而在不确定性情况下，Pk 是主观概率。

属性（5）被称为期望效用属性，任何具有这种属性的效用函数都被称为纽曼-摩根斯坦效用函数。假定（1）（2）（3）（4）称为贝叶斯理性假定。在这些基础上，哈萨伊来证明功利主义伦理。

根据定理 1 和定理 2，理性个人的行为将等价于把他表达他个人偏好

的某种效用函数期望值最大化。个人偏好有时候表达的不仅仅是自利偏好，还有道德偏好，只要这些偏好满足一致性要求，根据定理1和定理2，他的道德判断就是表达这些道德偏好的一种特殊效用函数，这就是他的社会福利函数。

而在哈萨伊看来，这种社会福利函数是所有个人效用函数的某种正的线性组合：

公理A：所有理性个人的个人偏好均满足四个贝叶斯假定。

公理B：所有理性个人的道德偏好均满足四个贝叶斯假定。

公理C：假定有个人偏好社会情境A于B，而没有人偏好B于A，那么个人j将道德地偏好A于B。（这是一个道德原则，实际就是帕累托最优原则的另一种表述。）

根据定理2，公理A和公理B蕴含着社会福利函数满足纽曼-摩根斯坦函数。

由此可得到：

定理3：个人j的社会函数Wj是对所有社会情境A的实值函数，它必定满足这种数学形式（这里的αi是个人i在整个评价中所占的分量）。

$$Wj(A)=\sum_{i=1}^{n}\alpha i u_i(A)$$

定理3的证明不需要预设人际效用的可比性。如果效用具有人际可比性，那么加上所有人的同等对待，只要个人的效用以相同的效用单位来表达，那么社会福利函数就要被给予相同的权利，即αi是相同的。

上面只用了极弱的哲学假设，两个合理性要求和一个很自然的道德原则，就得到了定理3。这里的同等对待是从一个实质的定义出发的，现在我们可以从一个更特定形式的定义，也就是从不偏不倚的道德判断出发。这就是假设个人不知道自己在社会中的情境，而是有n分之一的概率处于n种可能的情境，也就是有同样的概率成为社会中的任何一个人。这与罗尔斯的无知之幕假设颇为相似，两者的不同之处在于，这里的假设要假设一个确定且相等的概率，而罗尔斯的无知之幕则是假设概率是完全不确定的。

社会福利函数作为所有个人效用的算术均值，假定个人遵循贝叶斯理性假定，那么在等概率模式下，他将使其道德价值判断等于最大化社会福利函数

$$Wj(A)=1/n\sum_{i=1}^{n}u_i(A)$$

这里需要预设效用的人际可比性以及不偏不倚性。

哈萨伊的论证受到的最大挑战来自阿罗不可能定理。阿罗不可能定理的最大特点在于，它选择四个（开始的表述是五个）表面上看来极为合理的条件，然而这些合理条件合在一起却阻断了我们寻求社会评价的可能性。哈萨伊的论证过程和阿罗的论证过程都没有问题，问题出在这些合理条件的假设或者说公理的假设上。这里有必要看一看阿罗不可能定理规定的几个条件。第一个条件是无限制定义域条件U，此条件允许个人对事物的任何排序、任何看法。这个条件的合理性在于它与西方的个人主义和自由主义是一脉相承的。首先，社会中重要的只有个人利益。其次，什么是个人利益要由个人判断，因此任何事物的喜好与排序都要由个人决定。当然，阿罗与哈萨伊一样，认为这个偏好可以要求满足四个贝叶斯理性假定。第二个条件是弱帕累托条件P，如果所有人都变得更好，这显然是更好的。这相当于哈萨伊的公理C。这在经济学里是广为接受的一个理性评价标准。第三个条件是非独裁条件D，它指的是对一个社会选择来说，没有人能够想要怎样就怎样。在一个提倡平等与民主的社会里，这个条件看起来是天经地义的。在哈萨伊那里，这个条件明显是满足的。第四个条件是无关选项的独立性条件I，它实际上是说，只要每个人对于任意两个选项的排序是一样的，那么不管这两个选项的性质如何，也不管人们对这两个选项与其他选项如何进行排序，社会对两个选项的排序都应该是一样的。这个条件在哈萨伊那里没有直接的规定。

哈萨伊和阿罗都是从看起来极为合理的条件开始的：哈萨伊是从两个理性规定、一个自然的道德原则和体现不偏不倚的等概率条件出发而得到功利主义理论的，阿罗是从四个相当合理的条件得到不可能性定理的。不仅如此，他们的推理过程还没有受到任何质疑。然而，让人产生困惑的是，他们得到的结论是迥异的。因此，他们之间的差别肯定就在于预设的假定：是否承认效用的人际可比性。哈萨伊是接受的，而阿罗则是拒绝的。的确，阿马蒂亚·森的研究表明，是否承认人际可比性是阿罗不可能定理的关键。

哈萨伊的论证至少具有以下几个方面的意义。首先，加总最大化在某些假设条件下可以自然得出。当然，这也说明，加总最大化是需要证成的，尽管我们直觉上可能觉得这是非常自然的。在某种意义上说，哈萨伊这个论证的意义就在于表明如何从个人的最大化推出众人的最大化。这一点也是罗尔斯等人提出的分配正义反驳的核心。当然，这里有些假设是可以质疑的，比如说以偏好代替效用或者善，这显然是有争议的。因此，这个论证的意义也在于其所做的各个假设的合理性。

其次，哈萨伊这个论证的意义不仅仅在于表明我们可以从个人的最大化推出众人的最大化。对后面的研究者而言，这是首次使功利主义可以进行形式化的分析与论证。这样，如果我们能够对功利主义做形式化的分析与推理，那么会有两个好处：一是能够清楚地得知不同条件形成不同组合所具有的不同效果，推出各种条件或假设的真正蕴含；二是这种蕴含的结果是清楚明了且必然的。有些表面上看来极为合理的条件，并不一定真是如此，我们平时直觉上接受它，那是因为我们不知道其逻辑蕴含。我们一旦将其形式化，然后利用逻辑推出这种条件的蕴含，也许就会发现这种蕴含也是我们无法接受的，这个时候我们就面临着两种选择：一种是改变我们接受的前提，另一种是改变我们对于结论的直觉。这也是阿罗不可能定理如此具有震撼力的原因之所在。当然，形式化的推理与论证固然重要，但非形式化的理解才是根本的，因为它能使我们形式化的分析有地基，因为其前提条件正是要扎根于我们对其现实意义的理解。

然而，哈萨伊的论证思路实际上存在两个方面的根本问题。第一个根本问题是价值理论上的。由于是一位经济学家，所以受经济学主流思潮的影响，哈萨伊只承认某种主观意义上的价值。换言之，他认为价值是个人主观认定的，体现于其论证只管个人偏好，将个人偏好作为基本的出发点。第二个根本问题是选择条件上的。各种道德标准一般要求能被人们理性地接受，但是20世纪后半叶，这种理性一般被看作形式理性，道德被看作这种形式理性的结果，也就是个人选择的结果。这种理性会满足各种形式要求，但它们均只是程序性的，由此理性变成一种形式理性，没有实质性要求。哈萨伊对功利主义（后果主义）的论证与罗尔斯对公平正义的论证在这方面是一样的，只是罗尔斯通过无知之幕把他认为最无争议的道德准则纳入进来，而哈萨伊则把等概率看作不偏不倚而纳入进来。因此，罗尔斯与哈萨伊之所以会得出不同的结论，重要原因就在于他们具有关于概率信息的不同预设。

罗尔斯与哈萨伊采用的方式类似，但得出的结论却大相径庭。很显然，其根源在于两者具有不同的预设条件。然而，他们这种做法的根本麻烦在于更根本的动机问题。他们实际上都接受个人的某种自利（而非自私）假说，因此，罗尔斯与哈萨伊都有一个担忧：如何说服个人接受某种道德原则？因此，他们劳神费力地设想各种虚拟条件，表明个人在这种条件下会接受何种正义原则或道德原则。然而，当他们把选择的背景条件确定好之后，他们就忘记了要设想这些条件是因为人们的利他心不够，因此，他们忘记了人们的动机结构会对选择的正义原则或道德原则形成限制。换言之，假设性的背景条件选好之后，他们似乎都认为人们会形成充足的正义感或道德感，从而遵守他们在各种虚拟条件下选择的正义原则或道德原则。然而，在现实人性条件下，这恰恰是一个无法完成的任务。不过，哈萨伊用合理选择为功利主义辩护的价值不在于能直接证成功利主义，更多的是让我们对罗尔斯运用合理选择理论为正义二原则辩护的方式产生怀疑，尤其是罗尔斯所谓的要从最无争议的前提出发来做论证。因为哈萨伊论证的前提在很多方面似乎并不比罗尔斯的前提更有争议，因此可能会导致我们对整个合理选择理论的辩护思路产生怀疑。

第二节　黑尔的语言论证①

除了有哈萨伊从合理选择理论为功利主义提出的一种证成外，还有黑尔从语言学角度为功利主义提出的另一种证成。相较而言，黑尔的观点更

---

① 本节的主要文本依据：R. M. Hare. The Language of Morals. Oxford：Clarendon Press，1952；R. M. Hare. Moral Thinking：Its Levels，Nature，and Point. Oxford：Clarendon Press，1981；Fred Feldman. Review：Moral Thinking：Its Levels，Nature，and Point. Philosophy and Phenomenological Research，vol. 44，no. 1，1983：131－135；Fred Feldman. Hare's Proof. Philosophical Studies，vol. 45，no. 2，1984：269－283.

大胆，他认为元伦理学研究就能产生规范性结论，确切地说，道德语词的纯粹逻辑特征与事实相结合会产生实质性的道德理论，即行动功利主义。显然，如果这一点能够成立，那么这不仅是功利主义的重大成功，而且在某种意义上会颠覆我们过往对元伦理学与规范伦理学的认识。因此，理解这个论证是如何进行的、是否成功，就是极有价值的。

既然是语言论证，那么黑尔认为我们首先要明白道德语词有何逻辑特征。道德问题无疑是用道德语词表达的，因此回答道德问题的第一步就是理解这些问题所用语词的意义，第二步就是给出这些语词的逻辑特征，由此给出理性地思考这些道德问题的规则。有时候，有些语词的逻辑特征就是这些语词意义的全部，比如“全部”这个全称名词。但有时候，逻辑特征只决定其部分意义，比如“蓝的”与“红的”，其部分意义就来自它们都是谓词，两者在这方面都是一样的，其他意义则来自其他东西，正是后面这些东西区分了蓝的与红的这两个不同的谓词。黑尔认为，道德对话中更一般的语词，如“应该”“必须”等，在这方面就像是“全部”这个词一样，其所有意义均来自其逻辑特征。如果“应该”“必须”等道德语词的意义被完全归于逻辑特征，那么通过研究这些语词的意义和发展恰当的逻辑，我们在原则上就能学到思考以这些语词所提问题的所有规则。

黑尔讨论中的核心语词是“应该”（ought），认为其核心的道德用法有三种逻辑特征。第一种是可普遍化特征。可普遍化指的是：“如果我们对有相同的可普遍化描述特征的情境做出不同的道德判断，那么我们是在自相矛盾。”① 这种可普遍化蕴含着：“如果我说我应该对你做某种事情，那么我承诺这种观点：如果角色对换，那么你应该对我做同样的事情。”道德判断的可普遍化给道德评价者施加理性约束：如果个人对于特定情形做出道德判断，那么当他处于另一方位置或立场时，就必须对相同的情形做出完全相同的道德判断。

第二种是规约性特征。说道德判断是规约性的，是说这样的道德判断至少蕴含一个命令。如果你真诚地同意某种东西是规约性的，那么就存在

① R. M. Hare. Moral Thinking：Its levels，Nature，and Point. Oxford：Clarendon Press，1981：21.

某个行动和情境，以至你承诺在该情境中你要做该行动。黑尔认为，要接受“S应该做x”这一道德原则的必要条件是：他有能力去做它且认识到该原则使他承诺要做它。这一点结合可普遍化原则就会得到：如果S接受一个道德原则蕴含他应该做x，且他知道这个原则使他承诺在t时要做x，那么即使他处于另一方的立场，x也应该在t时被做。

第三种是压倒性特征。除了满足上面两个特征，如果“应该”的用法还包含压倒性，那么这是其道德用法。当一个“应该”陈述与另一个“应该”陈述相冲突时，我认为我应该依据前者而不是后者行动，那么前者压倒后者。一个“应该”原则对我而言是压倒性的，如果我总是让它压倒其他的“应该”原则。尽管所有具有这个特征的“应该”原则都是道德的，但是有些较低层次的道德应该不是完全压倒性的。黑尔认为，至少总体性的道德原则要压倒所有其他评价性原则。

其次，黑尔认为，应该区分语言直觉与道德直觉在证成中的不同作用。如果我们知道“应该”的逻辑含义，然后走出看来很小但实际上却是关键的一步，我们学会使用“应该”这个语词，那么我们就知道人们不应该撒谎。显然，这里我们的道德直觉入场了。但黑尔认为，如果认为这些道德直觉能够在道德思维中起到语言直觉的作用，那么这就会破坏整个事业。这里的关键差别在于，语言直觉声称能确立道德的实质性问题。语言直觉能够以哲学逻辑的方式支持经验语言学中的论点。一方面，某种语言的本土使用者是说这种语言的权威。另一方面，说话者对于如何看待语词的意向是权威性的。既然语言主要是用来交流的，那么语言的使用者通常就会同意要如何看待特定的语词。这个协议可以在相互讨论后正式化。这里的重点在于，这类直觉永远也无法产生有关道德实质的陈述或戒律。在这一点上它们完全不同于道德直觉。在黑尔看来，人们确实有这样的道德直觉：为了取乐而折磨人是不对的，但这不足以确立这些直觉内容的正确性。如果有人说可以这样取乐，那么这没有犯任何逻辑错误或语言错误，即使有错误，也是道德观点上的错误。这个时候，如果我们可以说服他，那么诉诸道德直觉和语言直觉就是不够的。

最后，黑尔区分了两个层次的道德思维：反省思维与直觉思维。黑尔认为，过往行动功利主义与规则功利主义之间的很多争议都源于忽略了道德思维的两个层次区分。一旦区分出道德思维的两个层次，那么就有一种形式的功利主义能组合这两者的优势。反省思维对应的是行动功利主义，行动功利主义在这个层次是真的，这里不存在义务间的冲突。黑尔设想一个无所不知（但不是无所不能）的大天使的思考来代表这种思维。大天使由于无所不知，所以在考虑各种情形时，可以是完全具体的，不漏掉任何相关特征，但也不确定任何个人身份。大天使的原则可以是无限复杂的，且不存在意志软弱，所以其原则涵盖一切义务，这种原则在所有的可能世界都是适用的。但是在另一种意义上，反省思维对应的是规则功利主义，但只允许规则具有无限的特定性，故而无法区别于行动功利主义。这实质上就是用另一种方式直接表明了李昂斯的外延等价论。直觉思维对应的是规则功利主义，它是由符合大众看法的、直觉的初定原则构成的。黑尔设想一个叫普洛尔的人，他完全没有反省能力，只能根据原则和直觉行事，所以只能适应低层次的道德思维。这种人无法表述和应用过于复杂的道德原则，没有足够的经验知识恰当地应用这些原则。因此，在低级和直观的层次上，我们使用相对简单的原则，它们相对易学和易应用。它们也可能产生相冲突的规约，所以它们只是初定原则。这些是我们应该教给孩子的原则。这些原则就是为现实世界的使用而设计的，对于其他世界可能就是不适用的。

当然，现实中既不存在大天使，也很少有普洛尔这种人，大多数人是介于两者之间的，因此现实社会中会存在两个思维层次。显然，这两个层次之间的联系是，我们应该按照反省思维选择这些直觉的初定原则。如此一来，黑尔的观点就是，我们应该这样选择原则，接受它能够比接受任何其他选项都产生更大的效用。直觉思维会导致那种在高低级快乐和好坏偏好上做出截然区分的初定原则，即使在反省思维上基于内容的根据不允许做出任何分辨。因为在现实世界中，鼓励高级快乐和好的偏好能够在总体上产生最大的偏好满足，即使偏好满足是以一种不偏不倚的、内容无涉的方式加以评估的。这里黑尔理论的意义在于，行动功利主义与规则功利主义不再是功利主义的两种相互竞争和相互替代的学说，相反，它们是完整的功利主义结构中的不同成分，在不同的思维层次上存在。

由于行动功利主义与规则功利主义之间的这种关系，黑尔的语言论三需要证成的只是行动功利主义，因为规则功利主义的证成要依托于它。我们这里要注意，这里的偏好没有高低贵贱与好坏之分，由此，反省思维要考虑所有信息。还有一点，单独理性约束并不会迫使人们做出任何道德判断，非道德主义就是一种选择。但是黑尔认为，只要人们接受道德判断，那么事实与道德语词的逻辑就会迫使人们做出功利主义的道德判断，也就是说，事实与道德语词的逻辑就会迫使人们接受功利主义。这里的关键就是人们如何处于他人的立场。这是被讨论得最多的，也是黑尔受攻击最多的地方。黑尔要找到方法把人际比较变成个人内部的比较。自然，无所不知的大天使是完成这种任务的好帮手。黑尔的行动功利主义的证成实际上相当于证成了这样一个命题 HT：大天使永远不会做出反功利主义的道德判断。

黑尔的论证始于一个换位思考的例子：A 要停车的位置被 B 用自行车占用了。这时，A 以强度 3 想要自行车挪开，而 B 以强度 5 不想自行车被挪开，这里没有其他相关偏好。A 能够做出以下这个道德判断吗？

（1）我应该把自行车挪开

如果 A 是大天使，他知道各自的偏好强度。角色对换后，

TP：如果 A 知道 B 以强度 S 偏好 p 发生，那么 A 与 B 角色对换后，A 以强度 S 偏好 p 发生。

（2）如果 A 与 B 角色对换后，A 以强度 5 不想自行车被挪开。

现在 A 不能采用（1），因为采用（1）之后，若 A 与 B 角色对换，那么我们就可以诉求可普遍化原则和规约性原则得出：

（3）在 A 与 B 角色对换后，A 偏好自行车被挪开。

这个条件偏好与（2）中的条件偏好是不相容的。理性要求要避免这种情况，为了避免这种意志的矛盾，大天使不能采用（1）。与此类似，大天使必须避免任何反功利主义的“应该”判断。于是，黑尔的偏好功利主义得到了证明。

费尔德曼（Fred Feldman）对黑尔的这个论证有一个强有力的批判。费尔德曼认为，黑尔的这个论证涉及四个原则：可普遍化原则（U）、规

约性原则（P）、偏好与命令的关联原则（I）以及传递原则（TP）。他质疑的是最后一个原则。

根据普遍化原则，即在所有可普遍化属性相同的情形下蕴含相同的道德判断，假定下面的判断是正确的：

（4）A 应该挪开 B 的车。

A 与 B 角色对换后：

（5）B 应该挪开 A 的车。

如果一个人认同（4），那么他就应该认同（5），可普遍化原则（U）是：

U：如果 A 认同“A 应该对 B 做 X”，那么 A 承诺这样的观点：如果 A 与 B 角色对换后，那么 B 应该对 A 做 X。

根据规约性原则从（4）得出：

（6）让 A 挪开 B 的车。

进而可以得到一个有条件的陈述：

（7）情况应该是：如果 A 与 B 角色对换，那么 B 挪开 A 的车。

它蕴含一个有条件的命令：

（8）让情况成为：如果 A 与 B 角色对换，那么 B 挪开 A 的车。

如此，规约性原则（P）是：

P：如果 A 承诺这样的应该陈述，“如果……，那么 B 应该做 X”，那么 A 承诺这个命令：“让情况成为，如果……，那么 B 做 X”。

这里假定偏好与命令之间有一种紧密的关系，即命令是偏好的恰当表达。如此，偏好与命令的关联原则（I）是：

I：如果个人宣告或承诺一个命令：“让 X 发生”，那么他偏好 X 发生。与此类似，如果承诺的是有条件的命令，那么就具有一个有条件的偏好。当且仅当“A 偏好给定 q、p，而不是偏好给定 q、非 p”，A 承诺“给定 q，则让情况成为 p”。

费尔德曼认为，前面三个原则是哲学逻辑，但最后一个原则则是哲学心理学原则，由此这里的关键在于传递原则（TP）。这里要注意，黑尔并没有声称，如果我知道你的偏好，那么我与你对换角色后，我就会有你的偏好。相反，黑尔声称的是，如果我知道你的绝对偏好，基于我与你对换角色的条件，那么我必须具有有条件的偏好。如果我知道你绝对偏好从沸腾的染料缸中出来，那么我就会有条件地偏好，如果我处于你的位置，那么我会偏好从沸腾的染料缸中出来。如此，传递原则（TP）是：

> TP：如果 A 知道 B 偏好 p 而不是非 p，那么 A 偏好，如果 A 与 B 角色对换，p 出现而不是非 p 出现。

这里的“知道”是一种特殊意义上的知道，是一种很丰富的知道概念。知道他人的感觉是要充分地表达他人的情感，这要求对他人的情感有一类洞见，与他有某种认同。这里是区分单纯地知道某事发生，知道这对他是什么样的。在传递原则中起作用的是这种特殊意义上的知道。

现在可以重构论证：如果 A 想要自行车挪开，而 B 不想，且没有其他相关偏好。

经由 TP，得到：

> (2) 如果 A 与 B 角色对换后，A 以强度 5 不想自行车被挪开。

假定 B 不想改变其偏好，现在问 A 能够采用以下反功利主义的应该陈述吗？

> (1) 我应该把自行车挪开。

如果 A 采用 (1)，根据 U，得到：

> (7) 如果 A 与 B 角色对换，那么 B 挪开 A 的车。

根据 P，得到：

> (8) 让情况成为：如果 A 与 B 角色对换，那么 B 挪开 A 的车。

根据 I 得到：

> (3) 在 A 与 B 角色对换后，A 偏好自行车被挪开。

然而理性禁止（2）与（3），其中一个必须放弃，只有放弃（1）。这样，大天使就无法采用反功利主义的应该陈述。由此，HT 就得到了证明。

费尔德曼的反驳是，黑尔有一个混淆。这里实际上有两个传递原则。一个是前面的 TP：如果 A 知道 B 偏好 p 而不是非 p，那么 A 偏好，如果 A 与 B 角色对换，p 出现而不是非 p 出现。另一个是 TP1：如果 A 知道 B 偏好 p 而不是非 p，那么如果 A 与 B 角色对换，A 会偏好 p 出现而不是非 p 出现。

费尔德曼认为，黑尔的论证要想成功，就必须使用 TP。然而，他认为 TP 显然是错误的。因为即使我充分地知道你的偏好，我也不一定偏好，假使我们的角色对换后，你的那种偏好成立。这里显然有一种情况，即使 A 知道 B 以强度 S 偏好 p 发生，但是 A 可能认为 B 的偏好是错误的，比如这种偏好不利于 A，那么在有关对 A 发生什么时，A 显然不会具有 B 所具有的那种偏好。比如，B 非常喜欢抽烟，那么 A 与 B 角色对换后，A 并不需要偏好抽烟。比如，A 是牙医，正要钻牙，B 非常不想被钻，A 与 B 角色对换后，A 不会具有 B 的偏好。这里显然涉及偏好的类型，关键在于黑尔能否允许偏好有合理与不合理之分。

但正如上面所说，偏好如果有合理与不合理之分，那么 TP 就并不是自明的，甚至很难说是我们会接受的。相反，TP1 是可以为我们所接受的，但这里的关键在于，角色对换要求我们转换多少特征。完全转换，TP1 肯定是对的，但也因此失去了意义。不完全转换，那么随着保留的内容的不同，TP1 有可能是成立的，也有可能是不成立的。因此，实际上，TP 与 TP1 如果只是作为心理学的事实，那么黑尔就无法说事实就是如此。TP 即使合理，也必然涉及规范性或道德判断，由此需要其他的实质性道德前提，由此就不可能由道德语言而得出实质性的功利主义主张。

由此，我们知道：如果功利主义（后果主义）要成功，那么我们肯定还需要某些实质性道德前提。不过就这里的论证而言，关键的问题在于，在换位思考时我们自己的人格特征可以或应该转换多少，自己的偏好能够保留多少。随着我们采取的实质性道德前提的不同，我们可能会得出功利主义能够得到或不能够得到证成的结果。但这恰恰是问题的关键之所在，因为这表明，黑尔的语言论证是不成功的。不过，黑尔两个层次的道德思维，确实为我们解释功利主义与现实的道德直觉做出了贡献。它使我们反思道德理论与道德直觉之间的不同，这里很显然与我们的理性能力的限定有关。而 TP 假设呈现出来的问题，换位思考时需要假设的实质性道德前提，也许就与我们的动机结构带来的限制密切相关。

第三节　卡根的间接论证

我们在第八章就提到，功利主义（后果主义）受到质疑的一个重要原因在于，功利主义原则经常与道德直觉有冲突。换言之，功利主义是得不到常识道德的支持的。面对这一点，有不少功利主义者企图论证功利主义原则推出的结论实际上是与常识道德相容的，这是调和论立场，不少功利主义者选择规则功利主义这种形式，原因就在于此。① 还有少数激进功利主义者选择了另一条道路：如果功利主义原则推出的结论不符合道德直觉，那么有问题的就不是功利主义，而是人们的常识道德。② 谢利·卡根就是持有这种观点的杰出代表人物之一，他于 1989 年出版的《道德的限度》（*The Limits of Morality*）③ 一书就是这种观点的杰出呈现。他的根本思路是：从道德直觉去找原因，显示它们无法理论化、无法贯彻下去，故而是需要修正的。

一、论证的基本框架

通过反驳常识道德来为功利主义做辩护的一个难处在于，很难确定要反驳的对象。常识道德很难说有什么确定的体系，而是分散于或者说体现

---

① Michael A. Slote. Common-Sense Morality and Consequentialism. London：Routledge，1985；Tim Mulgan. The Demands of Consequentialism. Oxford：Clarendon Press，2001；Brad Hooker. Ideal Code，Real World. Oxford：Clarendon Press，2000.

② Peter Singer. Practical Ethics. Cambridge：Cambridge University Press，1979：48－54；Peter Singer. Animal Liberation. New York：Random House，1975；P. Unger. Living High and Letting Die. Oxford：Oxford University Press，1996；J. J. C. Smart，B. Williams，eds. Utilitarianism：For and Against. Cambridge：Cambridge University Press，1973.

③ Shelly Kagan. The Limits of Morality. Oxford：Oxford University Press，1989.

于诸多杂乱的道德直觉中。这个难题随着常识道德与调和式功利主义之间的交锋增多而有所缓解。到20世纪80年代，常识道德的两个核心特征在论证中逐渐浮出水面，它们都与行为者密切关联。[①] 第一个核心特征就是相信选项（options）的存在，也就是说，有些事情是可做可不做的。这些事情主要与行为者相关，比如允许行为者偏爱自己的利益，即使这样不能产生最好的后果，卡根称之为行为者本位（agent-centered）选项（简称选项）。这是卡根所说的常识道德所具有的第一个限度，即道德本身是有限制的，不能对人们提出无限的要求。[②] 第二个核心特征是相信约束（constraint）的存在，即有些事情是不能做的，即使做这些事情是达到最好事态的必要手段，比如不得伤害无辜者，这就是行为者本位约束（简称约束）。[③] 这是卡根所说的常识道德所具有的第二个限度，即道德会禁止人们做某些事情。卡根主要针对常识道德的这两个特征，表明道德在两种意义上的限度都是不存在的，从而间接捍卫了激进功利主义的主张：人们总是要促进善。

为便于论证，卡根粗略地界定了三种立场：极端论，也就是激进（广义）功利主义（后果主义），要求人们总是要促进善；最弱论，认为没有任何理由要求人们牺牲自己的利益来促进善；常识道德，是一种温和论，介于前两者之间。这里同样要注意，对卡根的论证而言，如何定义善或利益是不重要的，因为无论如何定义它们，总会存在这三种立场。因此，在某种意义上讲，卡根主要是关注后果主义的结构性特征，而把价值论问题放到了一边，这正是本书的目的之所在。

---

① Samuel Scheffler. The Rejection of Consequentialism. Oxford：Oxford University Press，1982；Larry A. Alexander. Scheffler on the Independence of Agent-Centered Prerogatives from Agent-Centered Restrictions. The Journal of Philosophy，vol. 84，no. 5，1987：277－283；Arthur Kuflik. A Defense of Common-Sense Morality. Ethics，vol. 96，no. 4，1986：784－803；George W. Harris. Integrity and Agent-Centered Restrictions. Noûs，vol. 23，no. 4，1989：437－456；Stephen L. Darwall. Agent-Centered Restrictions from the Inside out. Philosophical Studies，vol. 50，no. 3，1986：291－319.

② James Fishkin. The Limits of Obligation. New Haven：Yale University Press，1982.

③ Robert Nozick. Anarchy，State，and Utopia. Oxford：Blackwell，1974；Stephen L. Darwall. Agent-Centered Restrictions from the Inside out. Philosophical Studies，vol. 50，no. 3，1986：291－319.

就卡根的论证而言，这里要注意两个关键概念：初步（pro tanto）理由与决定性（decisive）理由。我们先来看“初步理由”这个概念。他认为温和论与功利主义都接受这个假设：存在促进善的初步理由。① 每个人都有理由促进客观上最好的结果，因为这种理由的存在针对的正是有客观价值的东西。但卡根也指出，常识道德对此有可能做出反驳，只肯承认防止伤害（A1）的初步理由，不承认促进善（A2）的初步理由。卡根没有直接否定这个区分，而是采用另一种办法：寻求这个区分的真正标准。他指出，A1 与 A2 中蕴含着两组对比：第一组对比是善与恶（伤害），第二组对比是防止与促进。

两组对比结合在一起就有四种可能性：（1）防止善的损失；（2）防止恶的增加；（3）消除恶；（4）促进善的增加。（1）和（2）属于防止伤害（恶）的情形，（3）和（4）属于促进善的情形。这里的麻烦在于，只接受（1）和（2）属于 A1（具有初步理由）是说不通的。比如，防止生病是一个初步理由，但治好病竟然不是一个初步理由。这样，常识道德就要接受（1）（2）（3）。但卡根认为，如果接受（3），那么不接受（4）就是没有道理的。如果只是为了防止个人福利恶化，那么（3）就不应该被包括进来，因为它是促进善。如果它认为 A1 与 A2 的区分只涉及恶，那么（1）就应该被排除在外，但这里（1）也被包括进来了。因此，卡根在此所做的是寻求恰当的区分标准，由于找不到恰当的标准，所以我们有初步理由促进善。不仅如此，温和论实际上对很多情形做了区别对待，但是其区别对待的理由或标准是模棱两可的。卡根的一个有力反驳就是，很多区别对待背后都无法找到确定的区分根据。常识道德中的这种混淆一旦被澄清，我们就会发现，无论选择何种区分标准，区别对待都是令人难以接受的。

这里要注意的是，初步理由并没有产生道德要求，促进善是一种初步理由还不足以使它成为一种道德要求。否则卡根在这里就有乞题嫌疑，因为这相当于卡根直接假定常识道德就是功利主义，总是有“促进最好结果”的道德要求。为更好地说明这一点，卡根引入了“道德决定性

---

① Shelly Kagan. The Limits of Morality. Oxford：Oxford University Press，1989：52-54. 这里的所有论证均源自该书，只是对其论证做了取舍、概括与重组，关键的区分会给出具体页码，概括的论证会给出起止页码。

（morally decisive）理由”这个概念。道德决定性理由与道德要求紧密相关。一个既定的反应或行为是道德上要求的，当且仅当有道德决定性理由支持它。由此，道德上要求的、禁止的、许可的都与道德决定性理由相关。一个既定的反应是道德上禁止的（或者要求的），当且仅当有道德决定性理由不以（或者要以）那种方式反应。如果对于一个反应或行为既没有道德决定性理由禁止它，也没有道德决定性要求它，那么它就是道德上许可的，即存在道德选项。

无疑，一个道德决定性理由肯定是一个初步理由。但初步理由要变成道德决定性理由还必须满足其他条件。卡根讨论了初步理由成为道德决定性理由要具备的各种条件，以下四个条件对于卡根的论证是十分重要的：（1）这种理由必须具有某种最低的力度；（2）它必须比其对立的理由强一个最低值；（3）它必须满足作为其内容的某种规定；（4）它必须满足某种动机性条件，必须提供做某种行动的动机。由此，温和论中的约束必须有决定性理由，而温和论中的选项则必须没有决定性理由要求或禁止该选项。①

二、反驳约束

有了上面的基本说明后，我们可以来看卡根对常识道德之两个特征的反驳。这里要注意的是，他反对的并不是现实道德中所有的约束或选项，而是无法得到后果主义证成的约束或选项。因此，这里要考虑的是只能得到其他证成的约束或选项。常识道德强调的一种非常明确的约束就是，禁止伤害无辜，比如处死一个无辜者以平息一场会死数百人的暴乱。但是，温和论同时又可以允许无辜者死去。因此，这里就有一个关键问题：常识道德如何区别各种不同类型的伤害，且其根据何在？

在以往的各种讨论与交锋中，有两种方式得到了不同程度的支持。②第一种是区分为害（doing harm）与允许伤害（allowing harm）。③我把

① Shelly Kagan. The Limits of Morality. Oxford：Oxford University Press，1989：65-68.

② 同①84-87.

③ Raziel Abelson. To Do or Let Happen. American Philosophical Quarterly，vol. 19，1982：219-228；Jean Beer Blumenfeld. Causing Harm and Bringing Aid. American Philosophical Quarterly，vol. 18，1981：323-329.

张三的头按在水里使其死亡，他的死亡是我引起的，这是为害。我站在旁边，看着张三溺水而亡，我只是允许其死亡，这是允许伤害。许多温和论者认为反对伤害的约束只是反对为害的约束，而不是反对允许伤害的约束。第二种是区分意图伤害（intending harm）与预见伤害（foreseeing harm）。我杀一个人而救两个人，这个伤害是意图的，因为这是实现救两个人这个目的的手段。我不杀人，那么死的两个人并不是我意图的伤害，而只是我预见的伤害。同样，许多温和论者认为，反对伤害的约束应该被设想成反对意图伤害的约束。

尽管这两种区分似乎都符合人们的道德直觉，但一旦把两种区分组合，情况就不再那么明确。(1) 意图作为手段或目的的为害（为救李四和赵五而杀死张三）；(2) 作为预见的或非意图的副效果的允许伤害（不杀死张三而允许李四和赵五死亡）；(3) 做那种作为预见的或非意图的伤害(为了增产而使用有污染的农药)；(4) 允许那种意图作为手段或目的的伤害（为得到张三的遗产而看着他死亡）。组合出四种情况后，麻烦就出现了。基于第一种区分的约束只会禁止（1）和（3）中的伤害，基于第二种区分的约束只会禁止（1）和（2）中的伤害，更麻烦的是，这两种区分尽管在（1）和（2）的例子上具有一致的意见，但对于（3）和（4）则是不一致的。由此，人们的道德直觉就出现了混乱。这样一来，自然就会出现以下这个问题：哪种区分能够得到证成，能够更好地代表温和论的约束？

1. 为害与允许伤害

卡根从三个方面考察了为害与允许伤害这种区分：第一个方面是回应温和论支持这种区分的可能根据，第二个方面是探讨常识道德并不能一致地区别对待这两者，第三个方面则是根据对称性对这种区分提出了强有力的挑战。

先来看第一个方面。温和论者认为，区别对待为害与允许伤害的根据同行为者相关。第一个根据是为害比允许伤害会给行为者带来更大的损失，比如杀人以救人所带来的各种心理后果。但一个显然事实是，有时候不伤害给行为者带来的损失更大，比如不杀自己的亲叔叔就会失去他的遗产。第二个根据是为害比允许伤害更不尊重受害者，比如杀人以救人就表示了对被杀之人的极不尊重。然而，也很难说漠不关心地看着别人死去对受害者表示了尊重。

不过，卡根着重考察的是第三个根据，即为害与结果之间能够铸造出恰当类型的关联。[①] 第一个关联是"为害"的因果特征，是行为者"引起"这个伤害，由此这个"为害"具有特别的道德冒犯性，要被禁止。而"允许伤害"则不具有这种因果特征，不具有道德冒犯性。但卡根指出这种因果解释会导致以下诸多困境。(1) 这里的因果特征不可能只是实际发生，因为很多仅仅是有伤害的风险也要被禁止。如果约束只禁止确定的伤害，那么这就几乎相当于不禁止任何事情，显然过于宽松。(2) 如果禁止有任何伤害风险的事情，那么这个约束就将禁止任何事情，显然过于严厉。这两种方式显然都是不可接受的，因为要么禁止过少，要么禁止过多。(3) 选择任何概率作为分界点都不合适，这里会出现著名的沙堆问题，因为一个极小的概率变动竟然能够使伤害从禁止变为允许，即使事关人命也是如此，这显得过于儿戏，从而无法得到支持。

第二个关联是为害"干涉"他人的福利。[②] 当某人做伤害他人之事时，他介入了受害者的生活，使受害者的福利变差了。如果某人只是允许伤害，那么他就没有介入受害者的生活，没有干涉受害者的福利。但卡根指出这里有几个麻烦。(1) 这里的根本麻烦在于我们很容易设想这种允许与介入的连续谱。考虑这样的一系列情境：有个车队正在运送粮食到某个受灾村庄救人，然后某人去抢劫；再设想实际上抢的不是粮食而是一张支票（到当地可以兑现，买到粮食救人）；再设想抢支票的人恰恰是捐款者（他现在后悔了）；再设想捐款者到邮局索回支票；再设想捐款者刚开出支票还没有寄出，他改变主意不寄出了。这里假设所有行为都具有同样的后果，即没有粮食送到，会有数百人死亡。常识道德显然认为开始是介入，最后是允许。随着场景的进一步细分，我们会发现很难找到分界线。这显然会导致如同上面的概率选择一样的结果，由此无法为约束与允许提供证成。(2) 我们可以把干涉放在"我是否存在"这一点上，这能避免上面的

---

① Shelly Kagan. The Limits of Morality. Oxford: Oxford University Press, 1989: 88-91.

② 同①94-97.

连续谱问题。但这意味着长辈可以对其直系晚辈做任何事情，因为没有他们的存在，晚辈就不可能存在。这显然辩解得太多。当然，温和论还可以做修正，比如限定干涉者是否在行为发生时存在。不过，这依然会有问题。假设竞赛时的第一名不存在，那么第二名可以过得好得多，由此第一名干涉了第二名的福利。这样，干涉解释就谴责得太多了。此外，这种干涉解释会导致明显无法得到常识道德支持的情况：假设在救一个溺水的孩子时，我们可以故意弄断他的腿，即使这是完全没有必要的。因为按照干涉反驳来说，孩子断腿肯定比淹死要好，所以这是许可的。显然，这个修正标准又辩解得太多了。

再来看第二个方面。卡根认为，我们的道德直觉并不始终支持对这种区分的区别对待。我们有时也禁止“允许伤害”，同时允许“为害”。设想有两个人快要死了，情形差不多。① 其中一个死于他的竞争对手为了获奖而去掉了他的药物（比如诺贝尔奖只授给生者）；另一个死于他的父母不忍看到他受苦，得到医生等人的同意后，去掉了他的药物。常识道德对此有着截然不同的判断，认为第一种是杀人，而第二种只是允许人死掉。这里的区分取决于事件的道德规范意义。不过，与之矛盾的是，即使一个人不扔救生圈救孩子违背了规范，他依然只是允许死亡，而不是引起死亡。另外，一个人自卫杀人明显是遵守了规范，但他依然是杀人，而不是允许人死亡。这里无论我们怎么解释为害与允许伤害的区分，我们都可以看到，反对为害的约束既可能辩解得太多，也可能谴责得太多。

由此我们可以看到卡根讨论的第三个方面。上面的混乱情形，在某种程度上源于温和论的立场具有严重的内在不一致性。② 为害与允许伤害需要道德上的区别对待的根据是不清楚的。一个选择是，认为根据在于“做”与“允许”的区分。姑且不论做与允许能否承载这种道德意义，这个区分本身就会导致温和论不想接受的结论。因为这个区分涵盖的不只是伤害，而且有善，这里还有行善与允许善的区分。这样，即使做比允许重要，我们也没有理由认为作恶比行善重要。如果作恶是特别冒犯性的，那

① Shelly Kagan. The Limits of Morality. Oxford: Oxford University Press, 1989: 101.

② 同①121-127.

么行善就是特别让人高兴的、道德上特别好的。如果我杀一个人是为害，那么救两个人就肯定是行善。即使做比允许具有更大的道德分量，这也根本无益于证成反对为害的约束。这就是说，聚焦于“做”无法为反对“为害”提供道德决定性理由。另一个选择是，认为这个区分源于“恶”与“善”的不对称性，道德更关注恶而不是善。但这也无济于事，因为这种不对称性也无法确立反对为害的约束，这种约束有时候会禁止产生更少的恶。如果杀人产生很严重的恶，那么救人就会减少很严重的恶，它们依然是可以比较的。这样，即使我们认为恶比善重要得多，温和论者还是无法证成反对为害的约束。这无法解释为什么个人应该如此关注自己的为害，而别人的为害则不那么重要。卡根这里的挑战是十分有力的，因为他对温和论的反驳是一种内部批判，即温和论的立场具有内在不一致性。

2. 意图伤害与预见伤害

反驳为害与允许伤害的区分后，卡根讨论了温和论的第二种区分，即意图伤害与预见伤害的区分。这里需要注意三点：(1) 禁止意图伤害的约束不仅禁止意图作为目的的伤害，而且禁止意图作为手段的伤害；(2) 这个约束不限于人们自己所做的伤害，还包括人们允许的伤害，只要它是人们所意图的；(3) 这个约束只禁止这样的伤害，行为者赞同这个伤害的理由是把它作为一个目的和手段。你很有可能知道某个结果是你得到其个目的的工具，但你如果有完全不同的理由来赞同它的话，则没有把这个结果意图为手段。

卡根对这种区分的反驳与对上一种区分的反驳如出一辙。温和论也会坚持，意图伤害与行为者之间具有某种特殊关系，由此具有某种预见伤害所不具有的道德冒犯性，故而是需要被禁止的。比如，当个人意图以伤害为手段时，他就是力求恶，由此与恶的本质之间建立了一种根本错误的关系。然而，尽管痛苦是我们应该排斥的，但这不能得出我们永远不应该力求施加痛苦于人。至少医生治病救人就是以施加痛苦为手段的。注意，这里的痛苦不是预见的，它是必要的手段。这表明，不能从恶的本质得出以它为目的就是根本错误的。这里可以得出，恶是本质上不可欲的事态，但综合考虑，它并不是在所有情形中都是不可欲的。因此，温和论的此类论证无法证成禁止意图伤害的约束。

卡根还向我们指出，与上一种区分的问题一样，常识道德并不对所有意图伤害与预见伤害坚持区别对待。一个强有力的例子就是自卫杀人。①自卫杀人显然没有遵守禁止意图伤害的约束，但常识道德不会禁止它。常识道德可能会有的一种回应是，犯罪者的恶使他放弃了不被伤害的权利。自卫杀人确实是意图伤害，但不是恶，因为行凶者的邪恶使他自己应该被伤害。不过，这个回应会受到进一步的反驳：如果行凶者的被杀是应得的，那么不管是否必要，自卫者都可以杀死他。这显然是常识道德无法接受的。常识道德还有一种回应，即禁止伤害的理由还是存在，只是行凶者要受到伤害的理由更强，由此给抵消了。卡根认为这个主张也不能成立，因为温和论者主张即使意图杀一个人以救三个人或五个人甚至更多，这也是不允许的，因此反对意图杀人这种理由应该是非常强的。根据这种回应，我们可以得出，让行凶者得到惩罚比救几个或更多无辜者重要，这显然是让人难以接受的。

卡根的分析实际上表明，温和论的实际立场非常复杂。另一类更复杂的例子可以说明他的观点。② 假设张三开着坦克往我家来，想杀我及我的家人。幸运的是，我有一把反坦克枪，可以击溃它。坦克前面绑了一个无辜者李四，我只有杀死李四才能摧毁坦克。杀死李四并不是那么直接的一个自卫行动，因为李四不是行凶者。根据这里的区分，是禁止杀死李四的，但道德直觉似乎不支持这种禁令。这里还可以有一种更复杂的情况，即只能通过杀死李四，用其鲜血才能阻止坦克。这时，道德直觉可能会支持这种禁令。温和论也难以找到根据支持这种区别对待。可能会有这样的解释：尽管两种情形都把无辜者作为手段，但在第一种情形下，李四的存在没有改善我的处境，杀他只是弱手段；后一种情形则不一样，正是李四使我能够阻止坦克，这种情况下杀李四是强手段。然而，这个强弱手段的解释在其他地方又是得不到支持的。它会辩解得太多。例如，按照这种区分，我在逃脱坦克时可以为了得到一个位置而把其他人推下

---

① Shelly Kagan. The Limits of Morality. Oxford: Oxford University Press, 1989: 133-138.

② 同①138-144.

悬崖，如果他恰好站在唯一可以逃生的位置上的话。但这显然是道德直觉不会接受的。

由此，意图伤害与预见伤害的区分如同上一种区分一样，是混乱的。显然，温和论要区别对待意图伤害与预见伤害的根据是不确定的。上一小节所提出的不对称性反驳在此同样适用。[①] 如果将意图与预见作为区分标准，那么意图善与意图恶就具有同等分量的道德意义。无论是意图恶与预见恶的区分，还是善与恶的区分，都无法支持常识道德所做的意图伤害与预见伤害这一区分。

三、反驳选项

在反驳温和论无法证成约束的存在后，卡根对温和论的另一个核心特征即选项展开了强有力的挑战。为了论证的缘故，卡根表示，我们可以假设约束是成立的，由此对选项做出更强有力的挑战。这里，卡根分别考察了支持选项的三个论证，即来自约束的论证、来自权利的论证、来自人性的论证。

1. 来自约束的论证

卡根首先概括出这种论证的一般形式：如果约束成立，比如禁止基于一种牺牲能够促进善而强迫一个人做出牺牲，那么促进善的一般化要求就会被排除，于是人们就有了选项。[②] 但卡根指出，这里要看迫使的主体是谁。第一种可能性是社会或他人，即禁止社会中的成员迫使其他某个成员做出牺牲。但这一点无助于选项，因为不允许其他人迫使某人做出这种牺牲，这与道德上要求这个人做出牺牲是完全相容的。第二种可能性是道德，但道德不是主体，这只是说存在某种道德理由迫使这个人做出牺牲。但如果存在这种道德理由，那么就不存在迫使这种说法，故而无助于选项。因此，即使存在约束，我们依然无法得到选项，因为人们可以在约束的范围内要求自己总是促进善。

---

① Shelly Kagan. The Limits of Morality. Oxford：Oxford University Press，1989：177-182.

② 同①207-208.

不过，这种论证还有另一种形式：如果存在一种约束，保证行为者无法把各种牺牲强加给他人，那么就必定存在对应的允许个人不做出这种牺牲的选项。这种约束禁止强迫个人违背意愿地做出牺牲，即使这个人自己也不行。但如果这个人乐意，那么他就可以强迫自己做出牺牲。这就是说，如果约束存在，那么个人就有选项。这个论证的核心在于个人把约束对向自己，可以被称为自我约束论证。①

卡根认为，这个论证取决于这种施加于自己的约束是否存在，保护个人自己不用违背意愿。这里的关键在于，在强迫自己做出牺牲时，我能够不许可吗？这有两种可能性：（1）这个牺牲行动本身就构成或保证许可，因此我不可能不许可。但这样一来，我就根本不用担心我会违背这个保护自己的约束。这样，自我约束论证的理由就消失了。（2）假定做出牺牲的行动并不能自动推出许可。即使我不情愿，我还是可能强迫自己做出牺牲。但这里说我的行动是被禁止的，就是愚蠢的。这不是说我的行动不能被禁止，因为有对自己的义务，有些行动是可以被禁止的，但这样的义务是不可放弃的。用自我约束论证选项的存在恰恰预设了约束的保护是可以放弃的，所以这不可能是禁止的。因此，自我约束论证无法证成选项。

2. 来自权利的论证

除了来自约束的论证外，卡根还考察了另一个十分常见的进路，即权利进路。② 这种进路有两种论证方式。一种是消极权利的论证方式 A：（1）我有权利做 X；（2）如果我有权利做 X，那么我被允许做 X；因此（3）我被允许做 X。（1）和（2）看来是没有争议的，这种论证可以看作确立选项的存在。另一种是积极权利的论证方式 B：（1）只有当某人有积极权利要求我做 Y 时，我才被要求做 Y；（2）没有人有这种积极权利要求我做 Y；因此（3）我没有被要求要做 Y。A、B 这两种论证方式是互补的，A 诉求消极权利的出现，B 诉求积极权利的缺失。如果我有消极权利，那么你就不可能有相对应的那种积极权利。

---

① Shelly Kagan. The Limits of Morality. Oxford：Oxford University Press，1989：213-215.

② 同①217-219，221，228.

对于来自权利的论证，卡根是通过区分完全权利与弱权利来加以反驳的。完全权利有三个成分：(1) 行为者有做X的选项；(2) 一个保护行为者决定的命令，这相当于要求他人不得以某种方式反应；(3) 执行特权，即赋予行为者执行命令的权利，这种权利可以用各种方式反对迫使行为者不做X的企图。弱权利只包含其中的命令成分 (2)。当我们说个人权利受到侵犯时，我们通常说的是这种弱权利。当我们假定存在约束时，我们就假定存在一个反对以某种方式对待人们的命令，因此人们受到命令的保护，故而约束的存在就许可许多弱权利的存在。这就是说，得到道德直觉支持的只是一种弱权利。而现在我们就看到A1：(1) 我有弱权利做X (这是常识认可的)；(*) 如果我具有弱权利做X，那么我就具有完全权利做X；(2) 如果我有完全权利做X，那么我被允许做X；(3) 我被允许做X。一旦明白权利的不同成分，我们就可以发现这个论证显然是有问题的，因为A1中有一个跳跃。

B论证也有类似的问题。这里的关键就是权利定义中的命令是一个相当灵活的概念，它不一定对应于作为一个约束的要求。正是因为这一点，(1) 才是正确的。但只有当这里的命令指的是作为约束的限制要求时，(2) 才是合理的，不过 (1) 就不再是我们所接受的。这样，如果B论证中的 (1) 与 (2) 要想成立，那么对命令就要有不同的理解，否则就是行不通的。救溺水孩子的例子可以说明这一点。这里我们感觉到被要求扔救生圈给他，但同时我们又认为这个孩子没有得到旁观者救助的权利 (在命令的强意义上说的)。所以，(1) 是不对的，如果我们放松权利的含义 (也就是命令的含义)，那么 (1) 是正确的，但 (2) 就不正确了。这样，只要区分开权利的真正成分与意义所指，从权利来论证选项就是失败的。

3. 来自人性的论证

不过，在卡根看来，证成选项的最强论证是来自人性的论证。这种证成大概是这样的：促进善可能要求行为者做出重大牺牲，甚至付出生命。在没有选项的道德体系中，人们可能被不断地要求牺牲自己的利益。这是一个不可接受的特征，唯一能避免它的就是引入选项。不过，温和论必须强调，这里的问题在于要求行为者牺牲自己的利益，而不是牺牲利益本身，正是前一种牺牲阻止促进善的初步理由成为道德决定性理由。这种牺牲产生抵消性的考虑，足够阻止促进善成为道德决定性理由。人的本性决定人更关切自己的欲望、利益，赋予它们的分量比客观分量大得多。除非有特别强有力的理由，否则人们不会以客观观点所要求的方式行动。温和论认为这反映了人性的深刻事实，而可接受的道德体系必须恰当地反映人的这种本性，所以道德体系应该具有选项。

面对这种人性论证，卡根在“反映人性的方式”上做出了一种重要的区分。一种方式是最弱地反映，指做了反映人性一定要做的事情，这是一种要求（demand）；另一种方式是完全地反映，指做了在反映人性上能够做的一切事情，这里是一种诉求（appeal）。以装修为例，对于一种既定的家具，我们要如何做会存在各种美学规定，这就是最弱地反映，是一种要求。但在达到这种要求之后，实际上我们还能对它提出各种建议，使此家具能够与整个装修风格更协调，这就是完全地反映，是一种诉求。卡根根据这种区分指出，极端论对这个人性反驳有双重回应：（1）承认有必要最弱地反映人性，但极端论做到了这一点；（2）承认极端论没有完全地反映人性，但认为这样做是恰当的。①

温和论对此可以从两个方面做出回应。第一，温和论认为极端论没有最弱地反映人性。这里温和论对人性持有一种消极态度，认为这些事实是值得遗憾的，但它们依然是我们必须回应的事实。它承认促进善的理由压倒任何对立性理由，但它没有满足决定性理由的一个额外条件，即提供充足的行动动机，由此无法产生促进善的道德要求。②

针对此种回应，卡根做出了另一种极为重要的区分，这种区分对人们如何理解功利主义在现实中的应用具有极其重要的影响。这就是苍白信念与生动信念的区分。③ 苍白信念是人们实际具有的许多信念，它们很可能是根深蒂固的信念，但是信念者并没有充分理解信念的内涵，无法赋予其应有的分量。生动信念是人们充分了解其内涵之后的信念，对其重要性有充分的理解，当然这种信念不一定是准确的或正确的。如果人们对各种利

① Shelly Kagan. The Limits of Morality. Oxford：Oxford University Press，1989：271.
② 同①274.
③ 同①283.

益的信念越生动，则赋予其应得的分量就越容易。如果我们认识到，只是认识机制上的缺陷导致人们更看重自己的利益，且生动信念会导致客观看法的话，那么这个认识就会驱动人们按照客观观点行动，也就是说，按照极端论行动。我们的经验在某种意义上是支持这个论点的。比如，遥远的某地发生了地震，我们不一定会有很强烈的反应，尽管我们知道会死人。但如果我们在现场或者看到电视上的各种报道，看到现场的灾难情景，那么我们的感觉就会完全不一样。显然，更具体也更生动的画面能够让我们得到更生动的信念，由此更能促进我们捐款，有更多的动力为受灾群众出钱、出力。

这里要注意的是，苍白信念与生动信念的区分还有利于更好地认识制度同功利主义之间的关系。如果我们确认行为者的相对理由是没有证成的，是人性的消极方面造成的，那么我们就可以利用制度弥补这一点。既然我们会因为信念不够生动而无法产生相应的动机，自觉做出牺牲，那么利用税收或其他制度等间接手段让人们做出这种牺牲就会相对容易，也是我们应该做的。因为这里受剥夺的信念是苍白的，所以引起我们反感的阻力就会小很多。如果我们对人性有一种消极态度，那么我们就应该尽一切可能地消除它的坏影响。即使卡根的区分不成立，我们需要选项，这也完全无法构成对功利主义的反驳，因为功利主义只是要求尽可能地产生最好的结果。

第二，温和论对人性持有一种积极肯定的态度，并由此认为极端论不完全反映人性的方式是不当的。这种人性非但不是实现道德目的的阻碍，而且它本身就是道德的目的。比如，我们认为家庭价值是应该维持的，亲情、爱情、友情等产生的偏向是可贵的。由此，一种道德只最弱地反映人性是不够也不恰当的，而是必须完全地反映人性。① 在此看法下，就会产生一些是直接地以主观观点为根据的理由，因此不同于仅仅基于客观价值的考虑。② 首先，这些主观理由超越促进善的初步理由。其次，这些主观理由是行为者相对的（agent-relatire）。每个人都有理由促进自己的利益，

① Shelly Kagan. The Limits of Morality. Oxford：Oxford University Press，1989：332.

② 同①334.

但没有类似的理由促进他人的利益。再次，这种主观的、行为者相对的理由很容易与促进善的初步理由相对立。最后，它们是真正的道德上合法的理由，尽管不同于促进善的初步理由。这样，这种理由就可以压倒促进善的初步理由，使它无法成为道德决定性理由，但这不是绝对的。

在这种人性观下，当个人要做出的牺牲足够大时，这种理由就会压倒促进善的理由，使它无法成为道德决定性理由，由此给予行为者选项。不过，卡根敏锐地指出，一旦我们接受这种主观观点的合理性，那么它就不仅要求选项，而且要求约束。因为个人并不只是关注“决定如何反应”，而且同样关注“他身上会发生什么”，这就是他作为接受者会发生什么。他在这里也不是从客观角度出发，而是以更大的分量来关注发生在他身上的事情。这样，作为接受者一方的个人观点就要求某种保护，不受到某种对待。[①] 因此，作为行为者一方的个人观点（主观观点）就会要求选项，但作为接受者一方的个人观点则要求约束的保护。这里有两类主观理由，可以称为行为者保护理由和接受者保护理由。这些理由会构成选项与约束的基础。这样一来，一种体系要充分地反映个人观点的话，就必然既要求选项也要求约束。的确，如果温和论能够表明，完全反映人性的可欲性产生选项与约束的根据，那么这显然会在证成常识道德上取得相当大的进步。

但卡根对此提出了几个质疑：（1）积极态度能否产生所谓的接受者保护理由；（2）即使能产生，它能否压倒与之对立的理由；（3）即使能压倒与自己对立的理由，它还必须能够被“推销”给行为者，也就是行为者必须有动机这样做，这也是前面消极论证中为了反对极端论而提出的一个要求。这里，行为者保护理由不需要是决定性的，它只要反对决定性理由的存在即可。但接受者保护理由必须是决定性的，它要形成约束，就必须满足动机性条件。因为接受者保护理由针对的是其他行为者，而这种理由只能对接受者成立，所以它不会不具备动机性条件，所以这种约束不会存在。这里的关键问题在于，如果约束存在，那么它就会对其他行为者提出要求，而其他行为者作为接受者也会对另外的行为者提出要求，这样就不

① Shelly Kagan. The Limits of Morality. Oxford：Oxford University Press，1989：338.

大可能存在选项。同时，选项要存在的话，正如前面的分析，接受者保护理由就无法在行为者那里产生充足的动机。因此，无论我们如何理解这种主观理由，我们都无法保证它会产生相应的选项和约束。但是，温和论如果想要完全地反映人性，那么就必须同时提供选项和约束。[①] 由此，温和论就无法用积极人性论证来证成选项的存在。这种反驳是纯粹内部性的，它的依据是主观观点提供的两类理由应该是对称的。

这里特别要注意，温和论要求的不仅仅是主观观点在道德观点中占有一席之地。因为这显然是客观观点（也就是极端论）的持有者不想否认的。因为很多客观善的实现就在于获得个人善，它承认许多善的终极价值源于个人关注的这些事物。在极端论中，主观观点是有地位的，只是所有人的主观观点或主观理由具有的地位是相同的。温和论要坚持自己的立场，就必须表明客观观点给予的这种地位是不够的。而卡根的讨论表明，这远不像我们的日常经验所认为的那样，是件一目了然的事情，相反是个极难完成的任务。这就是说，极端论的很多表面上反直觉的结论，并不像看起来那样没有道理。

这里要注意的是，卡根的上述论证还无法证成功利主义，最多只是表明常识道德的反驳是无效的。首先，卡根的论证预设了道德虚无主义、道德相对主义和道德主观主义是不对的。不仅如此，这里还预设了存在“促进善”的初步理由[②]，因此，不承认有这种理由的人可能会认为这里的论证是无效的。然而，卡根的探讨是极有价值的，他为我们提供了一个讨论常识道德与功利主义的框架，这个框架为我们提供了一个理论交锋的平台，使诸多杂乱的道德直觉可以聚焦于理由的结构，即究竟是行为者相对的理由，还是行为者中立的理由。其次，卡根的论证尽管在细节上有时候用了有争议的道德直觉，但总体上是对常识道德的一种内部批判。它从常识道德的特征开始，找出这种特征所隐含的前提与所蕴含的结论之间的内在不一致性。因此，其批判力是非常强的。最后，卡根的论证针对的对象是极具代表性的甚至是常识道德不可或缺的观点。比如，伤害约束、权利

---

① Shelly Kagan. The Limits of Morality. Oxford：Oxford University Press，1989：350.

② Christine M. Korsgaard. Acting for a Reason//The Constitution of Agency. Oxford：Oxford University Press，2008.

论证和人性论证等都是人们广泛接受的、受到道德直觉的强力支持，但卡根的论证清晰地显示出，它们是经不起理性推敲的。如果我们承认有促进善的初步理由，那么这不仅有助于人们重新认识功利主义，而且也许有助于人们重新认识常识道德。在我们的论证中，尽管常识道德显然具有那两个核心特征，但其中的区分并不是始终如一的，而是呈现出诸多混乱的直觉。因此，我们需要一种理论，它不仅能解释（而不是符合）人们为什么会有各种区分的强有力直觉，而且能说明既有区分又显得混乱的直觉可以找到某种系统性说明。

第十章　偏向性反驳

第九章我们介绍了为后果主义（功利主义）辩护的三种路径，直接证成的两种路径各有其问题，其证成中的有些预设还需要得到进一步的支持。而卡根的间接证成颇有力度，显示从道德直觉对功利主义形成的挑战得不到强有力的支持，因为那些反后果主义的深刻道德直觉，也就是道德选项与道德约束很难得到支持。然而，要完成这个论证，我们还得从后果主义立场对这些道德直觉做出解释。除非后果主义能够对这些道德直觉做出很好的解释，表明它们要么是后果主义可以支持的，要么是应该改变从而放弃的，否则人们还是难以接受后果主义。卡根回应常识道德的一个重要论证就是来自人性的论证，按照这种论证，情谊等代表的偏向性反映的是可贵的人性，但后果主义无法接受这种偏向性，所以后果主义是有问题的。本章试图从后果主义角度表明，这些偏向性在何种意义上是可以证成的。

表面上看，后果主义的本质特征在于不偏不倚性，即每个人的利益得到考虑的权重与其他所有人的利益是一样的；而情谊的本质特征在于，人们在行事时总是要偏向自己的情谊对象：亲人、爱人、友人。因此，这两者是不相容的。一般而言，两者的冲突最清晰地体现于这类例子中：你的至亲或好友与一个陌生人同时有生命危险，你只能成功地救一个人，并且从客观角度看，那个陌生人活下来对社会能做的贡献要比你的至亲或好友活下来对社会能做的贡献大得多。人们一般认为，按照后果主义的思路，你应该救那个陌生人。然而，我们的道德直觉似乎是应该救至亲或好友。至亲和好友与我们之间有着特殊的纽带，我们对之有着特殊的责任。在各种各样此类的例子中，后果主义的要求看起来都与这些体现情谊（亲情、爱情、友情）的要求是不相容的，从而面临这样一种两难困境：后果主义既不能否定情谊对于个人生活有着重要意义，也不能放弃最核心的不偏不倚要求，但两者却是不相容的。

本章的目的就在于表明，后果主义如何可以解释有关情谊的各种直觉，显示不偏不倚性如何可以与情谊相容，所以这种来自人性的论证无法对后果主义构成强有力的挑战。后果主义者面对这种困境也做了很多回应，但更多的是从后果主义本身来找答案，考虑的是理想意义上的理论。[①] 本章尝试从两个方面入手：一方面，恰当地理解情谊与情谊实践的本质；另一方面，给出后果主义本身的恰当理解，考虑后果主义在现实情境中的反应，由此解决这种困境。本章第一节介绍与分析一种不全面但却极具启发性的情谊观点：康德式情谊观。第二节通过分析我们日常世界中的情谊经验，表明康德式情谊观的不足：情谊在根本上是一种非道德价值而不是道德价值。第三节基于前面的情谊观，表明情谊行为体现一种内在的非道德价值，可以为后果主义所纳入。第四节表明，情谊行为可以作为一种工具性的道德价值而得到证成。第五节总结本章前四节对情谊行为的分析所具有的新含义，并以孝顺这一具体行为来表示情谊的混合性，并指出人的有限利他心可以如何解释这种新含义，同时显示这种合适的理解能够让我们更好地应对这种有限性。

第一节 康德式情谊观

康德在《道德形而上学奠基》一书中强调，只有出于责任而做的行为才具有道德价值，一个天性善良的人乐于帮助他人，这种行为没有任何道

---

① Peter Railton. Alination, Consequentialism, and the Demands of Morality. Philosophy & Public Affairs, vol. 13, no. 2, 1984: 134－171; Matthew Braddock. Defusing the Demandingness Objections: Unreliable Intuitions. Journal of Social Philosophy, vol. 44, no. 2, 2013: 169－191; R. E. Bales. Act-Utilitarianism: Account of Right-Making Characteristics or Decision-Making Procedure?. American Philosophical Quarterly, vol. 8, no. 3, 1971: 257－265.

德价值。这明显违背我们的日常直觉，于是就有了席勒的嘲讽诗句：

> 我乐意为亲友们效劳，可是——唉！这样我就有对他们偏爱之嫌了。/于是有一个问题折磨着我：我是否真有道德？/这里没有别的办法：那就尽量蔑视他们，并心怀厌恶地去做义务要求我做的事吧！[①]

科丝嘉（Christine Korsgaard），作为当代康德道德哲学的研究专家，并不认可这种解读。她认为这是对康德的误读。为了澄清这种误解，科丝嘉区别了做事的三种动机。[②] 第一种是道德动机，出于正当性或义务感而做事，比如我们认为帮助有需要的人是正当的，因此去帮助人，这种人是尽责者。第二种是出于直接倾向，比如某人天性善良，非常享受帮助别人的过程，因此乐于帮助有需要的人，这种人是同情者。第三种是出于间接倾向，尽管某人不善良，也不道德，但因为有需要的人是其上司，帮助上司可以获得他对自己的好感，由此可能会有助于自己事业的发展，因此在领导有困难时帮助领导，这种人是自利者。第一种情形与第三种情形很容易区分，而第一种情形与第二种情形就很难区分。一般看来，第一种情形的目的是尽自己的道德职责，第二种情形的目的是满足自己的快乐，第三种情形的目的是获得上司的好感。但获得上司的好感从而得到升职，终究是为了自己的快乐与幸福。由此，第二种情形与第三种情形就不具有本质性差别。不过，这种看法需要预设康德持有一种粗糙的快乐主义理论，即除了道德行动之外，所有行动的价值都是一样的。

科丝嘉认为康德并不具有这样的看法。[③] 康德认为第一种情形与第二种情形的目的都是使他人获得幸福，而第三种情形的目的是获得上司的好感。由此一来，第二种情形与第三种情形就具有本质性差别。第一种情形与第二种情形的差别不在于目的，因为它们的目的都是增进别人的幸福，其差别的根源在于其他地方。科丝嘉认为，康德非常清楚地交代了这一点，“一个出于职责而做的行动所具有的道德价值不在于通过它而实现的

---

① 古留加. 康德传. 贾泽林，等译. 北京：商务印书馆，1997：164.

② Christine Korsgaard. Creating the Kingdom of Ends. Cambridge：Cambridge University Press，1996：56.

③ 同②.

目的之中，而是在于据之而决定该行动的准则之中”①。这就是说，行动的道德价值不在于行动的目的，而在于行动的准则，即价值在于随其目的而一起据之被选择的行动的根据上。科丝嘉认为，要想真正理解康德的这个观点，必须明确一个区分：行动的目的与采纳行动目的的根据。科丝嘉据此区分指出，当康德说同情者与尽责者的差别在于他们的准则时，他心里的对比是这样的：“尽管同情者和尽责者都具有帮助他人的目的，但他们是基于不同的根据来采纳这个目的的。同情者将帮助他人看作快乐的事情，那就是他使其成为目的的原因。尽责者把帮助穷人看作被要求的，或必然的，这才是驱动他将其作为目的的因素。”② 这就是说，区分两种情形的是选择此相同目的的不同根据：第一种情形是出于责任，第二种情形是出于行动者自己的快乐。

无可否认，这个解读更合情理。但它依然不能令人满意，因为它似乎可以推出这样的结论：某人不情愿帮助别人，但出于职责的考虑，他还是坚定不移地帮助别人，而另一个人出于自发的仁爱，非常高兴地帮助别人，但在道德上前者比后者好。这似乎有违我们的道德直觉，因为我们觉得道德上的好人应该很乐于帮助有需要的人，而不是不情不愿地帮助人。不过，科丝嘉认为，这个推理有混淆。这里混淆了两种情绪：第一种是引起我们具有某个目的的那些情绪、情感和欲望（比如，个人天生善良，容易对别人的痛苦和快乐产生同情），快乐这种情绪在此是行动的原因；第二种是我们因采纳一个目的，且以行动来实现它而导致的情绪、情感和欲望，这里快乐是行动的结果。③ 在人们的日常实践中，一旦采纳一个目的且全身心地追求它，这个目的的实现就会自然地导致某些情绪、情感和欲望，比如感到快乐。这里的快乐情绪就是行动的结果。

但在实际生活中，我们很多时候往往是同时有着这两种情绪，很难将它们区分开。科丝嘉认为，康德正是因为两种情绪的这一特征，才举出可

① Immanuel Kant. Groundwork for the Metaphysics of Morals（1785）. Lewis White Beck，trans. Library of Liberal Arts，1959：399.

② Christine Korsgaard. Creating the Kingdom of Ends. Cambridge：Cambridge University Press，1996：58.

③ 同②59.

以区别出两种情绪的特定情形。在这种情形下，我们可以把第一种情绪与第二种情绪区分得非常清楚，由此才能更好地凸显康德对于目的与目的根据所做的区分。换言之，一般情况下，出于义务而帮助别人的人是会享受这一过程的。只有在特定情形下，他才会如康德所举例子中的人那样。因此，这个人是真正地把他人的幸福作为自己的目的和义务。按照这种理解，同情者的动机比尽责者的动机要狭隘：两者都想帮忙，但是尽责者在帮忙的动机上有一个进一步的扩展，而单纯的同情者则没有这样的想法。① 这样，道德上有价值的人帮助别人是因为他认为别人的需要对他提出了要求，于是就存在一种规范需求或一种法则，即他应该提供帮助，但同情者没有这种想法，因此他的行为没有道德价值。

很显然，科丝嘉对康德观点的解读比席勒所嘲讽的那种解读更合情理。如果个人帮助别人只是因为这是他的自然欲望，而不是被认为是应该的、必然的，那么他帮助别人的这个行为就没有道德价值，这是说得过去的。在某种意义上讲，康德强调个人不是出于职责或义务去看望朋友是没有道德价值的，这似乎是说得通的，至少我们无法像席勒那样嘲讽它，觉得它是一种荒谬的观点。

第二节　情谊的日常理解

然而，上面的新解读还是让我们有点奇怪的感觉：它越说得通，我们越觉得别扭。笔者认为，出现这种情况的根本原因在于：科丝嘉在具体讨论的时候并没有区分帮助的对象是陌生人还是情谊对象，而她似乎不加区分地将帮助陌生人的结论同样适用于看望朋友这样的行动。然而，我们的日常直觉并不是这样的。在日常生活中，我们对待陌生人与对待朋友显然大不一样。比如，我们为亲人、爱人或朋友的过世而感到极为悲痛，但我们并不为陌生人的过世而感到如此悲痛。要而言之：我们似乎自然地会为

---

① Christine Korsgaard. Creating the Kingdom of Ends. Cambridge：Cambridge University Press，1996：60.

情谊对象（亲人、爱人、友人）的快乐而快乐，为其痛苦而痛苦，但对于陌生人，我们一般不会这样。事实上我们也不可能这样，否则我们会时时刻刻既处于极度快乐中又处于极度痛苦中，因为每时每刻都会有无数人处于痛苦和快乐中。

为了理解康德式情谊观的问题之所在，我们来分析三种人（尽责者、同情者、有情谊者）的行动。我们可以根据科丝嘉所提出的框架来分析，尽责者与同情者没变，唯一变化的是自利者换成了有情谊者。这里，有情谊者帮助他人是出于他人与之具有情谊，尽责者帮助他人是出于履行道德职责，同情者帮助他人是出于这能够给自己带来快乐。按照科丝嘉对康德的理解，尽责者的行动具有道德价值，而同情者的行动则没有，其根本原因在于，尽责者的行动是被要求的，是一定会做的，而同情者的行动则取决于同情者当时的情绪，因此是不稳定且偶然的。然而，有情谊者的行动动机与前两者都不同。按照人们对情谊的日常理解：两方之间有情谊的一个标志性特征就是双方有自发的动机为对方着想，想增加对方的幸福、减少对方的痛苦。这种自发动机是情谊存在的标志。由此，一方面，出于情谊的动机类似于同情者的动机，属于自然的倾向，具有自发性，是有情谊者自发且乐意地去减轻对方的痛苦；另一方面，这种动机又具有必然性，类似于尽责者的动机，因为这是肯定会有的动机，否则双方之间就不存在情谊。由此一来，这种动机就在一方面类似于同情者的动机，它是自然的、具有自发性的，但是在另一方面又类似于道德职责，它是必然的（否则就不存在情谊）。值得注意的是，出于情谊的动机并不一定是压倒性的，并不一定在任何场合都能引发相应的行动。但它一定是一种初步的动机，哪怕被道德动机或者自利的动机所压倒，仍然具有一种驱动力，只是被相反或其他的驱动力所超越而已。

按照对情谊的这种理解，我们可以看到席勒的嘲讽依然存在。因为看望朋友是一种自发的情感反应，同时也是作为朋友该做的事情。但这里的“应该”被看作一种道德义务就搞错了情谊所特有的情感反应。这里的应该是非道德意义上的“应该”，就如同你想打篮球，你应该做的动作是三步上篮而不是四步上篮，你应该用手运球而不是用脚踢球。值得注意的是，三步上篮不是实现打篮球的手段，相反它就是打篮球，或者说它体现了你会打篮球。同样，看望朋友并不是实现友谊的手段，相反它是友谊的体现，证实了友谊的存在。只要存在着友谊，那么当朋友生病时，我们一般就会有自发的动机，感到应该去看望朋友。

如果这种理解正确，则康德的分析就搞混了情谊行为所具有价值的性质。在康德那里，大概由于帮助情谊对象是该做的事情，所以误认为情谊行为本该具有道德价值。这很可能与康德伦理学的两个显著特点密切相关：一个特点是，明确区分了道德价值与非道德价值；另一个特点是，把道德价值推到至高无上的地位，其他价值都要从属于它。一般来说，我们认为情谊对我们具有极为重要的价值，这也正是这种行为会对后果主义提出挑战的原因之所在。在康德这里，只有道德价值才能享有这种地位，因此，具有重要价值的情谊自然容易被归入道德价值行列。如果情谊行为要具有道德价值，那么它就必须是出于职责的动机而做的。但如果否定道德价值的绝对地位，承认非道德价值在人们的生活中同样重要，那么把情谊归于非道德价值就没有问题。笔者认为，关于情谊的这种理解才能更好地解释人们日常生活中所理解的情谊。以下几个方面也助于我们做出这种说明。

第一，关于情谊的这种理解有助于区分情谊的起因与情谊本身。亚里士多德为了阐明真正的友谊，提出了三种友谊：第一种出于利益，第二种出于快乐，第三种出于德性。[①] 并且，他认为只有出于德性的情谊才是真正的情谊。笔者认为，亚氏的情谊观迥异于日常意义上的情谊。在亚氏看来，真正的友情只能源于对方的美德，也就是说，只有有德者才有真正的朋友。这显然是大有问题的。人们彼此之间可能形成各种特殊关系，产生各种特殊情感，而其原因可能是各种各样的。无论一个人与另一个人是因为什么原因成为朋友的，比如图这个人的关系与关照，或者图这个人的钱，这些都只是友谊的起因。无论各种情谊的起因是什么，但只有情谊双方通过接触、了解等开始真正关心对方，会因对方的痛苦而痛苦，会因对方的快乐而快乐，会为了对方自身的缘故而关怀对方，他们之间就具有真

① Aristotle. Nicomachean Ethics. Terence Irwin, trans. Indianapolis: Hackett Publishing Company, 1999: 1156a 5-15.

正的情谊。最为关键的是，这些都是自发的情感反应。即使两个具有德性的人愿意相互帮助，但如果其帮助不是出于情谊，而是出于美德，那么他们之间依然没有真正的情谊。

第二，关于情谊的这种理解有助于更好地解释情谊与利益之间的复杂关系。情谊会涉及利益，但它并不是利益的交换或等价交换。情谊与利益似乎有一个悖论：情谊一方对另一方的关照是为了另一方自身的缘故，不要求利益回报，但情谊的一方有时候会因为没有得到回报而感到非常失望，不再与对方保持情谊关系，由此情谊似乎又带着利益交换的味道。然而，这个悖论只是表面的，因为两种表现都是情谊的内在要求。两方之间具有情谊就意味着一方自发地关爱另一方，不求回报。然而，在一方有需要时，另一方有能力但却不给予相应的帮助，这时失望的一方不仅仅是因为没有得到对方给予的实质性帮助而失望，更重要的是因为对方实际上没有表达出情谊该有的那种关爱，由此表明双方之间实际上没有真正的情谊。如果另一方没有给予帮助是因为没有相应的能力，但表现出了相应的情绪，那么需要帮助的一方是完全能够理解的，并且一般能够坦然接受这一点。

父母对孩子的感情就是如此。父母的付出一般是无条件的，但如果子女不孝顺他们的话，他们又很伤心，由此给人的感觉好像父母的爱不过是一种投资。当然，无法否认，现实中的确有人把这种爱当作投资。然而，一般说来，父母更看重的是这种孝顺体现出来的亲情。有些父母为了不拖累子女，看到子女为照顾他们需要做出很大牺牲，甚至会自杀。但即使这样的父母，如果子女没有对他们表现出相应的关爱，对他们不闻不问，那么也会失望和伤心。这时，父母的伤心显然不是因为其投资没有得到相等或超额利益的回报，而是因为他们没有得到一直所看重的那份亲情。

第三，关于情谊的这种理解有助于理解情谊对象在数量上的限制。亚里士多德强调，我们不可能有太多的朋友。① 这正是情谊的自发性情感要求所导致的。人的精力与时间是有限的，个人的注意力是有限的，人们的

---

① Aristotle. Nicomachean Ethics. Terence Irwin, trans. Indianapolis: Hackett Publishing Company, 1999: 1158a 10-15.

相互了解是困难的，我们不可能同时在自发的情感意义上关爱很多人。朋友越多，要么与所有人的情谊都比较淡，要么只与几个人保持深厚的情谊，其余的则是泛泛之交。实际上，这种自发性情感不可能具有众多对象，否则只要你的情谊对象有些处于非常悲伤的状态，有些处于非常高兴的状态，那么你就得同时处于这两种状态，从而导致你处于一种很不正常的状态。

第三节 情谊行为的内在证成

如果上面对情谊的理解正确，那么后果主义是否可以纳入它？为此，我们需要提到前面已经讨论过的后果主义理论的一个关键区分：后果主义是要作为行动正当性的评判标准，还是要作为行动的决策程序。[①] 这个区分既不是直接后果主义与间接后果主义的区分，也不是盛行至今的行动后果主义与规则后果主义的区分。不管是行动后果主义，还是规则后果主义，都可以算作行动正当性的评判标准，同样也可以算作行动的决策程序。这里强调这个区分的重要性在于：我们确定行动正当性的评判标准是一回事，我们如何让行动来满足这个标准是另一回事。本书接受后果主义首先是一种评判标准，其次认为它有时候可以作为决策程序，但有时候不行。

按照这种理解（正如在第八章讨论过的），当我们评判行动正当性的标准是最大化效用时，我们的动机不一定如此。换言之，个人行动的决定并不一定要以最大化效用为直接目的。不管人们的动机是什么，只要它引起的行动能够产生最大化效用，那么在后果主义看来，这种行动就是正当的，引起它的动机也是正当的。打个比方，如果我们系统培养人们获得A组动机，这组动机引起的行动比任何其他组动机引起的行动所产生的效用都要好，那么A组动机就是我们应该持有和培养的。值得注意的是，我

① R. E. Bales. Act-Utilitarianism: Account of Right-Making Characteristics or Decision-Making Procedure?. American Philosophical Quarterly, vol. 8, no. 3, 1971: 257-265.

们要培养“A组动机”的动机是道德动机，但培育出来的A组动机并不一定都是道德动机。这里道德动机与非道德动机的区分是从康德意义上讲的。当做某个行动的动机是出于职责或义务时，比如出于正义举报官员的贪污腐败，我们认为这里的动机就是道德动机。篮球爱好者去打篮球的动机，一般来说是非道德动机。当然，行动的动机可能是复杂的，比如举报官员的贪污腐败可能不仅是为了行正义，同时也可能是想报复这个官员，因为他利用职权打压过你。同时，去打篮球的动机也可能是道德动机，比如姚明举行义演赈灾时的打篮球，就可能是两者都有。

只要我们承认，情谊是幸福不可或缺的成分，那么后果主义就不仅不会妨碍这种情谊的发展，而且会要求创造条件促进这种情谊的发展。第一，如果后果主义要求人们时时刻刻具有道德动机，所有行事的动机都是道德动机，要对每个行为进行道德审思，要不偏不倚地促进所有人的幸福，那么出于情谊的自发动机就是不可能形成的。为此，要让人们能够形成情谊，后果主义的第一步就是划分道德领域与非道德领域。显然，人们的幸福在很大程度上源于各种非道德价值，而非道德价值得以形成的一个重要条件就是个人拥有一个领域，在此领域里，人们做事的动机不是道德动机，而是各种非道德动机。因此，只要后果主义为真，那么它就必然要求创造一个非道德领域，其中道德动机是不起作用或不该起作用的。在这个领域里，人们不关注道德的要求，而是根据其他动机行事。值得注意的是，这两种领域的划分并非私域与公域之分。因为私域与公域的划分不是以是否需要道德作为标准的，相反，这个划分的缘由是私域与公域适用于不同的道德。显然，从后果主义视角看，我们划分这两个领域是能够最大化效用或幸福的。

第二，即使后果主义不会占据人们的所有动机空间，它仍然可以否定情谊具有积极的内在价值，认为情谊无关紧要或者具有较大的负面价值，从而抑制情谊动机进入非道德领域，情谊同样没有发展空间。就此而言，我们要想培育情谊动机，就需要道德不禁止情谊实践，换言之，道德至少要允许人们按照情谊动机行事，否则这种情谊动机就无法培育出来。以上这两点是消除道德的负面影响，不阻碍情谊动机的出现。

第三，除了不禁止情谊动机之外，我们还可以而且应该鼓励人们发展情谊，因为它对于人们过得幸福是如此重要。尽管由于情谊本身的内在特性，我们无法在道德上直接要求人们与某人具有情谊，但是道德本身既可以鼓励人们培养情谊动机，还可以创造有利于情谊发展的各种条件。

第四，道德对情谊动机并非完全放任不管。个人的情谊动机可能会像自我利益一样，使个人成为自私自利者，完全不顾他人的死活。按照后果主义的看法，道德在这里还要起一个作用，即为情谊动机设限。当然，这里道德起作用的方式不同于在道德领域起作用的方式。在道德领域，人们做事的动机是道德动机，出于各种道德义务而做事。然而，道德在非道德领域要起作用的话，它不是作为动机，而是作为约束，把某些行为排除在人们的选项之外。

第四节　情谊行为的工具性证成

尽管上面的论述表明后果主义可以容纳情谊，但也表明情谊中的偏向动机只是非道德动机。如此一来，我们就无法对情谊行为做出道德谴责。人们如果不做某些情谊所要求的行动，那么我们只能说人们之间并不存在相应的情谊。然而，这也有悖于我们的直觉。我们对不孝顺者、抛妻弃子者的批评不会是他们之间没有亲情就了事，相反会是更严厉的“无情无义”之谴责，且这显然是一种道德谴责。换言之，日常情谊似乎又暗含了某种特殊的道德义务。由此一来，上面对情谊的解释就是不够的。后果主义要能真正纳入情谊，还应该有能力解释情谊的各种特殊纽带。

对此，后果主义理论中有很好的资源来纳入这一点。杰克逊（Frank Jackson）的分区辩护就是其中一例。① 他用了一个简洁但有说服力的例子来阐明这一点。假如警察局要确保一个城区的安全。这里有两个方案。一个方案是，每个警察无差别地关注城区的每一个地方，他们随机巡逻，发现有需要立马就赶过去，这是所谓的分散方案。另一个方案是，每个警

① Frank Jackson. Decision-Theoretical Consequentialism and the Nearest and Dearest Objections. Ethics, vol. 101, no. 3, 1991: 461-482.

察分管一个分区，这样警察就可以与这个分区中的人逐渐熟悉起来，来了陌生人可以重点照顾，这是所谓的分区方案。一般而言，分区方案的办案效率与保护力度要大大强于分散方案。这种思路完全可以用在特殊纽带上。分散方案对应于不偏不倚的动机，而分区方案则对应于特殊纽带中的偏向性动机。我们有着强大的后果主义理由要在社会上形成这种带有偏向性的特殊纽带，形成一种特殊的道德义务。有必要强调的是，后果主义直接就要求形成特殊纽带的这种动机是一种道德动机，而不是情谊的那种自发性情感动机。由此，即使按照康德的观点，这种行为也是具有道德价值的。

但是，这种出于能力局限的分区方案辩护只能表明我们需要偏向性的道德动机，需要特殊纽带，它还不足以表明这种特殊纽带要体现在各种情谊中。要想解释这一点，笔者认为，我们需要纳入人的动机局限性：人们具有的同情心是有限的。本书第二章中已经讲过：一方面，普通人都有同情心，都可以帮助他人；但另一方面，这种同情心是有限的，如果无法带来相应的回报，牺牲过大，那么人们就无法自愿地提供这种帮助。因此，我们不能采用随意的分区方案，比如我们对邻居有特殊的义务，而是采用情谊这种特殊纽带方案。这有两个方面的原因：（1）情谊本身是我们想要的价值，因此它至少可以为我们相应的行为提供部分的动机；（2）由情谊形成的特殊纽带使受益对象与帮助者之间的关系更明确、更稳定，有利于义务的相互履行。这样，两种动机合在一起显然有利于我们更好地完成不管是情谊动机还是道德动机都可能无法单独完成的行为。实际上，我们日常生活中的情谊行为的动机一般都是混杂的，既有情谊动机，也有偏向性的道德动机。由此，我们日常的情谊行为就显然具有两种价值：既具有康德所言的那种道德价值，也具有非道德价值。

拉兹的实践观有助于我们进一步理解情谊的这种特性。按照拉兹的理解，情谊的形成与情谊的实践是密不可分的，实际上前者是以后者为前提的。

> 友谊要想可能的话，它必须是前定的。它是由社会实践所前定的，这种实践确立并且标示出人们之间的互动模式。人们具有某种特

殊关系的能力取决于这种关系要为他们所知的实践所确立，并且这种实践是他们共享的，至少在某种程度上。①

按照拉兹的解释，情谊实践具有以下几个特征。(1) 情谊这种内在善具有规范的方面，人们要获得这种情谊就必须以其为目的且知道它是好的，因此，人们必须知道情谊是什么，知道情谊有什么样的规定。因为只有这样，人们才能以某种方式获得情谊。(2) 这种情谊关系在不同的社会有不同的细节要求，人们只有在把各种相应的社会规定内化后，才能成功地追求各种各样的情谊关系。(3) 人们在参与情谊活动时，要对自己的情境具有相应的感知。由此，情谊实践的规定中似乎具有内在的道德要求，并且这是要为人们所熟知的。

拉兹正是由此产生了一个误解，情谊实践具有内在的道德要求，导致他认为情谊这种内在善必定是道德善。然而，情谊的这种动机模式主要是出于人们现实动机的考虑，一般来说人们不愿意冒太大风险。由此，情谊的道德义务确保人们进入情谊关系不至于损失太大，违约一方会受到道德谴责，从而形成一定的约束。但是，这种道德动机只能提供人们获得情谊关系的基本动力，情谊本身才能决定人们彼此间可以共担多大风险。情谊的内在规定有两个特性：(1) 各种形式的情谊具有相互性，情谊对象之间具有相互照顾的特殊义务。其严格程度可能在不同的社会有着不同的规定，但是基本上都有着一种底线的成分，当一方有难时，另一方有义务提供帮助。(2) 不同情谊之间的特殊义务会随其工具性作用而有所不同，比如家庭的义务规定一般是更严格的，甚至是强迫式的，因为它对于整个社会的发展是不可或缺的。而朋友之间的义务则次之，恋人之间的特殊道德义务则最小，因为有益于彼此的行为主要是由情谊动机促动的，不需要道德义务提供相应的动机。

由此，我们可以看到，情谊行为在低要求时体现的主要是道德性。因此，当人们无法完成最基本的情谊规定时，我们一般会给予"无情无义"这样的道德谴责。情谊在高要求时体现的主要是情谊本身。情谊至深时，人们甚至愿意为情谊对象牺牲自己的生命。但是，当情谊行为展现到极致

---

① Joseph Raz. Ethics in the Public Domain. Oxford: Clarendon Press, 1995: 42.

时，比如媳妇对瘫痪在床的婆婆几十年如一日照顾得无微不至，我们认为这样的行为具有道德价值，恰恰是因为我们认为情谊无法提供这样长久的动机。但是，当一个道德上的恶人为其情人去世而殉情时，这种行为并不具有道德价值，这里起作用的完全是情谊动机。

第五节 新见解的含义与孝行

总而言之，后果主义支持日常的情谊实践的理由来自三个方面，并且这三个方面是彼此关联的。(1) 由于情谊本身的特点，所以我们需要为情谊这种内在价值提供成长的环境，为个人提供一种非道德领域，其中个人拥有一定的时间、空间和资源，且对它们的使用一般不为道德所禁止。由此，后果主义并不要求我们随时放弃情谊，也不要求在所有时间都依不偏不倚的动机做事。但是，这里人们行事的动机是一种偏向性的非道德动机。(2) 因为人的认识能力有限，情感的调整能力有限，所以，我们在促进善时需要以特殊纽带来进行，并且在一开始，我们并没有特殊的情谊动机来完成相应的行动，因此我们需要偏向性的义务与动机，这表明后果主义完全可以容纳偏向性的道德动机。(3) 由于人的同情心有限，所以人们的情谊实践规范里会有一个利益的大致平衡或者说公平，否则会很难吸引人进入情谊实践从而培养出情谊。因此，情谊实践中一般会暗含道德义务，这是情谊顺利发展的手段，不过，这里的道德义务一般不会很高。

按照这种理解，我们可以明白，为什么日常生活中的情谊行为展示的是复杂的混合性特征，其既具有道德价值，又具有非道德价值。孝顺行为的思想试验可以向我们最为清楚地展示情谊的这种混合性特征，从而说明后果主义对于偏向性直觉的解释。

> 王二是个忤逆子，把年迈的父母赶出家门，其父母只能在外靠乞讨为生。张三赡养父母，但不过是因为当地人特别讲究孝道，对不孝顺的人有着各种各样的惩罚，张三为了避免惩罚，将父母照顾得不错，但内心里却盼望着他们早日离世。李四赡养父母，将父母照顾得

很好，不过这只是因为他是个有道德的人，认为人就该尽孝，但由于其父母不善言辞，深信慈父多败儿，对李四只有严厉的教育，所以李四与其父母的关系极差，感情交流极少。赵五比较自私，但与父母感情极好，对父母嘘寒问暖，照顾得极好。孙六与赵五一样，比较自私，与父母的感情表面上很好，因为他父母比较有钱，他为了继承财产而将父母照顾得很好。张七既是有道德的人，同时又与父母感情极好，对父母嘘寒问暖，照顾得极为周全。

这里除了王二之外，其他人都将父母照顾得极好，表面上都有孝顺的行为。

现在我们可以对孝顺的行为具有什么样的价值进行分析。非常清楚，既然有照顾行为的出现，那么除了王二的父母外，其他几位的父母都得到了照顾，因此，这种照顾至少具有工具性价值，也就是让受照顾的父母生活得好，至少在物质上如此。现在要问的是：这些照顾行为里，哪些具有道德价值，哪些具有情谊价值？我们可以看到，张三与孙六的行为既不具有道德价值，也不具有情谊价值。李四的孝顺行为是具有道德价值的，但李四与其父母之间并无亲情，因此他的孝顺行为不具有情谊这种非道德价值。赵五对父母的孝顺行为尽管在道德上值得提倡，但这种行为并不具有道德价值。这种行为对赵五及其父母而言具有极大的非道德价值，是其幸福至关重要的成分。这里麻烦的可能是张七的行为，张七的行为有两种动机，这两种动机都可以单独支持他的孝顺行为。康德认为情感动机无损于张七行为的道德价值，因为其道德动机就足够支持其孝顺行为。但笔者这里持相反的观点，因为我认为只要张七与其父母之间有着极好的亲情关系，那么在张七的孝顺行为里道德动机就不会出场，其亲情的自发动机就足以使他完成孝顺行为。因此，张七的行为只具有情谊这种内在价值，也就是非道德价值，而不具有任何道德价值。王二的行为显然具有道德上的负价值，是应该谴责的。

上面为了说明情况，都只考虑了单一的动机。表面的孝顺行为可以出于各种单一的动机，但在现实的日常生活中，人们孝顺父母可能是出于各种不同的动机，只是在不同的人那里，各种动机的比重不一样。孝顺行为的动机，可能有亲情所激发的情谊动机，有感恩所激发的道德动机，有孝顺行为所能带来的物质收益的利益动机，同时如果所生活的地区强调孝顺，那么还有不孝顺会受谴责甚至是经济方面的制裁（别人不跟你打交道等）所形成的压力动机。但是，只有出于情谊动机的孝顺行为才能凸显情谊这种珍贵的价值。我们经常可以在电影里看到这样的情景：土匪特别孝顺父母、残酷的杀人犯为其恋人不惜牺牲生命等。这些情境的设计类似于康德的例子：彰显纯粹的亲情、爱情或友情，在人性之恶中彰显人性光明的一面，由此打动观众。这里凸显的自然是理想意义上的作为非道德价值的纯粹情谊。如果某人为心上人的去世而悲伤至死，这无疑体现了两人之间的情感之深，这种情感可能是很多人向往的，但如果说这种情感在道德上是高尚的，那么就会让人觉得别扭，因为这种说法搞错了这种情感的本质。所以，电影里的情境有时候会特意显示当事人在道德上是坏人（至少不是很好的人），这样当事人在为别人（一般是情谊对象）做出极大牺牲时就不大可能是出于道德动机，只能是出于纯粹的情谊动机，由此凸显出人们实际上非常看重非道德价值。

明白孝顺行为的复杂动机，显然有利于我们理解中国的现实状况。首先，中国已经进入现代社会，人口的流动非常频繁，外出打工等是寻常事。这样一来，变换生活环境就是一件非常平常的事情，由此熟人社会变成陌生人社会，人们彼此之间的道德舆论压力大大减少，孝顺行为的压力动机大大减弱。其次，随着西方自由、平等思想的传入，男女平等至少在观念上得到了肯定，女性地位越来越高，在家庭事务中的话语权越来越大。但是她们与公婆之间是没有亲情的，因此亲情动机一开始是没有的。而随着社会流动性越来越大，婚姻提倡自由，跨省、跨地区的婚姻越来越多。年轻人与老年人由于地域与文化等因素而产生的思想代沟越来越明显，媳妇与公婆之间的沟通越来越困难，也就更加难以在婚后培养出亲情。因此，亲情动机可能是较弱的。再次，中国父母一般是把全部的钱财投到儿女身上。由此，很多老年人并无积蓄，子女最后并无遗产可以继承。对这部分家庭而言，利益动机就是不足或没有的。若新家庭又不是很富裕（很多中国家庭都是如此），那么孝顺就会形成较大的负担，有很强的负面动机。最后，孝顺父母的道德动机首先要求子女是有道德的人，但在市场经济的冲击与社会制度不善的大环境下，没有好的环境来培养人们稳定的孝顺动机，尤其是孩子的生长环境里没有孝顺的压力动机，培养孝顺的道德动机是一件很难的事情。

我们毫不怀疑，今天中国依然有很多孝顺的子女，但同样无法否定的是，也有很多不孝顺的子女。无论是通过报纸、网络，还是通过电视，我们都经常看到父母被遗弃甚至被虐待的现象。更糟糕的是，引发这种现象的上述几个原因都很难有大的变化。首先，现代社会成为流动社会，这是一个无法逆转的过程。其次，女性地位的提高是道德上的进步，我们不能像古代那样压制女性。再次，尽管国家的经济得到发展，人们的生活水平得到很大提高，但在可预见的时代，必定会有穷人。因此，至少有部分家庭，孝顺行为是没有多少利益动机的。最后，道德动机当然是最有可能改善的，随着法制与正义制度的逐渐确立，人的道德水准，至少道德表现会有一定程度的提高。但是，如果我们接受人的同情心有限这个动机假设，那么在这几种动机很难有大的变化的情况下，依赖家庭中的孝顺行为来养老，前景不会很乐观。

由此，如果上面对情谊的分析是合理的，再结合现实情况，那么我们的家庭实践就面临着巨大挑战：子女赡养老人的义务很可能流于空泛，老有所养至少对很多农村家庭来说是实现不了的。因此，我们被迫要换一种思路来考虑老有所养这个问题，至少不能再把老有所养的问题完全以义务形式留给子女。现在的问题是：如果我们改变中国亲情的家庭实践，把老有所养的问题不是交给子女，而是交给社会，按照我们的情谊观，这会有什么损失？

按照后果主义视野下的情谊观，这种损失不会很大，至少不是一个严重的问题。假定我们的社会保障制度运作良好，使人们老有所养。那么，对王二、张三、李四和孙六的父母来说，他们实际上没有任何亲情上的损失，反而是王二的父母多得了社会保障制度所提供的福利，而对张三、李四和孙六的父母来说，只是提供福利的单位变化了。对赵五与张七的父母来说，会损失亲情吗？我认为基本不会，因为社会提供福利并不禁止子女照顾和陪伴父母，他们之间的亲情依然存在。当然，由于父母的福利由社会提供，所以子女可能在一定程度上失去了表现孝顺的机会。但这个程度应该不会很大，因为社会提供的只是最基本的福利，子女完全可以在这个基础上使父母过得更好，只要他们彼此之间有着出自内心的真实情感。

很显然，如果上述分析是正确的，那么一直认为对后果主义提出强有力挑战的情谊，实际上是对后果主义强有力的支持。我们只有从后果主义角度才能更好地理解情谊的价值，才能更好地为情谊提供发展的空间，也能根据情谊的特征，特别是现有人性的局限，从后果主义视角给出更好的建议，形成与情谊特征相适宜的社会制度，从而提高人们的生活质量，让人们过得更幸福。

第十一章　个人分立性反驳

第十章处理了后果主义受到的一种重要反驳，即偏向性反驳，这种反驳认为后果主义的不偏不倚性要求与情谊不相容，与个人任何深刻的人生计划不相容。本章处理后果主义受到的另一种重要反驳，即个人分立性反驳，实际上是来自义务论分配正义的反驳。这种反驳立基于有关个人与社会的形而上学立场，按照现代的观念，只有个人才是实体，而社会不是。后果主义要求的最大化策略没有考虑这一基本的形而上学事实，忽视了个人的分立性，没有对人的个性展示基本的尊重，忽略了人的尊严。自尊与尊严等观念在现代社会里具有极其重要的价值，后果主义如果无法解释自尊与尊严，或者无法与之相容，那么无论显得多么自洽，这都显然是其重大的软肋。本章考虑个人同一性的各种理论，特别是日常个人同一性观念面临的困境，揭示义务论分配正义的形而上学立场是不融贯的、不自洽的，而后果主义反倒能为自尊与人性尊严提供一种证成。

第一节　个人同一性假定及其蕴含

我们前面已经讨论过，罗尔斯的《正义论》中提出的公平正义论是想取代此前一直居统治地位的功利主义理论。他在这本书中对功利主义最重要的批评是功利主义（后果主义）把适合于个人的最大化推理扩展到社会，由此忽视了人与人之间的分立性。[①] 我们讨论过的诺齐克的《无政府、国家与乌托邦》，其中也有类似的指责。为什么忽视人与人之间的分立性，把适合于个人的决策扩展到社会就不对？其基本理由大概是诺齐克所概括的这样：只存在单个的人，没有所谓的一种有生命的社会实体的存在，因为为了他人的利益而利用某些人在道德上是不被允许的。谈论一种全面的社会利益就是为了他人的利益而利用一些人，以这种方式利用一个人，就意味着“没有充分地尊重和理解他是一个单独的人、他的生命是他拥有的唯一生命的事实”[②]。

我们前面讨论的各种分配正义理论，实际上基本都默认了以下这种立场：只有个体在形而上学意义上作为实体是存在的，而国家、社会或者集体并不是作为实体而存在，它们只是个人的集合体。这种立场可以被看作现代分配正义理论的基本形而上学承诺。这种形而上学承诺使其支持者一般认为，最终有价值的是个体，而不是国家、社会或者集体。这种形而上学立场可以为上述对功利主义的批评提供基础。个人同一性理论确保个人的最大化决策是合理的，因为在进行最大化决策时受损者与受益者是同一个人，因此，不管是在什么时候受的苦，都会为之前或之后的受益所补偿。个人同一性与集体的非实体性带来了个人的分立性，这种分立性使社会的最大化决策是不合理的。社会的最大化决策与个人的最大化决策不一样，因为在进行社会最大化决策时，受苦的是一个人，受益的却是另一个人，这其中就没有补偿出现，由此这种最大化决策就是不公平的、不正义的。

上述分配正义理论持有的是通常意义上的规范个人主义。一般而言，这种立场还接受方法论的个人主义，认为我们需要通过考察个人来分析与解剖社会等各种现象，把它们还原为跟个人相关的东西。不过，这种形而上学承诺受到以桑德尔（Michael Sandel）、泰勒（Chareles Taylor）等为代表的社群主义者的强烈质疑。[③] 要注意的是，社群主义者不是要发展一

① 约翰·罗尔斯. 正义论. 何怀宏，等译. 北京：中国社会科学出版社，2009：21.

② 罗伯特·诺齐克. 无政府、国家与乌托邦. 何怀宏，等译. 北京：中国社会科学出版社，1991：33.

③ Michael Sandel. Liberalism and Limits of Justice. Cambridge：Cambridge University Press，1982；查尔斯·泰勒. 自我的根源. 韩震，译. 南京：译林出版社，2008.

种正义理论来取代义务论分配正义理论，相反，他们认为我们应该超越正义，寻求比正义更高的社群价值。在这种意义上说，社群主义显然并不认为国家或社群只是个人的加总，相反，他们认为国家或社群是一个有机整体。他们不承认一种原子式个人的存在，反而认为个人的构成中就有社群价值，换言之，从规范意义上讲，社群价值优先于个人价值。这就是说，他们否定义务论者所强调的规范个人主义，并且不认为最终的价值仅仅只是个体价值。他们承诺的根本价值是社群价值，因此他们承诺规范集体主义或者规范社群主义。

根据上面的区分，我们可以概括出义务论者与社群主义者之间的根本分歧。在规范意义上，义务论者支持规范个人主义，而社群主义者支持规范集体主义或规范社群主义；在方法上，义务论者支持方法论个人主义，而社群主义者支持方法论集体主义。两者之间的这种根本分歧，显然跟两者对个人与社群的形而上学承诺密不可分。义务论者认为在形而上学意义上只有个体这种实体存在，而集体或社群并不是一个有机整体，并不构成一种实体存在。但是社群主义者认为社群本身就是一个有机整体，而个人是构成这种有机整体的必要成分，社群的价值或文化等是个人身份中不可或缺的成分。这种形而上学承诺的不同也使双方采取截然不同的方法，义务论者认为国家或社会可以还原为个体因素，因此强调运用个人主义的方式解释与分析各种社会现象。而社群主义者一般并不接受这种还原方法，因为社群本身构成一个有机整体。方法论个人主义则认为研究与分析某个现象时要从个体出发，因此它带有还原主义色彩。由此，义务论者与社群主义者之间的分歧可以体现为下表①：

表 11-1

		方法意义上	
		个人主义	集体主义
规范意义上	个人主义	I	II
	集体主义	III	IV

① 对这种区分还有另一种表述，其更为详尽的介绍与讨论，参见曹钦. 整体论的个人主义. 政治思想史，2015（2）.

根据上面的区分，我们可以看到，I是典型的义务论自由主义者所持的看法，他们既在规范意义上是个人主义的，又在方法意义上是个人主义的，而IV则是典型的社群主义者，如桑德尔与泰勒等，他们既在规范意义上是集体主义的，又在方法意义上是集体主义的。社群主义者反对个人主义的强有力武器是：没有人真正可以是孤岛上的鲁滨孙。换言之，原子式个人只能在想象中存在，罗尔斯的无知之幕下的选择者也是空荡荡的个人，没有任何具体内容。在社群主义者看来，真实的个人是血肉丰满的，这种丰满恰恰源于社群或者集体的价值观。个人主义者无法回避这个挑战：每个人在很大程度上是社会的产物，集体价值确实对个人产生巨大的影响，很多个人的价值都是以其所属群体为依托的，个人幸福的一个重要成分就是超越个人的归属感。

规范个人主义不一定要纳入集体的价值观，但一定要能解释这种现象。此外，在规范个人主义的前提下，不仅最大化决策里面存在着补偿问题，实际上平等决策同样存在着补偿问题。在平等决策过程中，受损的与受益的也不是同一个人。为支持这样的观点，当代的义务论自由主义者在很大程度上接受罗尔斯所开启的一种思路：否定个人的自我所有权，在各式各样的无知之幕下寻求一种公平契约。由此，这种公平契约下的结果因为受到人们有关正义的直觉影响，自然会纳入人们对集体价值的认可，形成的分配正义观会间接接受社群的价值观。不仅如此，由于天赋等不属于个人，所以不管是平等还是其他的分配模式，只要被认为是公平的，自然就不存在所谓的补偿问题。然而，正如诺齐克对这种混合理论所做的批评一样，一旦否认个人的自我所有权，把个人弄成空荡荡的自我，实际上就会瓦解个人尊严的基础。因为从形而上学立场上看，规范个人主义的根基在于个人同一性理论，而罗尔斯式思路下的个人实际上已经被抽掉了这种同一性的根基，没有任何内容。因此，这种解决思路不管是否合乎人们的道德直觉，都与其规范个人主义的立场是相冲突的。这就是说，罗尔斯式思路在规范个人主义的前提下纳入社群价值的方式是没有希望的。

在笔者看来，拉兹纳入社群价值的策略是更可行的。这种思路接受社群主义者所谈论的那类事实，但是对此有不同的解释。社群主义者认为社群才是价值的根源，个人的价值在很大程度上是因为他们体现了社群价值。而规范个人主义者一般持有相反的看法，认为个人才是价值的根源。拉兹对个人幸福的看法颇具独特性，使我们可以在坚持规范个人主义的同时解释社群价值的重要性。① 拉兹在很大程度上接受社群主义者的看法与直觉，认为并不存在原子式个人，个人的诸多选项只有在集体主义的方式上才具有意义，个人的很多价值要在集体中才能实现，个人的很多成就只有在集体实践中才有意义。换言之，集体实践在一定程度上定义个人的价值与幸福。但这里的集体并不是这些价值的源泉，相反这些价值是客观存在的，只是其实现方式是集体性的，或者说集体实践是获得这些价值的不可或缺的手段。由此，根据这种解释，最终具有决定性意义的依然是个体价值。这种解释下的集体实践可以避免社群主义理论致命的根本缺陷，会导向相对主义。拉兹的理论因为立基于规范个人主义，所以有对各种集体实践进行评判的根据：个体价值的实现。概言之，这种回应的实际效果是采用表 11-1 中的第 II 种组合，接受规范意义上的个人主义，但在方法意义上接受集体主义，由此对社群主义者的批判做出回应。

然而，除了社群主义的攻击外，义务论的这种形而上学立场在另一端受到了以帕菲特为代表的功利主义者的挑战，其实质为：不仅不存在国家或集体这种有机实体，而且不存在所谓的连续存在的个人实体。这种攻击不仅单独具有破坏力，而且一旦与社群主义的攻击组合在一起，就显得规范个人主义是一种不一致的立场。

第二节　帕菲特的个人同一性理论及其伦理蕴含②

从表面上看，义务论对个人同一性的承诺非常符合人们的常识，由此显得颇具合理性。这种常识中的个人同一性有两个坚定的信念：（1）个人具有唯一性，即在任何时期，某个人的体现只能有一个，不可能有两个或

① 约瑟夫·拉兹. 公共领域中的伦理学. 葛四友，主译. 南京：江苏人民出版社，2012：第 2 章.

② 本节内容的主要文本依据：Derek Parfit. Reasons and Persons. Oxford：Oxford University Press，1984：chaps. 10-14.

更多；(2) 个人具有确定性，即在任何时期，某个人都只能是或不是张三，不可能在部分程度上是张三。个人同一性理论则是讨论每一个特定的人的本质成分是什么，但它真能确保上述两个特征吗？帕菲特对以上两个特征提出了挑战，其方式是通过各种思想试验揭示出常识信念会产生矛盾。

我们先来看帕菲特对第一个信念的反驳。帕菲特设想星际旅游的两个例子加以对照。简单情形 A，张三为了进行星际远距离旅游，需要把自己分解以得到信息，从而在另一个星球重新组装出来，新的组装体拥有张三的一切生理特征、精神特征（包括记忆），称其为张三 A1。张三 A1 做完旅游后，再次将自己粉碎，又在地球上组装出另一个人，他拥有张三 A1 的一切特征，称其为张三 A2。一般而言，我们认为张三的家人会接受张三 A2 就是原来的张三，或者说认为张三还活着。从很多学者所做的实际调查来看，大多数人都这样认为。复杂情形 B，假设技术进步了，为了得到充分的信息，我们不需要把人分解以得到信息，只要扫描就可以了。张三做了扫描，然后在另一个星球组装出了拥有张三的一切生理特征、心理特征的张三 B1（由此与张三 A1 是完全一样的）。这个张三 B1 旅游完后，又在地球上组装出张三 B2（他在各个方面完全等同于张三 A2）。不过这时候，大多数人都不认为张三 B2 还是张三，张三的家人也不会认为张三 B2 还是张三，因为原本的张三还好好地活着。然而，麻烦在于：张三 A2 跟张三 B2 是一模一样的，但我们认为第一种情形中的张三 A2 是张三，却不认为第二种情形中的张三 B2 是张三。由此，人们有关个人同一性的直觉信念就似乎出现了问题。

除了这种完全虚构的例子外，现实的医学成果也可以产生类似的结论。对普通人而言，我们的两个脑半球各自掌握一些功能，并且这些功能大多不一样且有强弱之分。但有些特殊的人，他们两个脑半球的功能是对称且一样的。不仅如此，两个脑半球之间的联系还是可以切断与连接的。我们可以设想移植的例子。简单情形 A，有双胞胎张三与张四，他们恰好是有两个相同脑半球的人。他们同时出车祸了，张三的大脑坏了，身体是完好的；而张四的身体坏了，大脑坏了一半。把张四的一半好大脑移植到张三的身体上，得到了张四三 A，具有与张四一样的心理特征与差不多的生理特征。我们直觉会认为，经过移植后，张四三 A 是张四，也就是张四还活着。

复杂情形 B，与上面的情况一样，只是现在是三胞胎，还有一个张五。这里张四的两个脑半球都是好的，但其身体坏了，但张三和张五的脑半球都坏了，但他们身体都是好的。由于移植手术有风险，张四决定把两个脑半球分开移植到张三和张五的身上。这里可能出现三种情况。第一种是运气最不好的情况，两例移植都失败了，这里结论很好做出，张四死了。第二种是运气一般的情况，有一例移植成功，不管是移植到张三身上还是移植到张五身上，我们会得到张四三 B，或者张四五 B，这就如同简单情形 A 中发生的一样，我们会认为张四还活着。最麻烦的是第三种情况，也就是运气很好，两例移植都成功了。由此，现在有两个人，张四三 B，张四五 B。那么，我们关于张四可以有四种看法：（1）张四死了；（2）张四作为张四三 B 活着；（3）张四作为张四五 B 活着；（4）张四作为张四三 B 和张四五 B 活着。第一种看法与简单情形 A 相矛盾。如果只有一个脑半球移植成功，那么我们会接受张四还活着。若两个脑半球都移植成功，但张四竟然死了，这说不通。第二种与第三种看法的麻烦在于，两个是完全一模一样的，他们要么都是张四，要么都不是，因此第二种与第三种看法也说不通。现在只有第四种看法，张四作为两个人而活着。也许有人会说，两个移植的人不是两个人格，他们具有一个人格，其效果是给予了张四两个身体。尽管这一点是可以设想的，但帕菲特认为这是对"人格"概念的扭曲。这里可以设想他们分开，生理与精神都有了很大改变，生活在不同的地方，当他们相逢打乒乓球时，我们能够说他们是自己跟自己打球吗？由此，帕菲特强有力地挑战了个人同一性的唯一性。

我们接下来看帕菲特对第二个信念的反驳。帕菲特使用了转变连续谱的思想试验。在日常生活中，我们一般并不会仅仅因为某个人经历了生理与心理的变化就不承认其还是同一个人。帕菲特由此做了下述几种思想试验。设想有两个不一样的人——赵六与王七，他们经历了三种转变过程。第一种过程是转变身体的物理特征，也就是通过慢慢地改变两个人的细胞，慢慢地把两个人都向对方转变。赵六慢慢地获得王七的身体特征，逐渐地转变为与王七一模一样的人，我们可以称之为赵王七；王七也慢慢地获得赵六的身体特征，最终转变为与赵六一模一样的人，我们可以称之为王赵六。第二种过程是纯粹的心理联系的转变，即赵六从开始改变一点点记忆，直到最后完全具有王七的记忆，而王七也可以逐渐改变，直到完全拥有赵六的记忆。第三种过程是混合转变连续谱，这里是赵六从开始一点点改变生理结构和记忆，一直到拥有王七的生理结构和记忆。王七亦然。

上述三种转变过程中最麻烦的不是在日常实践中如何称呼他们，而是这种称呼的意义。如果个人同一性是确定的，那么麻烦就在于从何时开始赵六不再是赵六，而是王七或者其他某个人，而王七从什么时候开始不再是王七，而是赵六或者其他某个人。这个麻烦的根本在于确定性要求有边界。在边界的一边，赵六是完全彻底的赵六，在这之后的任何微小变化都使他彻底地变成了王七。但无论是某人的生理特征还是其心理特征，都不可能在某个边界之前的任何变化对个人完全没有影响，而在边界之后的任何一点微小变化就使那个人的同一性发生完全的转变，变得彻底不再是那个人。这样，个人同一性的确定性就受到了极大挑战。

为了回答上述思想试验提出的挑战，帕菲特考察了各种个人同一性理论，目前主要有两大类四种理论：非还原论里面的灵魂论和深刻事实论，还原论里面则有身体连续性（大脑同一性）理论和心理连续性理论。灵魂论认为，灵魂是个人在不同的时间依然能够算作同一个人的根据；而深刻事实论则不认为有灵魂的存在，但是认为除了各种表面特征之外，还有一种更深刻的事实，正是这种事实的存在，使人们在不同的时间依然能够算作同一个人。身体连续性理论则认为个人同一性的根据在于个人的肉体，特别是大脑的连续存在；而心理连续性理论则认为，个人在不同的时间算作同一个人的根据在于人在不同的时间依然有着心理上的连续性。然而，麻烦在于，上述各种理论均没有办法解释上面所提出的问题，换言之，没有任何一种理论能够解释人们有关个人同一性的两个信念。帕菲特由此得出的结论是：个人同一性实际上是不重要的，重要的只是心理连续性 R，而个人同一性的重要性实际上源于 R。据此，对于上述故事，他可以给出答案。尽管张三在远途旅行时就不存在了，但他依然活着，或者在日常意义上还活着。而在移植的例子中，张四在简单情形中是活着的，因为其记忆连续性依然存在，不过这时的情形跟日常情形没有差别，只有一分记忆连续性存在；而在复杂情形的幸运情形中，张四依然是活着的，只不过其记忆连续性有两份而已。

很显然，上述个人同一性理论若是对的，那么就会对义务论分配正义理论形成很大的冲击，因为它向义务论分配正义理论发起的是釜底抽薪式的挑战。义务论者认为，功利主义的根本缺陷就在于忽视了个人的分立性，忽视了个人作为一种实体有其独特性，功利主义的统合式或加总式计算不尊重个人。情形为何如此，我们可以做出更详尽一点的分析。义务论者批评功利主义时持有下述两个观点：（1）个人在其一生中最大化自己的幸福是理性的；（2）国家最大化其国民幸福时忽略了人与人之间的分立性，从而不正义。罗尔斯等人接受 A，他们觉得个人后期的享福补偿了其前期所吃的苦与所受的罪。这是一种常识看法。我们在教育孩子要读书时，经常有这样的说法：你现在流汗、受累，是为了将来不流血、不流泪，“吃得苦中苦，方为人上人”。这些说法不管正确与否，显然都体现了这种补偿观。功利主义的最大化策略是在人与人之间进行的，换言之，某些人受损是为了其他人获得更多、更大的利益。从常识上说，受损者没有得到任何补偿，因此这种最大化策略是不公平的，是不正义的。

根据帕菲特对个人同一性的理解，我们无法找出一种形而上学意义上的实体或因素，它使一般意义上的从生至死的各个阶段的自我成为同一个人。实际上，个人的一生是由无数个自我组成的，至少是由一些片断式自我组成的，比如婴儿期、儿童期、少年期、青年期、中青年期、中年期、老年期等阶段的自我。由此，个人的构成与国家的构成是一样的，换言之，适合于个人的推理应该适合于国家。因此，上面提到的补偿如果在道德上是必要且正当的，那么不仅生命之间的牺牲无法补偿，而且生命内部的牺牲也无法补偿：个人未来的享福将无法补偿个人以前所吃的各种苦与所受的各种罪，因为它们属于不同的自我。换言之，孩子的受苦得不到补偿，因为受益者不是那个孩子，而是长大后的成年人。由此，如果各个生命之间的最大化策略是不公平的，那么生命内部的最大化策略也就是不公平的。简言之，如果人（生命）与人（生命）之间的分立性可以造成利益分配不公，那么在生命内部也可以造成这种利益分配不公。这种所谓的公平问题，要么同时适用于个人之间与个人内部，要么同时不适用于个人之间与个人内部。这就是说，如果帕菲特的个人同一性理论正确，那么义务论分配正义就有着内在不一致。①

面对帕菲特的批判，义务论者有两种可能的回应。第一种回应是承认失败，彻底否定分配正义原则，认为分配正义原则不仅不适用于个人内部，而且不适用于个人之间，由此接受后果主义。第二种回应是增强分配正义原则，把义务论的分配正义原则扩展到个人内部，由此分配正义原则的适用范围就更广，不仅适用于生命之间，而且适用于生命内部，成为更彻底的分配正义原则。从这种视角看，以罗尔斯为代表的义务论者与效用主义者之间的争论主要是适用范围之争。前者认为在个人内部可以忽略分配正义原则，但在个人之间则不行，并且分配正义原则在个人之间具有很大的权重，而后者则搞错了分配原则的适用范围，把适用于个人的决策原则推广到了整个社会。

然而，第二种回应很难成功，原因有二：(1) 义务论者同样否定目前占主导地位的各种分配正义原则；(2) 它依然面临一种不同但同样严重的反驳：不管我们觉得一般的分配正义有多么合理，个人的最大化策略至少是同样合理的。尽管现实中有不少人因为各种原因无法做到最大化自己的利益，但这并不妨碍我们觉得应该这样做，并且要尽可能地最大化。如果这种直觉具有合理性，那么我们实际上并不接受生命内部的分立性有多重要。如果如此，那么我们为什么不能接受生命之间的分立性同样不重要？我们之所以认为利益与负担不可以进行比较和权衡，根本原因在于我们预设了常识中的个人同一性。但按照帕菲特的还原论观点，个人同一性并没有那么深刻，这个事实具有的道德意义也没有那么大，由此道德补偿这个事实的意义也就没有那么大。

然而，帕菲特的结论同样会受到类似于社群主义对个人主义提出的反驳。我们在接受个人最大化策略时，似乎把价值载体放在个人上了，而不

---

① 这里的主要文本依据：Derek Parfit. Reasons and Persons. Oxford：Oxford University Press，1984：chap. 15.

是放在不同的自我上。然而，还原论显然是把价值载体放在了不同的片断式自我上。这种做法有两个问题：(1) 这种观点可能滋生及时享乐主义，因为它注重片断式自我，并不承认有一个连续的自我实体存在；(2) 我们实际上很少会根据某个片段来对某个生命做出评价，甚至对那个片断中的自我做出评价也是根据该生命一生中所接受或显现的价值观。由此，还原论观点的蕴含与日常的实践之间就存在矛盾，还原论观点需要对此做出解释。

这里，前面的拉兹式策略依然有用。按照规范意义与方法意义的两种区分，我们可以把片断式自我与整体生命之间的关系展现出来：

表 11-2

		方法意义上	
		片断主义	整体主义
规范意义上	片断主义	A	B
	整体主义	C	D

A 选项在规范意义上强调价值载体是每一个片断式自我，在方法意义上也强调要从每一个片断式自我来理解且追求这种价值。这种观点不仅忽略了个人作为整体的生命价值，而且无法与社群主义的价值相容，显然容易形成及时享乐主义，我们很难接受这样一种观点。D 选项在规范意义上强调价值载体是整体生命，而且在方法意义上也认为应该从生命的整体而不是各个片断式自我来追求价值，这实际上属于典型的规范个人主义。但 D 选项的麻烦在于，其形而上学立场有一种不彻底的不对称性。如果它能坚持规范意义上的整体主义，那么这种逻辑贯彻到底就应该接受社群主义的集体价值。换言之，根据个人同一性的这种还原论观点，在规范意义上，我们要么接受片断主义，要么接受社群主义，规范个人主义是一种不一致的立场。

在个人同一性的还原性路径下，体现拉兹式进路的 B 选项可能是一种更说得通的立场。在这种立场下，尽管具有规范重要性的是片断式自我，但这种片断式自我的价值则只有通过整体生命的各种实践才能实现。换言之，尽管整体生命的最终价值是不同阶段的片断式自我所实现的价值，但这种价值只有通过不同阶段的自我作为一个整体生命才能得到实现。这种观点在规范意义上强调片断式自我，而在方法意义上强调整体生命。这就是说，片断式自我的价值之实现只能采用方法意义上的整体主义。不仅如此，这种观点还可以且需要进一步扩展，实际上可以扩展为方法意义上的集体主义，片断式自我之价值最终只能通过社会实践与集体才能实现。由此，在规范意义上讲，具有终极价值的是最终的片断式自我，而在方法意义上则采取最彻底的集体主义。如果个人同一性的观点真的是一种还原论观点，那么这种规范意义上彻底还原而方法意义上强调整体的立场至少是自洽的，同时可以解释人们有关价值的道德直觉。

第三节　个人同一性的新诠释

上面的分析显示，如果帕菲特的个人同一性理论是对的，那么义务论就面临着严重的困难。而要理解义务论的回应，我们首先要明确帕菲特的挑战层次。帕菲特的第一层挑战直指个人同一性的根基，第二层挑战指向个人同一性的必要性，第三层挑战则是质疑个人同一性的重要性。帕菲特的个人同一性理论提出之后，在学界产生了很大的影响，但无论是支持者还是反对者，基本上都接受第一层挑战：并不存在一个形而上学意义上的实体，在从生至死的整个生命过程中保持一成不变，由此使不同阶段的自我是同一个人。[①] 由于在我们的日常观念中，似乎个人同一性均以此种实体为基础，所以帕菲特的攻击显得很有力。很多义务论者的回应正是从此点出发，认为个人同一性并不需要基于这种实体。

这种回应的第一步是指出，我们对“个人同一性”概念的使用并未预设那种不变实体。佩内胡姆（Penulhum）正是基于此来考察休谟的个人同一性观点的。[②] 他认为，一般说来有两种意义上的“同一性”。第一种同

① Derek Parfit. Personal Identity. The Philosophical Review，vol. 80，no. 1，1971：3-27；Sydney Shoemaker. Personal Identity：A Materialist's Account//Sydney Shoemaker，Richard Swinburne. Personal Identity. London：Wiley-Blackwell，1991：67-132.

② Terence Penulhum. Hume on Personal Identity. The Philosophical Review，vol. 64，no. 4，1955：571-589.

一性指数字式同一性，指 A 与 B 是同一个东西，也就是标记（token）意义上的同一性，比如你今天拿的篮球跟昨天拿的篮球是同一个球。第二种同一性指特定的属性同一性，也就是类型（type）意义上的同一性①，比如你今天拿的篮球跟昨天拿的篮球，尽管不是同一个篮球，但却是同一品牌的篮球，各方面的属性都是一样的。尽管“同一”有两种不同的意义，但由于同根同源，在很多人看来，数字式同一性比属性同一性更严格，并且要先满足属性同一性。正是这个看法导致休谟认为“个人同一性”概念是个悖论，因为人们谈论的正是把不断变化的东西称作同一个东西。然而，只要数字式同一性不以属性同一性为前提，那么“个人同一性”概念就不必然要求有一个形而上学的实体。由此，我们即使接受帕菲特的第一层挑战，也无法就此推出“个人同一性”概念是不必要的。

一个接踵而至的问题是：如果并没有原生的实体作为数字式同一性的根基，那么为什么要使用“数字式同一性”这个概念？目前得到最多认可的理由是实践必要性，换言之，数字式同一性之所以需要，是出于实践必要性。第一种实践必要性是认知的必要性。如果数字式同一性必然要求属性同一性，那么我们整个语言系统就会崩溃。这里可以分两种情形来讨论。情形 A，数字式同一性要求事物的一切属性完全同一，那么我们的认知官能就要把所有有变化的东西都称为不同的东西。赫拉克利特的名言——“人不可能两次踏入同一条河流”实际上就有此预设：事物的数字式同一性要以属性同一性为前提。但若贯彻到底，把这种预设应用于个人同一性，那个问题根本就不存在。因为按照该要求，不同的时间根本就不可能存在同一个人，也就不存在所谓的两次。采用这种标准的结果是几乎所有的数字式同一性语言都没有办法使用，导致一切专名失去意义，由此认知成为不可能。

情形 B，数字式同一性只要求部分属性同一性，也就是要求事物的本质属性完全同一。然而，帕菲特所做的各种思想试验显示，并不存在任何

---

① 当我们在黑板上写下四个“1”，然后问“黑板上有几个字”。如果回答“一个字”，这是在类型（type）意义上讲的；如果回答“四个字”，则是在标记（token）意义上讲的。

这样的本质属性可以一致地贯彻下去。更麻烦的是，所有数字式同一性都是标记意义上的，而所有本质属性都是类型意义上的，在某种意义上是完全可以复制的，因为它们不取决于材料，而取决于形式。按照这种标准，我们依然无法获得有用的专名，从而做出整个知识系统必要的区分与概括，从而无法获得知识。由此，我们只要想要有知识，就得有数字式同一性，由此就不能将其建立在属性同一性的基础上。

第二种实践必要性是行动必要性。这种行动必要性可以从两种视角来看。第一种视角是内在视角，即从行动者的视角看，他要想行动，就必须具有这种个人同一性。这种视角是科丝嘉所探讨的。① 科丝嘉的论述分为两个部分。第一个部分是指，对任一时刻的行动者而言，如果要行动，就必须有一个统一协调的自我，换言之，行动者的意识是统一的。这里要注意科丝嘉所做的一个区分：我们“有意识地从事某个活动”与我们“明确地意识到我们在从事某个活动”是不一样的。例如，一个老到的猎手在森林里捕猎，当他看到猎物后悄无声息地往前走时，他所做的是有意识的动作，但是他当时一般不会明确地意识到他所做的一切动作，因为他的全部注意力都放在了他要捕捉的猎物上。但他所做的动作显然与梦游不同，同时也显然不同于一般所言的僵尸行动。这里的要旨在于：如果没有一个统一的自我，那么人们就不可能行动。实际上，科丝嘉这里强调的意识的统一性就体现在人们行动的协调性，或者说，这种意识的统一性就是行动的协调性。第二个部分则是针对历时性的自我同一性，也就是将不同时间的自我认同为同一个人。正如前面讲过的，生命的很多价值并不在于某个片断式自我的价值，很多时候要取决于长期的计划与项目。如果我们不坚持历时性的自我同一性，那么我们的很多计划与项目就将失去意义。然而，在日常生活中，正是这些计划与项目参与并构成人们的身份，一般而言，人们认同的各种原则是构成人们同一性的最重要的内容，换言之，原则是个人用以界定自己身份的方式：人为人的原则就是这样的。我们通过遵循某些原则，恰恰可以用自己的视角来整合不同时期的生活，从而使个人获

① Christine Korsgaard. Personal Identity and the Unity of Agency. Philosophy & Public Affairs, vol. 18, no. 2, 1989: 101–132.

得完整性，显示出历时性的自我同一性。如果没有这种历时性的自我同一性，那么我们对于自己未来的做法就不信任，长期计划就显得不可能。换言之，只要我们想要从事有意义、有价值的长期计划或活动，那么这种历时性的自我同一性就是必要的。

第二种视角则是外在视角，即从外人的视角看，行动者要想行动，就必须有这种个人同一性。人们所做的很多事情，要想成功，都离不开其他个体的合作。从消极意义上讲，人们的行动不能受他人的阻碍。从积极意义上讲，人们的行动有时候需要他人的帮助。但这两个方面都需要人们能够信任他人，对他人的行为做出可靠的预期。这显然需要他人在较长的时期内是同一个人，并且能够根据原则来行动，否则这种预期就不可能形成。

由此，不仅从内在视角，而且从外在视角，如果没有历时性的自我同一性，那么人们就几乎无法进行任何行动。不过，从发生学上讲，这种自我同一性不大可能像科丝嘉所说的那样，个人是从内在视角建构出来的，因为小孩获得智能、能够行动的起始点恰恰要求能够区分自己与他人。从个人成长的过程看，自我与他人的区分以及历时性的自我同一性是在日常的语言实践中逐渐形成的。科丝嘉所谈到的历时性的自我同一性，很难说是在行动中建构出来，但是这种同一性在人们有自觉意识之后，起码要能获得人们的认同，至少是不反对。

不过，有一点值得强调，这里的所有理由均只是强调了人们需要个人同一性，且这种个人同一性并不需要以本体论意义上的某种实体或属性为基础，相反是出于人们的实践需要，无论是认知上的必要性，还是行动上的必要性。但是，这些必要性并不能告诉我们要如何确定个人同一性、事物同一性。这个确定实际上只能从实践中得来。因此，它要有好的可以辨认的标准。对个人同一性而言，一个自然的选项是一个连续的生命体。实际上正如佩内胡姆所提出的，日常语言中个人同一性的认同标准是它们是在同一个连续的生命体内，由此被认同为同一个人，并没有要求把一模一样作为同一个人的标准。① 正如努南（Noonan）对洛克的个人同一性理

① Terence Penulhum. Hume on Personal Identity. The Philosophical Review，vol. 64，no. 4，1955：571-589.

论所故的解读，洛克实际上也持这样的看法，把一个连续的生命体看作个人同一性的自然载体。[①] 而科丝嘉也赞成在现有的各种限制条件下，身体连续性（生命连续性）就是个人同一性的标准。[②]

第四节　个人同一性的重要性

前面的论述若是正确的，则帕菲特对个人同一性之根基的挑战就是成功的，但他对个人同一性是否必要所提出的挑战则是有待商榷的。现在的关键问题是第三层挑战：个人同一性重要吗？但这里实际上要注意两个问题：(1) 个人同一性重要吗？(2) 个人同一性的重要性能够支持义务论分配正义吗？

我们先来看第一个问题：个人同一性重要吗？帕菲特之所以认为个人同一性不重要，一个主要原因是他认为个人同一性可以还原为心理关联性与连续性。但这种推理有两个方面的问题：(1) 这种还原论是值得商榷的；(2) 即使这种还原论是对的，依然不能就此否定个人同一性具有独特的重要性。如果帕菲特所做的有关同一性的各种思想试验不仅仅只是在思想上成立，而且是在现实中大量出现，比如我们现在完全可以根据个人的信息组装出类型意义上的复制体，那么个人同一性的重要性肯定要大打折扣，至少无法具有我们现在赋予个人同一性的那种意义。然而，即使帕菲特的还原论是对的，我们也只能得出：在某些条件下，个人同一性将失去它目前所具有的那种重要性。而它无法得出：在任何条件下，个人同一性都是不重要的。

拉兹对权威之作用的理解有助于我们理解个人同一性的作用。[③] 在拉兹那里，权威是一种服务性观念。其合理性在于：相对于没有权威而言，

---

① Harold Noonan. Locke on Personal Identity. Philosophy, vol. 53, no. 205, 1978: 343-351.

② Christine Korsgaard. Personal Identity and the Unity of Agency. Philosophy & Public Affairs, vol. 18, no. 2, 1989: 101-132.

③ 约瑟夫·拉兹. 公共领域中的伦理学. 葛四友，主译. 南京：江苏人民出版社，2012：10.

在现实各种条件的约束下，权威的存在有助于人们更好地讲道理，或者说更好地依据理由行动。但是，权威的这种服务性功能要起作用，就必须保证一点：一旦权威存在，人们就要把权威当作一种理由，不如此，它就不是权威。个人同一性理论的作用也可做类似的理解。个人同一性理论发挥的也是一种服务性作用。其合理性在于：相对于没有个人同一性而言，在现实各种条件的约束下，个人同一性的存在能够使这个世界变成更好的世界。同样，按照拉兹的看法，如果我们的现实条件发生变化，权威的存在使我们无法更好地讲道理，那么我们就不再需要权威，由此权威也就不再重要。换言之，只要权威是必要的，那么它就是重要的。与此类似，只要“个人同一性”概念的存在对于使这个世界变成更好的世界是必要的，那么它就是重要的。不仅如此，这种个人同一性拥有何种分量的重要性也是有条件的，它要有助于这个世界变成更好的世界，如果它的分量过大而阻止了这一点，那么我们就有必要减低其分量。由此，我们发现，个人同一性并不是如帕菲特所说的是不重要的，相反它是重要的，尽管这种重要性是有条件的。

我们再来看第二个问题：个人同一性的重要性能够支持义务论分配正义吗？答案是否定的，实际上这种重要性的条件性提出了两个方面的挑战。第一，证成关系上的颠倒。义务论分配正义观认为，我们不能在整个社会中做最大化计算，不是我们做不到，而是我们不应该做。按照这种理论，这种做法没有考虑到人与人之间的分立性，没有考虑到个人同一性的重要性。然而，按照新的同一性理论，这种关系应该倒过来。我们不应该实行全方位的最大化计算，不是因为这种计算是内在地不应该的，而是因为不值得，会有适得其反的效果。因为现实存在的各种约束，如果不坚持某种程度的个人同一性，那么人生的意义与价值就会受损。换言之，不认可这种人与人之间的分立性去做最大化计算，结果会适得其反。因此，在间接意义上，人们要想最大化人类的幸福，就得认可个人同一性，就不应该忽视人与人之间的分立性。但是这种证成关系的颠倒，有助于消除最大化的这种阻力：因为最大化是不正义的，所以要反对最大化。根据这种思路，人们对个人同一性的认可、对人与人之间的分立性的接受就有一个前提，那就是它应该有利于人类幸福的最大化。换言之，只要最大化策略不是适得其反，那么就不应该以“不正义”这个理由来反对它。不仅如此，如果最大化策略之所以适得其反是因为我们认为它是不正义的，那么我们就应该改变这种认识，从而让最大化策略发挥作用。

第二，即使个人同一性的重要性不同于权威的重要性，它依然无法支持义务论分配正义。我们前面讲过，帕菲特对个人同一性之根基的批判是成立的，个人和国家都不是形而上学意义上的实体。科丝嘉等人均接受，个人与社群是同构的，都是因为实践必要性而被建构的。由此，即使他们对帕菲特理论的回应成立，这也无助于他们用它来反对把适合于个人的决策推广到社会。科丝嘉认为，没有即时的个人同一性，我们就没法行动；没有历时性的自我同一性，我们就可能没法过上有意义且有价值的生活。然而，正如社群主义者与拉兹所承认的，没有群体身份，不预设很多有意义的社会实践的存在，个人的长期计划与成就会失去意义。根据这种新的同一性理论，个人与社群之间的差别只是程度上的，而不再是本质上的。由此，罗尔斯与诺齐克等人所强调的功利主义“把个人的决策方法推广到社会”就不再是一种根本缺陷。当然，相对于社群或集体同一性的必要性而言，个人同一性可能更紧迫也有更好的心理基础，因此最大化策略在同一个生命体中更容易得到实施，适得其反的概率更小，而在生命之间的最大化策略适得其反的可能性更大，因此往往需要采取间接的最大化策略。但这种论证均是从后果上讲的，而不是因为个人同一性本身的价值。

无论以上的具体结论最终能否成立，有一件事情都是确凿无疑的：我们应该鉴于个人同一性的新理解重新思考当下的各种分配正义理论。① 以前的后果主义完全忽略个人同一性，这显然是罔顾现实，很多时候会适得其反，由此显然是需要修正的。然而，把个人的分立性作为原生事实，赋

① 目前有关正义的适当主体是国家还是全球的争论，实际上也可以从这个视角理解。全球正义要解决的问题应该以正义之名还是以慈善之名来解决？如果要以正义之名来解决，那么它提出的要求与国内正义的要求是否一样？这些问题的答案在很大程度上讲可能不是“该不该”的问题，而更多的是“能不能”的问题。因此，随着条件与环境，特别是科技条件的变化，我们关于全球正义与国内正义的讨论都可能出现新的变化，形成新的观念。值得提醒的是，由于关于“该不该”这个问题的看法在一定程度上会影响对“能不能”这个问题的看法，所以这个问题更复杂。尽管这种复杂性使这个问题更难处理，但不能由此就否定这种复杂性的存在。

予其绝对价值的义务论视角，这里呈现的是一个根本的问题。很显然，这两种视角背后涉及的不仅是规范意义上的个人主义与集体主义之争，而且有方法意义上的个人主义与整体主义之争，修正后的后果主义才有可能为其提供一种融贯的解释。

第十二章　人道与公平

我们前面各章从正反等多个方面讨论了各种道德理论的发展，尤其是分配正义理论的发展，然而，这些讨论都没有明确关注人性动机对道德原则的内在限制。但是，这种内在限制却活生生地体现在人们日常根深蒂固的道德直觉中。不仅如此，各种分配正义理论的证成，一般都会援引某种或某些根深蒂固的道德直觉。由此，不管是后果主义的分配正义理论还是义务论分配正义理论，它们在试图获取证成时都会面临内在的困境。对义务论分配正义理论而言，它们一向都特别注重动机本身的正当性，并且认为与之相应的道德原则有着某种绝对性、不容妥协。然而，这种动机一般对应的道德原则都以某种根深蒂固的道德直觉为基础，但人们实际上持有不同的道德直觉，由此只把某种道德直觉贯彻下去、走到极端就必然会与以其他道德直觉为基础的正义理论相冲突。这是当下各种义务论分配正义理论在证成上存在各种问题，难以做到理论自洽的根源之所在。

我们前面有关功利主义的讨论则表明，功利主义（后果主义）的证成实际上有两个方面的问题。第一个方面的问题是，把功利主义（后果主义）当作决策程序而不是评判标准，由此要把它单一地适用于规则或者行动。然而，如果功利主义（后果主义）只是一种评判标准，那么它要适用的就是人类生活的方方面面，个人的动机、规则与制度等都应该作为整体而加以考虑。第二个方面的问题是，功利主义（后果主义）并没有系统地、明确地处理动机问题。有时候是从人是自利的动机出发，提出的主张是自由至上的自由放任政策；有时候又似乎预设人是彻底利他的，提出激进的利他主义主张。由于这些并不是人类真正的动机模式，所以功利主义（后果主义）都没有处理真实的复杂动机问题，由此推出的结论肯定无法解释人们的道德直觉。但是相对于义务论而言，功利主义（后果主义）在纳入动机上有天然的优势，因为它本身并不认为只有某种动机才是正当的，相反，动机本身是可以成为其内在变量因素而予以考虑的。

本章的主要目的在于进一步表明，后果主义如何可以纳入动机约束，从而解释人们有关分配正义的各种道德直觉，特别是表明后果主义是如何解释我们前面提到的人道与公平两种正义成分的。不过，这里并不试图提出一个全面图景，相反只是提供一种思路，显示我们如何可以从后果主义结合动机约束来重新理解分配正义。我们在前面说过，公平这种成分是立基于自利的，而今天的市场经济制度恰恰也立基于这一点，因此，我们将从市场经济制度，特别是它与再分配之间的关系开始探讨，显示后果主义在纳入动机约束后如何证成各种制度，特别是会如何看待前面作为焦点的自我所有权、财产权和自由交易权，是否可以给予它们统一的根据，如何给出这种统一的根据，给出一种令人信服的论证。

第一节　再分配的基本混淆

在今天，无论我们承认与否，市场经济制度都已在全球成为主导性的经济制度，有关市场经济制度的争论之焦点不是要不要市场经济制度，而是要什么样的市场经济制度，是要完全放任的市场经济制度，还是要有所限制的市场经济制度。从实质上讲，不同市场经济制度之间的核心争论就在于福利制度，也就是收入再分配制度。前面我们讨论的几种分配正义理论也可按这一点来做区分，立足自由的市场经济制度不允许任何形式的再分配，而立足平等的市场经济制度则要求很多的再分配，而立足公平正义和责任正义的市场经济制度则要求一定程度的再分配。然而，市场经济制度本身带来的效率，加上市场经济本身提出的“经济人”假设，使反再分配观念深入人心。这种观念认为收入再分配、福利国家政策是劫富济贫，是不正当的。对不少反对再分配的人而言，任何再分配都是劫富济贫，由此“名不正”而“言不顺”。然而，无论是反对还是支持，人们对于这里的“再分配”都没有形成清晰的认识。因此，这里我们首先要做的就是澄清工作，展示“再分配”与“劫富济贫”是否有这种必然的联系，由此揭示其中惯有的混淆。弄清这些混淆会有助于我们更好地理解“再分配”，认识分配正义的不同层次，从而有助于我们从后果主义视角给出新的证成。

“收入再分配”概念一般与“福利国家”概念相伴而行。谈到福利国家，我们很容易想到与之对立的“守夜人”国家，后者由斯密提出，经诺齐克而广为人知。“守夜人”国家是“一种仅限于防止暴力、偷窃、欺骗和强制履行契约等较有限功能的国家”①。“守夜人”国家概念与古典经济自由放任者的主张一脉相承，即管得最少的就是管得最好的。与之相比，我们对“福利国家”这个概念的理解则是五花八门的。但总体而言，“福利国家”这个概念强调国家有更多的功能，在能力许可范围内，国家应该为人们提供免费的基本教育、医疗和社会保障等。无疑，福利国家也会在“多少”才算是基本的这一点上有争议，但这里只是提出一般性思路，让我们明白收入再分配的目的指向，因此这个粗略界定是够用的。

再分配是如何与“抢劫”挂上钩的？这实际上源于人们有两种不同的“再分配”概念，但一般没有对之做出特别的区分。第一种“再分配”概念是大众非常熟悉的，并且用得非常广泛，它的含义很简单，即经过市场分配后，政府用各种税收政策进行再次分配。这里的“再次”表示是初次分配之后的第二次分配，它的分配主体是国家和政府而不是市场，分配的时间晚于市场的初次分配。不过，如果不加上其他的道德预设，那么这种“再分配”就只是对分配方式的描述，再分配与初次分配都是对收入的分配，具有一样的地位。换言之，再分配与初次分配只是分配的主体和分配的时间不同，这些“不同”并不具有道德蕴含。这就是说，只有分配主体的不同和分配时间的不同，显然无法表明第一次分配是正当的，而再分配就是不当的，是一种“抢劫”。“再分配”之所以能够跟“抢劫”联系起

---

① 罗伯特·诺齐克. 无政府、国家与乌托邦. 姚大志，译. 北京：中国社会科学出版社，2008：前言1.

来，源于人们所具有的第二种“再分配”概念，这里的再分配是根据理由确定的。[1] 初次分配主要指人们获得有资格的或合法的财产，换言之，是指人们获得正当所得，因此初次分配属于正义的范畴，人们获得其正义所得。而再分配则是重新调整人们的财产，通过税收方式把人们的正当所得拿出来帮助其他人。这种意义上的再分配具有很强的道德蕴含，意味着富人合理合法的收入被强制拿去帮助穷人和有困难的人。很多人认为，帮助人是件好事，但应该属于仁爱或慈善的范畴，不应该属于正义的范畴，因此不能强制实行。

由此，相当清楚的是，一旦我们把两种再分配相等同，其意义就变成市场分配是人们得到其正当所得，这是正义的，而进行再分配就相当于通过税收强制性地把人们的正当所得拿来帮助穷人和有困难的人。很多人可能认为帮助穷人和有困难的人是件好事，甚至是道德上应当做的事，但违背人们的意愿强制性地再分配实质上就是一种抢劫。这样，我们就可以看到，人们为什么会认为“再分配”就是“劫富济贫”。这种等同带来的危害就是我们往往只关注再分配是否具有合理性，而把初次分配的合理性问题放在一边。换言之，市场分配已经被假定具有合理性，而国家分配就有着侵犯市场的合理分配的嫌疑。由此，在我们的日常思维中，市场分配与国家分配就具有截然不同的地位。对于市场分配，我们采取的是无罪推定；对于国家分配，我们采取的是有罪推定。

这带来了两个问题。第一个问题是：我们不会追问市场分配的合理性，即市场分配的理由 M 究竟是什么。我们似乎认为市场经济制度有一种天然且独立的正当性。由此带来了第二个问题：即使我们找到国家分配的理由 N，我们也不知道它是否与市场经济制度的理由统一或相同。这样一来，我们就容易割裂市场分配与国家分配，认为它们的理由是不一样的。由此带来的问题是，即使再分配是有理由的，肯定也会存在理由之间的冲突，因此初次分配与再分配就是有冲突的。

为什么人们直觉上认为市场经济制度有天然的正当性？原因在于这种

---

① 罗伯特·诺齐克．无政府、国家与乌托邦．姚大志，译．北京：中国社会科学出版社，2008：33．

制度依赖的要素主要是这样几种权利：自我所有权、财产权和自由交易权。几乎在任何有组织的社会中，这三种权利都或多或少是得到承认的。市场经济制度在某种意义上只不过是要求把这几种权利制度化而已，因此它被认为具有天然的正当性就是可以理解的。然而，理解市场经济制度具有直观合理性并不能支持它具有天然的正当性，更谈不上具有无条件的正当性，不能受到限制。实际上，日常百姓的直觉也只是我们有一定程度的自我所有权、财产权和自由交易权。举例来说，我们一般能够随意处置自己的正当财产，然而，这显然不是说我们可以无条件地处置自己的正当财产。我们的财产权总是受到某些（隐含的）限制，从现实上讲，这个世界上并不存在真正的绝对财产权。比如，很多国家都有紧急时候如何处理侵犯别人财产，特别是借道时的法律规定。在现代，无论在东方还是在西方，财产权都可以有很多成分，比如有占有权、使用权、收益权等。① 这些暗示着市场经济制度背后的各种权利可能并不是无条件的，同时它们可能也是需要辩护的。由此，根据第二章第一节对权利与义务的分配问题的理解，我们至少可以提出四个层次的问题：第一层次问题涉及是否有这种权利；第二层次问题涉及有何种形式的权利；第三层次问题涉及这种权利的分配；第四层问题才涉及在这种权利下人们如何可以拥有财产，可以拥有多少财产，以及用这些财产干什么。

我们日常在谈论收入再分配时，关心的主要是各种税收使“谁获得了财产”，谁又被“拿走了多少财产”，由此关注的是第四层次问题。这种思路的特点就是把前三个层次的问题排除在外，这样一来，本来是有条件的权利就变成了无条件的、绝对的权利。不仅如此，同时这种权利的合法性或正当性就变成了天生的、自明的，不需要加以证成。由此，就出现了前面的那种情况，财产制度与税收制度是分开的，也就是财产权的道德根据已经天然确立，而税收则需要人为提供强有力的道德根据。然而，如果前面对于两种再分配的区分成立，那么当我们讨论“获得财产”或“拿走”时就完全可以内在于财产权。但是忽略这种区分，我们关注的就在于谁能获得财产，而税收则就是抢走人们的合法财产。按照这种思路，财产的合

① 克里斯特曼. 财产的神话. 张绍宗，译. 桂林：广西师范大学出版社，2004：第1章.

法性先于税收的合法性，市场的初次分配与国家的再分配在理由上是割裂的。这种思路显然容易形成这样的看法：一旦人们通过合法的方式（市场经济制度）获得了财产之后，再对之进行征税就相当于抢劫。这自然容易加深这种印象：任何税收（再分配）都是“劫富济贫”。在这种思路下，我们不大可能以同样的方式思考税收与财产权有着同样的道德根据。

一旦我们清楚两种再分配的不同，那么国家利用税收在市场分配的基础上进行再分配就并不一定属于拿走人们的正当合法财产，就并不一定是强迫一个人去帮助另一个人。人们从市场的初次分配中所获得的未必就属于个人的正当合法财产。两种再分配能否等同，取决于两种再分配背后的理由。我们一旦明白这两者的不同，就会得出分配的合理性或正当性不在于分配的主体和分配的时间。即使诺齐克这种自由至上的支持者都认为，当国家的税收是用来保护国家安全与维持市场经济制度时，就不能说这种税收是再分配的，相反它是属于初次分配的。① 根据分配主体、分配时间所区分的初次分配与再分配，显然不同于根据理由所区分的初次分配与再分配。这里的最终目的是表明，市场经济制度与税收制度背后的理由都是后果主义的，都可以从后果主义视角得到证成。

第二节　市场经济制度与税收制度的后果主义证成

在某种程度上可以说，上面初次分配与再分配之区分的实质落脚点在于，进行收入再分配的税收制度与进行收入初次分配的市场经济制度是否有同样的根据。我们由此需要知道，市场经济制度与税收制度分别是如何获得道德辩护的。我们在前面的讨论中已经涉及市场经济制度的两种辩护。第一种辩护认为，市场经济制度的合法性或正当性源于市场经济制度是按照贡献分配的，符合人们的贡献应得。这种贡献应得有一个前提：每个人的贡献是可以客观独立地确定的。不过，笔者已做论证，在建立市场

---

① 罗伯特·诺齐克. 无政府、国家与乌托邦. 姚大志，译. 北京：中国社会科学出版社，2008：182-183.

经济制度之前，并没有特定的客观贡献存在。[①] 人们是否有机会做贡献，能够做出多大贡献，在很大程度上取决于社会有什么样的制度。在完全竞争的市场经济制度下，人们的工资也难说是人们的真实贡献，只不过是一种均衡价值而已。市场付给每个人的工资并不取决于每个人的真实贡献，而是取决于取代该工作需要付出的成本。氧气的价值最清楚地表明了这一点。无论氧气是稀缺还是充足，氧气对人们生活的贡献都不会有多大变化，但它的价格在不同的条件下却可能有翻天覆地的变化，原因在于这个价格反映的不是它的贡献，而是（在当时的实际条件下）取代它的成本。水的价格是另一个例子。我们日常生活中的用水，跟沙漠中的用水，对我们的贡献是差不多的，但在不同的条件下，获取水的难易程度是完全不一样的，从而水的价格是大不相同的。实际上，无论是哪种价格都无法真实地反映水对人的重要性。很显然，在实际市场中，要素的价格不在于它的真实贡献（因为真实贡献无法衡量），而在于替代它的成本，或者说我们把替代成本当作了贡献。在完全竞争的情况下，只要要素的贡献大于其成本，那么在逐利的假设下，人们就会追加对这种要素的需求，替代成本就会由此而逐渐提高。因此，从贡献应得的角度看，我们很难确立何种经济制度。

第二种辩护是诺齐克从资格理论对市场经济制度所做的辩护。诺齐克认为，不管市场经济制度是否按贡献进行分配，其道德辩护都不在于这一点，而在于它是自由的一种体现，由此获得的任何事物都是人们有资格持有的。我们前面已经详尽地分析了诺齐克的资格正义理论，我们的考察显示，诺齐克的理论实际上源于自我所有权与绝对财产权，然而，这两种权利恰恰是需要证成的。自我所有权、财产权和自由交易权本身就是市场经济制度的构成部分，换言之，我们为市场经济制度提供辩护，在很大程度上就是为这些权利提供辩护。很显然，资格正义理论无法提供这种辩护，所以就无法证成市场经济制度。

我们这里要提出的是第三种辩护，也就是市场经济制度的道德根据在

---

① 葛四友. 市场经济制度的道德根据：按贡献分配?. 国际经济评论，2006（3）；差别原则与应得理论. 武汉大学学报（哲社版），2010（2）.

于它能带来最好的后果，也就是说，市场经济制度是最有效的一种经济制度。这里我们只是探讨后果主义思路如何可以证成市场经济制度。前面我们已经说过，后果主义主要是一种评判标准，而不是一种决策程序，其实质在于最大化最多数人的幸福，用中国的俗语讲，就是要"人尽其才，物尽其用"。从这个角度看，我们可以很好地为各种权利提供辩护。第一个是后果主义为自我所有权提供的辩护。我们可以从两个方面来看。从正面看，每个人对属于自己的生理能力与精神能力具有直接的控制权，外部力量很难控制，并且人们的努力倾向更容易为人们自己的利益所驱动。因此，确立自我所有权显然具有很强的激励作用。从反面看，国家要控制人们的生理能力与精神能力则需要极广泛的强制，由此会给人们带来很大的负担。强制会产生负面的结果，使人们过得不幸福。因此，除非强制有极其明显的好处，否则就不应该这样做。换言之，我们接受自我所有权是极有益处的。第二个是后果主义为财产权提供的辩护。财产权制度的确立有两个积极效用：(1) 这种权利让资源各有其主，每个人能更好地利用自己的资料，由此不造成资源的浪费；(2) 这种权利有利于保护人们的努力所得，从而可以让人们为自己的幸福努力，具有动机上的激励作用。第三个是后果主义为自由交易权提供的辩护。这可以从两个方面来看：(1) 个人要能自由地使用其财产，包括其自身，包括可以跟他人交换财物或劳动等；(2) 个人在一定的约束下能按照自己的心愿过日子。个人要是没有这种自由，那么前两种权利就很难谈得上有意义，故而人们也就很难过得幸福，所以后果主义肯定会赞同这种权利。

从上面非常粗略的思路来说，后果主义肯定是可以为市场经济制度提供辩护的。由此，在很大程度上这种市场经济制度要求国家保证没有强迫、欺诈，要求人们进行自愿的交易。相对于有才能的人得不到机会发展而言，这种机会平等显然是后果主义所赞同的。但这只是人尽其才的一个方面，也就是说，在市场经济制度下，有才能的人是有动机也有保障去发挥才能的，由此能够生产更多的物质。然而，人尽其才还有另一个方面，那就是人们得有才能，也就是说，人们的潜能要变成才能。但这就需要人们的生活具有各种保障，还需要有条件得到好的教育。然而，自由放任的市场会有"赢者通吃"的结果，由此产生收入不平等是个必然的过程。如果没有税收调节，那么这必然会使很多人根本得不到任何机会来发展他们的潜能，由此造成智力资源的浪费。我们都知道，智力资源是特别稀缺的，浪费这种资源显然是不利于效用最大化的。因此，从后果主义角度看，建立相应的税收制度来弥补市场经济制度的这种缺陷就是必要的。

为了让人们的潜能变成现实才能而征税这种再分配，它们与市场的初次分配有着同样的理由。因此，这种税收只是在分配形式上是再分配，但在分配理由上并不属于再分配，它与市场分配一样是初次分配。如果后果主义是对的，并且这里的思路是可行的，那么财产权制度与税收制度就有着同样的辩护根据，换言之，财产权制度的证成需要税收制度的确立。如果财产权制度与税收制度在这个意义上是有机统一的，一方的合理性以另一方为前提，那么交税之前的收入就并不能完全算作人们的正当合法财产，交完了合理的税收后剩下来的收入才是人们的正当合法财产。比如，某人的税前工资为一万元，这一万元并不是他的正当合法财产，他交完合理的税后余下的那些钱才是他的正当合法财产。

目前，特别是西方福利国家有两大类再分配税收机制。第一类是收入税，特别是收入累进税；第二类是使用税，比如馈赠税、遗产税、奢侈品税等。如果这些税收都是后果主义所要求的，那么它们就与财产权有着相同的辩护根据。显然，这种思路下的财产权不会是绝对的，人们并不能随心所欲地、无限制地使用自己的正当合法财产。财产的使用是有条件的，而遗产税、奢侈品税等就可能是人们在后果主义思想下合法地使用财产的条件。这里实际上包含了两个问题：第一个问题是获取财产权的条件问题，比如交多少税后获得的财产是合法的或正当的；第二个问题是使用财产的条件问题，比如在中国人们不能拿钱买枪，在西方有馈赠税与遗产税，用以限制人们给别人钱财。显然，第一个问题先于第二个问题。

我们同样可以从这个意义上来看最低工资法，看它为什么可以得到后果主义的辩护。从直接的形式上看，最低工资法设立了取代人力资本的最低成本。在生存的压力下，某些环境甚至迫使人们卖身为奴，古代有过许多这样的历史，由此导致人力资本的取代成本非常低。但是，一旦制定最低工资法，规定最低工资，那么取代人力资本就有了底线。当然，最低工资法起作用是有限的，这个限度就是当最低工资高到一定程度时，人们会乐于用机器取代人力。除了最低工资法，最低收入保障、基本的医疗保险、免费的义务教育等都会在某种程度上提高人力资本的取代成本。因为人力资本供给方具有更多的讨价还价条件。除了最低工资法，改变人力资本的取代成本的还有另一种最直接、最简单的方法，即规定最高收入。但除非人们是活雷锋，否则这一定会抑制人们的劳动积极性。而收入累进税就是一种改变取代成本的温和的妥协措施。它一方面可以激励人们更加努力，从而使社会具有更大的生产力，另一方面又对取代成本的上限构成一定程度的限制。不仅如此，如果把这种税收用作社会保障与医疗保障，为人们提供良好的教育设施，那么它就会在另一个意义上抑制最高取代成本。因为这种措施可以让更多有潜能的人得到机会将自己的潜能发展出来，于是就会出现更多的高端人才，竞争就更激烈，所以高端人才的取代成本的垄断成分就会被逐渐削弱。

从这个意义上讲，最低工资法，包括收入累进税等，实际上是在改变取代成本的价格。即使我们认可某物在完全竞争条件下的均衡价格是其真实贡献，我们也找不到理由来反对最低工资法和收入累进税（除非它们是反生产性的，或者说是适得其反的）。因为实际市场从来都不是完全竞争的，都是某种程度上的垄断市场①，高端人才市场更是如此。除非我们有极强的理由认为所有的自然垄断都是合理的，否则我们人为减少自然垄断就是可接受的。因此，各种再分配政策只是改变了人们的替代价格，因为并不存在一种真正独立于所有条件的客观贡献。因此，即使从贡献角度看，也不能说这种措施剥夺了人们的“贡献”，充其量只能说这种措施改变了人们的替代价格。但为什么这是不合理的，为什么自然垄断就是合理的，这远非是清楚的。如果这里的思路是正确的，那么这就意味着从后果主义理论出发，财产、市场、税收等都是可以获得辩护的，并且获得的是一种统一的辩护。

---

① 琼·罗宾逊. 不完全竞争经济学. 王翼龙，译. 北京：华夏出版社，2012.

第三节　权利的后果主义证成

我们在上一节已经展示了后果主义可以证成市场经济制度与税收制度的一般性思路，如果我们想要从中得出具体的权利，那么就得考虑很多其他因素。不过，这种思路会受到一种强有力的反驳，那就是权利与利益（无论是个人的还是集体的）之间没有那么紧密的联系，从利益视角看权利，降低了权利在人们生活中的地位。因此，本节要处理一种非常典型且具有一般性的反驳：后果主义确实可以确定权利，但这种权利并不是我们真正看重的权利。换言之，后果主义思路无法给予权利根本的重要地位。不过，前面我们对分配正义之层次的分析已经给我们打开了通道。对于这种反驳，实际上后果主义者甚至准后果主义者已经做出了很好的回应，这里我们简述约瑟夫·拉兹与拉塞尔·哈丁（Russell Hardin）的回应思路，以表明后果主义实际上可以对日常看重的权利给出更合理的解释。

从利益或者说后果来探讨权利，我们会面临这样一个通常的矛盾点：一方面，权利一般是对权利者有益的；另一方面，权利的重要性与它对权利持有者的价值并不匹配。拉兹对权利的后果主义思路就是从这样一种现象开始的。

> 我可以拥有某些对我无甚价值的东西，比如说，一件旧衬衫。既然它是我的衬衫，别人就有义务尊重我对它的权利。权利总是证成对（某个）他人的义务的存在。这本身表明权利的重要性超越了它保护的利益的重要性，因为要不是我有对这件衬衫的权利，我具有它的利益将无法证成使他人受义务约束来让我得到它。①

这里表明权利实际上有两个方面：一方面，我有权利一般而言对我是有益的，如果我有权利对我是害的，这会显得很怪异；另一方面，某种权利的重要性与它对权利持有者的利益很不匹配。我们如果从利益或者说后果出

① 约瑟夫·拉兹. 公共领域中的伦理学. 葛四友，主译. 南京：江苏人民出版社，2012：55.

发来解释权利就面临着这样的麻烦。这里显然有两种进路可以摆脱这种麻烦。第一种进路认为，权利与利益是不相关的，权利本身就是一种独立的考虑。这是阿马蒂亚·森的思路，他放弃权利与个人利益之间的关系，指出权利代表独立的道德目标，具有独特的分量，人们做事时需要权衡权利与个人利益这种独立的道德目标。拉兹认为这种进路不太好，因为它无法解释为什么人们的日常直觉会认为权利是有益于权利持有者的。第二种进路认为，权利只是一般性地对权利持有者有益，它们之间并没有必然的关联。但是拉兹认为，这种进路无法解释这一点：说个人有受惩罚权会觉得特别别扭。换言之，我们实际上认为权利与权利持有者的利益之间有一种概念联系。由此，后果主义思路或者说权利的利益论说就面临着开始提出的任务：解释为什么权利的重要性与它对于权利持有者的价值不匹配。对于为什么权利要从利益加以说明，权利与利益之间为什么会有这种不匹配关系，拉兹给出了四种解释。

第一种解释认为，这是由制度设计造成的：

> 权利属于实践思想的地表层次（ground level），其中我们使用简单的适用规则，然而权利要保护的利益则是在更根本层次思想中加以参考的，正是在这个层次确立地表层次规则的证成。地表层次规则要易学易用，这种必要性解释了为什么权利会偏离它们打算要服务的那种利益的准确尺度。①

拉兹认为，用这种思路解释为什么要从利益来说明权利的确可以大大削弱权利与利益之间的不匹配。

第二种解释认为，这是由于我们考虑这种不匹配时往往错误地描述了权利的类型。② 前面所说的我拥有衬衫的权利实际上不是对衬衫的权利，而是自由处置衬衫的权利。自由权对人们的利益才是证成各种具体权利的重要组成部分。权利处理的问题的重要性解释了个人可以自由地处理这些问题的重要性，而不是说个人以某种方式运用这种权利（结婚、言出心声等）时会获得的利益。

---

① 约瑟夫·拉兹. 公共领域中的伦理学. 葛四友，主译. 南京：江苏人民出版社，2012：57.

② 同①第3章.

不过拉兹认为，这两种解释只能削弱权利与利益之间不匹配的程度，而无法消除这种不匹配，因为权利不完全是对于权利持有者的利益。于是，他给出了第三种解释，即这种不匹配可能是由以下这个原因引起的，也就是这种权利的确立是为了有益于他人的利益，这特别体现在照顾依赖者的人身上。比如在英国的福利法中，有残疾儿童的家庭拥有减免税收的权利，这种权利是纳税者持有的，是为了让他（她）更好地照顾家人。拉兹说："当个人具有的权利是为了有益于其孩子、配偶、父母时，这种权利有助于他与这些人确立这种关系。因此，在我们所讨论的情形中，当个人具有有益于他人的那种权利时，正如他人从这些权利确保的（金钱）利益中得益一样，个人确实也通过有益于他人而有益于自己。"①

拉兹给出的第四种解释是，还有一种权利既基于普遍利益，又基于权利持有者的利益。这里的普遍利益不是个人利益的总和，而是另一种意义上的普遍利益，也就是经济学上常称的公共物品，这种物品既没有竞争性，也没有排他性。因此，当这种权利在保护这种利益时，它就既服务于普遍利益，又服务于个人利益。自由民主社会中的许多公民权与政治权就是由这个事实得到证成的，即它们服务于公共利益或普遍善。然而，更重要的是某种权利本身是使某种善得以出现的前提或条件。

除了拉兹从后果主义角度给出的解释外，拉塞尔·哈丁则从另一个角度捍卫了后果主义的权利观念。他认为，过往许多反对权利的后果主义思路，其根本在于直接计算行动的效用，或者是根据某个规则计算行动的效用，然而，这些都是存在问题的，因为正如李昂斯的论证，两者是一样的。不过，实际上，实现后果主义最好的方式是制度而不是规则，这里需要强调的是制度后果主义（功利主义）。

> 在其制度性力量上，它们不同于20世纪规则功利主义者词典中的规则，但是在实际功能中，它们类似于某些规则功利主义者的经验规则。然而，不像个人为了降低信息和计算成本而得出的经验规则那样，作为法律上确定的权利，这种制度性规则不能被轻易地压倒，即使特定情形中的计算显示违反这一规则会得到更好的结果。这一点是

---

① Russell Hardin. The Utilitarian Logic of Liberalism. Ethics, vol. 97, no. 1, 1986: 47.

> 从规则的确立与强制执行的策略性结构这一相当复杂的理由得出来的。另外，在实践的特定情形中不违反相关的制度性规则的理由，首先是与需要这些规则的理由相关的：设立机制来决定何时要违反规则的成本太大，从而无法为违反规则的获益辩护。①

后果主义显然是关注后果的，一般认为权利并不直接关注后果，而是关注特定组的行动，从而与各种互动的策略性结构相关。这两者之间显然存在差距，然而，道德关注的后果一般都是多人互动的结果，我们无法直接立法要求某些结果出现，而只是规定，只要某类行动不阻碍、不产生或阻止某类结果的出现，那么它就是合法的、被要求的或者不合法的。最经典的例子就是要求在路的某一边行驶的法律规定，要求车辆在某一边行驶能够得到辩护，因为这样做一般会产生好结果。而哈丁则说明，制度后果主义恰恰是根据人们的互动方式来构建制度的，而我们典型的权利恰恰可以根据互动方式或者说条件的不同而得到很好的解释。从后果主义视角看，各种权利作为制度都是要促进好后果的，换言之，就是要保护各种利益得以实现。但是哈丁认为，之所以会出现不同的权利，在很大程度上是因为不同的策略性结构需要不一样的保护形式，由此会有不一样的权利形式。

哈丁根据互动策略的不同概括出了保护利益的三种权利形式。② 第一种权利形式是直接保护个人，典型的是隐私权。其根据在于这个假设："个人是其利益的最好判断者。因此保证个人控制自己的生活、决定自己的消费，这普遍地会使他们过得更好。"同时上面说过的财产权也可以得到这种辩护，"确保财产所有权会保证我用来改善自己状况的行动确实能够改善它。如果不能确保这种权利中固有的期待，那么我就不大可能会尽力创造财产来使自己过得更好"。这里的关键在于，我们直接保护个人，直接保护个人需要的财产权，就足以产生好的后果。第二种权利形式是二元保护，不是直接保护个人，主要是契约权。这种保护主要是由于人们需要进行交换，并且是需要进行异地、异时甚至异人交换，这个时候需要有

---

① Russell Hardin. The Utilitarian Logic of Liberalism. Ethics, vol. 97, no. 1, 1986: 47.
② Russell Hardin. The Utilitarian Logic of Liberalism. Ethics, vol. 97, no. 1, 1986.

契约得到强制执行的保证，由此契约权就是很自然的。这种契约权保护的是一种交换关系，这种交换关系的成立是有很大好处的，因为没有这种保护，很多本来会进行的交换就不会出现，因为无法保证契约内容得以执行，所以这种权利实际上是以保护交换的方式来保护个人的利益，是个人保护的一种扩展，契约的作用变成使我们能够更好地控制未来。不过，互动策略中最复杂的是第三种权利形式，它保护集体。这种权利形式显得有点怪异，为了保护集体，要限制人们的自由，限制人们的选择。根本原因在于人们的很多行动会面临各种形式的囚徒困境，也就是每个人在保护个人与二元保护中会得到更差的结果，由此需要某种权利直接保护集体的利益。这种保护可以采取两种形式。第一种是许可性权利，如投票权、结社自由、言论自由、出版自由等权利。它们只是保证个人可以做某种事情，这样的权利主要是用来确立社会的治理形式，倾向于使政治与集体决策更公开，较少受特权或利益集团的控制。只有当人们利用这些权利控制与指导政府时，前面的各种保护才能真正得到有效的实施。第二种是不可剥夺的权利，实际上也是某种约束，如免于奴役的自由等各种不可剥夺的权利。很多人特别是义务论者喜欢把不可剥夺的自由权看作某种特别高贵的价值，比如“人性的尊严”。但哈丁认为，这种权利其实从策略性结构来讲更合理。比如，大家都想有公交系统，但又不想承担建立公交系统的义务，想搭便车，但相对于没有公交系统而言，人们还是愿意承担成本而有公交系统。实行强制措施来提供公交系统对每个人都有益，所以要采取强制措施来提供公交系统。这里还有一种形式就是不允许奴隶制的出现，换言之，不允许人们可以通过买卖成为奴隶。从直接保护个人来讲，在有些情况下人们是可以自愿成为奴隶的。假设社会的最不利者可能会落入下面三种状况：（1）有一般性的自由，但极端穷困，生活难以为继；（2）成为奴隶，可以活下来，但没有自由；（3）有一般性的自由，并且有工作。我们一般最想要第三种，最不想要第一种。现在可以有两种方式来组织这个社会，一种有不可剥夺的自由权，另一种则没有。在有不可剥夺的自由权的社会里，最差的人是活不下来的，但次差的人是有一般性的自由和工作的。而在没有不可剥夺的自由权的社会里，最差的人是活不下来的，但次差的人则是奴隶。实际上，这同样可以适用于前面提到过的最低工资法。

第四节　现实主义的乌托邦：人道与公平

前两节的论述显示后果主义思路可以证成社会中的各种权利，特别是证成与市场经济制度和税收制度相关的各种权利。不过，这种思路还可能面临另一种反驳：后果主义提出的要求非常高，这些权利实际上阻碍了后果主义的实现。为什么会有这种看法？我们得明白后果主义的蕴含。实际上，后果主义在没有限制的情况下，用中国人熟悉的话说，它要实现的理想社会是“人尽其才，物尽其用”的社会。“人尽其才”包含两个方面。第一个方面是人首先必须有才，有各种各样的技能，不仅是生产的技能，还有消费的技能（过好生活的能力）。但人不是生而知之，人生下来只有各种天赋，因此人需要得到受教育的机会，以把自己的天赋变成真正的才能。第二个方面是人有了才能，还必须有施展才能的机会。换言之，人需要各种机会展现才能。“物尽其用”也包含两个方面。第一个方面是物必须有“用”，即物必须具有某些属性，可以供人们利用。第二个方面是物能够到最能利用与享受它的人手上。杀猪刀到了钢琴家手上是起不了多大作用的，而钢琴到了屠夫手上估计也没什么价值。从这个意义上讲，后果主义的分配正义原则需要保证“人尽其才，物尽其用”。这个理想，从表面上看，特别类似于马克思所倡导的共产主义世界，在这个世界里要实现“各尽所能、各得所需”。

不过，我们可以从两种理想世界的实现条件入手来认识两者的差别。在马克思看来，实现共产主义世界的现实条件是，必须具有足够丰富的物质财富，人们在满足需要方面没有任何冲突。由此，在这样的世界里，人们具有丰富的物质财富，所以人们劳动不是为了生产物质财富，而是为了实现自我，劳动就像今天的人们打游戏一样，纯粹是出于自己的兴趣，因此而成为人类的第一需要。由此，在共产主义世界里，人们既会各得所需，也会各尽所能，实际上各尽所能就是各得所需的一种。然而，在后果主义世界里，人们不一定具有这样丰富的物质财富，这样世界里的人们有着极强的利他心，就像很多父母对待子女那样。因此，这样世界里的人们并不计较自己的奉献与获得是否匹配。人们工作只是为了生产更多的资源，使自己生活得更好。在这样的世界里，实现分配各种资源的原则或者分配各种资源的权利的目的是使资源到达最有需要或者说最合适的人手里。在他们手里，资源才能获得最大限度的利用，由此实现“物尽其用”。在某种意义上讲，人尽其才也是物尽其用的一种形式。我们可以看到，共产主义世界与后果主义世界实际上具有根本的不同。共产主义世界的根基是物质财富极度丰富，由此人们能够各得所需，由此各尽所能变成了各得所需的一种特定形式。而后果主义世界的根基是人们的精神财富极度丰富，人们不计较自己的得失，由此人们才会各尽所长，让资源得到最大限度的利用。

很显然，共产主义世界和后果主义的理想世界都是现在无法实现的，因为我们既没有极度丰富的物质财富，也没有极度丰富的利他主义精神。正如我们在第二章所讲过的，现实世界有着适度稀缺的资源，人们的利他主义精神是有限的。在某种意义上讲，正是这两个根本的约束与限制，使我们要追求的是罗尔斯所强调的理想世界：现实主义的乌托邦。我们在前面已经讲过，我们现实世界里形成的两种基本直觉就是人道与公平。现在我们要做的工作就是表明：后果主义在两个基本的约束与限制条件下，会证成这两种道德直觉。

当人们的基本需要没有得到满足时，当人们满足这些需要不需要自己付出很大的代价时，大部分人或者说绝大部分人是愿意提供帮助的，或者是不抵抗提供这种帮助的。很显然，如果没有某个强有力的机构执行这一任务，那么成功的可能性就较小，因为如果要由某个或某些人来提供这种帮助，那么需要其付出的代价会太大，由此人们就没有充足的动机。但是，如果有一个强有力的机构，那么满足人们的基本需要就能获得所有人的认可与支持。因为当人们的基本需要没有得到满足时，同样的资源用在他们身上效用是更大的，并且人们的同情心是容易被激发的。也就是说，在基本需要的领域里，我们就像在后果主义的理想世界里，分配资源时可以不考虑人们所做的实际贡献。这个时候的分配原则实际上就是日常正义中的人道原则，按照基本需要分配。大略来说，人道原则就是指不管人们的贡献如何，国家制度应该保证人们的基本需要得到满足。

人们的日常直觉大体上是支持这一点的。比如，某人快要病死了，不管有没有钱，人们认为出于人道，医院应该先救他。再比如，在发生地震这种大灾害时，很多人愿意捐出一小部分钱财给灾区人民。在基本需要未满足时，分配原则主要是根据需要，而不管贡献大小，让人们“各得所需”，实际上这也是各个国家的福利政策正在努力争取实现的。不仅如此，后果主义与这种动机约束的结合还能很好地解释“基本需要”水平的变动。第一个是尽管人们过得有多差既有（生理上的）绝对性的标准，同时还有相对性的标准，由此随着人们整体生活水平的提高，能够促发人们同情心的“苦难”标准是会降低的。第二个是随着经济的发展，社会提供资源的能力大大加强，由此为提供资源所需要付出的代价会随之降低，这是由收入的边际效用递减决定的。因此，国家越富裕，经济越发达，“基本需要”的标准就越高。

但是，人们的同情心会随着基本需要的满足而逐渐变弱，人们的基本需要得到满足后，人们的行动动机就主要集中于自己（以及亲友）的幸福上，此时的动机主要是自利动机，即以尽可能少的代价获得尽可能多的幸福。这个时候人们不愿意为他人做出多少牺牲，这里的所谓牺牲相对的是个人采取任何其他手段能够获得的利益，而不是其正当利益。在此种约束下，后果主义的分配原则是公平原则，即让人们的收入与贡献尽可能地匹配。如果能够做到这一点，那么人们就有充足的动机发挥自己的主观能动性，尽力创造更多的财富，以使自己过上更好的日子。这个时候，社会主要是要提供尽可能完全竞争的市场。前两节的讨论实际上就是在这样的背景下进行的：先预设人们是自利的，然后用后果主义思路证成市场经济制度要求的各种权利制度。

但是，人的能力是有天然垄断性的，所以让人们的潜能尽可能地得到发挥，也就是提供罗尔斯意义上的公平的机会平等，可以在一定程度上减少垄断，从而使人们的收入与贡献更匹配。实际上可以此方式来考察教育公平。我们可以考虑这样一种上大学的方式：不考虑人们的智商与努力情况，抽签上大学。尽管这种方式确保每个人都有同样的概率上大学，但是这不符合后果主义的幸福最大化原则。在资源有限的情况下，我们认为让更聪明和更努力的人得到稀缺的教育资源，他们能更好地利用这些资源，从而能为社会做出更大的贡献。这才是不采取抽签而是通过高考制度选择生源的主要理由。不仅如此，如果社会能够提供更好的教育，那么智力高的人就不会因为穷而没有机会上大学。这样做会使整个社会有更好的产生率，所以这个措施不会给个人带来太大的代价或者负担，故而公平的机会平等原则是可以得到后果主义证成的。

由此，后果主义纳入动机不足的限制就会形成两种核心的成分：人道与公平。我们可以用类似罗尔斯的方式将这两个成分表述为三个原则：第一原则，满足人们的基本需要；第二原则，为人们提供公平的机会平等；第三原则，自由的形式平等原则。按照这种思路，我们估计会出现这样的情况：当社会福利越来越丰富，超出基本需要越来越多时，这种政策就会破坏公平，自利动机就会使这种政策具有反作用——越来越没有动力去努力劳动和创新，因为这是在为他人作嫁衣裳。北欧一些政府的破产，在一定程度上也是因为福利过多（相对于人们的动机而言），损害了人们的公平感。不顾人们的自利动机，损害公平，导致的另一种后果就是中国20世纪60年代的“共同贫穷”现象，那时候“干多干少一个样”，由此就出现了“出工一条龙，收工一窝蜂”的现象。在一个成熟的民主社会里，我们会看到，当社会政策过于“公平”而损害人们的“人道”直觉时，强调平等的候选人更容易当选，而当社会的政策过于“人道”而侵犯人们的“公平”直觉时，强调自由的候选人更容易当选。

第五节　几点补充

很显然，上面提出的人道与公平的要求是在为当今的福利国家提供证成，不仅如此，它还认为不提供某种程度的福利待遇的国家是不正义的。由此，我们需要补充几点。第一点就是讨论福利国家与懒人之间的关系。我们往往认为，福利国家容易培养懒人，各种为了福利的税收是拿勤劳者和节俭者的收入去补贴那些懒惰者与奢侈的人。这里我们可以做两个方面的回应。(1) 福利制度不一定是直接将钱给低收入者。相反，福利措施完全可能是为人们提供发展其理性能力的基本条件，比如全民的免费教育、失业者的劳动技能培训、一定程度的全民医疗保险等。这会在相当大的程度上缩小收入差距，改变人们对直接福利的依赖。(2) 我们不得不承认，只要有福利政策，只要有收入再分配的补贴，那么它一定会在某种程度上鼓励有些人变懒。然而，没有收入再分配，即使我们有着规范的市场经济秩序，放任自由的市场经济还是会造成一种“赢者通吃”的场面，从而导致贫富差距悬殊，并且经过私有产权的继承进一步加大经济不平等。这种现象会使很多人不因为自己的过错，只因为自己的运气不好，出生就注定根本得不到任何发展的机会，甚至根本就不知道许多能力与生活方式的存在。

换言之，任何福利措施都可能面临双重任务：既要给人们合适的背景条件，让人们能够得到发挥潜能、过体面生活的机会，同时又不能培养人们的懒惰习性。在某种意义上这就像刑法的设计一样是个两难。刑法一方面要确保有罪的人得到惩罚（相当于不培养懒汉），另一方面又要不冤枉好人（相当于让人们得到合理的机会发展与运用他们的能力，从而过上体面的生活）。因此，任何福利措施都会涉及权衡，我们不可能为了保证不冤枉一个人来设立刑法，这只有完全不惩罚任何人才能做到，也就相当于取消刑法。同样，我们也不能以不放过任何一个嫌疑人为目标，这样会伤害大量的无辜者。显然，我们不会因为法律制度有可能放过坏人或冤枉好人就放弃整个法律制度。这一点对于福利国家同样适用。再好的福利措施也无法保证所有人都一定会得到发展，也不可能防止任何懒汉的出现。在现实世界里，我们只能进行权衡。但是权衡并不意味着任何再分配都是不合理的。它恰恰是以再分配是合理的为基础的，只是在实践中要考虑现实的约束，以免达不成初衷。

当然，这里还有一点要说明的是，与没有福利措施的社会相比，要求人道与公平的社会里的人们因为要交收入累进税，所以没有那么容易致富。除非我们应该为人们提供轻易致富的机会，或者说人们应得轻易致富的机会，否则前面的做法没什么不对。但为什么人们应该有这样的应得，而同时不管有多少人会因此而更容易陷入赤贫境地？我们很难为此找到道德根据。我们可以设想人们要在以下两类社会之间进行选择：在一类社会里，人们容易轻易致富，过上奢侈的生活，但也极易陷入赤贫境地，过着极其痛苦的生活；在另一类社会里，人们不易轻易致富，过奢侈生活的成本会很高，但获得了基本的生活保障，不易落入孤苦无依的地步。我想，很多人会乐于接受第二类社会，我也看不到有什么好的理由来反对这种做法。如果是这样，那么通过收入累进税和各种财产使用税来达到这个目的就是能够得到辩护的。

这里要补充的第二点是，按照这里的说法，人们的道德似乎取决于人们的动机结构，动机越差，人们的道德要求越低，因此人们才会有人道与公平这两种不同的道德要求。按照这种推理，如果某个人没有利他心，那么对他的道德要求就应该是极低的，比如只要他真的不管他人的死活，那么要求他有帮助他人的义务就不仅是没用的，而且是不当的。如果真是这样，那么道德实际上就可能变得没有用了，由此而来的要求究竟在何种意义上仍是道德要求就是值得存疑的。然而这种推理有两个方面的问题：第一个方面的问题在于，我们是把人类整体的动机结构作为背景考虑，而不是针对个人的动机结构；第二个方面的问题在于，我们有一个真正的道德要求作为前提，那就是应该最大化整个人类的幸福。

很显然，尽管大多数人都有有限的利他心，但这不是说每个人都有利他心。在笔者看来，最有可能的情况是这样的：大多数人都有有限的利他心，但极少数人有着很丰富的利他心，还有极少数人几乎没有利他心，甚至是邪恶的。我们可以描绘这样一个正态分布：

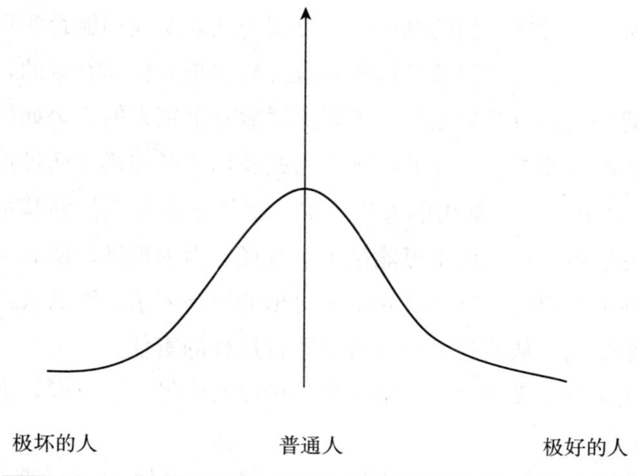

利他心极少或没有的人可能很难有人道与公平这两种道德直觉，但这不影响我们的社会里有这两种道德要求。很显然，后果主义理论并不否定强制，但这种强制必须能带来更好的后果。同时，后果主义会把强制给被强制者带来的负效果纳入考虑，因此，人类利他心的整体降低自然会降低道德要求，但是某个人或极少数人没有利他心并不会降低道德要求，而是会要求有相应的强制措施。这非常类似于前面介绍的拉兹的“权威”概念。权威之所以有必要存在，是因为它能帮助人们更好地遵循本该遵循的理由，但是一旦权威存在是必要的，那么权威起作用的方式就是它本身成为极强的理由。从整体上讲，人们的利他心的状况会决定人们形成有多高要求的道德规范，但一旦这种道德规范得以形成，那么不管人们的利他心有多少，人们都必须接受与遵循这种道德规范。

很显然，我们承认，道德要求的高低依赖于人们的利他心的多少，因为如果道德要求完全高于人们的利他心，那么这种道德要求就只会适得其反。但值得再次提醒，这里的利他心是从整体上讲的，因为如果整体上都低，那么强制也没有意义，只会适得其反。但这绝对不是针对具体个人而言的。这里不会接受这个观点：只有当你没有很大损失时，你才有义务服从各种人道要求或公平要求；如果你不杀掉别人，你就会有很大损失，那么你就可以杀掉别人。这里的观点显然不是说，遵循道德要求依个别人的利他心之多少而有别。很显然，我们的道德直觉并不是这样的。我们的道德规范之所以要考虑人们的利他心，是因为这涉及我们能否实现道德的目标。但是，一旦人们确信某种道德规范的确立是对整体有益的，那么它确立的要求就是人们应该遵循的，不管这样做对个别人的后果如何。道德规范确实要考虑其要求被内化的成本，由此我们要考虑确立何种道德规范是有益的。[①] 由此，我们提出的人道要求，也就是满足人们的基本需要，只可能是一种集体责任，而不可能是个人责任。因为把满足所有人的基本需要作为一种个人责任，显然是对个人提出的过高要求，普通人没办法形成相应的道德情感，从而就没有动机去履行这样的责任。

正是从这个意义上讲，后果主义还可以回应另一个反驳，那就是后果

---

① Brad Hooker. Ideal Code，Real World. Oxford：Clarendon Press，2000.

主义无法承认正义与分外之举的区分。后果主义提出的要求均是为了最大化幸福，因此，所有能够最大化幸福的都是义务，故而没有分外之举一说。如果仅从表面上看，义务论显然能够更好地承认分内之举与分外之举的区分，然而，义务论很难也很少为此提供证成，只是从直觉上说有此区分而已。然而，如果上述讨论是正确的，那么后果主义显然可以承认这种区分。按照本书所理解的后果主义，正义与慈善或者说分外之举的区分，一切皆是人性使然。一般来说，分外之举除了是人们自愿做出牺牲或者帮助他人外，还有一个重要方面：分外之举带来的好处往往远大于行为者为此付出的代价。这显然是后果主义本来要求的行动，但是人们只有有限的利他心，所以直接把最大化当作每个人的义务就会适得其反，尤其是当这样的行动会直接损害到行动者时，那么除非强制，否则没有人会去做。因此，按照后果主义的要求，我们非常容易地明白，这样的要求作为分外之举，并从道德上加以提倡，在道德上给予赞扬，显然是有益于社会的。然而，由于现实世界的利他主义精神不足，所以把这种分外之举作为强制性的道德义务就会要求过高，从而得不偿失。

结语　人性的约束与体现

如果说本书还有点新意的话，那么当属把人性的限制明朗化、具体化，从而得出分配正义不仅含有公平成分，还含有人道成分，而且是用后果主义视角把这两者联结在一起的。这种新型正义观实际上立足两个相关的假设：第一个是人性假设，人们既有利他心，也有自利心；第二个是道德直觉假设，人性的这两种动机在有利条件下可以逐渐使人们形成两种基本的道德直觉（情感），即人道（可以无偿地帮助他人满足基本需要）与公平（既不想占便宜，也不想吃亏）。本书的整体基调是，分配正义必须充分考虑人性的基本实现，纳入这两种基本成分，形成满足这两种成分的正义原则。分配正义中的人道成分立足人们的利他心，要求国家（人们作为一个集体）满足所有人的基本需要，且这种基本需要会间接地与国家的经济发展水平相适应。经济发展水平越高，国家的资源越丰富，那么人们基本需要的水平就越高。分配正义中的公平成分立足人们的自利心（不是自私心）。首先，人们能够感知他人的喜、怒、哀、乐，但主要是为提高自己的生活质量而努力工作；其次，人们都知道彼此有这样的想法，也接受彼此有这样的想法；最后，人们会接受一种公平的要求：人们的付出与回报大致匹配。

本书对五种典型分配正义理论的批判立基于下面两个观察：（1）它们均重视某种或某些道德直觉，且这些道德直觉都可以归根于人道直觉或公平直觉；（2）它们都试图从立基于这些道德直觉的道德原则出发，确立一种一致且融贯的分配正义理论。有些理论只关注人道或公平一种道德直觉或其中的某些要素；有些理论关注两种道德直觉，或者两种道德直觉中的某些要素，但并没有考虑两种道德直觉背后的不同动机。这些理论由于立足不同的道德直觉，所以会出现根本的分歧且无法解释人们的其他道德直觉。

这里我们可以从这个角度对几种理论与人性之间的关系做一个简单回顾。对立足应得的分配正义观而言，其中有不少实际只是一种形式正义理论，很多“应得”只是“应该得到”的缩写，因此它们与人性之间的关系是不确定的，取决于“应该得到”背后的理由。比如，最有吸引力的“贡献应得”观，实际上取决于自我所有权、财产权与自由交易权的证成，因此，如何证成市场经济制度会引起不同的问题。但是，立足应得的分配正义观很少考虑这个问题，所以无法成为一种恰当的分配正义观。

对诺齐克立足自由的分配正义观而言，人道成分基本上被完全放弃了，同时它也只满足了公平的某些要素，因为它要求的几乎是一种绝对的自我所有权与财产权，同时还有自由交易权。然而市场经济制度天生是“赢者通吃”的，这导致交易价格过多地受制于各种垄断成分，从而使交易价格远离均衡价格。所以，这种分配正义观也只满足公平的某些要素。因此，这种立足自由的分配正义观会同时受到人道与公平这两种道德直觉的反对。不仅如此，无论是自利的动机假设还是利他的动机假设，它们都无法为这种自由制度提供恰当的动机。

立足平等的分配正义观，特别是柯恩倡导的彻底的运气平等正义观，显然是支持人道成分的，但是它由于否定人的自我所有权，所以基本上破坏了日常的公平观念。但是要否定自我所有权，就需要人们有极强的利他心。然而，一旦人们有极强的利他心，那么他们又不大可能认为每个人过得一样好是有价值的，而是认为每个人应该过得尽可能地好，无论是否一样好。因此，这种分配正义观不仅违背公平成分，而且其背后的动机是不一致的。

分配正义观无论立足自由还是立足平等，都有点只顾公平与人道这两种直觉中的一种，而基本上忽略另一种，由此显得极端，故而无法与其他理论相调和。德沃金的资源平等理论与罗尔斯的公平正义理论，表面上看同样只立足一种成分，德沃金的理论只立足平等，由此似乎是基于人道的，而罗尔斯的理论似乎只立足公平。然而，这些只是其表面的立场，无论是德沃金的正义理论还是罗尔斯的正义理论，其实际的推理和结论均承认人道与公平两种成分。这种做法的根源在于两者使用的方法：德沃金对道德概念使用日常诠释法，由此日常的道德直觉显然会进入其核心理论；同样，罗尔斯的反思平衡或者说融贯论强调道德直觉在其理论中要起作用。但是，他们理论的最大问题在于，没有区分两种道德直觉对应不同的人性动机，试图在同一动机假设下对两种不同的道德直觉给出同样的证成，由此就出现了很多前后不一致的问题。德沃金、罗尔斯实际上与柯恩一样，都否定自我所有权。德沃金对此的否定是非常明显的，因为其资源分配的表面立场是要“敏于抱负，钝于禀赋”。罗尔斯则是间接地否定，因为各种社会善的分配不能取决于各种偶然性因素，而天赋等显然来自父母，属于偶然性因素。这显然要求人们有极强的利他心，实际上其对应的要求也会远远高于人道要求。然而，罗尔斯的差别原则显然又承认激励的作用，自利心在此公然进入，成为柯恩批判的根源。德沃金则是在生理能力与精神能力的平等设计中，利用市场的虚拟保险，偷偷地把人们的两种道德直觉纳入其理论，由此与其表面立场完全脱钩。

上述问题的出现，笔者认为源于人们的道德观念，认为道德原则（正义是其中之一）不能因为人性动机的约束而妥协，但是正义问题又不得不纳入或解释日常的道德直觉，而日常的道德直觉显然又会对人性动机的约束做出调整。因此，在某种意义上讲，义务论分配正义几乎不大可能对各种正义原则给出统一的辩护。然而，与之相比，后果主义有着天然的优势可以纳入这种人性动机的约束。当然，这里有一个关键就是，我们要明白后果主义只是行为的评判标准而不是决策程序。澄清这一点之后，我们可以相应地提出动机、制度、规则与行动后果主义，或者它们的某种混合形式，只要它们能够实现后果主义的目标。在这个过程中，人性的动机结构自然也可以成为实现后果主义目标而一定要考虑的一个因素。由此，无论是自由、平等，还是公平、责任，它们都可以统一于获得最好的后果这一目标中。在某一个领域或者说某一个范围，我们可能会着重强调自由，或者平等，或者公平，甚至责任。但是在另一个领域或者另一个范围，我们强调的可能是另一种价值。当然，这一切制度或规则的设计，最终作为一个整体需要实现人道与公平这两种成分，从而能够与人们的动机结构相匹配，并且相互支持与促进。

最后，这里要再一次强调，本书的着力点不在于具体而微的结论，甚至不在于正义的具体原则，相反，本书主要是试图打破当今研究分配正义的思路。第一个是要打破当今研究正义时回避人性动机假设的做法，这种做法忽略人性动机对正义原则本身产生的影响。当今的各种正义理论的证成无法避开道德直觉，而这些道德直觉又直接回应人性动机，所以这些正义理论出现了各种内在不一致。第二个是要打破分配正义理论几乎被义务论所垄断的局面。长期以来，分配正义一直被认为是后果主义（功利主义）的重大弱点，认为后果主义无法回应分配正义的反驳。然而，只要明确后果主义只是作为评判标准而不是作为决策程序，且同时把人性动机作为一种约束，后果主义就可以很好地解释人们的分配正义直觉，并且能为之提供系统且融贯的证成。第三个是要打破义务论思维下的分立式证成方式，这种证成方式容易导致一种理由的断裂式应用。第四个是要打破分配正义就在于确保“每个人既不吃亏也不占便宜”这种公平内核，认为分配正义除了公平外还有一个重要的人道成分，即国家要保障所有人的基本需要。由此，我们可以认为人们作为一个集体有正义的义务去帮助他人，不再把所有的帮助都看作分外之举的善行，人们对他人做出一定程度的帮助是人之为人的基本要求，是人们的正义义务。

参考文献

中文文献

柏拉图. 理想国. 郭斌，张竹明，译. 北京：商务印书馆，1986.

伊赛亚·伯林. 自由四论. 陈晓林，译. 台北：联经出版事业公司，1986.

程炼. 思想与论证. 北京：北京大学出版社，2005.

慈继伟. 正义的两面. 北京：三联书店，2001.

罗纳德·德沃金. 至上的美德. 冯克利，译. 南京：江苏人民出版社，2003.

罗纳德·德沃金. 刺猬的正义. 周望，徐宗立，译. 北京：中国政法大学出版社，2016.

古留加. 康德传. 贾泽林，等译. 北京：商务印书馆，1997.

贡斯当. 古代人与现代人的自由. 阎克文，刘满贵，译. 冯克利，校. 北京：商务印书馆，1999.

F. A. 哈耶克. 自由秩序原理. 邓正来，译. 北京：三联书店，1997.

F. A. 哈耶克. 通往奴役之路. 王明毅，等译. 北京：中国社会科学出版社，1997.

F. A. 哈耶克. 致命的自负. 冯克利，等译. 北京：中国社会科学出版社，2000.

F. A. 哈耶克. 法律、立法与自由：1—3 卷. 邓正来，等译. 北京：

中国大百科全书出版社，2000.

F. A. 哈耶克. 个人主义与经济秩序. 邓正来，译. 北京：三联书店，2003.

理查德·豪伊. 边际效用学派的兴起. 晏智杰，译. 北京：中国社会科学出版社，1999.

何怀宏. 良心论——传统良知的社会转化. 北京：三联书店，1994.

何怀宏. 公平的正义. 济南：山东人民出版社，2002.

何怀宏. 良心与正义的探求. 哈尔滨：黑龙江人民出版社，2004.

何怀宏. 新纲常：探讨中国社会的道德根基. 成都：四川人民出版社，2013.

霍布豪斯. 自由主义. 朱曾汶，译. 北京：商务印书馆，1996.

霍布斯. 利维坦. 黎思复，等译. 北京：商务印书馆，1985.

霍伊. 自由主义的政治哲学. 刘锋，译. 北京：三联书店，1992.

威尔·金里卡. 当代政治哲学：上、下. 刘莘，译. 上海：上海三联书店，2004.

约翰·凯克斯. 反对自由主义. 应奇，译. 南京：江苏人民出版社，2003.

康德. 实践理性批判. 韩水法，译. 北京：商务印书馆，1999.

康德. 道德形而上学原理. 苗力田，译. 上海：上海人民出版社，2002.

克里斯特曼. 财产的神话. 张绍宗，译. 桂林：广西师范大学出版社，2004.

托马斯·库恩. 科学革命的结构. 金吾伦，胡新和，译. 北京：北京大学出版社，2003.

约瑟夫·拉兹. 公共领域中的伦理学. 葛四友，主译. 南京：江苏人民出版社，2012.

皮埃尔·勒鲁. 论平等. 王允道，译. 肖厚德，校. 北京：商务印书馆，1996.

卢梭. 社会契约论. 何兆武，译. 北京：商务印书馆，1980.

卢梭. 论人类不平等的起源和基础. 李常山，译. 北京：商务印书馆，1962.

琼·罗宾逊. 不完全竞争经济学. 王翼龙，译. 北京：华夏出版社，2012.

约翰·罗尔斯. 正义论. 何怀宏，等译. 北京：中国社会科学出版社，2009.

约翰·罗尔斯. 政治自由主义. 万俊人，译. 南京：译林出版社，2000.

约翰·罗尔斯. 作为公平的正义. 姚大志，译. 上海：上海三联书店，2002.

约翰·罗尔斯. 政治自由主义. 万俊人，译. 南京：译林出版社，2003.

约翰·洛克. 政府论：上、下. 瞿菊农，叶启芳，译. 北京：商务印书馆，1982.

迈克洛斯基. 经济学的花言巧语. 石磊，译. 北京：经济科学出版社，2000.

约翰·麦克里兰. 西方政治思想史. 彭淮栋，译. 海口：海南出版社，2003.

托马斯·内格尔. 人的问题. 万以，译. 上海：上海译文出版社，2000.

罗伯特·诺齐克. 无政府、国家与乌托邦. 何怀宏，等译. 北京：中国社会科学出版社，1991.

罗伯特·诺齐克. 合理性的本质. 葛四友，陈昉，译. 上海：上海译文出版社，2012.

德里克·帕菲特. 论重要之事. 阮航，葛四友，译. 北京：北京时代华文书局，2015.

M. J. 桑德尔. 自由主义与正义的局限. 万俊人，等译. 南京：译林出版社，1988.

乔纳森·沃尔夫. 诺齐克. 王天成，张颖，译. 哈尔滨：黑龙江人民出版社，1999.

保罗·萨缪尔逊. 经济分析基础. 甘华鸣，等译. 甘华鸣，校. 北京：北京经济学院出版社，1990.

阿马蒂亚·森. 以自由看待发展. 任赜，于真，译. 刘民权，刘柳，校. 北京：中国人民大学出版社，2002.

查尔斯·泰勒. 自我的根源. 韩震，译. 南京：译林出版社，2008.

约瑟夫·熊彼特. 经济分析史：第3卷. 朱泱，等译. 北京：商务印书馆，1994.

休谟. 人性论：上、下. 关文运，译. 北京：商务印书馆，1980.

徐向东. 自主性、责任和自我//赵敦华. 哲学门：第4卷第1册. 武汉：湖北教育出版社，2003.

徐向东. 机构、正义与共同体//刘东. 中国学术：第6卷第2辑. 北京：商务印书馆，2006.

徐向东. 自由主义、社会契约与政治辩护. 北京：北京大学出版社，2005.

英文文献

Raziel Abelson. To Do or Let Happen. American Philosophical Quarterly，vol. 19，no. 3，1982：219-228.

Robert M. Adams. Motive Utilitarianism. The Journal of Philosophy，vol. 73，no. 14，1976：467-481.

Christlpher Ake. Justice as Equality. Philosophy & Public Affairs，vol. 5，no. 1，1975：69-89.

——. Equality and Responsibility. Oxford：Oxford University Press，2001.

Bruce Akerman. Social Justice in the Liberal State. New Haven：Yale University Press，1980.

Larry A. Alexander. Scheffler on the Independence of Agent-Centered Prerogatives from Agent-Centered Restrictions. The Journal of Philosophy，vol. 84，no. 5，1987：277-283.

Larry Alexander，Maimon Schwarzschild. Liberalism，Neutrality，and Equality of Welfare vs. Equality of Resources. Philosophy & Public Affairs，vol. 16，no. 1，1987：85-110.

Elizabeth Anderson. What's the Point of Equality. Ethics，vol. 109，no. 2，1999：287-337.

Richard J. Arneson. Equality and Equal opportunity for Welfare. Philosophical Studies，vol. 56，no. 1，1989：77-93.

——. Liberalism，Distributive Subjectivism and Equal Opportunity for

Welfare，Philosophy & Public Affairs，vol. 19，no. 2，1989：158－194.

——. Primary Goods Reconsidered. Noûs，vol. 24，no. 3，1990：429－454.

——. Equality of Opportunity for Welfare：Defended and Recanted. The Journal of Political Philosophy，vol. 7，no. 4，1999：488－497.

——. Luck and Equality. Supplement to the Proceedings of the Aristotelian Society，vol. 75，no. 1，2001：73－90.

Aristotle. Nicomachean Ethics. Terence Irwin，trans. Indianapolis：Hackett Publishing Company，1999.

Brian Barry. Justice as Impartiality. Oxford：Clarendon Press，1995.

R. E. Bales. Act-Utilitarianism：Account of Right-Making Characteristics or Decision-Making Procedure?. American Philosophical Quarterly，vol. 8，no. 3，1971：257－265.

Lynne Belaief. Self-Esteem and Human Equality. Phenomenological Research，vol. 36，no. 1，1975：25－43.

J. Bentham. An Introduction to the Principles of Morals and Legislation//M. Warnock，ed. Utilitarianism. London：Collins，1962.

W. T. Blackstone. On the Meaning and Justification of the Equality Principle. Ethics，vol. 77，no. 4，1967：239－253.

Jean Beer Blumenfeld. Causing Harm and Bringing Aid. American Philosophical Quarterly，vol. 18，no. 4，1981：323－329.

Matthew Braddock. Defusing the Demandingness Objections：Unreliable Intuitions. Journal of Social Philosophy，vol. 44，no. 2，2013：169－191.

R. B. Brandt. Toward a Credible Form of Utilitarianism//H. -N. Castañeda，G. Nakhnikian，eds. Morality and the Language of Conduct. Detroit：Wayne State University Press，1963.

Dan W. Brock. Desert，Fairness and Persons. Noûs，vol. 17，no. 1，1983：56－58.

John Broome. Fairness. Proceedings of the Aristotelian Society，vol. 91，no. 1，1990：87－101.

Browne，Brynmor. A Solution to the Problem of Moral Luck. The

Philosophical Quarterly, vol. 42, no. 168, 1992: 345-356.

Allen E. Buchanan. Marx and Justice: The Radical Critique of Liberalism. Totowa, NJ: Rowman and Littlefield, 1982.

James M. Buchanan. Equality as Fact and Norm. Ethics, vol. 81, no. 3, 1971: 228-240.

Erik Carlosn. Consequentialism, Alternatives, and Actualism. Philosophical Studies: An International Journal for Philosophy in the Analytic Tradition, vol. 96, no. 3, 1999: 253-268.

James W. Child. Can Libertarianism Sustain a Fraud Standard?. Ethics, vol. 104, no. 4, 1994: 722-738.

John Christman. Can Ownership be Justified by Natural Rights. Philosophy & Public Affairs, vol. 15, no. 2, 1986: 156-177.

——. Self-Ownership, Equality, and the Structure of Property Rights. Political Theory, vol. 19, no. 1, 1991: 28-46.

——. Distributive Justice and the Complex Structure of Ownership. Philosophy & Public Affairs, vol. 23, no. 3, 1991: 225-250.

G. A. Cohen. On the Currency of Egalitarian Justice. Ethics, vol. 99, no. 4, 1989: 906-944.

——. Where the Action is: On the Site of Distributive Justice. Philosophy & Public Affairs, vol. 26, no. 1, 1989: 3-30.

——. Equality of What? On Welfare, Goods, and Capabilities// Nussbaum, A. K. Sen, eds. The Quality of Life. Oxford: Clarendon Press, 1993.

——. Self-Ownership, Freedom, and Equality. Cambridge: Cambridge University Press, 1995.

——. If You're an Egalitarian, How Come You're so Rich?. Cambridge, MA: Harvard University Press, 2000.

——. Rescuing Justice and Equality. Cambridge, MA: Harvard University Press, 2008.

Joshua Cohen. Democratic Equality. Ethics, vol. 99, no. 4, 1989: 727-751.

Lawrence Crocker. Equality, Solidarity, and Rawls' Maximin. Philosophy & Public Affairs, vol. 6, no. 3, 1977: 262-266.

David Cummiskey. Kantian Consequentialism. Oxford: Oxford University Press, 1996.

Norman Daniels. Wide Reflective Equilibrium and Theory Acceptance in Ethics. The Journal of Philosophy, vol. 76, no. 5, 1979: 256-282.

——. Fair Equality of Opportunity and Decent Minimums: A Reply to Buchanan. Philosophy & Public Affairs, vol. 14, no. 1, 1985: 106-110.

——. Equality of What: Welfare, Resources, or Capabilities. Philosophy and Phenomenological Research, vol. 50, issue supplement, 1990: 273-296.

Jonathan Dancy, ed. Reading Parfit. London: Wiley-Blackwell, 1997.

John R. Danley. Robert Nozick and the Libertarian Paradox. Mind, new series, vol. 88, no. 351, 1979: 419-423.

Stephen L. Darwall. Agent-Centered Restrictions from the Inside out. Philosophical Studies, vol. 50, no. 3, 1986: 291-319.

Lawrence Davis. Comments on Nozick's Entitlement Theory. The Journal of Philosophy, vol. 73, no. 21, 1976: 836-844.

Michael Davis. Necessity and Nozick's Theory of Entitlement. Political Theory, vol. 5, no. 2, 1977: 219-232.

Igor Douven. Abduction. The Stanford Encyclopedia of Philosophy, summer 2017 edition.

Ronald Dworkin. The Original Position. University of Chicago Law Review, vol. 40, no. 3, 1973: 500-533.

——. What is Equality? Part 1: Equality of Welfare. Philosophy & Public Affairs, vol. 10, no. 3, 1981: 185-246.

——. What is Equality? Part 2: Equality of Resources. Philosophy & Public Affairs, vol. 10, no. 4, 1981: 283-345.

——. Justice for Hedgehogs. Cambridge, MA: Harvard University Press, 2011.

John Exdell. Distributive Justice: Nozick on Property Rights. Ethics, vol. 87, no. 2, 1977: 142-149.

Feinberg. Justice and Personal Desert//Feinberg. Doing and Deserving: Essays in the Theory of Responsibility. Princeton: Princeton University Press, 1970.

Fred Feldman. Review: Moral Thinking: Its Levels, Nature, and Point. Philosophy and Phenomenological Research, vol. 44, no. 1, 1983: 131-135.

——. Hare's Proof. Philosophical Studies, vol. 45, no. 2, 1984: 269-283.

Lloyd Fields. Parfit on Personal Identity and Desert. The Philosophical Quarterly, vol. 37, no. 149, 1987: 434-441.

James Fishkin. The Limits of Obligation. New Haven: Yale University Press, 1982.

Milton Fisk. Property and the State: A Discussion of Robert Nozick's Anarchy, State, and Utopia. Noûs, vol. 14, no. 1, 1980: 99-108.

B. Felthamm, ed. Justice, Equality and Constructivism. London: Wiley-Blackwell, 2009.

Leslie Pickering Francis, John Gregory Francis. Nozick's Theory of Rights: A Critical Assessment. The Western Political Quarterly, vol. 29, no. 4, 1976: 634-644.

Jill Frank. Democracy and Distribution: Aristotle on Just desert. Political Theory, vol. 26, no. 6, 1998: 784-802.

Harry Frankfurt. Equality as a Moral Ideal. Ethics, vol. 98, no. 1, 1987: 21-43.

Barbara Fried. Wilt Chamberlain Revisited: Nozick's "Justice in Transfer" and the Problem of Market-Based Distinction. Philosophy & Public Affairs, vol. 24, no. 3, 1995: 226-245.

George Gasser, Stefan Matthias, eds. Personal Identity: Complex or Simple?. Cambridge: Cambridge University Press, 2015.

Alan H. Goldman. The Entitlement Theory of Distributive Justice. The Journal of Philosophy，vol. 73，no. 21，1976：823-835.

Robert E. Goodin. Negating Positive Desert Claims. Political Theory，vol. 13，no. 4，1985：575-598.

A. C. Graham. Liberty and Equality. Mind，new series，vol. 74，no. 293，1965：59-65.

S. J. D. Green. Competitive Equality of Opportunity：A Defense. Ethics，vol. 100，no. 1，1989：5-32.

James Griffin. Some Problems of Fairness. Ethics，vol. 96，no. 1，1985：100-118.

——. Well-Being：Its Meaning，Measurement and Moral Importance. Oxford：Clarendon Press，1986.

Russell Hardin. The Utilitarian Logic of Liberalism. Ethics，vol.97，no. 1，1986：47-74.

R. M. Hare. The Language of Morals. Oxford：Clarendon Press，1952.

——. Moral Thinking：Its Levels，Nature，and Point. Oxford：Clarendon Press，1981.

George W. Harris. Integrity and Agent-Centered Restrictions. Noûs，vol. 23，no. 4，1989：437-456.

J. Harrison. Utilitarianism，Universalization，and Our Duty to Be Just. Proceedings of the Aristotelian Society，vol. 53，1953：105-134.

R. F. Harrod. Revised Utilitarianism. Mind，vol. 14，no.178，1936：137-156.

Ali Hasan，Richard Fumerton. Foundationalist Theories of Epistemic Justification. The Stanford Encyclopedia of Philosophy，winter 2016 edition.

John C. Harsanyi. Cardinal Welfare，Individualistic Ethics，and Interpersonal Comparisons of Utility. Journal of Political Economy，vol. 63，no. 4，1955：309-321.

——. Bayesian Decision Theory and Utilitarian Ethics. The American Economic Review，vol. 68，no. 2，1978：223-228.

Joseph Heath. Dworkin's Auction. Politics，Philosophy & Economics， vol. 3, no. 3, 2004: 313–335.

Ted Honderich. The Question of Well-Being and the Principle of Equality. Mind, new series, vol. 90, no. 360, 1981: 481–504.

——. The Principle of Equality: A Reply to Nathan. Mind, new series, vol. 93, no. 370, 1984: 249–251.

Brad Hooker. Ideal Code, Real World. Oxford: Clarendon Press, 2000.

D. Clayton Hubin. The Scope of Justice. Philosophy & Public Affairs, vol. 9, no. 1, 1979: 3–24.

David Hume. An Enquiry Concerning Principles of Morals. Tom L. Beauchamp, ed. Oxford: Clarendon Press, 1998.

——. A Treatise of Human Nature. David F. Norton, Mary J. Norton, eds. Oxford: Oxford University Press, 2000.

Susan Hurley. Luck and Equality. Supplement to the Proceedings of the Aristotelian Society, vol. 75, no. 1, 2001: 51–72.

Frank Jackson. Decision-Theoretical Consequentialism and the Nearest and Dearest Objections. Ethics, vol. 101, no. 3, 1991: 461–482.

Ci Jiwei. The Two Faces of Justice. Cambridge, MA: Harvard University Press, 2006.

Immanuel Kant. Critique of Practical Reason. Lewis White Beck, trans. Bobbs Merrill, 1965.

——. Groundwork for the Metaphysics of Morals. Allen Wood, trans. and ed. New Haven: Yale University Press, 2002.

Simon Kirchin, ed. Reading Parfit: On What Matters. London: Routledge, 2017.

J. M. Keynes. The General Theory of Employment, Interest and Money. London: Harcourt Brace Javanovich, 1953.

D. R. Knowles. Autonomy, Side-constraints and Property. Mind, new series, vol. 88, no. 350, 1979: 263–265.

Christine Korsgaard. Personal Identity and the Unity of Agency. Philosophy & Public Affairs, vol. 18. no. 2, 1989: 101–132.

——. Creating the Kingdom of Ends. Cambridge: Cambridge University Press, 1996.

——. Acting for a Reason//The Constitution of Agency. Oxford: Oxford University Press, 2008.

Arthur Kuflik. A Defense of Common-Sense Morality. Ethics, vol. 96, no. 4, 1986: 784-803.

Julian Lamont. The Concept of Desert in Distributive Justice. The Philosophical Quarterly, vol. 44, no. 174, 1994: 45-64.

Michael B. Levy. Liberal Equality and Inherited Wealth. Political Theory, vol. 11, no. 4, 1983: 545-564.

C. I. Lewis. Values and Imperatives. Stanford: Stanford University Press, 1969.

Kasper Lippert-Rasmussen. Egalitarianism, Option Luck and Responsibility. Ethics, vol. 111, no. 3, 2001: 548-579.

——. Debate: Arneson on Equality of Opportunity for Welfare. The Journal of Political Philosophy, vol. 7, no. 4, 1999: 478-487.

Ernest Loevinsohn. Liberty and the Redistribution of Property. Political Theory, vol. 26, no. 3, 1977: 399-412.

David Lyons. Forms and Limits of Utilitarianism. Oxford: Oxford University Press, 1965.

——. Ethics and the Rule of Law. Cambridge: Cambridge University Press, 1983.

Steven Lukes. Taking Morality Seriously//Ted Honderich, ed. Morality and Objectivity. London: Routledge, 1985.

J. L. Mackie. Rights, Utility, and Universalization//R. G. Frey, ed. Utility and Rights. London: Blackwell, 1984.

Andrew Mason. Equality of Opportunity, Old and New. Ethics, vol. 111, no. 4, 2001: 760-781.

Dennis Mckerlie. Equality. Ethics, vol. 106, no. 2, 1989: 274-296.

——. Equality and Time. Ethics, vol. 99, no. 3, 1989: 475-491.

John S. Mill. Utilitarianism. George Sher, ed. Indianapolis: Hackett Publishing Company, 1979.

Dale E. Miller. Actual-Consequence Act Utilitarianism and the Best Possible Humans. Ratio, vol. 16, no. 1, 2003: 49-62.

David Miller, ed. Liberty. Oxford: Oxford University Press, 1991.

G. E. Moore. Ethics. London: Williams and Norgate, 1912.

Tim Mulgan. The Demands of Consequentialism. Oxford: Clarendon Press, 2001.

Liam Murphy. Institutions and the Demands of Justice. Philosophy & Public Affairs , vol. 27, no. 4, 1999: 251-291.

Thomas Nagel. Rawls on Justice. The Philosophical Review, vol. 82, no. 2, 1973: 220-234.

——. Equality and Partiality. Oxford: Oxford University Press, 1991.

Harold Noonan. Locke on Personal Identity. Philosophy, vol. 53, no. 205, 1978: 343-351.

Richard Norman. Equality, Priority and Social Justice. Ratio, new series, vol. 12, no. 2, 1999: 178-194.

Robert Nozick. Distributive Justice. Philosophy and Political Economy, vol. 80, no. 3, 1973: 45-126.

——. Anarchy, State and Utopia. Oxford: Blackwell, 1974.

Martha C. Nussbaum. Human Functioning and Social Justice: In Defense of Aristotelian Essentialism. Political Theory, vol. 20, no. 2, 1992: 202-246.

——. Woman and Human Development. Oxford: Clarendon Press, 2000.

Martha C. Nussbaum, A. K. Sen, eds. The Quality of Life. Oxford: Clarendon Press, 1993.

Serena Olsaretti. Desert and Justice, Introduction. Oxford: Oxford University Press, 2003.

Erik Olsson. Coherentist Theories of Epistemic Justification. The Stanford Encyclopedia of Philosophy, spring 2017 edition.

Derek Parfit. Personal Identity. The Philosophical Review，vol. 80. no. 1，1971：3-27.

——. Reasons and Persons. Oxford：Oxford University Press，1984.

——. On What Matters. vol. 1&2. Oxford：Oxford University Press，2011.

——. Another Defense of the Priority View. Utilitas，vol. 24，no. 3，2012：399-440.

——. Can We Avoid Repugnant Conclusion?. Theoria，vol. 82，2016：110-127.

——. Conflicting Reasons. Ethics and Politics，vol. 18，2016：169-186.

——. On What Matters. vol. 3. Oxford：Oxford University Press，2017.

Stephen R. Perry. Libertarianism，Entitlement，and Responsibility. Philosophy & Public Affairs，vol. 26，no. 4，1997：351-396.

Philip Pettit. Republicanism：A Theory of Freedom and Government. Oxford：Oxford University Press，1997.

Terence Penulhum. Hume on Personal Identity. The Philosophical Review，vol. 64. no. 4，1955：571-589.

Adrian M. S. Piper. Property and the Limits of the Self. Political Theory，vol. 8，no. 1，1980：39-64.

Plato. Republic//Plato：Complete Works. John M. Cooper，ed. Indianapolis：Hackett Publishing Company，1997.

Thomas Pogge. On the Site of Distributive Justice：Reflections on Cohen and Murphy. Philosophy & Public Affairs，vol. 29，no. 2，2000：137-169.

——. John Rawls：His Life and Theory of Justice. Oxford：Oxford University Press，2007.

Louis Pojman. Justice as Desert. Queensland University of Technology Law and Justice Journal，vol. 1，no. 1，2001：88-109.

Douglas Rae. Equalities. Cambridge，MA：Harvard University Press，1981.

Peter Railton. Alination，Consequentialism，and the Demands of Morality. Philosophy & Public Affairs，vol. 13，no. 2，1984：134-171.

John Rawls. Two Concepts of Rules. The Philosophical Review, vol. 64, no. 1, 1955: 3-32.

——. A Theory of Justice. Cambridge, MA: Harvard University Press, 1971.

——. Concepts of Distributional Equity: Some Reasons for the Maximin Criterion American Economic Review. Papers and Proceedings, vol. 64, no. 2, 1974.

——. A Kantian Conception of Equality. Cambridge Review, vol. 96, 1975: 94-99.

——. Social Unity and Primary Goods//Williams Sen. Utilitarianism and Beyond. Cambridge: Cambridge University Press, 1982.

——. Justice as Fairness: Political not Metaphysical. Philosophy & Public Affairs, vol. 14, 1985: 223-251.

——. Justice as Fairness. Cambridge, MA: The Belknap Press, 2001.

Joseph Raz. Principles of Equality. Mind, new series, vol. 87, no. 347, 1978: 321-342.

——. Ethics in the Public Domain. Oxford: Clarendon Press, 1995.

Norvin Richards. Luck and Desert. Mind, new series, vol. 95, no. 378, 1986: 198-209.

Arthur Ripstein. Equality, Luck, and Responsibility. Philosophy & Public Affairs, vol. 23, no. 1, 1994: 3-23.

——. Equality, Responsibility and the Law. Cambridge: Cambridge University Press, 1999.

John Roemer. The Mismarriage of Bargaining Theory and Distributive Justice. Ethics, vol. 97, no. 1, 1986: 88-110.

——. Egalitarianism, Responsibility, and Information. Economics and Philosophy, vol. 3, no. 2, 1987: 215-244.

W. G. Runciman. Social Equality. The Philosophical Quarterly, vol. 17, no. 68, 1967: 221-230.

Allan Ryan. Robert Nozick: Property, Justice, and the Minimal State. Ethics, vol. 103, no. 1, 1992: 154-157.

Wojciech Sadurski. Giving Desert its Due. Netherlands：D. Reidel Publishing Company，1985.

Samuel Scheffler. The Rejection of Consequentialism. Oxford：Oxford University Press，1982.

Michael Sandel. Liberalism and Limits of Justice. Cambridge：Cambridge University Press，1982.

T. M. Scanlon. Preference and Urgency. The Journal of Philosophy，vol. 72，no. 19，1975：655-669.

——. Nozick on Rights，Liberty and Property. Philosophy & Public Affairs，vol. 6，no. 1，1976：3-25.

——. Rights，Goals，and Fairness//Stuart Hampshire，ed. Public and Private Morality. Cambridge：Cambridge University Press，1978.

——. Equality of Resources and Equality of Welfare：A Forced Marriage?. Ethics，vol. 97，no. 1，1986：111-118.

——. What We Owe to Each Other. Cambridge，MA：The Belknap Press of Harvard University，2000.

——. Being Realistic about Reasons. Oxford：Oxford University Press，2014.

John H. Schaar. Some Ways of Thinking about Equality. The Journal of Politics，vol. 26，no. 4，1964：867-895.

Samuel Scheffler. Responsibility，Reactive Attitudes，and Liberalism in Philosophy and Politics. Philosophy & Public Affairs，vol. 21，no. 4，1992：299-323.

——. The Appeal of Political Liberalism. Ethics，vol. 105，no. 1，1994：4-22.

Adina Schwartz. Moral Neutrality and Primary Goods. Ethics，vol. 83，1973：294-307.

A. K. Sen. The Impossibility of a Paretian Liberal. Journal of Political Economy，vol. 78，1970.

——. Liberty，Unanimity and Rights. Econometrica，vol. 43，no. 171，1976：217-245.

——. Poverty and Famines: An Essay on Entitlement and Derivation. Oxford: Clarendon Press, 1981.

——. Liberty as Control: An Appraisal. Midwest Studies in Philosophy, vol. 7, no. 1, 1982: 207-221.

——. Well-Being, Agency and Freedom: The Dewey Lectures 1984. The Journal of Philosophy, vol. 82, no. 4, 1985: 169-221.

——. Commodities and Capabilities. Oxford: Oxford University Press, 1987.

——. Justice: Means versus Freedoms. Philosophy & Public Affairs, vol. 19, no. 2, 1990: 111-121.

——. Inequality Reexamined. Cambridge, MA: Harvard University Press, 1992.

——. On Economic Inequality. 2nd ed. Oxford: Clarendon Press, 1997.

A. K. Sen, John Muellbauer. The Standard of Living. Cambridge: Cambridge University Press, 1985.

Ian Shapio. Resources, Capacities, and Ownership: The Workmanship Ideal and Distributive Justice. Political Theory, vol. 19, no. 1, 1991: 47-72.

Pat Shaw. Rawls, the Lexical Difference Principle and Equality. The Philosophical Quarterly, vol. 42, no. 166, 1992: 71-77.

George Sher. Effort, Ability, and Personal Desert. Philosophy & Public Affairs, vol. 8, no. 4, 1979: 361-376.

——. Desert. Princeton: Princeton University Press, 1987.

Sydney Shoemaker, Richard Swinburne. Personal Identity. London: Wiley-Blackwell, 1991.

Henry Sidgwick. The Methods of Ethics. 7th ed. London: Macmillan, 1907.

Marcus Singer. Generalization in Ethics. Mind, vol. 64, no. 255, 1955: 361-375.

——. Actual Consequence Utilitarianism. Mind, vol. 86, no. 341, 1977: 67-77.

——. The Principle of Consequences Reconsidered. Philosophical

Studies，vol. 31，no. 6，1977：391－410.

——. Further on Actual Consequence Utilitarianism. Mind，vol. 92，no. 366，1983：270－274.

——. Consequences，Desirability，and the Moral Fanaticism Argument. Philosophical Studies，vol. 46，no. 2，1984：227－237.

Peter Singer. Practical Ethics. Cambridge：Cambridge University Press，1979.

——. Animal Liberation. New York：Random House，1975.

Peter Singer，ed. Does Anything Really Matter? Essays on Parfit on Objectivity. Oxford：Oxford University Press，2016.

Steven R. Smith. The Social Construction of Talent：A Defense of Justice as Reciprocity. The Journal of Political Philosophy，vol. 9，no. 1，2001：19－37.

Michael A. Slote. Desert，Consent，and Justice. Philosophy & Public Affairs，vol. 2，no. 4，1973：323－347.

——. Common-Sense Morality and Consequentialism. London：Routledge，1985.

J. J. C. Smart. Extreme and Restricted Utilitarianism. The Philosophical Quarterly，vol. 6，no. 25，1956：344－354.

J. J. C. Smart，B. Williams，eds. Utilitarianism：For and Against. Cambridge：Cambridge University Press，1973.

John Stanley. Equality of Opportunity as Philosophy and Ideology. Political Theory，vol. 5，no. 1，1977：61－74.

Peter J. Steinberger. Desert and Justice in Rawls. The Journal of Politics，vol. 44，no. 4，1982：983－995.

Hillel Steiner. Justice and Entitlement. Ethics，vol. 87，no. 2，1977：150－152.

Jussi Suikannen，ed. Essays on Derek Parfit's On What Matters. London：Blackwell，2009.

Jack Temkin. Actual Consequence Utilitarianism：A Reply to Professor Singer. Mind, vol. 87, no. 347, 1978: 412-414.

Larry Temkin. Inequality. Oxford: Oxford University Press, 1993.

Stephen E. Toulmin. An Examination of the Place of Reason in Ethics. Cambridge: Cambridge University Press, 1950.

P. Unger. Living High and Letting Die. Oxford: Oxford University Press, 1996.

Peter Vallentyne. Self-Ownership and Equality: Brute Luck, Gifts, Universal Dominance, and Lexmin. Ethics, vol. 107, no. 2, 1997: 321-343.

Peter Vanderschraaf. The Circumstances of Justice. Politics, Philosophy & Economics, vol. 5, no. 3, 2006: 321-351.

Robert Van der Veen. Equality of Talent Resources: Procedures or Outcomes?. Ethics, vol. 113, no. 1, 2002: 55-81.

Hal Varian. Dworkin on Equality of Resources. Economics and Philosophy, vol. 1, no. 1, 1985: 110-125.

A. D. M. Walker. Negative Utilitarianism. Mind, vol. 83, no. 331, 1974: 424-428.

Paul Weirich. Utility Tempered with Equality. Noûs, vol. 17, no. 3, 1983: 423-439.

Samuual CWheeler III. Natural Property Rights as Body Rights. Noûs, vol. 14, no. 2, 1980: 171-193.

David Wiggins. Claims of Need. Needs, Values, Truth: Essays in the Philosophy of Value. 2nd ed. London: Basil Blackwell, 1987.

Bernard Williams. Moral Luck: Philosophical Papers 1973－1980. Cambridge: Cambridge University Press, 1981.

Robert Young. Egalitarianism and Personal Desert. Ethics, vol. 102, no. 2, 1992: 319-341.

Alan Zaitchik. On Deserving to Deserve. Philosophy & Public Affairs, vol. 6, no. 4, 1977: 370-388.

Marvin Zetterbaum. Equality and Human Need. The American Political Science Review, vol. 71, no. 3, 1977: 983-998.

后记　我的“中彩之旅”

一般而言，一本书完稿后，总要写点题外话，谈点自己的感慨。多年前我出版自己的第一本书即只能算半成品的《正义与运气》时，还值而立之年，年华正好。然而，十二年悄然过后，“中年油腻男”成标配之时，“姗姗来迟”的第二本书才得以面世。这么多年走来，既没有发生惊心动魄之事，也没有经历曲折磨难，不知不觉把生活过成了现在这个样子。平淡与自然，似乎就足以概括我目前的心境。然而，如果把镜头拉得足够长，回溯过往，湖南贫穷山村的放牛娃，不声不响地立足上海，成为国内知名大学的教授，出版学术专著，那么这个过程就似乎不该那么简单。过程越平淡、自然，其中暗含的幸运成分越多。如此说来，我的学术历程可以算作一场“中彩之旅”。让这些“中彩”在此现形，呈现出这些年来值得感激的人和值得感慨的事，既算对往事的一种追忆，也算为本书所写的一种另类后记。

我人生的第一次“中彩”应该是“性别为男”。我出生于湖南临湘的一个山村，相对而言，那里并不是特别重男轻女，但显然也不是男女平等之乡。一般而言，若出生在贫穷家庭，再加上是女孩子，读书上大学的事情就很可能成为“童话”。我小的时候，家乡的女孩子要上大学，一般会面临三个难关。第一个是“不行”之关。我在读书过程中见过成绩好的女孩子，但其很容易被淹没于这样一种默认的常识氛围中：女孩子没有冲劲，不管上高中之前的成绩有多好，上高中后成绩都会慢慢掉下来，不能做大的指望。实际上，女孩子只要不是特别有个性、有自信，都会慢慢地相信这一点，故而在面临学习难关时就确实显得冲劲不足，因为在这种氛围下事先就已经自我放弃了，认为冲不过去是正常的。第二个是“不用”之关。在农村，人们一般觉得女孩子读书多没什么用，女孩子发挥作用的主要场地还是家庭，做贤妻良母才是正理，学太多知识没啥用，犯不着上大学，哪怕有幸上了大学，也应该把主要精力放在家里。条件许可的话，不工作待在家里也是挺好的。第三个是“不愿”之关。大多数女孩子上学一般就上到初中，只有比较富裕而且父母比较开明的家庭的女孩子才能继续往上读。钱要是花在女儿身上了，儿子上学、娶媳妇的钱就少了。一个数字就很能说明问题，在我上高中时，班上共有 72 个同学，只有 8 个女生，这 8 个女生都来自镇上的家庭。因此，如果“性别为女”，那么我的生活会成什么样，着实难料。

第二次“中彩”是，相对于家乡的同龄人而言，我算聪明的（尽管对哲学来说，我还是过于平庸），否则不可能考上大学。就此而言，只看一个基本数据就可以理解。在我读书时，我们那个地方读完小学的八到九成，而小学升初中的概率是五成左右，能读完初中的不到八成，而中考的升学率为一成左右，高考的升学率不到两成。而我的所谓“聪明”显现于四五岁时，不知道什么原因，能心算一万以内的加减和一些简单的乘除，偶尔还跟在我爷爷后面帮他算算账，算是小地方的一个特殊现象。在“学好数理化、走遍天下都不怕”的观念下，上大学在我们那里可以算是传说，但我的这种心算能力还是让村里人感叹：兴许这娃以后还有那么一点可能考上大学。我读书时的成绩确实还算可以，在小地方算个“学霸”。可以料想，没有自然禀赋上的这次“中彩”，一切都免谈。

第三次“中彩”是，我出生后不久国家就开始实行改革开放，外祖父这才与我们家联络上，随后在关键时刻雪中送炭，助我们家渡过各种难关。没有外祖父的支援，我最乐观的估计是考上中专再出来工作。即使有外祖父的支援，我们家的经济依然是困难的。还记得中考前，二哥郑重其事地向我许诺：只要我在高中好好学习，不谈朋友分心，家里会一直供我上学。考虑到当时我们那里复读三四年是常见的，复读七八年也不是没有，这个许诺的分量就可想而知了。我后来能够一直读到博士，顺自己的心意选择哲学专业，外祖父的支援与家人的支持都是关键。尽管我跟外祖父的实际接触不算多，很难谈得上有多么深厚的感情，但他对我们家的支持，不仅改善了我们一家人的生活，更是改变了我的整个人生轨迹。无法想象，没有他的支持，我能过上眼下自己喜欢的这种生活。就此而言，以本书对他老人家表示纪念，不足以表达我之感激的万分之一。

第四次“中彩”是，高考填报志愿时阴差阳错地填报了浙江大学的行政管理专业，当年这个专业的录取分数线大概是母校的最低录取线，因此在高考出现系列失误的情况下，我最终还是有惊无险地上线了。众所周知，当时的母校是一所重工轻文的学校，但恰恰是这一点使母校的人文学院无所不包，往好里说是兼容并蓄，正适合我这种“应试理科男”。我一时间脑洞大开，发现人文社科也别有洞天，完全值得像对待数、理、化那样认真对待，从而一改自己以前重理轻文的偏见。冯钢老师讲的弗洛伊德、韦伯与马克思，把我拽向了理科之外的另一个新维度；朱淼华老师展现的那种随心所欲、活出真我的陶醉感，更是让我羡慕不已，自此“沦陷”，才知道这个世界竟然还可以追求这种活法。正是带着对这种生活的憧憬，我才有后面不辞辛劳地转读经济学，尔后又转道伦理学这样的选择。林融老师引导我进入各种名著译丛，更是与我合作发表了我人生的第一篇学术论文，不过影响我更大的是他的一句（也许是）无心之语：尽量不看国人写的书（尽管有崇洋媚外之嫌，不过即使在今天，在没有分辨力之前，这个建议依然有可取之处）。

我正是在浙江大学慢慢接触各种名著译丛，受到哈耶克、弗里德曼、布坎南等一批经济学大师之思想的影响的，慢慢地感悟到这些人的著作中有一个共享的根本前提：把每个人当人看。这一点给我的冲击非常大，奠定了我此后整个道德观的根基。因此，尽管当时国内也有各种“大师”风起云涌，但迟钝如我者丝毫没有感受到，反而沉迷在译著世界里。不过，依然有个中国人对我产生了深刻的影响，奠定了我人生观的底色，他就是自由作家王小波。多年后回想当时阅读王小波著作后的感想，除了喜欢王小波的幽默语言和“刀子嘴豆腐心”的厚道精神外，最契合我心意的还是其字里行间抑制不住的“把每个人当人看”的平等思想：既不想当“大爷”，也绝不想当“孙子”，这两者都让人别扭、不舒服。这些观念随后主宰了我的人生努力方向与生活方式。在青年懵懂时期与哈耶克和王小波等人的作品相遇，应该算是我人生观上的最大“中彩”。

第五次“中彩”是，阴差阳错地考上武汉大学，师从乔洪武教授攻读经济思想史专业的硕士研究生学位，这才有了后面转道伦理学的缘分。本来武汉大学的西方经济学理论专业与经济思想史专业是统一在经济学说史专业里的，而我想报考的是西方经济学理论专业。结果到我那年报名时两个专业分开了，而我不知道，重新准备又来不及，于是就报考了经济思想史专业。这体现了我个性中随遇而安、容易妥协的成分，外界的变动比较容易改变我的人生轨迹，由此如果没有足够多的“中彩”，生活就很容易“偏”离我现在的轨道。尽管我的阅读让我一直信奉自由放任理论，但后来导师乔洪武教授建议我研究阿马蒂亚·森的平等理论，我也欣然接受。然而，两种经济理论及其背后伦理思想的直接冲突，给我带来了不少困惑，但也恰恰构成了我后面学术努力的基本背景。只是就我当时的理论水平而言，不管是哈耶克的理论，还是阿马蒂亚·森的理论，其实都没有搞透彻，也就没有能力对他们的论证提出质疑。有一次跟哲学系的朋友李必贵聊天谈到这一点，他一语惊醒我：既然这样，为什么不学哲学把它搞清楚？这才让我有了报考北京大学伦理学专业的想法。与此同时，导师乔洪武教授对我的写作宽容有加。我读书时完全偏理科，再加上没有任何语言天赋，后果就是导师面对我怪异的西化语言，只好请师母龙静云教授一起给我修改论文。正是有了导师的帮助与宽容，我才得以顺利毕业，获得硕士研究生学位。直到自己带硕士研究生后，我才体会到导师及师母帮我修改论文时的那种崩溃心情。

第六次“中彩”是，顺利考入北京大学，师从何怀宏教授攻读伦理学专业的博士研究生学位。当初想报考伦理学专业时，想到的第一所学校就是北京大学，因为我那时对伦理学的理论几乎一无所知，于是就想，全国如果有哪所大学的老师愿意接收我这样的学生，那就非北京大学莫属。2001 年我第一次在北京见何老师时，他刚做完手术，躺在沙发上听我“胡说八道”。当他跟我说 2000 年的考试试题时，我竟然连题目都听不懂。然而，我历次升学考试时的霉运，考博时好运算是一次性地补偿给我了。北京大学博士研究生入学考试中的英语试题非常不可思议，完形填空题目设计得你都不知道在说什么，然而考试中的那段完形填空内容竟然是我在杂志上看过的。另外，西方哲学史科目我押了9个重要人物跟中世纪唯名论和唯实论之争，最后考试7选5的题目竟然都在其中。因此，在入学当年哲学系的中秋茶话会上，我坦言自己运气爆棚，是“中彩”考入北京大学的。回想起来，当时的心情无比激动，发自内心地认为，哪怕最后毕不了业，北京大学之行也是值得的。

师从何老师之后，我才开始慢慢地熟悉他的著作，不过，印象最深也影响我最深的是他的这个观点：要做适合自己才情的事情。正是接受了这一点，我才慢慢离何老师的研究越来越远，因为我完全不具备何老师那样的才情。同时，也因为何老师的提醒与鼓励，我跟同门谭安奎得以大量选修徐向东老师与程炼老师的课程，三年间几乎修读了他们开设的所有课程。事后多年才慢慢体会到，徐老师与程老师的这些课程对我的学术生涯多么重要。在这些课程中，我幸运地接触到分析马克思主义者柯恩的作品。在某种意义上讲，正是从柯恩那里我才开始明确意识到分析进路是什么，学会跟着他的思路阅读诺齐克与德沃金的作品，也才逐渐理解以前为什么读不懂罗尔斯。在这个意义上说，我间接地算是柯恩的半个弟子。尔后又得应奇之提携，编一个与我的博士论文相关的文献，这就是后来的《运气均等主义》。这个编选过程让我更加明确，应该如何按照分析进路做学问，如何做论辩，从而对分析进路有了更深入的理解。此后但凡有机会，我就会对人吹嘘分析进路的重要性，也正是因此而与武汉大学的储建国教授成为好朋友，还应他之邀撰写了《分析方法杂谈》，介绍分析进路。北京大学求学之路让我接触到契合我的分析进路，让我明白哲学竟然还有不诗化的，这无疑是我学术路上的最大“中彩”。

第七次“中彩”是，获得博士研究生学位后直接以副教授身份入职中南财经政法大学人文学院，从而没有经历所谓的评职称的曲折与磨难。更关键的是，在讲究数量的今天，评职称没有影响到我的龟速写作。不仅如此，职称的早期解决还略微缓解了一点经济压力，这对于完全只能靠工资生活的我意义重大。更幸运的是，当时人文学院院长王雨辰教授心胸宽广，肯给年轻人机会。我当时刚毕业参加工作，根本没有意识到角色的转变，依然保持着有啥说啥的习性，浑然不觉有任何问题。回想起来其实有点后怕，若领导心胸不够宽广，穿“小鞋”估计都把脚穿烂了。在中南财经政法大学的最后一年，王院长特地为我组建了一个外国哲学教研室，这个教研室的成员全是年轻教师，让我们办哲学沙龙。回顾往事，才明白学术生涯开始时中的这个“彩”有多重要，这不仅使我有条件慢慢做研究，更重要的是给了我时间与空间，使我能用一种平和心态适应这个社会，完成角色转变，没有因外因而造成性格的扭曲和偏激。

第八次“中彩”是，我作为第一个青年研究员入驻华东师范大学思勉人文高等研究院。刚进中南财经政法大学时，较繁重的“两课”教学任务挤占了我大量的时间，再者我不喜欢课程单调、重复，故而到吉林大学跟着邓正来教授做了两年的法学博士后（尽管没出站），以减免部分教学任务。后来看到华东师范大学思勉人文高等研究院的条件，青年人有三年时间可以静心读书，既不用上课，也没有硬性科研任务。我对此怦然心动，毅然决然地离开原单位，开启了另一段学术之路。从 2008 年开始，我实际获得了四年潜心读书的时间。尔后虽稍经风波，但是在哲学系郁振华主任和高研院领导的支持下，于 2012 年幸运地加入哲学系。用我妻子的话说，这是一个让人觉得温暖的系。应奇在调来哲学系之前，向我打听哲学系的情况，当时懵然不知的我给出的答案是：除了没钱，啥都好。显然，这个没钱（童世骏书记语）但优雅的哲学系，确实是个适合做学问的地方。更幸运的是，在只满足基本条件的情况下，我一次性通过了教授职称的评审。随后我还被评为上海的“社科新人”与“曙光学者”等，背后的“中彩”成分就越发明显了。

第九次“中彩”是，得到《哲学研究》编辑苏晓离老师的赏识。对当前的学术体制而言，要想在学术界立足，要么有“质”（在好期刊上发文章），要么以“量”补“质”。对我这种资质平庸者来说，要写出有点新意的文章，只有靠时间来磨，写作速度自然就成龟速了。苏先生的赏识在一定程度上保证了我可以考虑文章的“质”。2004—2013 年（2013 年苏先生退休），我在《哲学研究》上共发表 4 篇文章。第 1 篇文章实际上使我破格成为副教授。这使我出版的改自博士论文的书和博士毕业后发表的文章全部可以用来评教授。即使这样，凑满 10 篇 C 刊文章也花了我 8 年时间，当然其中起关键作用的还是发表在《哲学研究》上的几篇文章。尽管我不认为发表在《外国哲学》与《政治思想史》等期刊上的文章质量差，但在体制内它们是不被承认的，文章的“质”就是靠刊物的级别来认定的。在这种意义上讲，正是苏先生的赏识，使我在体制内大体上还算能把时间花在做学问与教学上。就我喜欢这种生活而言，无论怎么强调其“中彩”成分都是不过分的。

除了发表文章外，我还在另外两个方面受惠于苏先生。第一个是建立学术自信心上的帮助。由于早前的“应试教育”，我全身心扑在数、理、化上，文字上的训练非常少，文笔令人不敢恭维。苏先生在这方面特别耐心，早先被他录用的文章，除了内容上会提意见，文字上在拿得准的地方他会仔细地帮我修改，拿不准的地方会提意见，格式等问题甚至都直接帮我弄好。而不录用的文章，他也会给出详尽的意见，不仅指出文章本身的问题，更是提出我应该努力改进的方向，这对于刚入学界的我，在四处投稿无门的情况下建立学术自信心非常重要。第二个是做人上的帮助。我与苏先生素未谋面，电话也通得少，主要是通过电子邮件交流。显然，苏老师对我的这种帮助是不图任何回报的，也从未听说他利用自己的职位为自己谋利。在他心中，这也许只是尽一个编辑的本分而已，但于我而言，则活生生地展示出，在面对各种诱惑时，如何可以坚守个人的本分、做好个人的本职工作。直到今天，我在某种程度上还在坚持教书育人的本分，苏先生的榜样力量无疑是个重要因素。

第十次“中彩”是，我的母亲爱子女胜过一切，而且她足够聪明与敏锐。母亲尽管爱读书，但由于各种原因小学没毕业就辍学了，然而她依然对人间百态、世态炎凉有着惊人的清醒认识。在农村，穷与弱实际上是“原罪”，因此母亲一直活得特别小心谨慎，勤俭节约已经渗透到她的骨子里。她显然不是书上讲的那种穷大方的大娘，会把自家极有限的食物给别人家的娃。不过，在母亲的弱小世界里，“不欠人情，不占便宜”依然是基本的为人之道。当然，聪明过人的她也不喜欢吃亏，只有当无可奈何时才会认命。她同情别人的苦难，但也警惕上当受骗。乞丐回家盖楼房的事例一定程度上抑制了她的慷慨之举，因为她觉得自己还没人家过得好，不少时候实情的确如此。还有，母亲从不贪小便宜，因此极少发生上当受骗之情形，到老年依然如此。自然，她也把这样的为人处世之道，通过各种大大小小的事例，掰开了，揉碎了，灌输给我们。因此，尽管一直很穷，尽管免不了摩擦，但由于母亲的教育以及她极富实践智慧的协调与斡旋，我们兄弟姐妹之间的感情依然很好。

上面的这些“中彩之旅”，对我的影响是全方位的，最明显的是对我道德观念的影响。百年来中国处于前所未有的大变革中，传统的道德观念不断遭到摧毁，而新的道德常识又没有及时建立，所以各种奇怪的、荒诞的事情一而再，再而三地上演，比如小悦悦事件、山东与山西的疫苗事件、上海与北京幼儿园里发生的各种令人发指的事件。在这样的世界里，人们要么容易变得麻木不仁，要么容易变得愤世嫉俗，不容易形成正常的道德情感。然而，我的“中彩之旅”让我保有平和心态，我既获得了健全的一般常识，也形成了正常的道德情感。这种平和心态使我对人性的认识不至于走极端。一方面，我对人性不盲目乐观，避免接受各种从高尚的、纯粹的道德情怀得出的理想正义理论；另一方面，我对人性不盲目悲观，不认为现存的各种事情就是不可避免的，就是人性必然的结果，避免从自私出发来构建正义理论。从这个意义上讲，本书的基调是一种温和的人性论，得出的结论是一种温和适度的正义要求。

同样，各种“中彩”的组合使我没有面临过大的出版压力，从而有了时间上的缓冲。但值得强调的是，本书拖这么“长”的时间，主要是因为“懒”与“笨”。“懒”是我的天性，从小就懒，为此挨过大哥不少揍，只是他后来见我读书厉害，就放了我一马。我从小唯一勤奋的事情就是读书。原因有两个：一是做农活太苦、太累；二是有点数学天赋，学起来觉得有点意思。我一直严重偏理科，因为学语文等文科感受不到快乐，学习文科纯粹只是为了考大学。深悉自己的“懒惰”本性，我上大学后就一直不停地寻找自己真正感兴趣的事情，就怕在做不感兴趣的事情时懒惰毁了我的生活。后果就是，我对自己不感兴趣的琴、棋、书、画等一窍不通，以至生活没有任何情趣。除了“好为人师”这一兴趣外，我余下的乐事就是做点理论性思考。就此而言，大学教师这个职业大概就是为我这种人量身定做的。

对于“笨”，更多是一种后天认识。随着书读得越来越多，在真正进入分析哲学的内在套路时，在真正领略那些理论的魅力时，才发现自己的“智商”是硬伤。实际上，在读康德、诺齐克、内格尔和帕菲特这类人的著作时，自然而然就会产生这种想法。这个时候更清楚，要按程炼老师的要求，写点属于自己的东西，实际上有多难，也才真正理解所谓“无知者无畏”“初生牛犊不怕虎”的真实含义。再加上懒，就觉得看点书、教点课才是我这种智商者的本分。在这种心理作用下，自然会有点排斥出书，只想慢点再慢点。不过，为了应付需要，每年还是会围绕自己关心的问题写一两篇论文。慢慢地发现，这些问题似乎还有条主线，可以组织一下，再加上体制内课题的硬性要求，尽管知道书里还有很多问题没有弄清楚，但最终还是决定把书出版了，算是对这些年的思考做个总结。

从内容上讲，本书是我上一本书《正义与运气》的延续，甚至还有一定程度的重复。两本书之间的差别，脸谱式地概括就是：前一本书追求“知其然”，主要是对西方的几种主要正义理论所做的内部批判，主要是搞清楚这些理论的问题出在何处；而本书则试图追求“知其所以然”，想搞清楚那些正义理论这样或那样出错的根源，然后在这个基础上提出自己的一点点想法。这个转变源于诸多因素，然而其中三个人的影响值得一说。

第一个是慈继伟先生。在某种意义上讲，本书的缘起在于慈先生的著作《正义的两面》。慈先生在《正义的两面》这本书里花了很大功夫探讨正义的秉性，特别是人的动机与这种秉性之间的关系。正是慈先生的这本书使我关注人性与正义之间的关系，但与慈先生略有不同的是，我更多关注的是人性对正义的规范性影响。开始是关注人性的限制如何影响正义处理各种偶然性因素，后面则是进一步探讨后果主义结合这种人性动机如何可以解释人们的各种正义直觉。在这种意义上讲，正是慈先生的这本书给了我一个全新的视角，让我重新审视西方的各种正义理论。

第二个是德里克·帕菲特。我从 2008 年来华东师范大学思勉人文高等研究院，到 2012 年离开高等研究院进哲学系，其间做的最重要的一件事情就是阅读帕菲特的著作。在某种意义上讲，2008 年之前我是顺着柯恩的思路做学问。由此，我早前对各种正义观所做的批判，主要是跟着各种正义理论的作者走，顺着他们的视角往前走。但因为伦理学基础不够好，慢慢地我感觉走不动了。于是，深感有必要夯实伦理学基础，进入高等研究院给了我极佳的机会。我正是在这期间啃下了帕菲特的《理由与人格》(*Reasons and Persons*)，随后还找到了他的草稿《登山》(*Climbing the Mountain*）以及后面的定稿《论重要之事》（*On What Matters*）。在这个过程中，我除了受帕菲特的实质观点的影响外，更是受到其写作方式的影响。帕菲特的写作方式教会了我以问题为主导，按照问题本身的逻辑展开讨论，而不是让被批判的各位思想家牵着鼻子走。本书的写作在某种意义上正是努力把视角转到问题本身，考察各种已有的正义观念如何可以应对人性的限制。

第三个是我的女儿“逗逗”。女儿是剖宫产出生，不小心呛了羊水，因为缺氧，出生时脸色煞白煞白。在女儿做检查时，我一直祈祷着，愿意付出一切，只要能换回她的健康。回到家后，我心有余悸，看着女儿柔弱的身体，前三个月都没敢让母亲跟岳母接手，怕她们失手磕着碰着娃。这个过程中的感受，使我彻底地放弃了康德伦理学中最为基本的“自律”与“理性”概念。我不否认，我对女儿的感情既有基因上的影响，也有文化上的影响，或者说是被决定的。然而，我内心深处根本不认为这种决定会对这种感情有丝毫的贬损。这加深了我对帕菲特客观主义价值理论的接受度：最大的自律或者自由不外乎是有能力认识到客观价值并对这种价值做出适当回应。

不过，直接影响本书结论的是我生的一场病。我照顾女儿太过用心、用力，结果免疫力直线下降，导致得了带状疱疹。但我当时只觉得人特别累，这种无力感让我有点疑神疑鬼，觉得自己可能“去日”无多。由此，有个问题就开始纠缠我：如果我真这样走了，那么女儿生活于何种环境中才是最好的？这个过程中的一天，罗尔斯的“现实主义乌托邦”突然闯进我的大脑，这一概念在我脑海里活灵活现。只是休谟的人性观与慈继伟先生的正义脆弱性也挤进了这个乌托邦。这些因素的冲击使我脑海里冒出一个新想法：正义的根本原则（我们最深刻的正义直觉）其实是对应于人性之局限的。对应于休谟的人性观，正义也有两种成分：与人类自利心相对应的公平成分（要求付出与所得相匹配），与人类利他心相对应的人道成分（不考虑人们的贡献而满足人们的基本需要）。这个想法一经出现，就像挣脱了缰绳的野马，再也收不住。此后的研究，我基本上都带着这种新想法。在某种意义上讲，我的这本书就是在这种视角下对各种正义理论做出的新诠释。

与此同时，在为人父后，在注意到人性的限制后，特别是在考虑人性的限制与人类基本道德情感之间的关系时，我再一次把目光投向了何怀宏老师的著作。我之前认为，自己显然是何老师当年相中的一个“不肖”弟子，因为才情过于不同，我们的研究注定会“渐行渐远渐无关”。然而，当我带着新的视角再读何老师的著作时，我欣喜地发现，我们的研究实际上是“渐行渐近渐互补”。在重读过程中我发现，何老师的书，从《良心论》经《底线伦理》到《新纲常》，暗含了一个核心目标：重塑中国的道德常识。在某种意义上讲，我对正义理论的研究也走到了这一步。我的书中作为背景的两种基本道德情感，既是道德常识的前提，也是道德常识的体现。我们之间的不同在于，我更多是抽象地甚至枯燥地说理，或者说主要是从西方的理论资源出发，从抽象的前提慢慢引出最终的目标；而何老师则是更形象或生动地阐述那个目标，并且同时引用中西方的双重资源，从那个目标逐渐引出相配套的东西。2013 年在私下评论何老师的《新纲常》时，我认为其中的论证是不够的。然而，我在把论文系统地整理成书之后才发现，在某种意义上讲，我的工作完全可以被看作对《新纲常》所做的背景性论证。正是从这个角度，我认为我们做的工作是互补的。之所以这样殊途同归，我觉得是源于我跟何老师之间的一些共同点：我们实际上都是从普通人的视角出发，从温和的人性设定出发，寻求普通人应该遵守的底线伦理要求，以及应该具备的基本道德情感。用帕菲特的话讲，我跟何老师是在不同的侧面攀登同一座山峰！

由于本书的写作时间有点长，而且我发表的文章基本上都是在为本书服务，都直接或间接地构成了本书的基本内容，所以我要对刊发拙文的杂志与编辑们统一表示感谢。同时，这些年所做的课题均对本书有直接或间接的贡献。直接相关课题有：2010 年度国家社科基金青年项目“分配正义与社会公平实证研究”，项目编号 10CZX044；2014 年度曙光学者人才计划项目“有限同情心与分配正义”，项目编号 14SG25；2016 年度华东师范大学人文社会科学精品力作培育项目“分配正义新论：人道与公平”，项目编号 2016JP006；2018 年度华东师范大学青年跨学科创新团队项目“社会正义理论创新研究团队”，项目编号 2018ECNU－QKT011。间接相关课题有：2013 年度上海浦江人才计划项目“功利主义的当代发展研究”，项目编号 13PJC028；上海社科创新基地华东师范大学文化观念与核心价值项目的子课题 2014 年度“作为公正的分配正义研究”，2015 年度“塑造个体德性的约束与意义”，2016 年度“后果主义视野下的价值统一”。此外，我的两次海外研修经历也对本书的部分内容有帮助：2010—2011 年由约翰·特普莱登基金会（John Templeton Foundation）资助的“价值与德性”项目，在加尔文学院进修一年；2017—2018 年中美富布莱特的高级访问学者项目，在亚利桑那大学进修 10 个月。

最后，我要感谢我的家人，没有他们的宽容、理解与支持，我不可能享有今天这样平淡而又合意的生活。这本书能够面世，我要感谢中国人民大学出版社学术出版中心主任杨宗元编审，没有她的耐心催促，还不知道多久后我才能交稿。我要感谢本书的责任编辑罗晶女士，她以严谨负责的精神、细致认真的态度审读书稿，帮我消除了书中不少的表述问题。我要感谢我的朋友们，里面有我的同门、同事与同学，他们既在生活上也在学术上，既在现实中也在网络中影响到我的生活。与他们交往，让我深刻地体悟到人生百态、生活多样，同时也更清楚自己的不足与幸运。这个过程更是让我发现，尽管这些朋友拥有不同的知识背景、兴趣爱好、生活条件，但这并不妨碍大家拥有差不多的道德情感与人类情感，只是体现方式不一样。同时，我还要感谢我的学生，书中的诸多内容已经通过各种形式与他们进行了互动，得到了他们的反馈。在某种意义上说，正是这些生活阅历让我对各种形式的生活有所了解，从而在研究中保持了普通人的视角，充分理解与感受到人类共有的道德情感，使我的研究不至于陷入书斋式的独白。尽管在某种意义上，启动本书的正是这些基本道德情感，但它们真有本书认为的那种意义即奠定了正义之根基吗？我只能拭目以待！

2018 年 10 月 7 日

于华东师范大学人文楼

图书在版编目（CIP）数据

分配正义新论：人道与公平/葛四友著. —北京：中国人民大学出版社，2019.3
（当代中国社会道德理论与实践研究丛书）
ISBN 978-7-300-26798-2

Ⅰ.①分… Ⅱ.①葛… Ⅲ.①分配（经济）-研究 Ⅳ.①F014.4

中国版本图书馆 CIP 数据核字（2019）第 040419 号

国家出版基金项目
当代中国社会道德理论与实践研究丛书
主编　吴付来
分配正义新论：人道与公平
葛四友　著
Fenpei Zhengyi Xinlun：Rendao yu Gongping

出版发行	中国人民大学出版社		
社　　址	北京中关村大街 31 号	**邮政编码**	100080
电　　话	010－62511242（总编室）		010－62511770（质管部）
	010－82501766（邮购部）		010－62514148（门市部）
	010－62515195（发行公司）		010－62515275（盗版举报）
网　　址	http://www.crup.com.cn		
	http://www.ttrnet.com（人大教研网）		
经　　销	新华书店		
印　　刷	天津中印联印务有限公司		
规　　格	160 mm×230 mm　16 开本	**版　　次**	2019 年 3 月第 1 版
印　　张	22.5　插页 3	**印　　次**	2019 年 3 月第 1 次印刷
字　　数	332 000	**定　　价**	69.80 元